当代西方经济学经典译丛

通往智慧之路
——对话10位诺贝尔经济学奖得主

ROADS TO WISDOM
Conversations with Ten Nobel Laureates in Economics

[德] 卡伦·霍恩 / 著

陈小白 / 译

华夏出版社
HUAXIA PUBLISHING HOUSE

图书在版编目（CIP）数据

通往智慧之路：对话10位诺贝尔经济学奖得主 /（德）卡伦·霍恩（Karen Hurn）著；陈小白译. -- 北京：华夏出版社，2017.5

书名原文：road to wisdom: conversation with ten Nobel Laureates in economics

ISBN 978-7-5080-9167-9

Ⅰ.①通… Ⅱ.①卡…②陈… Ⅲ.①诺贝尔经济学奖－经济学家－访问记－世界 Ⅳ.① K815.31

中国版本图书馆 CIP 数据核字 (2017) 第 067542 号

Roads to Wisdom, Conversations with Ten Nobel Laureates in Economics by Karen Ilse Horn
Copyright © Karen Ilse Horn 2009
Published by arrangement with Edward Elgar Publishing Limited
Simplified Chinese translation copyright © 2012 by Huaxia Publishing House.
All Rights Reserved

本书英文版由 Edward Elgar Publishing Limited 于 2009 出版。

本书中文简体版权由 Edward Elgar Publishing Limited 授予华夏出版社，版权为华夏出版社所有。未经出版者书面允许，不得以任何方式复制或抄袭本书内容。

版权所有，翻印必究
北京市版权局著作权合同登记号：图 01-2011-0503 字

通往智慧之路：对话10位诺贝尔经济学奖得主

著　者	[德] 卡伦·霍恩
译　者	陈小白
策　划	陈小兰
责任编辑	增　慧

出版发行	华夏出版社
经　销	新华书店
印　装	三河市万龙印装有限公司
版　次	2017 年 5 月北京第 1 版 2017 年 5 月北京第 1 次印刷
开　本	710*1000　1/16 开
印　张	29.5
字　数	368 千字
定　价	69.00 元

华夏出版社　地址：北京市东直门外香河园北里 4 号　邮编：100028
　　　　　　网址：http://www.hxph.com.cn　电话：(010) 64663331（转）
若发现本版图书有印装质量问题，请与我社营销中心联系调换。

献　辞

　　谨以本书献给我的父亲朱尔根·霍恩和母亲伊尔瑟·里特，他们出生于遥远的20世纪20年代，都是经济学家，对思想世界寄予了无尽的共鸣和极强烈的渴求。

　　以示纪念。

致　谢

我谨向以下各位致以谢意，没有他们的支持，本书可能不得面世：

约翰尼斯·里特，我心心相印的伴侣，感谢他充满深情的关爱、无穷无尽的鼓励、体贴周到的忠告、耐心和理解，感谢他与我同甘共苦、风雨同舟；

迈克尔·沃格莫思，一位忠诚的朋友，他常与我讨论我的想法和方法，提醒我去查阅相关文献甚至亲自找来给我看，还担负起首次校对这一枯燥乏味的任务，感谢他给予的宝贵支持；

乌尔丽克·霍托普，她在忠实、友谊和工作道德上都堪称楷模，感谢她一如既往的热情、支持和睿智的意见；

沃尔夫冈·舒勒，康士坦茨湖畔林道诺贝尔奖得主聚会基金会的理事会主席，以及他的妻子莫妮卡，他们给予我实质的和不懈的鼓励，使我得以下定决心，开始本书的创作；

埃德华·埃尔加和他手下的整个团队，感谢他们令人赞赏的热情、有求必应和绝对出色的专业工作；

当然，还有那十位诺贝尔奖得主，他们爽快地同意抽出好几个小时的时间，与我分享他们走过的道路。这些谈话意味深长，常常让我魂牵梦绕。

目 录

第一篇
条条道路通智慧：问题

目的和理论　3
选择和方法　15

第二篇
访谈录

保罗·萨缪尔森　47
肯尼斯·阿罗　76
詹姆斯·布坎南　116
罗伯特·索洛　152
加里·贝克　184
道格拉斯·诺斯　211
莱因哈德·泽尔腾　238
乔治·阿克尔洛夫　271
弗农·史密斯　301
埃德蒙德·菲尔普斯　332

第三篇
条条道路通智慧：答案

发现和洞见　371
结　论　420

参考书目　424
译后记　463

第一篇

条条道路通智慧：问题

目的和理论

"条条道路通罗马",这个警句每个人听到过许多次了。不过,属于非天主教宗教团体的人也许听到的次数少一些。对这句谚语的语源学解释之一是,这座以梵蒂冈为中心的城市,在中世纪被视为基督教世界的(精神)中心。谚语本身起源于阿兰·德·利立写于12世纪的《创世纪寓言》。他在其中这样写道:"Mille viae ducunt hominem per saecula Roman(一千条道路总是指引人类通向罗马)。"这当然是褒义用法,但该谚语后来也被用做贬义,用来控诉罗马居高临下的帝国统治和侵略。一个更世俗的解释只是指古罗马的道路系统,表明帝国所有的道路都从帝国首都呈辐射状向外延伸。其比喻意义也是一样的:一个人一旦有了目标,根本要务就是要到达目的地——有志者,事竟成。走哪条路不重要,也不存在"某"一条正确道路,一切均取决于身处何地何时、采用何种手段、个人的偏好以及自认为应该做什么和不应该做什么。

这句谚语也可用在作为本书的核心主题的学术进步上。对于希望作出个人贡献的学者而言,根本要务大概只是去到达目的地——只是希望你一旦达到那里,不会像格特鲁德·斯坦在其

《每个人的自传》① 一书中著名的讽刺语那样，面对的是令人失望的惊讶——"这不是我要到的地方啊"……事实上，世上不乏幻想破灭的事例。但是，所有这些告诫都被撇在一边，对于任何一位科学家来说，进步本身才是重要的。正如乔治·斯蒂格勒所说，"科学努力的极大魅力……恰恰在于对新思想的冒险探寻，从而将来能够扩展我们对世界的理解范围"。由于这个事实，他如何进行准备，以为所在领域的进步作出贡献，就无关紧要了。为达目的不择手段，与这句通俗的中国谚语不同，由于这个事实，个人具体行进的旅程就不那么重要了。根本要务就是要抱定青松不放手，去作出这一个或多个有资格作为一个行进在正确方向上的进展或进步的原创性贡献，而不管人们如何精确界定之。这或者就是智慧，如果允许我使用包罗更多、升格了的概念的话。智慧不只是知识，它是一种心智状态。它是对学习的热爱，它是明智地运用这个知识来解决问题。正如孔子所说，智慧源于反省、模仿和经验（学而不思则罔）。亚当·斯密在这方面说的是"审慎"。

我选择"智慧"概念作为本书标题的一部分，不单单因为我碰巧喜欢用双关语②，更多的原因是为了清楚地表明，我已从伟大的奥地利经济学家和社会学家弗里德里希·哈耶克（1899 – 1992）非凡的作品中得到了某种灵感。20世纪中叶，哈耶克为我们提供了对古典自由主义和自由市场的资本主义重要的捍卫。他曾先后在伦敦经济学院、芝加哥大学、弗赖堡大学（德国）以及萨尔斯堡大学（奥地利）执教。他于1974年和他思想体系上的对手冈纳尔·缪尔达尔一同获得了诺贝尔经济学奖，真是一大

---

① 格特鲁德·斯坦讲述了自己如何设法走访儿时家乡，但未能找到祖屋的故事。
② 该双关语指的是弗里德里希·哈耶克1945年的《通往奴役之路》。为向哈耶克致敬，其他人也使用过双关语，如埃里希·斯特莱斯勒、戈特弗里德·冯·哈伯勒和弗里德里希·卢茨1969年的《通往自由之路：弗里德里希·哈耶克纪念文集》。

讽刺。另一个更具讽刺意味的事情是，他获得诺贝尔奖，是因为他在"货币理论和经济波动方面的开创性工作，以及他们对于经济的、社会的和制度的现象之间相互依存的敏锐分析"——而恰恰不是由于其突出的社会哲学。

在总结自己的贡献时，哈耶克总是喜欢说，贯穿其学术生涯，他作出了一大发现和两大创造。一大发现是在分散的、竞争性的市场中价格系统的知识集聚和知识产生特性。两大创造是货币的去国家化和明确的两院政府制。哈耶克的一大发现显然比两大创造更基本。

我必须强调，特别就哈耶克的那部名著而言，除了仅有敬畏意味的双关之外，并没有任何实质的类比之意。《通往奴役之路》是 1944 年发出的一个警示性呐喊，产生于哈耶克对集体主义和集权主义力量正在世界各地占得上风的深刻印象。六十多年后，他的担心并没有失去丝毫的敏锐度，其警告也没有失去任何的重要性，事情恰恰相反。① 不过，我这本书只是探讨对经济理论的

---

① 当我落笔写这几行文字的时候，世界正陷入一场范围广泛的金融危机，有可能演变成自 1929 年以来最糟糕的一场严重的全球性经济衰退。2008 年全球金融危机是起源于美国的次贷危机的结果。美国的房地产泡沫于 2006 年开始破裂。公众舆论已经转向，反对资本主义，呼吁政府对经济进行干预。在这场危机中，大多数评论员纷纷预言全球资本主义将走向"破产"和"终结"，"新自由主义"将要崩溃，放松管制和自由化早该结束了。"美国金融巨头的垮塌是银行的过度贪婪、盲目的放松管制、宽松的监管，以及以两党支持的'华盛顿共识'为代表的所谓金融市场最了解情况的错误信念所造成的。他们手握发令枪，只设置了最低限度规则的金融最终市场[原文如此]，开枪击中了自己的脚。"尤瑟夫·纳扎尔于 2008 年 10 月 11 日在《黎明新闻报》的网络版（www.dawn.com）上这样写道，这在极大程度上反映了大多数人的意见。很容易就能看出，冷战结束之后，弗朗西斯·福山（1992 年）宣布"历史的终结"未免有点为时太早了。基于自由市场的自由主义之民主并未一劳永逸地实现。与西西弗斯一样，哈耶克之石须得有人再次向陡峭的山上推。

进步作出贡献的个人旅程的决定因素，而不是关于世界的一般状况或者各种引领世界的意识形态潜流。甚至在这方面，在我有限得多的领域里，我的目的不是警告该专业正行进在一个致命的错误的方向上——否则，我就会把本书取名为譬如"随波逐流之路"，或者"通往无聊之路"。虽然的确属实的是，我以某种实质性的怀疑态度看待经济学的发展，尤其是在最近这场爆发于2008年秋季的金融危机之后，但这不是我这本书的主要着力点。

我从哈耶克那里获得的并让我在此稍作停留的灵感，是他的一大哲学发现，即他关于市场中与亚当·斯密的"劳动分工"相类比的"知识分工"的洞察。通过"知识分工"，演变——或许还有进步——得以发生。这两种"分工"是社会互动诸过程的两个不同方面。在这些过程中，任何一个中央群体都不可能甚或需要监督正在发生的一切。没有任何超级大脑在指挥这一切。正如哈耶克所说，通过市场自发进行的无名的社会自我协调过程堪称"奇迹"。① 在这里，本书将聚焦于社会自我协调过程中的知识分工，但落脚点是货物和劳务的供应和分配，而不是知识的产生本身——也就是说，在科学之内。

---

① "奇迹之处在于，譬如在一个某种原材料缺乏，而秩序未产生，且知道原因者寥寥无几的情形下，数月调查都无法查明身份的千百万人，被引导着去更谨慎地使用该原材料或生产其产品，也就是说，他们行进在正确的方向。即便在一个不断变化的世界中，并不是所有的人都配合得如此完美，以致他们的盈利率将始终保持在相同的抑或'正常'的水平，这个也够得上是奇迹了。我特意使用'奇迹'一词，意在当头棒喝，将读者从以下自满中警醒过来：我们往往把这一机制的运行认为是理所当然的。我确信，如果它是人类有意设计的结果，如果受价格变动指导的人们理解到，他们的决策的意义远远超出他们的直接目的，那么，这一机制将可被盛赞为人类智慧最伟大的成就之一。其不幸是双重的：它不是人类设计的产品，且受它指导的人们通常并不知道他们为什么这么做。"引自弗里德里希·哈耶克1945年的作品。

哈耶克的理论依据的是亚当·斯密关于个人利益得到了和谐调和的自调节或自组织系统的主要展望。① 市场就是这种自调节系统的一个绝佳范例；它充当社会互动和交流的一个平台，它本身就是通过社会互动而演变的自发秩序的一个表现形式。② 它是个大一统，一种追求无任何已知的目的层次的秩序，它与固定的计划不同，固定的计划往往预先做了有意识、有目的的排序，反映了一个特定的个人设法在他们自我、他们的家庭或者他们所属的任何其他小群体之内进行平衡目的层次。对于市场秩序，哈耶克还建议用"catallactics"一词，该词源于希腊语动词"katallattein"，其含意不仅指"交换"，还指"允许融入社会"和"化敌为友"。这种自发秩序起源于人类的行动，但并未经人们明确计划。哈耶克的著名用语借自亚当·弗格森，即"人类的行为而非人类的设计的结果"。③ 这样一个自发过程的结果的一个常被引用的经典例子是货币：在个人通过以物易物来更有效地交换物品的过程中，到了某个阶段，他们开始使用贵金属制成的硬币。这种货币得到交易双方的共同认可，因而流传开来，成为一种经济制度，这无疑是理性的个人行为无意为之的结果。这就是哈耶克潜在的要点：没人积极促成它。规范、价值观和道德标准常常以完全相同的方式演变。

市场上的社会互动不仅仅由于其免于强制而得到推荐，而且

---

① 我们将在本书第三篇回到这个主题，做更详细的讨论。
② 哈耶克本人把革命和自发秩序称作"孪生概念"。在《法律、立法与自由》一书集中讨论"人类价值的三大源泉"的跋文中，哈耶克解释道，人类生活在至少三层规则之下，其一是遗传传递层（自然进化），其二是传统继承层（文化演进），其三是顶部自觉设计层。
③ 这个短语是苏格兰启蒙运动哲学家、历史学家亚当·弗格森（1723–1815）在讨论人类的制度时创造的："这其实是人类的行为的结果，而不是人类的设计的执行。"

是因为它允许人们以最具生产性的、创造性的和革新的方式来运用他们的知识。哈耶克有几篇文章点出了这一点，尤其是把它们合在一起的时候："经济学和知识"（1937/1980年）、"知识在社会中的运用"（1945年）以及"作为一个发现过程的竞争"（1968年）。在其1945年的论文中，哈耶克写道：

> 社会的经济问题因而不仅是一个如何去分配给定资源的问题——假如给定被认为是指给予单个有才智的人去有意地解决被这些数据所规定的问题的话。它毋宁说是一个如何确保被社会任何一个成员所知的资源得到最佳使用的问题，这些个人使用资源的目的的相对重要性仅为他们本人所知。或者，简单地说，它是一个在每个人都未被给予全部知识的情况下知识的利用问题。

由于"人类知识不可避免地不完全"，那就需要有"一个借以交流和获取知识的过程"。这里还缺少一个动词，那就是"产生"——但这却得自他1968年的论文，他在该文中提出，竞争是"一个发现那些若不去使用就不会被任何人所知的事实的过程"和以下事物的结果：这些事物是"不可预知的，并且基本上不同于那些任何人已经或者原本可能有意为之的东西"。

在这三篇重要论文中，哈耶克所指的知识不是学术知识的集合或总和，而是更微末的、个人的"包括时间和地点的具体情况的知识"，这些是特殊的或局部的、必然不均匀地分布于整个社会的知识。他主张，"我们需要分散化，因为唯有如此，我们才能够保证这种包括时间和地点的具体情况的知识将得到迅速使用"。在竞争性市场中，这项任务是由价格系统执行的。"我们必须把价格系统看做是这样一种交流信息的机制。"如前所述，这个机制是在文化演变的过程中产生的。"价格系统只不过是人们在无意中发现它之后虽不知所以然……但却已学会去使用的构造物之一。通过它，不仅仅劳动分工，而且建立在均等分散的知识之上的资源的协调利用，都有可能实现。"

上述论述暂时能够大体勾勒这里的分析框架，这是受哈耶克的启发所得的。这种把科学比作市场的类比，将在本书第三篇再度论述。

详论时间和地点

哈耶克在努力解释社会诸过程的时候，并不一定得费神处理那些个别的，分散零碎的，通过社会互动过程被收集、传播和扩展的"局部知识"之具体特征，就好像一个人在前往罗马的道路中，是从柏林、法兰克福、弗吉尼亚州的布莱克堡出发，还是从亚利桑那州的图森出发，都无关紧要。然而，了解在科学上这个伟大的社会自协调过程中，有哪些具体的个人因素使得现有的学者富有成果，却的确是有趣的。这就有必要从宏观层面转向微观层面了。在被类比为市场的科学中，把学者个体描述为在思想的市场上提供其理论的生产者/投资者是有可能的。同时，他也是需要其他人的科学产出物的顾客/消费者。在这里，现在的焦点在于为什么生产者生产他们所生产的东西，以及为什么顾客寻找他们所寻找的东西。

因此，现在的目的就是要找出，在个人场合中具体的"包含时间、地点"——和人物——"的情况"是什么。这种对特定路径的考察也许可以帮助人们更一般地理解，科学的原创性和总体上的学术卓越需要具备哪些先决条件，以及突破性思想基本上倾向于来自何处。正如保罗·萨缪尔森写道："在学术中重要的是，对于何者为重要问题具有审美感。否则,不想费劲的大脑就会把精力全消耗在纯粹优美的模式上。"但是,什么样的主要灵感来源才能够使我们领会哪些问题很重要、哪些问题不重要呢?除了特定的天才之外,"智慧"是来自内在还是源于外在?它造就独来独往、自行其是的独行侠,还是系统上更好地促使人成为团队型人员,不停地与他人互动?如哈耶克所说,成为"困惑者"还是成为"所在领域的大师"更可取?① 现代思想市场偏爱哪种研究方法:是像罗伯特·索洛说的那样,那种渐进式的"解谜者",还是那种"系统建设者",努力创建一套"包罗万象的理论"?这其中哪一种能够促进经济学知识的真正进步?

不过,本书根本就不是一本教导人们如何作出杰出贡献、如何成为学术名人的手册。② 首先,因为这真的不是目的。在这里,我的最终目的是在微观和宏观这两个层面,更好地弄清楚科学中卓越和进步的不可思议的产生过程。其次,因为这也会是一个不可能完成的任务。中途会有太多的影响因素,一个人必须加以控制。不过,突出其中几个,至少暂时如此,却是有益的。再次,正如本书题目已经表明的,因为结果是有许多条"通往智慧之路"的。本书的访谈将揭示出这些道路之变化多端可能是多么惊人。

---

① 这一点还将在本书个人访谈的简介及第三篇屡次谈到。
② 霍华德·文和克里斯·马尔赫恩即便不是轻率,也是半开玩笑地向"有志问鼎诺贝尔奖者"建议:"他们应该是美国公民(有65%的获奖者是);隶属于美国大学(有75%的获奖者是),更确切地说,隶属于12所有聘用诺奖得主记录的精英大学之一(12所大学中有10所在美国);在14所拥有培养出了诺奖得主这一记录的精选大学之一攻读博士学位(这14所大学中,有8所在美国),有一半以上的诺贝尔奖得主是从这些大学出来的;先要获得像约翰·克拉克奖这样享有盛誉的奖(获得此类奖项者,迄今有39%后来都获得了诺贝尔奖);隶属于美国芝加哥大学或在这儿学习过……而且是个人物。"

而这本身，对于那些可能现在已经成长，将来能创立不同学派，却有待人们去发现的未来学者而言，可能就足以是一大激励了。

因此，应当让人充满敬畏的，不只是社会自调节的自发过程。对于个体生活的历程，以及包括适当时间和适当地点的适当场合的惊人巧合，人们也完全应该抱以同样的惊异。这其中的一些可能纯粹是运气使然，但运气解释不了一切。本书的目的，就是考察使杰出的个人能够为科学作出重大贡献的各种更系统的条件和影响因素。由于显而易见的原因，本书的范围局限于我本人所在的领域：经济科学。

在这里所采用的方法中，由新的思想、范式、方法或方式的涌现和增加来表达的经济学发展，可以被描述为一个复杂的、动态的过程，这个过程，就好像各种世界观的潮起潮落一样，是许多影响因素发挥作用的产物。在此，我想特别强调三个同步发生的、不断演变的以及当然是相互交织的潜在因素，我把它们简称为"历史"、"理论"和"个性"。在本书上下文中，"历史"是指一国或世界在某一时期具体的经济背景，亦即在日常生活中留下各自的印记而且政治家必须回答、有时需直接寻求学术建议的经济问题和政策挑战。因此，经济背景的确至少规定了经济研究的部分议程。而且解决某些实际问题的政治必要性，确实与对于之前或之后可能不是关注点的特殊问题的一般认识有关。这一历史－经济背景本身，在某个时点因而就具有一种直接的影响和相关性，但是，考察其更复杂的衍生物也是很有趣的：考察经济背景的变化如何随时间的推移影响科学进程。

"理论"一词指的是不断演变的经济学"发展水平"，由于其不断变化的工具、持续进行的范式争论、其分支流派以及其不断变动的思想时尚。经济学的发展水平，以其不断变动的研究方法和背后的哲学体系，决定着人们在经济理论中思考政策挑战的方式，而理论通常的确会对现实中的政策选择产生影响，不论是直接的还是间接的。约翰·梅纳德·凯恩斯在《就业、利息和货币通论》一书中就写下了颇具讥讽意味的话："现实的人们，他们相信自己完全不会受到任何智力上的影响，却通常是某位已故经济学家的奴隶。手握权力的疯子，他们听取待决意见，却从少数几年前的某个二流学术人物那里提取他们的癫狂之精华。"凯恩斯认为思想较之既得利益具有大得多的力量，他把这一点主要归因于人们往往固守于他们根深蒂固的信念这一事实："年龄过了25岁或30岁之后，会受新理论影响的人不多。"他把自己作为一个极好的例子：不论是在经济学本身，还是在经济政策上，凯恩斯的遗产都享有至高无上的地位。凯恩斯为政府行动大开方便之门：为干预提供了理论基础——这似乎极大程度上造成了一种不可逆的"棘轮效应"。① 正如弗里德里希·哈耶克所解释过的，这个过程建立在知识分子，即"思想二传手"的居间作用之上。

最后，"个性"考虑以下事实：个人的性格特征、生活状况和具体经历往往也会对学者的研究兴趣和特定工作方式产生影响，既一般性地规范他们的世界观，又指引他们在各自的工作中选择去处理的特殊问题。当然，比这种静态相关性更有趣的，是所有这三个不断演变的潜在因素之间动态的前向联系和后向联系。经济实体的演变、经济史的发展以及学者的个人成长，是同步发生的无时无刻不相互作用的过程。

大多数时候，主要影响因素之间的这些相互作用是偶然发生的，而且呈现出"难以驾驭的"、不可预知的方式。尽管如此，至少特别就一些个别情况分析这些影响因素和它们的相互作用，

---

① 经济理论中的棘轮效应，不过是指人的消费习惯形成之后具有不可逆性，这就像时钟上了发条之后有棘爪防止发条倒转的机械棘轮一样。

并把它们放在更广阔的背景下，是有启示意义的。这是为什么我选择去详细考察并采访一些诺贝尔奖得主，以便找出这些杰出的学者在各自的生活中是如何与现实或者说历史、与理论以及与他们本身的经历相适应的。一大堆相关问题——它们每一个由于其本身的缘故都值得单独拿出来作长长的分析——可以以这种方式同时加以处理；例如，经济学中的某些工具——如实验——耗时如此漫长才得以起飞，这是为什么，为什么其中一些只幸存了一会儿，却不曾成为主流，而另一些——比如公共选择分析——几乎在学术生活中引起了一场革命？一些人更倾向于使用凯恩斯主义方法而非新古典主义方法，另一些人则相反，造成这种现象的心理背景是什么？对于复杂现象，与更描述性的哲学式分析相比，用数学方法进行分析如此流行，是什么导致这个的？决定人们的思想倾向，即决定人们是努力开展与价值标准无关的研究还是不做的东西是什么？这些倾向是否不断变化？最后，这一切中最重要的问题是：经济学是正在取得进步，还是这门学科只是作随机漫步，即走一条不知终点在哪里的完全随人意的道路？路径依赖的程度多大？当然，这份问题列表不可能事无巨细，无一遗漏。人们想要了解和弄懂的东西要多得多。总之，其中一些问题在访谈中得到解答，而另一些问题则因具体情况不同而答案各异，还有一些问题仍有待解答。无论如何，当人们提出这些问题时，对于产生新的相关科学发现抑或范式的"知识分工"，人们自然而然地会逐渐意识到其长期曲折的过程的极端复杂性。

　　本书的结构如下。在本书第一篇第 2 章，我将稍微详细解释我的基本选择和具体方式，说明为什么我完全聚焦于诺贝尔奖得主。我将稍微详细介绍和评估诺贝尔奖的授予规则及某些特征，简要处理如何对经济学中的卓越进行界定的难题——只是蜻蜓点水，因为本书第三篇还会探讨这个主题，并看一看诺贝尔奖是否符合任何相关标准。此外，我将引导读者大体熟悉"口述历史"这一概念和工具，特别是熟悉我本人的、远不那么自命不凡的访谈技巧。

接下来，在第二篇前10章，每一章是对一位诺贝尔奖得主的访谈。这些访谈是严格按照其得奖时间的先后排序的。每章最开始指明的机构指的是被访谈学者获奖时所执教的大学，即使他们可能现在另谋高就了。有关他们目前的下落和所在机构的信息将在个人访谈录之前的简介中提供。这些简介有四重目的：首先，使读者对访谈时的背景、时间和气氛有一个大概的了解；其次，提供有关个人职业道路、主要贡献和大体思想的简短信息，在篇幅不太长的情况下，尽可能将这些信息全部置于背景和全景之内；再次，对其中的贡献作出评价，使读者清楚了解这些贡献为什么以及在哪方面很重要、令人感兴趣和杰出；最后，对于出现在访谈中、促进创造力的主要影响因素作出简短的总结。读者可能会注意到，虽然我对与之交谈的诺贝尔奖得主中的每一位都钦佩有加，但这并不意味着我赞成他们在研究中或政治舞台上做过或说过的一切。在给予应有的尊重的情况下，偶尔给出一些批评性的评论也许是适宜的。第二篇还有一章，即把所有这些诺贝尔奖得主被要求填写的问卷的答案集结在一起，其中有一半人欣然作答；这既提供了惊人的洞见，也带来了相当的乐趣。

在本书第三篇，我将对得自访谈的发现进行概括，并将这些发现连同得自其他来源的评论和证据放在一起加以分析。这把我们从微观层面带回到了宏观层面，从一些令人钦佩的个人的具体情况回到社会协调过程中。由此，我将重新回到科学之于市场的类比，回到哈耶克的框架上。我将探讨科学中的社会互动，分析其产生进步的可能性——顺便提一句，进步可不是一个毫无价值的概念。从这些视角，不论是微观层面还是宏观层面，都将产生一大堆令人心醉的洞见。

选择和方法

在考察具体的个人情况时,怎样才能追踪到那些为学术卓越和持久的原创性贡献打下了基础的主要影响因素呢?我简单地选择了去依赖一些杰出的个人的意见。访谈以现任美联储主席本·伯南克所说的"一流知识名人的闲谈的形式",提供颇有价值的洞见。用访谈来介绍某人颇有价值的往事,这种方式本身不仅让人读起来有趣,而且还迥异于纯粹由一个人写作的自传,这在于可以对访谈进行某种程度的引导。① 访谈者能够进行追踪提问,从而能够突出某件事、说明某个必要的背景资料、澄清一些术语,并给出事情的来龙去脉。

---

① 诺贝尔基金会现已要求每一位诺贝尔奖得主提供一份自传性的文字。这些文字刊登在《诺贝尔年鉴》上,也发布在网上。大多数获奖者都遵循了这一要求,尽管形式不一。特别是早些年,一些"持不同意见的人"选择提供非常简略的自传,或者是某种远非自传性的而是个人履历性质的东西。但近些年,每一位诺贝尔奖得主都遵守了这个规则。随着时间的推移,这些诺贝尔奖得主的自传不仅变得越来越长,而且还有"增补部分"。

对于本书而言，我采访了经济学界的十位诺贝尔奖得主。为什么只选择诺贝尔奖得主？我得预先承认，对此没有任何完全决定性的原因。世界上还有其他许多杰出的学者。卓越并不能自动转变成"获得诺贝尔奖"。在有些情形下不会，在其他大多数情形下绝不会。为什么我仍然选择只涉及诺贝尔奖得主，主要原因只是在于，平均而言，他们的卓越较之其他学者，争议往往更小。

获诺贝尔奖是推测卓越的良好指标

某一位或几位诺贝尔奖得主是否应该获奖，每个人都能够提出值得商榷的理由。但在统计术语中，这不过是标准差而已，而且大体而言，不能说获得诺贝尔奖是有关卓越的最糟糕的指标。当然，它囊括不了每一个人，但一般说来，对于那些确已获得诺贝尔奖的人而言，其贡献的重要性是没什么可怀疑的。获诺奖是推测卓越的良好指标。这足以适合我的目的了。

另一个原因是，比较而言，诺贝尔奖得主都很著名。这是一个优势，因为此类访谈也可能吸引那些在他种情况下或许会被吓跑的读者。在此，我要同时迎合圈内人和圈外人，即密切留意抑或参与学术争论的人和更间接的只对经济学有明显兴趣的读者。来自这两个群体的人将投入他们"对分享著名人物的生活的渴求"，就像经济学家迈克尔·森贝格所说的那样，"我们对他们的成就、他们的动机以及他们给任务带来的资源有无限的好奇。我们还试图探索科学家的内心世界。我们的兴趣是在怎么样和为什么,这能够引领我们去发现创造性动力的源泉"①。即便这绝不是每一个人的嗜好②,但他一语中的。这种好奇心也许与人类的——有缺陷的——认知方式有关。正如哈耶克表述的,"我们的人格化倾向……我们观察的事件大概是运用我们自己的身体运动所提供的先验图式……的结果"。

这些访谈中,将有某种学术内部人的谈话,言谈中也有相当多的以亲密、随意的口吻借助显要人物以抬高自己的身份的举动,这肯定是免不了的。但我提供了解释性的注释,内容从有关大萧条的大致数据,到"格雷欣法则"的含义和起源。所以,不应该有读者会感到有所缺憾。

仅包括诺贝尔奖得主的做法,还有一个重要的原因,那就是他们现在大多年事已高,这一点也许看起来很奇怪。所有我采访过的这些人现在都大于 67 岁。正如我将在后面解释的,至少对我而言,这是一个受人欢迎的选择偏好。这些诺贝尔奖得主在获

---

① 迈克尔·森贝格 1992 年的这本书收集了由一些大经济学家所作的 22 篇迥然不同的文章。他的目的与我的一样,旨在"探索背景和教养如何塑造他们各自的态度、道德、宗教信仰,这些态度、道德、宗教信仰反过来又是如何影响职业选择、政治倾向、最初研究领域的选择和相关研究方法的——一个从理论上作阐述的矩阵"。

② 例如,罗伯特·索洛就"不愿意窥探在某种重要意义上应该隐姓埋名的人的内心世界"。他担心,有关这些内心世界的了解可能会扭曲我们对理论的接受。不可否认,这种风险是存在的。例如,有同性恋倾向问题的人,就可能把各自的不安转移到自己的小说(如托马斯·曼)或理论(如约翰·梅纳德·凯恩斯)中,并由于这个原因而否认同性恋倾向。索洛在迈克尔·森贝格 1992 年的那本书中说道:"我不认为会有人那么愚蠢,竟然说或者相信自己的书面作品是有价值的。"他在这一点上恐怕是错的。无论如何,尤其是在艺术和文学中,一件艺术作品或一个理论是应该独立对待,还是应该把笔者个人的背景考虑其中,这经常是一个颇有争议的问题,共识尚远未达成。

得诺奖时，平均年龄正好是 67 岁。迄今为止，诺贝尔奖得主在获奖时，年龄最少者是肯尼斯·阿罗，1972 年 51 岁，其后依次是罗伯特·默顿，1997 年 55 岁，保罗·萨缪尔森，1970 年 55 岁。迄今获得诺奖时的最年长者是莱昂尼德·赫维奇，2007 年度三位诺贝尔奖得主之一，时年 90 岁，之后是托马斯·谢林，2005 年度两位诺贝尔奖得主之一，时年 84 岁。

年长的优势

年长是值得重视和珍视的东西，尤其是这里的背景下。当这些长者回顾过去的时候，他们能记得并传达年少者所不及的事情。他们已对这些事情做过反省。他们现在完全与世无争，并不寻求给人留下深刻印象，而他们在年轻时大概就会努力这样做。年龄并不总是与智慧相一致，但就我所知的大多数情形中，这句话至少有几分真实。因此，这些学富五车的年长的经济学家将帮助其他人理解一个超出后者本身的记忆的时代。他们将带我们回到一片我们从未亲眼目睹过的土地，即便我们已经在其地面上建立起了我们自己的家园。这些得自另外一个时代的见证者的传闻产生了它们自己的洞见，而且也有它们自己的感人之美。

例如，不难想象，约翰·梅纳德·凯恩斯的《就业、利息和货币通论》于 20 世纪 30 年代面世时掀起了怎样的狂澜。但它对于那一刻进入经济学领域的人而言真正意味着什么呢？对于那些奋力去弄清楚大萧条——始于 1929 年并在世界各地肆意挥洒如此之大的影响的全面经济衰退——的意义的人而言又意味着什么?① 它以何种方式，通过哪些方面填补了一个让大多数经济学家苦思冥想而未竟的空白？它在多大程度上属于哲学问题？大萧条在多大程度上动摇了对自调节市场的信念，虽然对政府机构（对于本特例而言，例如美联储）的怀疑态度甚至更适当？若今天重新加以审视，所有这些问题就具有重要的现实意义。为了在此至关重要的十字路口对经济学的发展获得一种体会，不论是在经济科学的演进方面，还是在通俗的经济政策信念方面，再没有什么比那些曾亲历和目睹它——并引致它——发生的人的回忆更有教益的了。

在这里，保罗·萨缪尔森就是一个极好的消息来源——是的，我完全清楚，我并不是第一个注意到这一点的人。按常规，萨缪尔森是一个非常值得探寻的访谈对象，但不只是由于这个原因。他的洞察力，从其1937年发表第一篇作品一直到当前时期，在深度和广度上都是举世无双的。他使我们了解到，在当时，经济学界对于新的思考方式是多么的急迫，他们多么急切地寻找能够使经济学近乎像自然科学那样精确的工具。大萧条的影响让其他一切事物都蒙上了阴影，它造成了一种普遍的必须要做些什么的感觉。

对于大多数当代经济学家来说，关于随后年月政府权力的滥用的可怕经历，尤其是在德国、意大利和日本，并没有太大改变

---

① 本·伯南克曾这样写道，搞明白大萧条是"宏观经济学的圣杯"。兰德尔·帕克于2002年写了一本好书，都是对亲身经历过大萧条的经济学家的访谈，目的是找到更多有关大萧条的真正原因的线索。他的书是"关于对大萧条最出色的经济学解释，以及这一时期的事件是如何影响20世纪经历过这个时代的著名经济学家的生活、经历及随后的思维的"。在该书的引言中，他还对迄今已发现的理论解释提供了一个全新的综述。

他们的态度和坚定信念。简单地说,那些过去已经和现在被视为可耻的政府——以及可耻的政治策略——当时并不是经济学家感到自己能够为之作出很大贡献的一个课题。当时的经济学是适合为开明的、有善良目的的政府服务的。直至今天,大多数学者仍以他们随后的态度为荣,他们称之为"实用主义"。①

这正是公共选择和新政治经济学派攻击的地方。在经济科学的演变过程中,这是一段近乎非凡的经历。现如今,若没有它,经济学的学术界是不可想象的。今天,每一个学生迟早都会认识到,一定不能把政府看做是仁慈的独裁者,就像人们一度探索性地认为的那样。在某个时候,他们的注意力的确被吸引到以下事实上:应该明确地将政府行为内生化,也就是说,要像新古典理论在其他地方所作的假设那样,在分析时建立在其是有目的的、理性的行为这一假设之上。那种认为官僚主义者倾向于使预算和行动自由度最大化,以及政客们倾向于尽可能获取更多选票的观点,现在再也不会让人吃惊了。诚然,由于在现代宏观经济学中占主导的凯恩斯主义潜流,质疑政府干预的合法性和适合性,学术课程还只是作为第二步才提出——但至少的确提出了。这在稍早之前的某个时候还是某个闻所未闻的东西,在今天看起来几乎是不可理解的。但过去的确如此,而且公共选择革命是作为一场"地震"出现的。这意味着,过去作为——且现在仍是——一个现实和系统地研究公共部门和集体选择程序的方法,一开始被广泛解读为一件不怀好意的、没有很大帮助的、极具破坏性的和最具意识形态的蓄意破坏行为。这是可以理解的,在宏观经济学和

---

① "身为人类历史上人类最野蛮行径的见证者,耽于各自范式的幻想者对社会造成了怎样的破坏,我知道得太清楚了。有鉴于此,罗伯特·索洛提议经济学家应立志成为合格的技术者,如凯恩斯曾说的'像牙医那样',这个建议似乎非常吸引人。"参见迈克尔·森贝格 1992 年的作品。

福利经济学的主流部分以一种使政府能够采取有益的具体政策措施的方式努力为世界作规划和设计的时候,这个学派却着手考虑如何去限制代议制民主政府的权力的渗透性滥用。这是令人震惊的、绝不受欢迎的。然而,詹姆斯·布坎南,该学派的关键缔造者之一,却有足够的勇气和毅力在学术界的敌意中挺了过来。他的回忆对那段岁月提供了一个素描,给我留下了深刻的印象,其中包括美国南方人和北方佬之间持久的仇恨,结果是公然的歧视。布坎南以其个人经历教导我们,拥有一个独立、有胆量、不犯错且不易受同辈过度影响的头脑是多么的重要。

对历史的兴趣:一份个人自白

要拥有这种经历,就必须对经济历史——简史,以及对经济学思想史感兴趣。正如约瑟夫·熊彼特解释说,恰恰由于经济学不是一门硬邦邦的自然科学这一事实,所以必须参与经济学思想的历史。"在经济学中,如果对经济学家如何在研究中刨根问底没有一定的认识,现代的问题、方法和结果就不可能被充分理解。这一点较在如物理学中要真切得多。"他继续写道:

> 我们的头脑易于从科学史研究中得到灵感。在这方面,一些人强于另一些人,但是根本不会从中受益的大概很少。一个人如果从他那个时代的工作往后站一些,远望那范围广阔如山的过去的思想,而他却没有体验到自己的视野在加宽,那么这个人的头脑一定很愚笨。

就个人而言,我始终怀有这种兴趣。这一切要归结于我的父母。他们都曾于20世纪40年代进入弗赖堡大学攻读经济学。我母亲非常幸运，在二战期间开始了自己的学业，在柯尼斯堡家乡就读了第一个学期。我父亲是在1946年来到弗赖堡大学的。那段时间，经济学系的突出人物是沃尔特·奥伊肯（1891–1950），他对年轻人总是给予关爱和鼓励。

沃尔特·奥伊肯，哲学家鲁道夫·奥伊肯（1846–1926）和画家艾琳夫妇的儿子，他是一个引人注目的人，这至少表现在两个方面。首先，他出自现如今不可否认已几乎被人遗忘的德国历史学派。该学派将大量的精力专注于纯粹的资料收集，并将自己局限于归纳性的理论方面。后来，奥伊肯开始努力去弥合德国历史学派和以卡尔·门格尔为核心的奥地利边际主义学派之间的隔阂。一直以来，后一学派的目的是解释制度的自发出现、分析这些制度，当然，还包括推导出真正的经济"规律"，而且全都采用一种演绎的、真正理论性的方式。这两个学派之间的紧张状态在19世纪后期有名的"关于方法论的争论"中达到顶峰。沃尔特·奥伊肯以其聚焦于不同类型的经济秩序的研究计划，来努力克服这个他所称的"大对立"。奥伊肯是德国"调和自由主义"的关键人物之一。他与哈耶克有联系，并成为朝圣山学社的创始人之一。[1]

其次，作为一位对学术（以及普遍的）自由有明显偏好的经济学家，同时作为一名虔诚的基督徒，奥伊肯在学术界对阿道夫·希特勒政权的反抗活动中发挥了作用。这个事实，再加上其普遍的仁爱和不同寻常的个人声望，在二战结束和纳粹制度倒台

---

[1] 参见尼尔斯·戈尔德施密特和迈克尔·沃尔格穆特2008年的作品，特别是第119~151页及第191~220页。朝圣山学社是一个供不同领域、不同国籍的古典自由派学者和思想家进行讨论的平台，是在弗里德里希·哈耶克的倡议下于1947年在瑞士的朝圣山成立的。

后给予了他相当大的道德权威。① 我父母十分钦佩奥伊肯。在这一点上，他们并非孤例。自奥伊肯 1950 年英年早逝以来，奥伊肯的所有学生每年都会聚集在弗赖堡大学，参加一年一度的纪念会，直至 20 世纪 90 年代，期间持续了数十年。我孩提时觉得这种坚定的崇敬之举有点烦。然而，随着年岁的增长，我忍不住产生了兴趣。到后来，我逐渐希望多了解一些有关他的背景情况——关于时间、挑战和学术遗产。

幸运的是，我父母能够且热切地与我分享他们知道和记得的东西。对我来说，他们是"活生生的历史书"。他们给我打开了一扇窗户，使我有机会一探德国历史上这个令人惊异、动荡不安、至关重要的时代。我发现这些谈话令人着魔，而且这或许在我身上留下了终身难以抹去的印记：我至今仍珍视与那些像我父母一样、比我大 40 岁的人们的谈话。他们向我倾吐他们的故事，把我带回到超出我的想象的时代，也远远超出了大众现如今对于近期历史所专注的东西。在沃尔特·奥伊肯的具体例子中，很显然，最初主要吸引我的方面是他与反抗活动的关系，不论是远还是近。然后，这个主题把一个巨大的历史领域展现在我的面前，范围从道德哲学和天主教社会伦理学到经济学本身。所有我能够说的是，这些都是有趣得难以置信的领域，沿着这些思路进行深刻反省可以使人快乐和幸福。

---

① 参见尼尔斯·戈尔德施密特 2005 年的作品。奥伊肯是"弗赖堡圈子"的三个秘密成员之一，甚至在形式上是题为"政治社会秩序"的著名论文的合著者之一，该文对战后经济秩序作了概述。这篇文章后来被盖世太保发现，并使两位主要作者康斯坦丁·冯·迪策和阿道夫·莱普深陷困境（意即受到监禁和酷刑）。

经济学中的卓越

虽然这部"活生生的历史书"显然在决定本书只聚焦于诺贝尔奖得主方面,起到了至关重要的作用,但这个决定也帮助我避免了在对经济学中的卓越、原创性和进步的界定上做徒劳无益的辩论——至少在眼下如此。我们将在本书第三篇再次探讨这个问题。就界定和衡量卓越和原创性本身而言,无事不重要,现在只要指出这一点就足够了。问题在于,怎么才可能以一种人人都赞成的方式这么做?如果努力客观地做这件事,那么操作起来哪些才可能是看起来有意义的?当然,在这方面,有些尝试已经作出了。计算一下权威期刊上发表的作品数量可能是一个办法,但这个办法太粗糙了。即使作品名称只是中间的辅音不同,其数量和质量也不一定是相关的。它们甚至有可能彼此矛盾。事情往往如一句老话所说,"少就是多"。人人皆知,"不发表就完蛋"这一设计可能会导致为发表而发表的现象。

为了衡量其影响力,计算一下某人发表的作品已被引用的次数,可能是另一个可行的办法。社会科学引用指数(SSCI)就是这种行为的一个绝佳例子。然而,这个指标不是非常令人信服。引用某人的作品并不一定意味着工作就是建立在这些作品之上。另一个导致SSCI不是一个完美指标的原因是,大西洋两岸的传统不一致,在"不发表就完蛋"方面,北美人面对的迫切性要强于欧洲人,因为至少在某些欧洲国家以及在某种程度上,欧洲人在申请大学教授席位之前,必须通过论文"资格"或"第四轮"审查——这当然会使得他们在较年轻的时候所发表的论文较少。然后,正如弗雷和波默林指出,"一旦获得了教席,就既没有必要也没有动力发表论文了"。这意味着——由于简单的制度和历史原因——SSCI数字不能用来进行比较。反对用SSCI来衡量卓越的另一个论点是，人们在此期间已经改变自己的行为来适应它。不仅仅引用机构结盟变得很流行，把注意力集中在SSCI上还助长了联合署名文章而非由学者个人单独负责的文章的趋势。联合署名还有其他许多优点，而且由于通信技术的改进，高度专业化的学者之间的互动可能越来越多，这一点在规模大、范围广的经济体中尤其突出。

不论严肃与否，美国统计学家施蒂芬·斯蒂格勒——诺贝尔奖得主乔治·斯蒂格勒的儿子——曾经建议，人们可能应该改为着眼于那些使学者个人获得名声的过往记录，把它作为一个衡量某一学术工作的品质和持久影响力的指标，而不论所考察的学者是否因其名字被用来命名某定律、效应或悖论而变得家喻户晓。这样的例子有萨伊定律、熊彼特的创新企业家、凯恩斯效应、阿罗悖论、索洛模型、莫迪利阿尼–米勒定理、斯托尔珀–萨缪尔森定理等。但同样地，这也是完全根据个人偏好而定的。许多杰出的学者虽然在经济学中留下了自己的印记，却没有伴随它留下自己的名字。在一些情形中，是否留名完全是因为过于复杂。在另一些情形中，不论由于什么原因就是没有留名，而这些闻名于世的创造却被安在其他人的名下，因为他们说了一些相关创造的含义的东西——这一点并非很糟糕。有限理性（赫伯特·西蒙）、竞争是一个发现过程（弗里德里希·哈耶克）、自然失业率（米尔顿·弗里德曼和埃德蒙德·菲尔普斯）就是这样的例子。因此，"斯蒂格勒法则"甚至表明：创造物非但未曾归之于其发明者的名下，反而归之于那些正好跟在他们后面捡起了该思想的人的名下。

诺贝尔奖

通过依靠直截了当的同行评议,诺贝尔奖避免了所有这些有关卓越和进步的复杂问题。乍看起来,这大概是最可能的折中之举。尽管如此,这也是一个不完美的办法,因为没人敢担保大多数人知道得最多。那么,这套方法是如何运作的呢?

诺贝尔经济学奖实际上不是一个诺贝尔奖项。其正确的全称是"瑞典银行纪念阿尔弗雷德·诺贝尔经济学奖"。它创立于瑞典中央银行300周年庆典的1969年,自此之后,瑞典中央银行每年用捐赠的形式"无限期"为它提供奖金。与其他诺贝尔奖项一样,仍由瑞典皇家科学院负责评选。该奖项于1969年首次颁发,获奖者是简·丁伯根和拉格纳·弗里施。颁奖典礼总是于阿尔弗雷德·诺贝尔的逝世周年纪念日12月10日在斯德哥尔摩举行,奖金额一直是一千万瑞典克朗;若某一年度获奖者多于一位,则奖金由获奖者平分。在这里,特殊之处在于,发明了炸药的天才瑞典化学家兼实业家阿尔弗雷德·诺贝尔(1833–1896)忍受不了经济学。

由于他对炸药和其他爆炸物的发明以及后来的工业制造,阿尔弗雷德·诺贝尔成为一位百万富翁。[①] 阿尔弗雷德·诺贝尔终

[①] 在他去世之时,他在20个不同的国家拥有80多家制造工厂和公司,每年生产6.6万吨炸药和塑料。其中一些公司今天仍在运营。例如,诺贝尔火药公司现在就有不同的残存形式。20世纪30年代,该公司成为IG法本公司的一部分,但二战结束后又被拆分出去。它被弗立克公司收购,后被德意志银行接管,后者把它卖给了MG技术公司(现在的GEA集团)。2004年,它被拆分成多个较小的实体,其中大部分被洛克伍德公司收入囊中。

身未娶，没有子嗣。他决定把其财产的绝大部分遗赠给一个以其名字命名的基金会，该基金会将定期颁发奖项，用来表彰能够给全人类带来最大益处的科学贡献。他们家族最初反对他的遗嘱，但最终还是在 1901 年颁发了首批奖项。诺贝尔指定了三大自然科学奖项，即生理学（也就是医学）奖、化学奖和物理学奖，以及两个非自然科学领域的奖项，即文学奖和和平奖，后者是一政治奖项。诺贝尔甚至指定了机构来负责评定他所希望建立的奖项：瑞典皇家科学院——诺贝尔本人是该机构的成员——负责诺贝尔物理学奖和化学奖、卡罗林斯卡学院负责诺贝尔生理学奖或医学奖、瑞典皇家文学院负责诺贝尔文学奖，以及由挪威议会推选的一个五人委员会负责诺贝尔和平奖。

经济学本身一点儿也不为阿尔弗雷德·诺贝尔所赞赏，尽管他本人是一名相当成功的商人。情况恰恰相反："我本人从来没学过经济学，而且打心眼儿不喜欢它"，因诺贝尔家族中的一些人试图结束这段插曲，他在一封信中如是表态，这封信于 2001 年被公开。① 他们没有得逞。然而，除了其发自内心的排斥之外，人们还可以想象，为什么诺贝尔不希望抑或正视把一个奖项授予

另一公司就是诺贝尔企业集团，它曾是英国帝国化学工业集团的一部分。诺贝尔企业集团现被一家日本贸易公司稻田产业株式会社所有，其最初的前身诺贝尔工业集团有限公司由阿尔弗雷德·诺贝尔于 1870 年成立，1926 年与卜内门公司、联合碱业公司及英国染料公司合并，成立了帝国化学工业集团（ICI），是英国当时最大的企业之一。此后，诺贝尔工业集团一直是这家公司的 ICI 诺贝尔分部。出售给日本人之后，它改名为诺贝尔企业集团公司。

① 这方面主要的活跃人物是阿尔弗雷德·诺贝尔的曾侄孙彼得·诺贝尔。他曾担任瑞典首位反种族歧视申诉专员（1986～1991 年）和瑞典红十字会的秘书长（1991～1994 年）。彼得·诺贝尔在英国的《金融时报》（2001 年 11 月 24 日）上宣称："经济学绝不在阿尔弗雷德·诺贝尔的遗嘱中，也不符合诺贝尔奖的精神。"

经济学发现。经济学不是一门自然科学。一些评论家仅仅由于经济学不能使人们作出任何可靠的预测,竟然主张经济学根本就不是科学。但如果采用熊彼特对经济学的定义——"任何种类的以有意识的努力对其加以改进为目标的知识"——那么经济学成为一门科学,就是当之无愧的,但它不是一门自然科学。社会科学区别于自然科学——这是诺贝尔唯一接受的——在于它不是一门"硬"科学。在自然科学中,对就是对,错就是错,很容易追踪得出。而在任何一门社会科学中,事情就不是这么简单了。正如哈耶克说,经济学处理的是复杂的现象。

标准和程序

该奖项的评选标准比照原诺贝尔奖的章程执行。这可以在诺贝尔基金会网站上读到,"经国王 1968 年 12 月 19 日批准,瑞典银行纪念阿尔弗雷德·诺贝尔经济学奖的章程"声明:

> 该奖将每年授予一位人士,他撰写的经济科学作品具有阿尔弗雷德·诺贝尔在 1895 年 11 月 27 日的遗嘱中所表达的突出重要性……奖项将由皇家科学院根据相关章程授予,相关章程应等同于根据其遗嘱而创立的诺贝尔奖项的评选章程。

诺贝尔的遗嘱——它也可以在诺贝尔基金会网站上找到——规定:诺贝尔奖将每年授予一位健在者,"该人士在之前的一年,应该给人类带来了最大的益处"。[①] 虽然这绝不是要去直接决定

---

① 他的遗嘱原文如下:"这份资本由我的执行人投资于安全的证券方面,并将构成一个基金;它的利息将每年以奖金的形式,分配给那些在前一年里曾赋予人类最大利益的人……我的明确愿望是,在颁发这些奖金的时候,对于授奖候选人的国籍丝毫不予考虑,不管他是不是斯堪的纳维亚人,只要他值得,就应该授予奖金。"诺贝尔使用单数形式明确谈及"作出过最重要的化学"或其他发现或改进"的人"。

谁在经济科学中已经"给人类带来了最大的益处",但也必须注意到,有两项基本规则的条文被永久地违反了:首先,随着时间的推移,奖项被授予单个人的情况已变得相当罕见。其次,可以理解的是,奖项也不是因上一年撰写的作品而被认可的。需要很多年才可以发现,经济学中的某项贡献是否是一个重大的范式转变,以及它是否进一步触发了富有成果的研究。

一个过了很长时间才获得诺贝尔奖的显著例子是罗纳德·科斯。因1932年在丹发表的一篇题为"企业的性质"的演讲,该文最后作为一篇论文于1937年发表在《经济学》上。科斯于1991年获得诺贝尔经济学奖。时间隔了将近60年。这种耗时漫长的现象,可能要部分归因于潜在候选人名单的某种积压,因为该奖项只是在1968年才创立——但主要原因是,贡献需要时间才能被人了解。尽管如此,诺贝尔奖评选规则的精神还是得到了尊重:该奖项授予的对象不是个人的终身成就,而是经济科学中的具体突破,不论这些突破是由一个学者还是由多个学者作出的。

实际上,诺贝尔经济学奖遵循的规则是,所考察的经济学贡献应该是明确的、原创的和重要的。正如长期担任经济学奖委员会主席的阿萨尔·林德贝克解释的:

> 遴选委员会尤其着眼于贡献的原创性、其在科学上和实践中的重要性,以及其对科学工作的影响。为其他学者提供借以站立并因而爬得更高的肩膀,一直被视为一项重要的贡献。在某种程度上,委员会也考虑对社会的一般影响,包括对公共政策的影响。

遴选过程比较复杂。其基本特征是主要依靠同行评议。我们可以在诺贝尔基金会网站上读到,每年9月,隶属于瑞典皇家科学院的经济学奖委员会,都会"向许多国家数以千计的科学家、学术界人士和大学教授发出邀请函,请他们推荐来年的经济学奖候选人。瑞典科学院的成员和前诺贝尔奖得主也被授权去推荐候选人"。通常,委员会收到200~300份提名,涵盖100位被提名者。委员会由5~10名被指定的瑞典经济学家组成，任期3年①，其中一人担任主席。与其他领域比较，这个委员会的成员数量相对较多，意在降低偏向的风险。在9月之前，委员会通过多数规则投票，缩小选择范围并作出选择。然后，这个选择必须作为一项建议提交给第九分部，这是瑞典皇家科学院的社会科学分部，他们将在10月中旬作出最终的投票。这些投票的全程记录将被保存至少50年，不得公开。因为第一次经济学奖是在1969年颁发的，所以公众要到2019年才能对皇家科学院的内部程序有所了解。

批评意见

虽然诺贝尔奖被广泛看做是一个享有巨大声望的奖项，经济学奖的决定也从未引发任何严重的争议（这与和平奖不同），但仍有人提出了批评意见。这些批评均有所指。一个问题与有关该奖的资助有关。与其他诺贝尔奖不同，经济学奖并非由私人提供资金。因为奖金来自瑞典中央银行，这意味着它本质上是通过铸币税，即通过得自发行货币的净收益提供资金；得自硬币的铸币税产生于硬币的面值和硬币的制造、发行和最终从流通中收回的成本之间的差额；得自纸币的铸币税是在交换银行钞票而取得的

---

① 这条规则是一场关于1994年度诺奖的争论的结果，此前没有任期限制。1994年，就约翰·纳什是否应该与约翰·海萨尼和莱因哈德·泽尔腾分享该年度经济学奖的问题，经济学奖委员会和瑞典皇家科学院经济学组之间爆发了一场重要的争论。争论的焦点不在于其贡献的实质——这一点是无可争议的——而是这样的事实：他的相关贡献已过去40多年了；他是一名数学家，他本人并未把自己的主要贡献看做是在经济学领域中，而是在数学中。另一个事实是，他患了精神分裂症，其职业生涯因此而蒙上了阴影，且被中断了；尚不清楚他是否能够参加传统的诺贝尔颁奖典礼。赞成票和反对票不相上下。最后，自1969年瑞典中央银行首度设立该奖项起就任职诺贝尔委员会的最后一位委员、1994年仍担任委员会主席、"在某些方面堪称诺贝尔奖之父"的阿瑟·林德贝克被以相当不体面的方式免职了。该委员会新的、更严格的规则由此建立起来。

有价证券之上赚取的利息与制造、发行这些银行钞票的成本之间的差额。① 关于铸币税真正属于或应该是谁的财产，存在着没完没了的争论。在大多数国家，中央银行在每年年末把铸币税收益过户给政府——这是对铸币税本质上属于纳税人的钱这一事实的明确承认。瑞典纳税人被迫要放弃这笔钱。

近期，保罗·萨缪尔森指出，该奖还有令人遗憾的间接影响，那就是，若其工作在性质上等于或仅仅稍逊于那些被授予了该奖的贡献，那么，未获得该奖对这样的学者来说几乎是一件有损颜面的事情。正如他在一篇为瑞典银行纪念阿尔弗雷德·诺贝尔经济学奖得主第二届林道聚会而作的文章中写道，他早在该奖项创立之前10年便已指出，"给一位精英人士授奖，会把一大群其主要研究成就仅在质和量上稍微不同——如果有所不同的话——的杰出人物排除在表彰之外"。除此之外，萨缪尔森还对同行评议过程本身感到稍许不安，他"不喜欢使自我不朽的精英群体的创造物"。

另一个可能会不时听到的批评是，由于例如在罗纳德·科斯的情形中的时滞，该奖往往来得太迟，而无法促进本领域的进一步研究。在某种意义上，该奖项实际上是一种事后认可，因而丧失了有效鼓励某些研究分支的潜力。但另一方面，这可能恰恰是有利的。在自由的思想市场上，其他任何东西都会遇到干涉主义——只不过这种干涉是用纳税人的钱赞助的，从它上面拿走一块罢了。这种直接影响的缺憾也意味着，弗里德里希·哈耶克的担心是没有根据的，即该奖只会助长经济学中的短期尝试和时尚。② 然而，正如哈丽特·朱克曼在其主要研究中指出的，经济

---

① 其他作者作了更令人不快的、尽管并非失当的描述。根据亚历克斯·库克曼的说法，铸币税是指"（一国）政府通过印刷货币从而可以从公众手中抽取的实际购买力的量"。
② 正如哈耶克在庆功宴致辞中说的那样，当他本人获得该奖时，总算放下了一颗心——只是因为他认为自己的工作一点儿也不时尚。他这不过是在半开玩笑。"我担心，这样一个奖项，尽管我相信确实是授予有关某个伟大科学基础的各种活动的，却会倾向于随科学时尚而摇摆。遴选委员会已通过把该奖授予那些像我一样观点不时尚的人，精辟地驳倒了这种担心。"

学奖似乎强化了所谓的马太效应——根据社会学家罗伯特·默顿创造的这个术语："马太效应会给已经有影响力和有权威的人赋予更多的权威和影响力，给本已获得荣誉的人带来更多的荣誉。"哈耶克还担心，该奖会给获奖者（们）带来一定程度的恶名，这种恶名最终是有害的。在他看来，"获得诺贝尔奖"感觉像是被赋予了一个权利，好像他们甚至有权对他们一无所知的领域说三道四。他大抵说中了要害。哈丽特·朱克曼写道："随着经济学奖的声望提高，这已导致这样的情形，即诱使某些诺奖得主进而宣称拥有广泛的智慧和权威，在所在领域之外也拥有已被证明的专业性。科学中的社会控制系统可能会发挥作用，去约束某些这样的行为，但几乎不可能根除。"著名的思想史学者马克·布洛格甚至发问："若无诺贝尔经济学奖，经济学家多半会对其他领域少一点傲慢，而且说不定这会是一件好事。"哈耶克建议，所有诺贝尔奖得主都应该发誓要谦虚。

然而，另一个批评针对的是所要求的特异性，这有悖于这样的事实，即值得授予奖项的不是学者个体，而应该是他们的贡献。我对下述观念颇有同感：在极大程度上，应该被认可的是在整个寿命的时间之内个人对知识一以贯之的求索，以及他沿着一条连贯的思考和天资线索越来越多新想法的产生。这将会为经济科学界树立真正的——和看得见、摸得着的——行为榜样。早期的一些诺贝尔奖走的就是这个路子，只是未予确认罢了，如只需想一想保罗·萨缪尔森和乔治·斯蒂格勒就可以了。正如本书的访谈录将要表明和我稍早前说过的，人们应当充满敬畏的不仅仅是社会自协调的自发过程。人们也应该对那些结出丰硕成果的个人生活给予同等的敬佩。

有人辩称，诺贝尔奖引起太多的注意，它在本领域有几分垄断性，这给予它太大的影响力了。诚然，诺贝尔奖是本领域最重要的奖项，并享有最高的声望，但这并非真正具备垄断性。世上还有无数其他奖项，即便其中大多数颁发的奖金额较少。且让我试举几个奖项：西北大学颁发的欧文·内默斯奖（15万美元），琳德与哈里·布拉德利基金会颁发的布拉德利奖（25万美元）

和IZA①劳动经济学奖（5万欧元）。不幸的是，美国经济学会1981年中止了其创立于1847年、享有盛誉的弗朗西斯·沃克奖。不过，面向40岁以下学者的约翰·克拉克奖被保留了下来。

最后，并非所有评论者对迄今为止诺贝尔经济学奖主要被美国人获得的事实都感到高兴。在截至2008年年中已获得该奖的61位经济学家中，有39位是美国公民。与其把这一点看做是某种随机偏差，我们反而应该看出，这表明了在美国所开展的经济研究的领导作用。我将在本书最后一部分对此作更详细的讨论。

总之，我倾向于认为，瑞典银行纪念阿尔弗雷德·诺贝尔经济学奖不仅是一个享有崇高声誉的而且是一个重大的创设。尽管如此，我刚才介绍的所有批评意见，的确包含有相当的事实，甚或更多。让我个人担忧的是：第一，保罗·萨缪尔森所称的"使自我不朽的精英群体"，和正规的、数学性的和情境式的经济学方法——而非更广泛地把经济问题看做复杂现象的经济学方法——占支配地位，这两种倾向都是同行互动过程的结果；第二，经由铸币税提供奖金，这并非没有造成瑞典公众的机会成本；第三，其准垄断性，这或许赋予该奖项在公众的认知中过多的权重。但从整体看，大体上仍是正面的。瑞典科学院作出的大多数决定都是可接受的，有些甚至是值得称道的。不管怎么说，不时把大众的注意力吸引到本领域，让他们有愉悦感，这还是有益的。只是衷心希望，哈丽特·朱克曼关于该奖项"倾向于使科学家从研究深奥、棘手的问题转移到研究'值得获奖的'问题上"的担心是错误的。然而，正如著名的英国记者萨缪尔·布里坦警告的，"取消（诺贝尔）只会提高那种利用租金控制、最低工资和军备升级等手段'来创造就业机会'的反经济学的影响力。向前看的最佳方式应该是……把该奖项扩大到一般的社会科学，并且切实实行"。此外，正如马克·布洛格所说，"对经济学来说，偶尔遭受一点点来自像诺贝尔委员会之类的半外部机构的打击，是有益的"。如果世上还有一个规模相当的竞争性奖项，

---

① 德国欧洲劳动研究院。——译者注

那就更好了，最好是用私人奖金。

被访谈者

自1968年创立诺贝尔经济学奖以来，已有62位学者获得了该奖，其中有37位今天依然健在。然而，这个数字对于本书的目的和范围来说太大了，所以我不得不作出抉择。我选择了10位获奖者——我是以部分主观、部分客观的方式选择他们的，这一点我必须承认。从客观说，我的目的是多样性。我希望说服来自不同意识形态背景的获奖者（左派凯恩斯主义者如保罗·萨缪尔森、罗伯特·索洛和乔治·阿克尔洛夫为一方，古典自由主义者如詹姆斯·布坎南、道格拉斯·诺斯和弗农·史密斯为另一方）。我寻找的是采用不同方法的获奖者，范围从较正规的方法到较描述性的方法。我感兴趣于可能彼此了解且过去一直作学术斗争的获奖者，这使我能够了解到一些有关他们彼此交锋的情况（詹姆斯·布坎南和肯尼斯·阿罗，或罗伯特·索洛和埃德蒙德·菲尔普斯）。我期待的是不同时代的获奖者（年已九旬的保罗·萨缪尔森与花甲之年的乔治·阿克尔洛夫）。由于我自己的国家背景，我当然选择了一位德国获奖者。我还努力寻找在与之交谈时比较有趣、令人兴奋和富有教益的获奖者——这是我个人的主观部分。我希望找到我多少了解一些或我至少可以合理地预计他乐于畅所欲言的获奖者。而阿马蒂亚·森超过了我预定的人数，罗纳德·科斯则因身体欠佳而未能满足我的要求。我很幸运，其他诸位全都欣然同意参加我的计划：保罗·萨缪尔森、肯尼斯·阿罗、詹姆斯·布坎南、罗伯特·索洛、加里·贝克、道格拉斯·诺斯、莱因哈德·泽尔腾、乔治·阿克尔洛夫、弗农·史密斯和埃德蒙德·菲尔普斯。① 我请这些诺贝尔奖得主在我面前

---

① 为了慎重起见，我之前多次与詹姆斯·布坎南、罗伯特·默顿、加里·贝克、道格拉斯·诺斯和菲尔普斯见面确认，其他人则是我后来新发掘的。

作深刻反思，也就是说，仔细检讨在各自事业和个人生活中所走过的道路，并对一直以来各自最重要的驱动力和灵感源泉是什么进行阐述。我知道自己是在索取很多。我要感谢自己所得到的运气。

口述历史

本书从口述历史的理念和方法中获得了大量灵感，这当然不是史料编撰工作。一般而言，口述历史只是意味着记录、保存和阐释基于个人经历和个人意见的历史资料。这一技术已发展成为历史研究的一大领域。可是，历史学家追求的是其他东西，也许对我在这里的目的而言更是如此。正如罗伊·温特劳布简洁陈述的那样，"对历史学家来说，背景就是一切，所以，他们会把谈话当做部分原始资料，可以有限制地用于编制严肃历史"。因此，这一"严肃历史"将不仅仅是一部"由这些做研究的科学家本人讲述的历史，而是一部包含思想的含义和影响的历史"。我在本书所做的工作，大概要完全归入他相当彻底地作了如下描述的类别中：

> 大多数经济学家将把经济学的发展看做是要么被这个世界——被称为经济——要么被工具、方法和理论化的发展所抛出的一系列问题。这就是说，大多数经济学家把经济学看做是一种解决问题的活动，把经济学史看做是一个提出、解决、再描述，以及进一步地再提出、再解决问题的序列。对他们来说，经济学家是受到训练并适应社会需要，以识别出这些经济问题，并在以下这样的世界中起作用的人——在这个世界中，组织和解决此类问题界定了经济学专业。

这一切因而导致了：

> 经济学史的著述，历史学家称之为 OTSOG 法，OTSOG 是"在巨人的肩膀上"（on the shoulders of giants）

的英文首字母缩写……历史叙述并不是一部流水账，按事件发展顺序记录下来即可，相反，它是根据所有这些事件上下、左右的关系，把许多故事交错编入一幅包含局部事件和偶然事件的画卷之中。

虽然考察和分析这样一个"提出、解决、再描述，以及进一步地再提出、再解决问题的序列"的确是我显而易见的目的，但我的观点实际上不是一种黑格尔观，在后一观点中，理论性科学与人类的任何其他活动一样，是一个不可避免地螺旋上升的过程。这样的螺旋上升过程甚至不能被比做个人成长过程：随着年龄的增长，人们可能创作出更精致的文章，但情况不一定如此。经验已经表明，在人的一生之中，创作能力呈现出这样一种趋势：创作能力先是越来越高，盛年时达到顶峰，40岁之后开始走下坡路。而且，后期发表的作品可能完全属于不同的类别，所以，认为这样的分类"更好"是没有根据的。① 本书的访谈录证实了这一点。它们显示了"对新范式的研究可能是多么艰难，完全不是直线式的"，美联储现任主席本·伯南克在一个类似的场合如是说道。

此外，诚然，提供"部分原始资料"——只要愿意，其他人当然可将它们"用于编撰严肃历史"——确实是我的目的，但我必须坚持，历史本身并非本书的焦点所在。确切地说，我感兴趣

---

① 约翰·戴维斯在其关于约翰·梅纳德·凯恩斯的哲学的优秀专论中提出了这样一个观点："具有讽刺意味的是，近期关于凯恩斯和哲学问题的文献，虽然主要兴趣是为了解释凯恩斯的哲学思想对他之后的经济学的贡献，但多数学者已经开始研究起《概率论》来，就好像凯恩斯的智力发展在时间上预示了一个类似的概念发展或逻辑发展，也就是说，就好像较后的思想有赖于较先的思想（亦即较后的思想紧随较先的思想）一样。"乔治·斯蒂格勒沿相同的思路作了论证。他警告说，"传记与其说阐明了倒不如说歪曲了对科学工作的理解"。

的是个人的故事，故事是以这些学者个人现在回顾过去，检讨和阐释各自旅程的方式讲述的。我明确请他们"按发生的顺序把一件件事罗列出来"——不过，当然不是以温特劳布似乎担心的粗劣方式来讲述，而是设法深入挖掘个人的往事。例如，读者将会看到，本书花了大量的时间和笔墨专门去查找关于可能发生于儿童和青年时期有影响的事件。在这方面，可能有人会辩称——温特劳布的确就这样辩解——记忆是有系统性偏差的：作为一条心理学规则，一旦到了75岁高龄，一个人对儿童早期的事情不会记得很多，但对成年初期记得很多；之后，我们的记忆力再次下降，只是到50岁之后再次提高，这完全是时间距今较短所致。温特劳布辩解道，"记忆能力"的这种模式，在所有文化和各种记忆类型中都是稳定的。这暗示，人们往往会对他们在大学学到的东西给予不相称的强调："不要信任任何超出我们记忆能力的人。"当然，这是一个必须承认的事实，但这本身并不值得担心——这不过是人类存在的方式。

  本书这种原始口述历史的要旨正在于，它不是依靠对乍看起来一定不相干的客观事实的记录，而是预先就认可主观性。这种口述历史能够传达的不是事实，而是个人的原话。他们每个人都引人注目。当我的诺贝尔奖得主讲述凯恩斯革命，当他们回忆经济学的不同部分如何构成以及他们如何相互斗争，当他们回忆某些新范式如何增加新的理解层次而另一些未能这样的时候，人们所得到的当然不是经济学史本身，而是个人关于经济学的历史，甚至是对某一具体经济学的非常个人化的陈述。因此，基于各种各样合乎条件的原始观点来构建读者自己的解读，决定权在读者。

  例如，众所周知，罗伯特·索洛是一个凯恩斯自由主义者。根据菲利普斯曲线，在就业和通货膨胀之间存在着一个此消彼长的关系，可用于制定政策。但在20世纪60年代，埃德蒙德·菲尔普斯和米尔顿·弗里德曼推翻了菲利普斯曲线，这使凯恩斯主义遭到重大打击。然而在访谈中，除了不一致外，不可能指望任何东西，不过，看一看在其中索洛和菲尔普斯如何谈论这些年、他们如何进行学术斗争、他们今天对它保持怎样的记忆以及它如何影响他们个人，是颇令人着迷的。彼此之间进行如此激烈的斗争，他们还可能是朋友吗？这里仅举两例以飨读者。索洛说：

> 取代最初的菲利普斯曲线的，是弗里德曼-菲尔普斯自然失业率长期垂直菲利普斯曲线。从第一天起，我就一直认定，这不过是一种由站不住脚的实证分析支持的站不住脚的理论。

另外，菲尔普斯记得：

> 我当时受到了经济学界最资深、最受人推崇的人物发起的攻击。我遭到了嘲笑。在某种实质的程度上，其中一些人还是我的朋友，但这是一场非常严肃的事关学术地位以及真理的竞争。这是一场关于谁将要被视为正确地理解了这一点的人的对抗。

很难说谁赢得了这场学术斗争，争端至今依然存在。

另一个例子是关于社会选择理论的理论争论。争论始于20世纪50年代，最初是围绕着肯尼斯·阿罗的文章展开的。虽然阿罗至今仍自豪地说，"就其本身的主张而言，我的理论从未被推翻过"，但詹姆斯·布坎南当时作出了根本性的批评，并且今天仍然批评"社会福利函数的概念。它对我没有任何意义，而且对我来说今天仍毫无意义"。他提醒我们：

> 布莱克和阿罗提出的这个概念是，要是我们能够编

制一个社会分类或福利函数该多好。在我看来，事情完全搞反了。他们的理想是一种我们不想要的偏好结构。我们需要避免统治，所以我们实际上想要的是一种循环。

同样，这个争端今天仍在困扰着人们。看到即使在半个世纪之后情况依旧，真令人惊讶。

这两个例子证明，访谈中得到的观点肯定是多么的主观。但这并不是一个缺陷，而是人们必须知道的东西，不过如此。正是主观性使得访谈如此趣味盎然。恰恰是这种主观性，使读者对这些学者在参与学术斗争时各自的心路历程——何者在驱使着他们——能有所感。采访者一方也有主观性，部分是不知不觉的，部分是有意而为的。我努力行走在敏锐的学术兴趣和新闻从业者更明确的好奇心之间的中线上。在这两个领域，我本人的主观性引导我提出了某些问题，放弃了另外一些问题。它指引我坚持某些观点，必要的话反复提出某一问题，甚至提出我自己的不同观点，并快速转到其他问题上。

一般而言，口述历史面临着被访谈者常常有话要说的问题。有时候这可能等于是牵强附会的独断："毕竟，在阅读一部经济学家的自传性论文集时，若读者本身就是经济学家，那么读者的期望要么是找到一个道德警示性的故事，要么是找到一条值得效仿的金光大道，以帮助读者对其自己的生活作更好的叙述。"休斯把这个称为"较量性解读"问题，在这种解读中，一个"不容更改的参与者的历史"相当程度上模糊了"真实的"历史。德·沃尔金暗示，仅仅由于他们的话将被"记录在册"，被采访者普遍有一种不去讲述全部真相的倾向："让科学家知道他的意见或回忆将被保存下来……单单这个行为……就可能会使科学家马上转而以公众形象示人。若愿意的话，甚至以面具示人，这反映出，关于他们自己、他们的生活和他们的成就，他们希望人们将会记得些什么。"问题也会触发某些种类的回答。正如温特劳布指出的，"记错事情并非罕见"。①

好了，所有这些防止误解的说明都一一列出了。不过，这些"失真"要么是不可避免的，要么是受人欢迎的。可以理解的是，温特劳布把自传性材料看做是十足成问题的，倘若自传性材料被假定用来编制较重大的历史描述的话。但是，我的目的甚至不在于这种一般性。我发现，恰恰是我追求的这种个人主观性能够给人以启发。在某些情况下，人们可能的确想知道，事情是否真的像它们被讲述的那样发生。也许被采访者不过是在设法逗人发笑，也许他们想给人们留下深刻印象，又或者他们不想承认某个缺点。但如果人们稍微带一点感受性和人类同情心来阅读本书的访谈，那么毫无疑问，对这些事情是不会视而不见的。比如，人们将会注意到，历来礼貌而热情的肯尼斯·阿罗，现在仍十分渴望表现得才华横溢。读者将清楚了解，保罗·萨缪尔森仍感到米尔顿·弗里德曼是他的肉中刺。读者将惊讶地看到，道格拉斯·诺斯养成的习惯是多么的离经叛道。这一点真真切切。反过来，所有这一切就其本身来看同样是很有趣的。

问 题

在所有访谈中，我都遵循了相同的模式。我首先解释了自己

---

① 尤其是温特劳布强调，每个人通常会在认知方面经历他能够选择的两个重要时刻：第一个时刻是，行动已先作出，人们下意识地选择记住什么、忘记什么；第二个时刻是，记住和叙述一个人的故事中剩下的东西。

的计划和研究兴趣，然后，我请所有这些诺贝尔奖得主给我讲述有关他们的生活的故事。他们全都提前收到一份详细的计划草案，他们知道将会发生什么。因此，我的方法包括提出的问题，使我能够同时搞清楚经济学背景、经济学的发展水平以及被采访的思想家的个人经历。通常，我首先提出的问题是，最初吸引他们到经济学的东西是什么，在他们青年时期、在他们的家庭背景以及他们长大成人的过程中，是否发生了什么引起他们对这些问题感兴趣的事情。接下来重要的步骤是学业情况（读小学、中学、大学、硕士和博士等），第一次就职于研究领域，以及合适的话，战时在做什么——全都聚焦于产生了重要影响的个人，例如老师、同事、队友和朋友等，以及聚焦于当时的经济和政治情况。接下来，我们将逐步深入，从一个突破性的想法到下一个突破性的想法，从一篇重要的论文到下一篇重要的论文。这看起来是一个合理的方法，恰好是因为我设法探究的是造就卓越的灵感。在这一点上，我当然针对他们每个人提出了预先准备的问题，但所有问题都遵照相同的模式。当然，我有时禁不住诱惑，稍微偏离主线，更详细地讨论了与诺贝尔得主各自的专业领域相关的有趣话题。

　　至于谈话的层面，我已设法使之相当没有技术性。由于我既是经济学家又是记者这一双重背景，我希望自己能够避免与这类访谈有关的两个众所周知的问题：谈话很容易向读者引入太多的闲聊，或者太抽象的东西。作为一名在学术上受过训练的经济学家，我的目的是触及关键理论领域，并往下追踪下去，提出概念性的问题，只要问题有益即可；而作为记者，我牢记着要去增加人们的见识，尽量避开经济学家之间太技术性的谈话，因为这种话题对于"外部人"来说是很难跟得上的。

　　我已尽力让我的问题的基调证明我对这些受访者所具有的无

条件的尊重。虽然我给予他们以动力,并设法涵盖一定的范围,但我从来没有试图推着他们走。在这一点上,我偏离了最典型的记者风格,不幸的是,这不只是一句陈词滥调。情况的确如此,记者经常提出各种人为挑衅性的问题,因为这会带来更有力和有趣的回答。就个人而言,我不欣赏这种明目张胆和吵吵闹闹的现代风格。当我读到这种方式时我不喜欢,当我被假定要运用这种方式时就更不喜欢了。然而,在目前的情形下,这不只是个人喜好的问题,它完全也是效率的问题。这些访谈中我想达到的是让受访的诺贝尔奖得主敞开来讲述他们的故事,促使他们进行自我检讨和评论,让他们把他们的记忆分享给我,这要求信任和放松。任何自以为是的、进取性的基调都完全不适当,会产生事与愿违的结果。我于是采取了更超然、更恭敬的态度,这让我受益匪浅:与十位拥有非凡智慧和智力超群的杰出学者的访谈,始终是在一种无拘无束的、主要是幽默的氛围中进行,令人心情舒畅。他们慷慨地分享了他们的知识和自省,这种行为是无法用价值衡量的。尤其是在这样一种情形中,谈话就如预期的那样,不仅在智力上,而且在情感上让人倍感充实:你与某个堪为你父亲的人相谈甚欢,越聊越深入,以至于找到一些缘分。像这样让人尽享乐趣的谈话是很少遇到的。

我还尝试了一个不寻常的工具,是我从新闻业继承而来但做了改变以适应于理论经济学,这就是,一张沿袭规范的普鲁斯特问卷的思路制作的问卷。《法兰克福汇报》,一家德国顶尖的严肃类日报(也是我以前工作过的单位),过去常常把这种问卷放进一份一周发行一次的增刊中;不幸的是,20世纪90年代,增刊由于财务原因被迫停止发行了。问卷包括一份相对较长的问题清单,所有问题绝不用超过一句话就能予以回答。理想情况下,寥寥数语即可。这种简短性对于解答者来说是一个相当的挑战。必须作出决断，而且要快。毕竟，应对这个挑战有两种可能的方式：要么深思熟虑，这可能要花很长时间；要么依靠直觉给出发自内心的答案。这两种方式各有优点。对读者来说，要得到对某个人的印象，这些问卷大概是能够想象的最快的方式了。问卷的话题从"您特别喜欢历史上的哪些人物"到"最担心什么"和"更喜欢哪种死法"，无所不谈——当然包括答案本身，还有风格、一句话的长度、幽默感（或没有幽默感）。因此，我采用了这类普鲁斯特问卷的模板，然后加以改造——毋宁说进行了缩减——以适应经济学领域。经我改头换面的问卷现在涵盖了从"就您所知，最糟糕的经济政策失误是什么"或"最重要的理论突破是什么"，到更棘手的问题，例如"如果必须在自由和正义之间抉择，您会选择哪个"，以及"何者是您职业生涯中最让您痛苦的失败，您愿意列举一下吗"，再到微不足道的琐事，如"您最爱吃哪种食物"。对于后一问题，保罗·萨缪尔森的回答干脆利落："烤鸭。"

不过，我并没有极力去说服每一位受访者做这件事。虽然保罗·萨缪尔森、罗伯特·索洛、肯尼斯·阿罗、弗农·史密斯和埃德蒙德·菲尔普斯似乎尽享做此事的乐趣，詹姆斯·布坎南和莱因哈德·泽尔腾则愤然予以拒绝，认为这是在浪费时间。道格拉斯·诺斯、乔治·阿克尔洛夫和加里·贝克未作任何进一步的评论，便放弃了他们的承诺，尽管我有礼貌地恳求了好多次。即使起先我对此不高兴，直到某个时候，我终于意识到，这些跟两个因素有关，一个是他们独立的人格，另一个是他们不喜欢任何一望便知、缺乏复杂性的东西。甚至，拒绝本身也让人们稍微了解一些他们潜在的个性和精神状态——这一点是颇有价值的。因此我没有坚持己见。剩下的问卷起到了一种对某些基本问题提纲挈领的作用。它们不仅让人长见识，而且读起来非常有趣。好了，就此打住，不再多说了，享受乐趣去吧。

第二篇

访谈录

保罗·萨缪尔森

美国马萨诸塞州坎布里奇市麻省理工学院

获1970年度诺贝尔经济学奖,"以表彰他的科学工作。通过这些工作,他发展了静态和动态经济理论,并对提高经济科学的分析水平作出了积极贡献"。

简 介

　　波士顿正对面，沿着查尔斯河的北岸，麻省理工学院呈方形平铺开来。然而，关于这片地方，那大约是人们能够说的唯一讨人喜欢的东西了。大多数建筑曾见证过更美好的时光，斯隆商学院也不例外，许多经济科学明星们的办公室就坐落在这里，保罗·萨缪尔森的办公室位列其中，与罗伯特·索洛——他在宏观经济理论界随叫随到的辩论对手——的办公室门挨着门。他的办公室比其他人的稍大一些，但里面的窗户需要清洁一下了，用旧了的家具看起来自 20 世纪 70 年代以来就根本没换过，包括那部大块头灰色电话，它的铃声会让人误以为到了另一个年代。接待室是他的秘书贾妮斯的领地，墙壁上一系列相对较近期的运动照片告诉人们，何色人等聚集在这里：詹尼斯·默里在拳击；罗伯特·索洛在划船；保罗·萨缪尔森在打网球。然而就在现在，92 岁高龄、身材瘦小的萨缪尔森几乎消失在他的办公桌后面。他热情地向我打过招呼后，立刻直奔主题。

　　保罗·萨缪尔森肯定是最让人望而生畏的诺贝尔奖得主之一，他极其尖锐，开玩笑似的谦卑，但对他人的判断总能一针见血，飞快而轻松。他 1915 年 5 月 15 日出生于印第安纳州加里市，身为一名犹太裔药剂师的儿子，他先是就读于芝加哥海德公园中学，而后 16 岁时在芝加哥大学上学，之后转到马萨诸塞州坎布里奇的哈佛大学。在哈佛大学，他获得了文学硕士学位，带有"低级研究员[①]"头衔，并于 1941 年获得博士学位。他深受华

[①] 研究员：被委任某一职位并获得财务资助以供进一步学习研究的硕士研究生。——译者注

西里·列昂惕夫、约瑟夫·熊彼特尤其是在美国推广普及了约翰·梅纳德·凯恩斯的作品的阿尔文·汉森的影响。1940年，年仅25岁，他就被麻省理工学院授予助理教授之职——可能如某些人怀疑的那样，哈佛大学出于反对犹太人的原因没有给他聘书，在这种情况下他接受了这个职位。二战期间，萨缪尔森曾在美国资源计划局、战时生产委员会及战时动员与重建办公室工作过。1947年，他获得了麻省理工学院终身教授职位，并着手创立我们今天所知的经济学系。他还先后为兰德公司、美国财政部、北大西洋公约组织以及美国总统德怀特·艾森豪威尔、约翰·肯尼迪、林登·约翰逊工作过。他担任过美国联邦储备委员会的顾问。他是一名多产作家，几乎涉及经济学的每一个领域，出版了若干部著作——其中最重要的是《经济分析基础》①和《经济学》②，该书现在已经是第18版了——和数百篇论文，平均算下来，其全盛时期几乎一个月一篇。他先后获得1941年哈佛大学的大卫·威尔斯奖、1947年美国经济学会的约翰·克拉克奖和1971年的阿尔伯特·爱因斯坦奖章。

他的大脑似乎从不休息，涉猎了经济学几乎每一个可以想象到的领域，并对这些领域贡献了基础概念和理论。例如在贸易理论领域，他留下了自己的印记，解释了从贸易受益所需的条件，并揭示了保护主义往往会提高一国相对稀缺的生产要素的实际报酬，而开展国际贸易会使相对充裕的生产要素受益（斯托尔珀-萨缪尔森定理）。在消费理论领域，他从人们购物时显示的"偏好"得出了需求曲线，而不是把时间浪费在不可能观察到的边际

---

① 该书也是他的博士学位论文，名为"经济理论操作的重要性"。
② 《经济学》现在已是第19版，该书近些年（1985年之后）是他与威廉·诺德豪斯合撰的，已译成41种文字，累计销售超过400万册。

效用上。在资本理论领域，他显示了如何去处理成分复杂的资本品。在经济增长理论领域，他建立了"大道定理"，阐述使增长最大化的条件。对于动态理论和稳定性分析，他创立了"对应原则"，为静态理论和动态理论之间建立了原来缺失的联系，从而帮助人们理解均衡状态之外的情况。在商业循环理论领域，他创立了加速器–乘数模型，使人们能够以相当简单的方式理解商业循环现象。在公共财政领域，他揭示了为提供公共物品而应该采用的最优税率是多少。也许有人会说萨缪尔森的方法属于折中学派，但这没有切中要害。更适当的说法应该是——他本人也是这么做的——他是最后的通才之一。其研究领域之广，举例来说应归因于他的天赋，但无疑也要归结于以下事实：当他起步的时候，经济理论尚未分化成现在这样的门类。他所活跃的时代是经济学刚开始铺开和蓬勃发展的时候——而且他本人促使了这些的发生。

　　有趣的是，当涉及萨缪尔森是否缔造了他自己的一个思想学派这个问题时，观察家们分成了圈内和圈外两派。对于自立门派问题，鉴于其研究方法的一般性和他不拘一格地使用每一种可用的工具，有些人加以否认。然而，我们的观点是，他的影响力一直很巨大，这是因为在其涉足的所有领域中，萨缪尔森运用了他的一个重大的一般创新：公式化、数学化，或者正如诺贝尔委员会所说的那样，他"为提升经济科学的分析水平作出了积极的贡献"。结果，在这一点上，萨缪尔森不仅是有史以来最有才气而且是最具影响力的经济学家之一。通过证明所有经济行为能够以某个数学化问题的形式加以研究，他根本性地改变了经济学。在某种意义上，公平地说，所有现代经济学都是萨缪尔森学派经济学。曾经是一个较描述性的或文学性的、与古典哲学紧密相连的专业领域，现在成为了一门相对严格、精确的学科，而且这种发展趋势似乎不可逆转。虽然这可能因有所缺失而令人扼腕,但必须承认的是,公式化的理论在思想市场上最后取得完胜。这个专业不再满足于更高高在上的哲学方法,而是要求有某种具体的、精确的允许政府有所为的东西。

拥有这样一门近乎"自然"的硬科学,从而使它本身对政治行动更容易提供帮助的要求,实际上自20世纪20年代后期以来便已经在经济学中被提出了。(当时)正统经济学的既有工具对大萧条①似乎提供不了令人满意的解释和答案。正如萨缪尔森本人指出,大萧条对他造成了深远的影响,他现在仍把它视为"迄今为止最重要的经济灾难"。在这一严峻的情况下,需要的是一个理论性的主干,一方面使人们能够理解不均衡,或者甚至更好;另一方面使人们能够理解带有持续失业的不均衡。由于这个原因,该专业不仅得体地加快了发源于英国的、以约翰·梅纳德·凯恩斯的《就业、利息和货币通论》为代表的新趋势,而且开始向外寻找能够使分析更精确的工具。由于这个要求,数学化就成为一个自然的、直接的选择了。保罗·萨缪尔森实际上把约翰·梅纳德·凯恩斯引以为自己的主要行为榜样之一——尽管如此,当《就业、利息和货币通论》面世时,正如他在其他场合表示的,正由于它与新古典均衡理论不一致,他"并没有马上喜欢上它"。他立即着手去做看似不可能完成的事情——把凯恩斯的洞见融入均衡理论中。这就是后来所称的"新古典综合派",通过这么做,他创立了一个新的正统,经济学中的一个新主流。

保罗·萨缪尔森是以人们也许需要称之为美国自由式的方式

---

① 时间跨度为1929~1937年。关于对大萧条本身的准确描述,以及包括保罗·萨缪尔森在内的一些主要经济学家在此期间的经历,请参见兰德尔·帕克2002年的作品。

看待这个世界的。他个人的生活和工作经历已经激发并加强了这样一个感觉：最优的经济系统应该是一个类似于"第三条道路"的东西，即混合了自由市场和积极的集体选择，避免自由主义极端和社会主义极端的东西。大萧条永远使他不再迷恋于"去除了脚镣"的资本主义。他十分钦佩富兰克林·罗斯福总统，因为据推测，后者的"新政"帮助结束了大萧条的灾难性影响，并在美国建立了一张社会保障网络。在萨缪尔森看来，"自由放任"仅仅意味着国家不会履行其职责。自由主义对他来说是一套易于误导人的哲学。萨缪尔森喜欢警告说，市场绝不是也绝不可能是完美的——因此，在他较近期的一篇论文中，他从数学上证明，存在着使自由贸易并不会增进每一个人的福利的情况，由此他再度搅动了整个学术界。他的论文招致许多人批评他没有考虑技术进步的影响，然而，他的警告却引起了特别的注意，因为一些美国人对于来自中国的激烈竞争的疑虑变得越来越强烈。萨缪尔森表明了，即使平均来看，顾客能够从这种竞争中获益，但美国国内的某些群体，尤其是具有较低专业技能的群体，却可能受损。不过，与某些游说者不同，萨缪尔森并没有暗示，应该采用保护主义措施来减缓全球化的步伐。相反，他提倡作出某种补偿：赢家应该把他们的所得与输家分享。

保罗·萨缪尔森走过的道路堪称是在经济理论的发展中应时而变的经济挑战、经济学作为一大科学领域的演变以及个人经历如何合起来发挥作用的一个完美范例。所有这三条发展主线都是相关和相互作用的。萨缪尔森的研究方法是在大萧条这一令人困惑的时期发展起来的，这是他度过了自己的儿童期并渴望去理解的时期，尽管他们家并非严格意义上的知识分子家庭。至少，保罗·萨缪尔森发现经济学不太容易给出令人满意的答案。在经济学中留下自己的印记、指明通往数学化道路的过程中，萨缪尔森激起了新的争论，这使得理论精益求精的过程持续下去。这个过程发展出了它自己的某种活力。正如他承认的，他一直以来从事的大量工作，只不过作为一个主题被提了出来，因为别人写下了一些他感到迫切需要去改正和澄清的东西。因此有人可能会说，萨缪尔森提供了使经济学进入其现代轨道的数学工具，然后以多少悠然自得的方式观赏着即将来临的整个学科分化的过程。在访谈过程中，我们一再看到，有许多次，他清楚地对米尔顿·弗里德曼，一个既令他烦恼又给他以灵感的人物作出反应，情况似乎就是这样。这个智力过程的辩证法，显然既要求去诱导别人反抗，又要求有人去反抗。

访 谈

本次访谈时间：2007 年 6 月 4 日

萨缪尔森教授，您能否告诉我，首先，是什么促使您转向经济学？对您的教养在其中发挥了什么作用，如果有的话？先谈谈您小时候的情况吧。

我很小就是一个聪明的孩子，上学跳过级。现在回过头看，我意识到我孩提时就十分自信，这种自信大部分不是后天获得的。例如，只是因为我数数比班上其他同学都快，我就认为自己可以成为一名大广播员。我觉得，不论我着手做什么都会成功。这当然很荒唐。呃，我有一个支持我的家庭，一个聪明的哥哥。事后回想起来，我得说我还有一个聪明的弟弟。我的堂表兄弟姐妹们就没这么聪明。实际上，我的自传中写了一段不同寻常的经历，那是从 17 个月大直到 5 岁半这段时期，那段时期的大部分时间是在一个寄养家庭度过的，那是波特县的一个农场，紧邻我的出生地——印第安纳州加里市不远的莱克县。

那是怎样发生的？

这件事我从来没有搞明白过。可能发生过一场灾难，但也可能根本没有。这段时间每天要花一美元，用于吃饭、住宿，得到某个与我无血缘关系的人的爱。我是从母亲那儿得知这些的，那时她已经将近 90 岁了——我以前对这个根本没有一点好奇心，但在那时，我们需要一些东西去谈。整个背景就好像 19 世纪末新教徒的美国乡村环境。室内一根管道都没有，夜壶摆在壁橱里，也没有电。这意味着天黑时你得使用油灯。但就着那些油灯很难看得清字，因此得早早上床睡觉。我觉得，在这种环境中不可能有很多的智力刺激。正相反，我弟弟罗伯特——哈佛大学前校长劳伦斯·萨默斯①的父亲——和自己的儿子每天花很多时间谈论经济等问题。我认为，大卫·弗里德曼和米尔顿·弗里德曼的情形也一样。② 如果您跟大卫·弗里德曼谈话，他会说自己从未受过米尔顿的影响，但事实上，大卫·弗里德曼像米尔顿一样古板，一点也不逊色。我们兄弟的情况就完全不是这样子。

关于支持您的父母，他们的情况是怎样的？

我父母都来自夹在立陶宛和东普鲁士之间的波兰的同一个小地方。我后来才得知，我母亲是追着父亲——她的堂兄——来到美国的。我父亲过来后，经纽约地区短暂逗留，来到了中西部，成为一名注册药剂师、杂货店老板，并拥有了自己的杂货店。这

---

① 为了免遭反犹太歧视，萨缪尔森家族把姓氏更改为萨默斯。
② 米尔顿·弗里德曼（1912 – 2006）荣获 1976 年诺贝尔经济学奖，以表彰其"在消费分析、货币史和货币理论等领域中取得的成就，及其对稳定政策复杂性的实证"。

对于相对贫穷的移民来说，是一个共同的模式，否则有可能是去医学院上学。1912年，我父母从芝加哥私奔到威斯康星州的基诺沙市。

他们为什么这么做？

他们必须这么做，因为他们是直系亲属，这一点我已经在前面提过了。在那段时期，若他们在伊利诺伊州结婚，就属于违法，而在威斯康星则不是。这就是为什么我有6个手指头，你看（他对自己的玩笑话咯咯笑了起来）。我父亲在几件事上相当擅长，例如代数学，这些他的确和我讨论过。但是，我们不讨论世界的情况。

那么，可以说您的血液里有一些数学亲和力啰？

是的。实际上，当我还在上小学的时候，我就确实学会了有关解联立方程的东西。

您母亲的情况呢？

这个嘛，我母亲的情况肯定有点不同寻常，因为在她那种环境里，大人一般不会期望自己的女儿上学太多。但她在法语和拉丁语上达到了某种熟练程度。我不确切知道她是怎么做到的。我觉得她们家比周围的家庭稍微富裕一些，因为她祖父大约在19世纪中叶美国内战时就已来到美国了。他开始时大概是当小贩，把自己的家留在祖国，寄钱或带钱回家。这也是十分普遍的模式。他后来成了一名小麦商人。我母亲是这样一个人，她对何者重要的度量在极大程度上取决于他们的富裕程度。我还认为她是一位早熟的女性积极分子。她不喜欢做家务。这或许是为什么我孩提时就去了那个农场的一个原因，也许我在饮食上也难以侍候。不论如何,她是一个拙劣的厨师。这是完全可以理解的。

  那时的经济环境看起来怎样?对您产生了什么影响?

  我是在第一次世界大战激战正酣时出生的。事实上,我出生在一个前线小镇,一个新建的小镇加里,那里有世界上最大的钢厂,在我出生前10年,那里还是一片沙地呢。作为一个大公司城,它的确拥有极好的教育系统。顺便说一下,米尔顿·弗里德曼的情况相同,这就纯属偶然了。他出生在布鲁克林,但他们家住在新泽西州根本算不上是城镇的罗利,那里也有很好的教育系统。当我们后来经佛罗里达短暂停留、搬到芝加哥的时候,我也上了很好的学校。这座城市对我的宏观经济背景也非常重要。不管怎么说,我的意思是,我能够在我周围感觉到1914年战争的爆发所带来的繁荣。我们并没有参战,但所有参战国都购买钢铁,钢铁厂每个小时都在运转,都能看到熊熊的炉火。男人们每周干7天,每天工作12小时。他们大概一小时挣一美元。镇里的人主要来自中欧和东欧,我们称他们为"斯拉夫人"。他们实际上是一些斯洛文尼亚人、塞尔维亚人、克罗地亚人、捷克人和波兰人。而另一方面,也是在孩提的时候,我就已经体验过百亩农场的繁荣状况了。战争推高了谷物价格,且凯恩斯乘数在起作用。当然,我后来也在这场战争结束时经历了繁荣的对立面,那时有急剧的短期衰退,之后是下一个繁荣期。另一个节点是1925年,我们家搬到了佛罗里达州的迈阿密海滩,因为那里有一个极大的土地泡沫,我们想从中分一杯羹。我们并没有看出泡沫即将破裂。你知道怎样在佛罗里达的房地产中发一笔小财吗?弄出一个更大的泡沫就可以了(大笑)。我们家从第一次世界大战的繁荣中积累起来的相对富足的财富，就这样逐渐消散了。这就是我经历过的东西。它留下了印记。

您的求学情况如何？

从佛罗里达回来后，我在芝加哥上了一所很好的公立学校，海德公园中学。那里的数学课程非常好。我遇到一个了不起的数学老师，史密斯小姐。她是一个老处女，每天几乎穿同样的衣服。她后来遗赠了1000万美元给自己的母校芝加哥大学。听到这个我很诧异，当我准备探个究竟时，我被告知她大概刚好有一个很好的经纪人。总之，甚至在我从海德公园中学毕业之前，按照惯常安排，我已能够上仅两英里之遥的芝加哥大学了。我从来没有想过去上哈佛大学——如果是今天就可能会去——或者普林斯顿大学、耶鲁大学、康奈尔大学，或其他什么学校。1932年1月2日，我抵达芝加哥大学，开始了我的第一堂课。那时我才十几岁。我可以真心地说，那一刻我重获新生了。我听的课居然是一位社会学教授讲授的，讲的是马尔萨斯的人口论。[①] 课程非常有趣。听起来如此简单，以至于觉得自己没有真正听懂，一定更加复杂。但并没有更复杂。实际上，我是晚了一个学期[②]才到校的。芝加哥大学的著名课程经济学已经在头一个学期开始了。所以为了弥补我的不足，我被安排上经济学中一门老式的入门课

---

① "那天的课讲的是马尔萨斯的人口论，即人类会像兔子那样一直繁殖下去，直到每英亩土地上的人口密度使其工资降低到仅够勉强糊口的水平，在这一水平上，死亡率上升至与出生率相等。"保罗·萨缪尔森在其2003年的论文"我是怎样成为经济学家的"中解释说。
② 这里的一个学年有四个学期。——译者注

程。这项安排非常好,因为老师是艾伦·迪莱克特。[①] 他从未发表过任何重要的东西,但他非常有影响力。他实际上是那个与米尔顿·弗里德曼等——我猜是加里·贝克[②]等人——一道,把弗兰克·奈特、雅各布·维纳和保罗·道格拉斯的第一代芝加哥学派——一个相当折中的学派——转变为第二代的人。我就是这样过来的,纯属偶然,而且我发现这门课引起了我的兴趣,我能够学好它。对于既对统计学、分析、韵律学感兴趣又对人和政策感兴趣的人来说,经济学是一门相当有吸引力的学科。因此,我成了该学科一名十分优秀的学生。

但是由于这些兴趣,您也可能转向政治学或社会学呀。这么说来,选择经济学实际上是一个巧合?

诚然,我只是由于地理位置的缘故才上芝加哥大学的。我喜欢这门学科是一种机缘巧合。我上高中的那些年甚至都没想到过经济学。我父亲的藏书室里有节略版的哈佛经典丛书,其中有一部亚当·斯密的《国富论》。我甚至没注意到它在那里,我只是盯着这套著名丛书中的另外两部著作:一部是维吉尔的译本,它帮助我糊弄拉丁语;另一部是本小说。我喜欢上经济学,也不是因为喝了母亲的奶的缘故。但很重要的是——它表明了巧合和机缘的重要性——艾伦·迪莱克特指派我学习瑞典经济学家占斯塔

---

① 艾伦·迪莱克特(1901–2004),芝加哥大学法学院教授,罗斯·弗里德曼的哥哥,在芝加哥经济学派的发展中发挥了核心作用。1958年,他创办《法与经济学》杂志,与罗纳德·科斯联合主编。固然,他没有发表多少作品,但诚如他的同事乔治·斯蒂格勒曾经说的,"艾伦的大部分文章都是用同事的名字发表的"。
② 加里·贝克荣获1992年度诺贝尔经济学奖,"以表彰他把微观经济学分析的范围扩展到对人类行为和相互作用的分析上,包括非市场行为"。

夫·卡塞尔一部著名的高级教材中关于价格系统计算的那一章。①这是他从莱昂·瓦尔拉斯的一般均衡论抄袭而来的。看到我熟悉的数学能够派上用场，真让人兴奋。随后我认识到自己的数学知识还不够，于是我在芝加哥大学花时间补上了它。

这么说，芝加哥大学在给予您必要的工具方面发挥了重要的作用了？

哦，是的，而且也很宝贵的一点是，在新古典经济学方面，我所上的芝加哥大学当时是世界上最棒的地方。但这并不意味着它在理解大萧条方面是世界上最棒的地方。②大萧条并非欧几里得几何。我对这种错配，也就是对以下事实非常敏感：我在班上学到的知识不能让我合理地理解我所在的北印第安纳和伊利诺伊地区几乎每一家银行都破产了这一现象，我哥哥为了上大学而赚到的钱几乎损失殆尽。用一句话概括，大约 1/3 的人没有工作。而那 2/3 有工作的人是不会与他们作交换的。没工作的那 1/3 的人愿意和他们作交换，或者只要有工作，即使挣得少也会很高兴。但当然了，他们做不到这一点。试图用那些我被指派去学习的教科书上提供的有历史意义的经济学工具去处理这种不均衡系统是不可能的。所以，你就能够理解，为什么我完全由于幸运女神的眷顾而离开芝加哥，当时是多么的快乐。

这件事是怎么发生的呢？

---

① 这本书是古斯塔夫·卡塞尔的《社会经济理论》。
② 大萧条是在 1929 年 10 月 29 日华尔街股市暴跌之后，一场开始于 1929 年世界大部分地方、结束于 20 世纪 30 年代或 40 年代初不同时期的全球性经济大衰退。它是现代历史上最大、影响最深的经济衰退，肇始于美国。大萧条在全世界造成了毁灭性的影响。

其原因是，我获得了一份新的特别奖学金，可用来支付我全部的研究生学费，但我不得待在我原来就读的地方。我所有的导师，诸如弗兰克·奈特、雅各布·维纳、保罗·道格拉斯、亨利·西蒙斯之类的著名人物，他们全都表示我应该去哥伦比亚大学，而不是哈佛大学。哥伦比亚大学有更好的统计学，哈罗德·霍特林就教这门课，那里还有制度学派大师韦斯利·米切尔。但我没怎么听这些长辈的话。我选择了哈佛大学，主要是因为我认为，它会像是一个令人愉快的新英格兰小乡村，那里有一座白色教堂、一个不错的图书馆，而且到处都绿意盎然。然而，当我登上有轨电车，穿过查尔斯河，到达喧闹的哈佛广场时，我大吃一惊。在我的一生中，若做过的决定一开始是错误的，每一个我都改正过来。但这个决定，非常幸运是个正确的决定。但当时我没意识到的是，哈佛正处在快速发展时期，因为阿道夫·希特勒太残忍了，许多难民开始涌向这里。这种情况的一个效果是，我是当时为止进入课堂的最有准备的学生。我当时年轻气盛，做事鲁莽；老师讲课若有错误，我就会当面纠正他们。在哈佛攻读博士学位期间，我就已开始发表论文了。

当您开始攻读经济学时，您是否一开始就清楚，自己将从事学术事业？

不，我当时不太清楚。你瞧，我出自带有犹太血统的家庭，而不是严守教规的家庭。要知道，譬如您可能像其他人一样聪明，而且化学成绩很好，但您就是得不到在杜邦之类的公司工作的机会。出生不同，出路各异。每个地方都有某种程度的排犹情绪，但在某种程度上，芝加哥大学就不如哈佛大学或普林斯顿大学。结果，这给了芝加哥大学某种垄断优势：他们能够得到其他大学认为自己不想要的天才。所以，对我来说，那种认为我在芝加哥大学上一年级时脑子里就有了学术生涯的想法是错误的。在当时，我大概会像我哥哥一样，努力成为一名律师。这是一条更寻常的道路。然而，一旦我开始擅长发表论文之后，我就知道自己会得到一份好工作的，即便我不知道在哪里工作。

您是什么时候就读于哈佛大学的？

我在哈佛大学待了五年，非常愉快，尤其是拥有研究员的身份，这意味着我没有任何职务。我获得诺贝尔奖的工作，大部分都是在那个时期做出的。学校不允许我把主要精力用在学位上，不过我也不必这么做。因此，当我了解这一限制时，我是哈佛大学的讲师，而且这时候，我得到了麻省理工学院一个待遇不错的职位的聘书。在此期间，我还结婚了。我妻子是一个小镇银行家的女儿，一名 WASP，也就是说，祖先是盎格鲁·撒克逊人的白种新教徒。我们说，很好，这将是一个考验，我们要看一看哈佛大学能否配得上这个聘请，甚或做得更好。但他们没有这样做。他们没做到，于是，我们来到查尔斯河下游三英里的地方。我过去一直在哈佛大学校园三英里的范围内活动，而且我仍住在离哈佛校园三英里处。当时，经济系在工程类高校麻省理工学院中是一个普普通通的系。但我已不需要聪明的同僚的刺激了，我知道自己是一个做事主动的人。而且，我仍与我所有的哈佛朋友有联系，光顾令人满意的哈佛图书馆，这很重要。我非常幸运地娶了一个好女人，她聪明伶俐、通情达理。[①] 实际上，她一度当过熊

[①] 他的第一任妻子是马里恩·克劳福德（1916 - 1978），本身就是一位经济学家，是他在波士顿遇到的。1981 年，萨缪尔森娶了丽莎·埃克考斯，后者曾是他的学生。

彼特的助手，她那时是华西里·列昂惕夫①的女弟子。所以，归纳起来，我总是少劳多得。我为什么少劳的原因是，我做的事情算不上工作。您也看到了，我现在92岁了，还在这么做呢。

您是如何成为凯恩斯主义者的？

我对经济波动分析不满意。顺便提一句，宏观经济学一词当时尚未创造出来。但是，正统的新古典派经济学家所谓的"宏观经济学"，其本意是，全面持久的失业状况是不可能的，萨伊定律②盛行，而且在瓦尔拉斯一般均衡系统中可以证明总是存在着一个根的情况。③ 但非均衡系统却完全不是他们的主题。就在我在哈佛大学读一年级时，约翰·梅纳德·凯恩斯的《就业、利息和货币通论》面世了，我们在出版之前就拿到了这本书。读过之后，我并没有改变立场。

这本书很难读懂。

是的，实际上，如果通读了这本书就会发现，它并不是完全前后一贯的。但从实用角度看，我得说这是世上最好的著作，再没有比它更棒的了。或许我们不知道其微观基础是什么，但它的确解释了，为什么当我在芝加哥大学读二年级时，富兰克林·罗

---

① "因发展了投入产出方法，且该方法在许多重要的经济问题中得到运用"，华西里·列昂惕夫（1906－1999）荣获1973年度诺贝尔经济学奖。
② 得名自法国经济学家让－巴蒂斯特·萨伊（1767－1832）的萨伊定律，其最常见的表达形式是供给总是能够创造其自身的需求。该"定律"隐含着人们更侧重于供给的条件，而非集中在需求上，如凯恩斯主义者们做的那样。
③ 这只不过意味着，数学上描述经济的方程组是可解的，所以这样的均衡实际上确实存在。

斯福就职后,开始在新政上大把大把花钱①,正如同希特勒也开始做的那样,取得了相同的效果。我理解这个,是因为第一次世界大战期间,我在印第安纳州的加里有过类似经历。我对股票市场有一定的兴趣。我曾帮助我的一年级数学老师选股票,其中大部分钱在1929年的股市崩溃中打水漂了。我许下了一圈誓言。我没有固守芝加哥大学,这真得感谢达尔文,或揭开了宇宙运行规律的人。我原本会错过垄断竞争革命,他们是不相信这个的。我原本会错过凯恩斯革命,他们也不相信这个。我原本会错过对经济学的数学化,虽然甚至在芝加哥大学这也进行得不彻底。我很幸运。当我到这里,来到这个普普通通的系时,第二次世界大战迫在眉睫,一些政府资金需要花在计算机、雷达上,还有,秘密地花在原子弹等上面,所以麻省理工学院那时的工程学教学量占到85%。现在它大概是15%。我运气好,不论什么潮流,都能适时赶上。

谈谈您的同僚吧。米尔顿·弗里德曼不是您最重要的辩论对手之一吗?

哦,是的。弗里德曼和我在早期被称为死对头,但我们努力以文明的和相当友好的方式和平相处。在米尔顿·弗里德曼的整个一生中,他从未犯过一个错误。这非比寻常,不是吗?他是人们见过的最聪明的人物之一。但我并不认为他能够认识到自己一生中犯过的数量巨大的错误。我不认为除我之外有什么人读过米尔顿·弗里德曼的作品的每一章每一节。我总觉得,我从对手那里学到的比我能够从朋友那里学到的更多,因为我的朋友和我早

---

① 富兰克林·罗斯福(1882–1945)于1933年当选为美国第32届总统。在20世纪30年代的大萧条期间,罗斯福提出了新政——一项对银行体系建立新的监管,同时为穷人和失业者提供救济的旨在重振经济的政府干预方案。新政直至今日仍充满争议。

已志趣相同。我的关于米尔顿·弗里德曼的大多数笑话实际上都是些大实话。我有时候说,他的智商那么高,以至于他自己没有任何保护者。他总是满意地看待自己的作品。然而,我认为如果有人在其一生中搭错了车,那实在是个悲剧。

我宁愿您多谈一谈您本人。

以下就是关于我的。瞧,和米尔顿·弗里德曼不同,我在看待自己的作品时会认识到自己的观点错误在所难免,它们总是随着时间的推移而变化。这一点我并不认为是什么缺点,我反倒认为这是个优点。我始终有自觉意识①,而且对于每一个问题,我喜欢得出多个观点,不是两个,而是三个!毕竟,要成为一名训练有素的经济学家,主要的才能是要折中。正如我对我的大研究班讲的:如果必须预测,那就经常预测吧。这听起来像个笑话,但却是大实话。而且,我以许多方式改变自己的观点,在每种情况下,都绝不是对我以前的观点的否定。以前的观点适合的是某个特殊的系统。

没错。这听起来有点像波普尔的看法——历史背景很重要。不过咱们转而谈谈您本人的一些主要贡献吧。首先,也是最重要的,是什么如此吸引您转到数学化方面来的?在这方面,达到极致的要数您的学位论文,也就是您更为人所知的1947年里程碑性的《经济分析基础》一书。它彻底改变了经济学理论。

数学具有内在的演变性,这正是我喜欢数学的地方。你起步,它教你。你不知道它教了你什么,直到你已经做完,你才突然意识到那是什么。根本上,《经济分析基础》中所有不同的章

---

① 不同的解释参见本书对肯尼斯·阿罗的访谈。

节，差不多都来自当时很活跃的、我的老师们——伟大的一代——不能适当处理的主题。

是什么导致您写出那部享誉世界的畅销教科书的？

我刚才说的一切都与我那本教科书无关。事实上，这本教科书是应麻省理工学院我们系主任的要求而写的。麻省理工学院的每一名学生在第三学年都必须上满两个学期的经济学导论课程，他们讨厌这门课。于是他对我说："保罗，你愿意花上几个月，写一本他们喜欢的教材吗？"我同意了："没问题，我马上着手。"我没有意识到的是，我后来花了三年多的时间，费尽千辛万苦才写出来。我有以下选择：我原本可以写成一本简单的数学入门课本，只是简单的数学，但我决定不这样做，因为麻省理工学院的学生喜欢做分析性的问题。在该书中，只有图表之类的东西。我把许多时间花在解释性的工作上。我不是为了钱才写书的，尽管坦率地说，它报酬不菲。但有一个不同层面的名声以这样的方式加在我的头上：该书为自此之后的所有教科书树立了一个样板。就在今天上午，我按约来到医学系，一个中国人走过来说："噢，萨缪尔森博士，您还活着呀？您在我们那边被提起的次数太多了……"我问道："我那本书你们是用普通话学还是用英语学？"就他这方面而言，他用英文学，但也可以两种语言都用。我那本书在美国的这个领域，已不再有垄断地位了，但在全世界，它仍在发挥重要的作用。

政治活动是否曾经直接触发了您将加以研究的问题？

我一度成为总统约翰·肯尼迪的主要经济顾问，这个事实非常不具典型性。诚然，由于诸多原因，这涉及一个国内难题，尽管如此，对我而言，它是极其有趣、相当重要的。当时，我是阿德莱·史蒂文森①的追随者,所以我必须警告肯尼迪:"我甚至不支持你!"他说:"我不需要你的投票,明白吗,你这张票不过是亿万选票中的一张罢了。但我准备作出问鼎总统宝座的尝试,而且我可能得到它。我认为你的想法对国家很重要。考虑一下吧。"就这样,我确实考虑了一番。最后,肯尼迪劝告我说,这个国家太重要了,不能让约翰·肯尼斯·加尔布雷思和沃尔特·罗斯托担任主要经济顾问。我本来可以去华盛顿担任高级职位,但我其实更喜欢学术生涯。我甚至让我的医生准备好,说这会对我的健康不利。幸运的是,我根本不必说出这个借口。不管怎么说,那是一个我参与选择的极好的团队:担任经济顾问委员会主席的沃尔特·赫勒、詹姆斯·托宾②及其他人。事实上,在1960年选举之前,美元已经是估值过高的货币。所以我们不露声色地建议,总统的第一个行动应该是与英国人一道使美元贬值。但肯尼迪说:"我想做的最后一件事是被称为货币修补匠。"当你向一国之君提出忠告,你听到的是国君想得到他需要的那种顾问。结果,整整十年,我们用尽一切办法,来掩盖我们正在使美元贬值的事实。

在您的整个职业生涯中,您涉猎的主题范围太广了。是什么一步步引导您做到这个的?例如,在公共财政领域,公共商品的税收理论③——这个想法是怎么产生的?它是不是源自政治活动

---

① 阿德莱·史蒂文森是1952年和1956年民主党的总统候选人。他是肯尼迪总统政治上的竞争对手,所以有后文萨缪尔森对肯尼迪的警告语。——译者注
② 詹姆斯·托宾(1918-2002)荣获1981年度诺贝尔经济学奖,"以表彰他对金融市场及其与支出决定、就业、生产和价格的关系的分析"。
③ 萨缪尔森在其论文中建立了被后人所称的"萨缪尔森规则"。它的意思是,对社会所有成员而言,公共物品与私人物品之间的边际替代率之和应等于这两种物品之间的边际转移率。

的某种要求？

不。正是这篇被大量引用的文章在某种程度上让我很遗憾，因为我本应该找到我的朋友理查德·马斯格雷夫①，说"这篇文章我们联合署名吧"。因为关于自愿纳税的理论，我知道的一切都是从迪克那里了解到的。我之所以写这篇文章，是因为有个来自兰德公司②的白痴写了一篇文章，说数学在社会科学中毫无价值，用数学做过的事情没有一件有任何用处。杂志主编西摩·哈里斯让我就这个主题主持一个谈论会。于是我想，我要将这个树立为一个榜样，证明数学能够派上用场，因为从来就没人完全解决过林达尔问题。③ 我大概用了一两个下午就写出了文章。这就是事情的来龙去脉。这很可能阻止了马斯格雷夫获得诺贝尔奖。真让人遗憾。但这是荣誉带给一个人的麻烦。身居高位者获没获得这个奖项无所谓。科学是一项集体性的活动。

正如我看到的，您所做的有许多看起来是对其他人的愚蠢论

---

① 出生于德国的理查德·马斯格雷夫（1910 – 2007）是一位杰出的财政学学者。他对该领域作了分类，把它划分成三个古典部分：配置、分配和稳定政策。他还首次提出了应由国家提供的"有益品"这一颇富争议的概念。

② 兰德公司是1946年最初由美国陆军航空队根据与道格拉斯飞机公司的合同，作为"兰德计划"而创建的一家研究机构。1946年，他们提交了《试验性绕地宇宙飞船的初步设计》。1948年，"兰德计划"脱离道格拉斯公司，成为一个独立的非营利性组织，它最初由福特基金会赞助，以"进一步促进科学的、教育的和慈善的目的，一切皆为了公共福利和美利坚合众国的安全"。其课题的范围自此之后有了极大的扩展。"兰德（RAND）"实际上是英文"Research and Development"（研究与发展）的缩写。

③ 以瑞典经济学家埃里克·林达尔（1891 – 1960）的名字命名的林达尔问题，问的是对于一项政策产品，各方是如何贡献与他们从中获得的递增收益成比例的成本的。

文的反应，必须对它们加以改正。还有，您的许多想法似乎是在与同事的讨论中产生的，例如理查德·马斯格雷夫和研究贸易理论的沃尔夫冈·斯托尔珀。①

是的，的确如此。谈到贸易理论，几年前人们就一篇文章爆发了一场引人注目的争论。这是我发表在《经济展望》杂志上的一篇论文，我在其中讲述了一个简单事实：如果丰田公司进行了革新，并从福特公司和通用公司夺走了生意，这样一来，消费者就能够得到价廉质优的丰田车，因而头脑简单的答案就会是，任何地方的所有全球化和革新对世界各地都是有益的。但完全不是这么一回事。然而，我刚好有一个新的度量方式、一个新的估量方法，用于衡量廉价进口商品在导致进口国所获得的实际收入下降的情况下，会带来什么好处。这里有一个确实的例子证明它是有害的。大体上，全球化既对中国也对美国有帮助。但要害在于，美国的得益者是一个非常不稳定的群体。在以前的新政时期，即总统富兰克林·罗斯福、哈里·杜鲁门、约翰·肯尼迪和林登·约翰逊统治下的时期，政府会——运用税收制度和支出制度——使这些得益者把他们的收获物分一部分出去，因而就潜在的可能性而言，每个人的处境都会好一些。然而，在我的理解上有了一个重大变化：通过政府干预改进市场体系，其程度只可能是有限的。

为什么国家干预不是一个良方？

---

① 1941年，保罗·萨缪尔森和沃尔夫冈·斯托尔珀提出了斯托尔珀-萨缪尔森定理。根据该定理，在某些诸如报酬不变且完全竞争等假设下，一件商品相对价格的上涨，将导致在生产这种商品时最密集使用的要素的回报率上升，反之，则导致其他要素的回报率下降。

哈耶克认为它会导致极权主义①，我的观点有所不同。在我看来，当前的所有历史只是表明，如果你这么做，就像在瑞典那样，你就是在杀鸡取卵。你只能在非常有限的程度上调整分配。从道德观点来看，现代社会的现实问题是选民。我们越是远离大萧条——那时人人自危，都感觉我们有相互再保险的问题和需要——和"不可避免的战争"（第二次世界大战），选民就越是不再有利他主义。但你就是不能把选民驱赶走，正如德国剧作家贝托尔特·布莱希特尖刻地注意到的。② 然而，这种对只能在一现代民主国家内作出有限改进的强调，是我思想上的一个根本转变。另外一个已经转变的东西是，由于受日本、新加坡、中国香港和台湾地区等的冲击，我那本教科书所描述的处在旧传统的美国经济是与当前的美国经济不同的。在那些旧时的岁月，财富500强企业对市场供应拥有某种程度的垄断力量，这种垄断力量是要被迫与各个工会分享的。哎，在此期间，工会在美国早已江河日下，只是在少数领域和政府中苟延残喘。现在是一支懦弱的工人队伍。结果是，现在的情况与一种萨伊定律的情形非常相似。所有转而相信不均衡系统、凯恩斯主义的做法，在我看来似乎都不再有益了。

---

① 这是弗里德里希·哈耶克1944年的作品中提出的。哈耶克与冈纳尔·缪尔达尔一起荣获1974年度诺贝尔经济学奖，"因为他们在货币和经济波动理论方面的开创性工作，以及他们对经济、社会和制度现象的内在依存关系所作的精辟分析"。关于哈耶克，这有点讽刺意味，因为人们发现，他的主要贡献反而更多的是在其社会哲学领域方面的工作。
② 在1953年6月17日爆发了反对东德政府的大规模起义事件之后，布莱希特在其著名的诗"Die Losung（解决）"——其诗集《布珂哀歌》中的一首——中写道："Ware es da nicht doch einfacher, die Regierung loste das Volk auf und wahlte ein anderes（难道不是更简单吗/政府把人民解散/重新选举其他人民）。"

为什么凯恩斯主义正逐渐丧失基础？

导致十足平凡的凯恩斯主义跌下宝座的是滞胀。如果受到像20世纪70年代那样的供给冲击，就知道该做些什么：要么医治"停滞"，或么矫正"通货膨胀"。但二者互不相容。然而，今天更甚，你还得操心流动性陷阱①之类的问题。所以，我的尝试是保持折中。这是一个重要的天赋，我想这是主要的学者应该不惜破费而获得的一种才能。它使你能够把注意力集中在有重大意义的事情上。但当然，一个适合于万事万物的解释总是会漏掉其他东西的。

您会怎么界定经济理论的进步？

哦，这个嘛，我要说，像泰勒法则②之类的东西是进步。在美联储理论班上，我信奉的是，你要考虑的不是一件事情，而是同时考虑许多事情，你得兼顾两个目标。一个是，如果你容忍通货膨胀，通货膨胀不一定会止步于可容忍的范围，所以你必须对太多的刺激进行惩罚。另一个是，你必须注意经济体是否在创造足够的工作岗位和购买力等。从这个观点看，问题就不在于就业机会消失，因为它们跑到中国去了。问题在于在美国重新出现的工作岗位，其工资较你前次职位的工资要低20%。这就是真正的符合逻辑的新古典经济学。但政治学不涉及这些。顺便提一句，这对于大众来说是个非常难理解的教训。

---

① 流动性陷阱是指，由于名义利率太低，接近乃至等于零，人们宁愿持有现金，而不愿持有股票和债券等能生利但较难变现的资产。货币政策的经典工具尤其是利率的进一步降低，都将不起作用，反而会使事情更糟。
② 根据得名自美国经济学家约翰·泰勒的泰勒规则，央行应该改变名义利率，使实际国内生产总值趋于潜在国内生产总值，实际通货膨胀率趋于目标通胀率。

唔，我猜，这是通常与经济学有关的问题。很多时候是完全违反直觉的……您对如今教授经济学的方式感到满意吗？

有一件事让我不太高兴，尽管我表示理解。那就是，经济学已经在意识形态上向右走得太远了。猜一猜对此负有责任的最重要的人是谁……是米尔顿·弗里德曼，不是弗里德里希·哈耶克。把全部重点放在帕累托最优①效率上的自由主义并未认识到，即使能够得到100%的市场回报，从而获得帕累托最优，这个结果仍不会满足任何公正的分配标准。我希望麻省理工学院我们这个令人称奇的系中不满45岁的同事们都能够理解这一点。

还有其他什么情况？关于什么主题？

更深刻的事实是，人们向钱看——哪里有钱就到哪里去，研究领域也不例外。我知道有许多经济学家受到吸引，去做金融工程，还去做司法作证工作。只要你告诉我该站在哪一方……我就……这如果是律师去做，就是一件值得尊敬的事，尽管我不会说这对于经济学家而言是可耻的。但关于这个，有一个有名的故事，故事是这样的：当银行劫匪威利·萨顿被判入狱时，一个记者问他："你为什么去抢银行呢？"他回答得言之凿凿："那地方有钱。"② 如果你有一个儿子想学经济学，你要给他提供职业建议，你会说："设法找这样一个专业，它专门去证明无管理状态是正当的。"毕业后工作报酬是最好的。此外，你的自尊取决于

---

① 以意大利经济学家、社会学家维尔弗雷多·帕累托（1848–1923）而得名的帕累托最优，是博弈论中的一个概念，指的是若不损害另一方的福利，任何有关各方都不可能使他的福利得到任何进一步改善的一种情况。在交易关系中，这体现了互利互动的最佳范围。
② 威利·萨顿（1901–1980）是一个屡屡得手的美国银行大盗。由于其在伪装抢劫方面的才能，他获得了两个绰号，"戏子威利"和"滑头威利"。实际上，他否认自己说了这句著名的话，认为这是记者说的。

公众尊重，也就是说，取决于大众的尊重。好了，总结一下：一代不如一代。这并不是说二者中没有好人。在任何一次学科间的联谊会上，经济学家总是坚持到底，他们被认为是怪诞而吝啬的，但通常他们只不过很现实罢了，其他人却不这样。

这肯定与自我中心的、超理性的经济人这一基本概念有关。来自不同领域的人常常倾向于认为我们真正相信它。

啊，加里·贝克的确解释过，吸烟者吸烟虽会缩短自己的寿命，却是在最大化自己的享受性快乐。这不算非常深刻的哲学。我始终都很清楚的是，有许多并未像我那样得出相同结论的人，他们都是些既聪明又勤奋的人。他们发现的东西将总是有趣的，即使他们的发现从始至终改变了许多。

您认为未来对经济理论最重要的挑战是什么？

最大的挑战大概是全球化。作为一个大国，你可以承受很多的无效率。但在全球化的情况下，这种回旋余地消失了。全球化的提高不可避免地与不平等的增加有联系，也与焦虑感的增长有关联。过去的情况常常是，如果是哈佛商学院的毕业生，就能得到一份工作，随着年龄增加逐步晋升，然后体面地退休。如今再也不像那样了。人们干一份工作的时间已大大缩短。这是许多公司管理不当的一个根源。人们总是先赚钱再说，哪管身后洪水滔天呢。呃，经济学家永远不会失去工作。令人满意的分析经济学永远是一剂医治紊乱的经济政策的良方。

谢谢您，教授。

问　卷

1. 迄今为止，最严重的经济灾难是什么？

    1929~1937年间世界范围的大萧条。

2. 最有前途的经济学发展是什么？

    已改进的经济知识以及选举人使用它的意愿。

3. 对未来最重要的经济威胁是什么？

    地缘政治性的新"冷战"和长期恐怖主义。

4. 您能记得的糟糕的经济政策失误是什么？

    在1929年之后反对财政/央行扩大开支的赫伯特·胡佛和1930年前世界各地的正统经济学家。

5. 最开通的具体经济政策措施是什么？

    马歇尔计划（1950~1953年）。

6. 请列举一位政治家，您对他在经济政策方面的高超手段很钦佩？

    富兰克林·罗斯福。

7. 在您的脑海中，经济学中最引导人们误入歧途的理论研究法是什么？

    自由意志论。

8. 最重要的理论突破是什么？

    现代金融理论——微观的和宏观的。

9. 现如今，如果仅仅由于经济上的原因，您愿意居住在哪个国家？

    加拿大。

10. 如果仅仅因为智力上的挑战，你愿意生活在哪个时期？

作为成年人生活在1930~1970年。

11. 如果必须在效率和平等之间抉择，您会选择哪个？

科学提高了效率，但在促进平等方面体现了某种无效率。

12. 如果必须在自由和正义之间抉择，您会选择哪个？

若正义的目的是实现自由，我会赞成正义。

13. 税负的极限是多少（请给出其相对个人收入的最大百分比）？

边际税率超出50%就会适得其反。

14. 政府经济活动的极限是多少（请给出其相对国内生产总值的最大百分比）？

没有"绝对数字"。第二次世界大战期间，英国和美国给私人消费留下的空间仅为国内生产总值的1/2。

15. 您特别喜欢当今哪位经济学家？

若能复生，我选择托宾和奥肯。在活着的经济学家中，我选择肯尼斯·阿罗。

16. 在经济理论界的古典作家当中，你特别喜欢哪位思想家？

亚当·斯密。

17. 在经济学之外，哪位作家对您影响最大？

约西亚·吉布斯。

18. 在智力上，您最感激谁？

E. B. 威尔逊和阿尔文·汉森。

19. 谁是您的主要行为榜样？

托宾和凯恩斯。

20. 哪件经济学作品（书、文章、演讲）给您印象最深？

瓦尔拉斯的一般均衡。

21. 您能记得最让您震撼的智力"顿悟"吗？是哪一次？

达尔文和马克斯韦尔各自提出的大一统原理。

22. 经济学研究者应具备哪些素质？

掌握经济史。

23. 您认为您本人最重要的贡献是什么？

　　折中性的通才：微观/宏观经济学、实证研究。

24. 职业生涯中最让您痛苦的失败什么，您愿意列举一个吗？

　　我已深陷萧条经济学，我太晚对它说再见了。

25. 您认为自己的主要个人性格特质是什么？

　　努力不执迷于错误。

26. 您认为自己的主要个人缺点是什么？

　　太受直觉影响；太没条理，浪费了不少时间。

27. 在您的合作者中，哪种性格特质您最喜欢？

　　专注于探寻新的真理。

28. 在您的朋友中，哪种性格特质您最喜欢？

　　诙谐的友善。

29. 对您来说，快乐是指什么？

　　当我全神贯注于思考时。

30. 对您来说，圆满是指什么？

　　尽最大努力；没有本垒打记录。

31. 在您看来，最糟糕的经济不幸会是什么？

　　法西斯主义－共产主义国家。

32. 在经济学研究之外，您喜欢以何种方式度过闲暇时光？

　　打网球、遛狗、享受人伦之乐。

33. 您最爱吃哪种食物？

　　脱脂乳。

肯尼斯·阿罗

美国加利福尼亚州斯坦福市斯坦福大学

与约翰·希克斯一起获得1972年度诺贝尔经济学奖,"以表彰他们对一般经济均衡理论和福利理论作出的开创性贡献"。

简 介

在朗道大厦他那间公认比较狭窄的办公室里，真不容易看到他的身影。不是因为他个子矮，而是因为散落在办公室四周成堆的书籍和文件堆得太高了。"他们把我们挪到这里，现在我正设法对我所有的纸堆彻底检查一番，看一看我能够扔掉些什么"，肯尼斯·阿罗一边说，一边迅速从其中一堆书后面站起身来，打了一个手势表示歉意。尽管他已经86岁了，但从外形看似乎相当健硕，而且不足为奇的是，他以自己每天骑车上下班而自豪。办公室看起来不错，明亮、现代、崭新，但若要把什么东西都塞进环绕四壁的书架并摆放好，阿罗一点辙都没有。"没关系"，他一面说，一面笑了起来。他笑得很爽朗、热情，而且看起来急于讲话——然后他就以惊人的速度说了起来。他客气地放下一把椅子让我坐下，拉开他身边一个抽屉，让我把麦克风放在里面，当然是因为桌上再没有什么地方可用——就这样，我们开始谈了起来。

尽管他智慧超群、学术成就显著，甚至是"诺贝尔奖得主"，但肯尼斯·阿罗却显得内敛而自信，这颇让人意外。也许，这种游移于优雅斯文的谦逊和自我表现的傲气之间的性格特征，与他平凡的出身背景有关。他1921年出生于纽约市，总是得坚持己见。这一点大大不同于保罗·萨缪尔森。萨缪尔森年长6岁，在大萧条爆发之前家境相当不错，只要愿意，就能够上最好的大学，而且在上芝加哥大学时，受到了相当好的保护，免受反犹太主义影响。肯尼斯·阿罗则不然，在他年轻时，世事无常，世道艰辛，他的道路深受这个时代的影响。有趣的是，不确定性后来成为他的一个主要研究课题。由于受大萧条的影响，阿罗的父亲哈里失去了在银行的工作，他们一家靠打零工艰难度日。因此，在为事业做准备时，年轻的肯尼斯·阿罗主要留心一些可以给自己提供某种财务稳定性的东西。他上了一所颇有声誉的免学费的高校——纽约城市学院——这永远地使他成为一位爽快的公共教育赞助者。正如下面的访谈所显示的，阿罗认真考虑过当老师或保险统计师。这多少是一个巧合，也是他的老师们的压力。后者通过数学吸引他转向统计学，后来，在伟大的哈罗德·霍特林和亚伯拉罕·瓦尔德的影响下，他又转往作为理论科学的经济学，尽管纽约各大院校盛行的反犹太主义并未使他的这个起步较容易。

在纽约城市学院读完数学本科后，阿罗就读于哥伦比亚大学，于1941年获得了文科硕士学位，当时年仅20岁，并于1951年获得经济学博士学位——期间在美国空军服役4年，在新学院大学学习了一些课程，在芝加哥大学的考勒斯委员会以及在兰德公司师从雅各布·马尔沙克三年，直到1949年才到斯坦福大学继续深造。正如他在下述对话中回忆的，为了自己的博士学位论文，他花了很长时间才提出了突破性的想法。但是，这个在一次与约翰·希克斯的课堂讨论中所激发，结果后来成为社会选择理论的一个重大突破的想法，恰恰是1972年给他带来诺贝尔奖的想法。在斯坦福大学，阿罗最终于1953年获得经济学、统计学和运筹学终身教授荣誉。1968年，他进入总统经济顾问委员会。1968年，他转到哈佛大学任职，但最终于1979年回到斯坦福大学。1957年，肯尼斯·阿罗被授予约翰·贝拉克奖，1968年，他被管理科学和运筹学协会授予冯·诺依曼奖。

虽然算不上人们或许会适当称呼的通才，阿罗一直活跃于广泛的领域，范围从社会选择理论到生产理论和健康经济学。尤其是在后期，他的大部分工作一直围绕着信息的产生和使用。在阿罗积极活跃于其中的所有领域，他的贡献都是高度技术性的。他至少以四大贡献闻名于世：他的博士学术论文——前面已经提过——《社会选择和个人价值》；突破性的阿罗－德布鲁定理，与杰勒德·德布鲁联合发表在《计量经济学》上题为"竞争性经济的均衡存在"的论文中；与弗兰克·哈恩合撰的专著《一般竞争分析》，两位作者在书中证明了一般均衡理论在数学上的健壮性；他关于风险和不确定性的工作，这基本上可以在他的《最优风险承担理论文集》一书中找到。

所有这些论文都引发了长期的争论和其他人进一步的工作。他的社会选择论文尤其如此。该文重新阐述了康道塞从1785年提出的投票悖论，然而，这一点阿罗在发表论文时并没有意识到。① 他对这个问题的逻辑处理自印成铅字以来就一直令经济学界困扰。在这部专著中，阿罗使用诸如二元关系理论之类的逻辑工具证明了，在一组数量最少的、普遍公认的要求之下，标准民主程序，即多数投票选法，不可能以逻辑上一贯的方式集合不完全一致的个人偏好。相反，它会导致无限循环。只有违反这些要求中的一个，这个问题才能解决。他在某种程度上证明了，根本不存在诸如已被用于福利理论中的社会无差别曲线之类的东西。他提出的最低要求是传递性（偏好必须前后一贯）、帕累托效率（如果每个个人都偏向于某个选择，那么整个群体也会这样）、各个不相关的选项彼此独立以及无独裁者（没人有权利把自己特殊的选择强加于他人身上）。结果产生的投票悖论体现为对多数投票法的抨击。在福利理论的整个研究界，继阿罗之后开展的工作没有一项证明他是错误的。相反，后续大多数工作把注意力集中

---

① 参见本书对肯尼斯·阿罗的访谈。

在关于这些发现有多大意义的问题上。例如，偏好程度没有被纳入考虑——这是1998年诺贝尔奖得主阿马蒂亚·森后来研究的一个重点。此外，1986年诺贝尔奖得主詹姆斯·布坎南把该理论置于一个动态的背景中，指出恰恰因为循环能够阻止对少数人"一贯"的剥削，并允许社会学习，民主投票程序是有价值的。①因此，静态的集合体是否前后一贯实际上就不重要了。读者将在对肯尼斯·阿罗和詹姆斯·布坎南的访谈中发现，这个问题至今仍未解决。在完成博士学位论文之后，他不时回到这个主题，但同往常一样，他的好奇心很快被吸引到下一个不同的主题上了。

这可以对阿罗以何种方式、从何处获得灵感的问题作一个有趣的注脚。因为本书的主题性问题是，在经济理论的发展中，应时而变的经济挑战、经济学作为一大科学领域的演变以及个人经历如何合起来发挥作用，这具体体现在各位诺贝尔奖得主的工作中。这告诉我们，存在着大不相同的研究方法和特色。在阿罗的情形中，这三条主线彼此之间的影响不太大。其实，可以大致公平地说，肯尼斯·阿罗实际上不是一个着眼于经济政策的人——毋宁说他是一位极有天分的数学逻辑学家，对这些技术性工具在经济理论中的使用有良好的感觉。正如他回忆的那样，那些难题通常是其他人遇到却无法解决之后交到他手上的。严格来说，他的祖国或世界的一般经济情况和他的个人传记实际上都不曾在他的研究日程表上留下过印迹。阿罗总是顺势而为：不论遇到什么

---

① 詹姆斯·布坎南解释说，仅当循环事实上确实发生时，多数原则才可能是一个可行的政治控制和知识创造工具："它旨在确保竞争性替代品可先被试验性和暂时性地采用，然而被新的妥协性替代品取代，由一个成分不断变化的多数群体批准。这便是福利经济学和社会福利函数的民主选择过程，不论结果会怎样。"参见詹姆斯·布坎南1954年的作品，亦见迈克尔·沃尔格穆特2002年的作品。詹姆斯·布坎南荣获1986年度诺贝尔奖，"以表彰他为经济和政治决策理论奠定的契约和宪法基础"。

未解决的问题,他都顺势跟进,着手解决,推动着理论的发展。如他所说,他总是"敞开大门,有求必应"——这无疑解释了,为什么他进入过如此之多不同的领域。而且像他证实的那样,他还"做过有几分文学性质的事情"。

在那篇提出了阿罗-德布鲁定理的著名论文中,阿罗再次震动了整个学术界。问题仅仅是,对于描述整个竞争性经济的方程,即瓦尔拉斯一般均衡模型组成的极复杂系统,是否可能存在着一个独一无二的数学解。如果不存在这样一个独一无二的解或根,那么整个逻辑系统就变得很空洞或没有意义。阿罗和德布鲁各自独立地着手解决这个问题,并最终联手在数学上证明了,如果所有商品和劳务都有期货市场,那无疑可以担保存在着这样一个独一无二的解。然而,这是一个限制性相当大的先决条件——但后来阿罗在与弗兰克·哈恩合撰的专题论文和参考性教科书《一般竞争分析》中放宽了这个条件。

在其关于不确定性和风险的工作中,阿罗提出了保险市场中的一对概念,即逆向选择和道德风险,给经济学留下了浓重的一笔。逆向选择的大意是,如果一家保险公司不能区分不同风险,则不良风险趋于聚集(因为它们被投保的金额较廉价),并逐出良性风险(因为相对于潜在风险,其投保金额太昂贵了)。结果是,该保险公司将累积财务问题,这可能甚至使某些风险不能够提供保险。道德风险是指,人们会反其道而行之:由于投了保险,他们会涉足在正常情况下他们不会涉足的风险事项。若既有逆向选择又有道德风险,则保险会产生社会代价高昂的阻碍效应以及未被证明是正当的收入再分配。阿罗还发展了对风险厌恶的衡量标准,建立了最优保险的模型。

除此之外,阿罗研究了存货和生产理论,这体现在《存货与生产的数学理论研究》中,他还与另外三人合撰了一部著作,通过引进一个CES函数①，有效地取代了传统的柯布－道格拉斯生产函数。CES函数是一个生产函数，因具有固定替代弹性而具有数学上的精致特性。这对于增长理论的重要性与他关于"干中学"的工作不相上下，后一工作最终把经济学引导到内生性增长模型。

访 谈

本次访谈时间：2007年6月27日。

最初是什么吸引您转向经济学的，阿罗教授？您家里的话题是经济学——还是当时的经济状况和经济政策？

哦，是的。我8岁时股票市场崩溃了。这虽然没有马上影响我们，但它在数年之内的确产生了影响。所以在大萧条时，我是个十几岁的孩子。我父亲在经济上的成功随之毁于一旦。因此，它绝对是谈话的一个主题。

您父亲是干什么的？

他在银行工作。那家银行遇到了财务困难，被另一个集团接管后，他们解雇了我父亲。他花了5年时间才找到另一份不错的工作。其间他做了各种各样的零工。他有法律学位，所以他为律师事务所干过。我们过去还积攒了一些资财供我们陆续变卖。因此，我完全知道贫穷是怎么一回事。但即使你处境不错，你也会禁不住思考经济到底是怎么了。大萧条始终在我们周围徘徊，挥

---

① CES函数即固定替代弹性生产函数（constant elasticity of substitution production function）。——译者注

之不去。可以看到大街上到处都是失业者，报纸和新闻充斥着这种内容。1932年的总统大选彻底扭转了这个。我现在甚至记得罗斯福的就职演说。

这类事情是以何种方式谈论的？谈论得较多的是关于如何保持收支相抵的问题，还是关于适当的政府行动？

我们的确谈论政策，但没人知道怎么办。因此所有的话题都围绕着体系出了什么毛病以及必须做什么的问题，诸如此类的东西。

后来，在大学里，您并没有立刻学经济学，您学的是数学。你是什么时候、为什么以及怎么转到经济学的？更多的是被迫而为还是主动为之？

唔，这很难说。这是一个漫长的过程。我对各种各样的事情都有兴趣，包括历史。我的专业是数学，但我也上经济学课程。它们不是非常好，多少是历史性的。大学要求我们选修一门课，而我选了好几门。而且——我不知道相对重要性是什么——我关心的是找到一份工作。那时我没怎么想大学之外的东西。我满脑子想的就一样：有保障。我想找某种与商业关系不太大的工作。因此，进入某个企业的想法对我不太有吸引力。总之，我的个性不适合经商。但有一类令人兴奋和有保障的职位是我可以考虑的，那就是到某所高中当数学老师。

对。这个职位应该是有足够的保障了。

呃，正如你将会看到的，不是太有保障。为了在纽约当上老师，你必须有授课经历。所以我去一所学校讲了几次课。那时，我被人们称为实习老师，意思是我和一名正式老师带一个班，我偶尔能够讲上一堂课。这是我一生中最重要的教学经历之一。纽约州举行（我认为它仍是独一无二的）全州范围的资格考试，你若想获得在高中当老师的资格证书，就必须通过这些考试。它被称为教育董事会考试，这是纽约一个非常古老的制度了。[①] 由于某种原因，其他各州都没有采用这一制度。由于联邦法律，这些考试如今可考可不考。在那段日子，许多学生会选择平面几何课，有两个学期。学习结束后，必须参加教育董事会考试。学校不希望自己的学生有太多人过不了关。所以，如果你没通过考试，你还可以再去上课。如果考得实在太差，也允许你上平面几何课，但有一个条件：不得参加教育董事会考试。美国教育体系里的确有些天才。他们设计了补考制度：经获授课老师推荐，学生可以自主决定是否上一堂补习课，而且如果该老师准许，学生最后还可以参加教育董事会考试。这是一个三学时的课程。最后，我被指派独立地教这帮人——不幸中的万幸。

这么说，你是第二次机会的给予者。

是的。我那个班的学生太需要这门课了。大多数时候，对这些学生循循善诱是个问题。在这方面，动机根本不是问题。他们都很热切，他们渴望学习。我能够批准2/3的学生去参加考试，他们全都通过了。这是我整个一生中经历过的最大的教学成功。问题在其他方面，我上大学时就已经知道有这个可能性。全都和大萧条有关。

[①] 这些教育董事会考试是在纽约州立大学校董会的授权下设计和实施的。这些考试于1865年首先实施，其最初的目的是为了分配资金以鼓励学术教育。

那是什么问题呢？

使高中教师一职不那么有保障的问题是，1932年，他们举行了一次数学老师资格考试。于是就有了一份候选人名单，一旦有空缺，就从名单上选人去补上。名单上剩下的人得到了其他工作，但由于大萧条，这些工作都不太好。所以他们全都想去当高中老师，没人从名单上退出。但结果是，他们没再举行类似的考试。上大学时，我认为到我毕业的时候，这种情况将会有所改变。但在1940年，他们还在消化名单上的人。因此，在我大二或大三的时候，我意识到自己必须另作打算。我继续在中学教书，但我开始另谋出路。

您选择了什么？

我想或许是统计学吧。我只是不完全清楚这是什么样的学科。数学系推出了一门概率论和统计学课程。我选择了它，只是为了提高我在大公司或政府部门工作的机会，这些机构有统计员一职。当教授很少在我的考虑之列。所以我选修了这门课。坦率地说，讲课老师本身都知道得不太多，这一点相当明显。数学系的大多数老师都是好老师，但这个家伙不是，可是他有后台。所以我开始自行学习。统计学在当时还是蛮新的。基础性的论文大约始于1908年/1910年。其中一些伟大的创建者在那时仍十分活跃。我真的迷上了逻辑。到我1940年毕业的时候，就业情况仍然不太好。所以，在大学最后一年，当我问自己接下来做什么的时候，我就想——唔，为什么不去考研究生呢？去当高中老师的想法对我已没有吸引力了。到那个时候，我父亲已经有了一份稳定的工作，我们虽不富裕，但与以前相比，处境有所改善。

您上学时怎么应付学习和生活费用的？

我住在家里，而且大学是免费的。我上的是纽约城市学院。它创办于1847年，当时是完全免费的（现在已不再这样了）。城市学院最初是由一些商人的倡议而创办的，他们认为为上不起大学的人提供免费教育很重要。凭分数录取，很机械，因为学校没办法让教职员工去考核每一份入学申请。当然，在那个时候，有许多人想进来。许多人都负担不起其他学校的学费。还有一个原因是各大院校中的反犹太主义。

连纽约也这样吗？

哦，那时是毫无疑问的。尤其是在哥伦比亚大学，绝对的。纽约大学没有这样的名声，所以，他们大概会多一点自由吧。哥伦比亚大学在这方面是相当公开的。对犹太裔是有限额的。犹太人在哥伦比亚大学的比例高于犹太人相对总人口的比例，但限额仍大大小于有资格上学的犹太人数量。限额最终作了修正——但已过了很长的时间了。顺便提一句，反犹太主义也阻碍着进入教职员队伍的道路，而不只是入学申请，这是我后来才认识到的。当我走出高中校门时，我向哥伦比亚大学提出了申请；我还不到他们所要求的最低年龄。不过，我还是获准去面试。我的高中成绩非常优秀。我对面试做了精心准备，顺利通过了面试。但我确实需要奖学金，我交不起学费。于是我向面试官——他是系副主任——提出了一个有关奖学金申请截止日期的咨询问题。"哦，别烦我"，他说，"你的申请是不会获准的"。我当时不知道这个情况，但几年后，有人写了一本关于美国大专院校中反犹太主义的书，里面提到了这个家伙。他以设法阻止犹太人入学而臭名昭著。最终，我获得了准许。但这时候申请奖学金已经太迟了。

哦不！那个家伙难道没有说出自己应该说的吗？您本来是能

够及时申请奖学金的。

大概吧。他完全没有跟我讲实话。要是我胆子大一些,我会提出控诉,指出既然他们准许我申请,他们应该也给我一份奖学金。但是,你知道,人们认为这类事情是理所当然的。

所以,您改为去城市学院。

对。城市学院的许多学生都非常聪明。与这群人在一起,真的让人激动。不过,教职人员就良莠不齐了。教学负担很重。每周授课时间达15个小时——甚至在当时,这也是相当高的。无论如何,城市学院不是一所名气很大的高等学府,但学生们下课后都会聚在一起,讨论书本,设法弄清楚其中的难点。我们的收获相当大。而且我们全都是激情洋溢的辩手。我不是特别精明。我属于左派,但我不像其他人那样很受这种阿谀奉承的影响。我的精力不在这上面,而是把时间用在学习上。而且,我把自己看做是社会主义者,而非共产主义者。从很早时期起,我就站在反斯大林一方。

那是什么时候……

那时,前苏联进行了一连串对老布尔什维克的审判。一些参加过十月革命的人被带上法庭受审。尼古拉·伊万诺维奇·布哈林最为著名,还有格里戈里·索柯里尼柯夫、卡尔·拉狄克、列昂尼德·谢列布里亚科夫、谢尔戈·奥尔忠尼启则、皮达可夫等人。相当明显,这些根本不是真正的审判,完全由斯大林一锤定音,他就是要把自己的老同志清洗掉。

您感觉到了整件事的非法性和不法性。

是啊。真的很恶劣。后来,结果是,事情甚至比我设想的还要恶劣。但从一开始,我就有一个不好的印象。第二次世界大战之后,有许多前苏联人设法来到了西方。听过他们的话之后,我才了解到,一些针对前苏联的最严厉的控诉仍然被作了淡化处理。

接着您就继续攻读研究生吗?

是的。我想攻读数理统计学,但该学科学不到,没有统计学系,这门学科没被认可。即使在今天,教这门学科也不是很广泛,美国只有两三个地方有这样一个系。但我看了足够多的文献,所以知道哥伦比亚大学的哈罗德·霍特林①是这方面的伟大人物之一。于是,我相当天真地申请攻读数学博士学位,心里合计着这是最接近的学科,而且我将师从霍特林学习。当我到那儿时,我发现霍特林除了教统计学课程之外,还教一门数理统计学课程。我选修了数学和数理统计学课程,由霍特林及其助手、一个了不起的统计学家亚伯拉罕·瓦尔德授课。霍特林有一笔得自卡耐基公司的个人补助金,可用来雇一名研究助手,这人就是瓦尔德。② 1940年,他是霍特林的研究助手,已在美国待了一两年。所有的学生都知道瓦尔德是个了不起的人物。总之,霍特林教经济学中的这门课程。我被这门学科迷住了,否则,我本来可能满足于当统计学家的。

问同样一个问题,您这段时间如何应付学习费用的?

---

① 哈罗德·霍特林(1895—1973)是一位著名的美国统计学家,他奠定了现代新古典学派、一般均衡理论和博弈论的基础工作。
② 有罗马尼亚犹太血统的亚伯拉罕·瓦尔德(1902—1950),曾在维也纳大学师从门格尔学习。在维也纳大学,瓦尔德攻读纯数学(主要是几何学)和计量经济学。在1938年纳粹入侵后,他应考勒斯委员会的邀请离开奥地利,来到了美国。

我父亲借钱资助我读研究生。他一个朋友的朋友相当富裕。我每年要花 400 美元。学费上升的速度可比通胀率快多了，如今的学费是 3 万美元一年。

霍特林在那个经济学班上教什么？

实际上，我后来才认识到，这是他本人做过的最无趣的部分。他教的东西本质上是企业的理论和消费的理论，都是些带有许多商品的完全一般性的模型。问题在于如何计算一阶条件，而霍特林尤其关心的大事是二阶条件，即如何计算出最大值。我是解有界海森矩阵①的高手。然而，当我逐渐对经济学知道得多一些之后，霍特林撰写过的极具原创性的论文之多让我震惊。

您怎么和霍特林打交道？他对您有帮助吗？

这个嘛，我给他留下的印象是一名好学生。一天，霍特林列了一个让他非常自豪的例题，但他不能用线性函数来解。于是我证明可以用线性函数来解。我走到他面前，给他演示我是怎么解的。事实上一点儿也不费力。他询问我是否打算继续读研究生。于是我问他："您愿意给我写一封推荐信吗？"他告诉我说推荐信没用。数学系对统计学一点儿兴趣都没有，他们大概看都不会看他的推荐信。霍特林是经济学教授，但他有数学博士学位，相当纯的数学，顺便提一句。他毕业于斯坦福大学，写过一些真正属于经济学的论文，但也写过一些统计学论文。他写了许多重要的论文，而且以其对经济学的兴趣名声在外。哥伦比亚大学实际上已经有一个人把统计学应用于经济学。但这个家伙发疯了，必须被送往专门机构治疗。于是他们有了一个空缺。不知怎么的，大

---

① 海森矩阵是一个矩阵的二阶导数。"他们现在不再教这个了。"阿罗表示。

约在1931年，他们有了一个想法：任命霍特林来填补空缺，这肯定是一个非常大胆的决定。他抓住这个机会，设法创立了一门统计学课程。他确信统计学不应该是从属性的。对此他给我们讲过很多遍。总之，对于我的要求，他对我说："如果你想从原来的专业转向经济学，通常我会为我的学生争取到奖学金。"噢，我显然被他的课程迷住了，于是我接受了他的建议。这就是事情发生的经过，原原本本。

您不担心这会使自己离纯数学越来越远吗？

啊，我在搞统计学，就是说我已经走出那一步了，我知道我可以一边攻读经济学博士，一边集中精力于统计学。但当然了，我得上必要的课程，取得必要的资格。

您是否再度考虑过找工作的可能性？或许您想到过经济学能够带来更多的机会？

我对这个问题没有想得太多。就业机会真正有哪些，我不知道，我真的没什么打算。事实上，我仍然在权衡是否保险。"保险"的新意在于我打算去做保险统计师，这是我觉得统计学能够派上用场的职业。要当上保险统计师，就需要通过保险统计师协会举办的考试，实质上所有保险公司都承认这些考试。总共有九科考试，其中的头四五科本质上是考数学。我选了几科自认为比较保险的考试。这是些非常棘手的考试，它们都不是太深，但不容易对付。所以就像我刚才说的，我在权衡是否保险。但当然了，我想，有了博士学位，自己也应该能够得到某种学术性的工作，或者进入某些政府机构。具体是什么我不太清楚，但我瞄准的是围绕这几条线的某个东西。

选择一条职业道路而不是另一条，意味着总是要放弃一条，这有点像关上一扇或许再也不会打开的大门。您不担心关上大门吗？

我不是患得患失的人，总是既来之则安之，有那么点让门敞开的意思。但在此期间，我接下来的一件事是，我得为我的硕士学位写一篇学期论文。我被这件紧迫的事缠住了。我应该提一下另一件事。在我大学毕业后和开始研究生学业前之间的那个暑假，我曾找过工作。我想，我也许可以在百货公司当店员。在1940年，仍有很多人失业。总之，我去了一家百货公司，但他们不招人，所以我走了出来。我看到街对面有一个某家保险公司的牌子，便走了进去，问他们是不是在招人，他们说是，并雇用我当保险统计员，这意味着我要做一些初级计算工作——计算保险费。他们擅长于残疾保险单，有一些计算残疾保险单的方法。我算得非常快，马上得出了结果。他们付给我一周20美元。这项工作使我知道了那些保险费实际上是怎么计算出来的，我后来才意识到其中有非常有用的东西。里面有很多费用，那种认为保险代表了一个经保险精算的公平费用的观点是错误的。正如他们说的那样，有两种费用。一种被称为保险费安全系数附加费，根据表格读数来计算。这就是人寿保险费。还有另一种费用，完全是为了覆盖经营业务的成本，而这并不是微不足道的，不是1%，而是15%。所以我认识到这里有一个缺口。但我没有留心，直到20年之后，我才认识到它的重要性。

请继续谈一谈您上大学的情况。

1941~1942学年，我正上大学二年级，是在经济系，上所有的那些经济学课程。当时的氛围有点奇怪，即便依照当时的标准来看，也是非常反新古典主义的。这种倾向性的结果之一是，没有开设价格理论课,任何级别的都没有,不论相信与否。并非每个人都是一个模子出来的,但系里的权威人物是韦斯利·米切尔。① 在他的课上,他说我们的职责是收集大量资料。如果收集到了足够的数据,事情自然会一清二楚。米切尔是国家经济研究局局长。②

您还发现了什么?

经济史中有一门课程,由当时非常有名的人物约翰·莫里斯·克拉克讲授。他是约翰·贝茨·克拉克的儿子。③ 这个家伙总是神经过敏,爱说对不起,这种表现经常可以从那种有一位极端强势的父亲的人身上看到。我上了他的经济史课程。课很有趣,因为每隔几节课,他都会讲一些非常逗乐的俏皮话。但我连注意力都集中不了,太烦人了。他写得一手好文章,有一些非常好的想法,但面对面授课,他是我一生中见过的最乏味的老师了。还有一门米切尔讲授的关于商业循环的课程。我认识到,他关于统计学的观点与我从霍特林学到的大相径庭,但我至少认为课程将会很有趣。结果却是,米切尔当时在休假,由一名——我

---

① 韦斯利·米切尔(1874-1948)是一位经济学家,尤以其关于商业周期的实证工作,以及1920~1945年间指导美国国家经济研究局的研究而闻名。
② 美国国家经济研究局是一个致力于经济学实证研究的私立非营利性研究机构。它"致力于在公共政策制定者、商务专业人士和学术界中从事和传播不带偏见的经济学研究"。它出版研究报告和书籍。国家经济研究局位于马萨诸塞州的坎布里奇市,在加州的帕洛阿尔托和纽约市有分支机构。
③ 约翰·克拉克(1847-1938)曾在哥伦比亚大学教经济学。他被认为是边际主义革命的先驱及制度经济学派的反对者。为了表彰他的工作,美国经济学会每两年向"被判定为经济学思想和知识作出了重大贡献的美国40岁以下的经济学家"授予的约翰·克拉克奖,就是以他的名字命名的,该奖被认为是经济学中最负盛名的奖项之一。

那时尚不知道的——叫阿瑟·伯恩斯①的客座教授代课。伯恩斯是我遇到过的最有才华的人之一。就我们的研究方法而论，我们几乎毫无共同之处，但他尊重我，我也尊重他。

这个嘛，他的政治信条显然有点保守，尽管在实际上，他被证明差不多是一个开明的凯恩斯主义者。谈到这一点，我能够想象，商业循环在当时肯定是一个非常有趣的领域，那时可是凯恩斯革命的辉煌岁月啊。

我们学了一整年。最后，在那个学年结束时，我问伯恩斯："凯恩斯这个家伙是什么样的人，我老听到他？"他对凯恩斯只字不提。后来，他写了一篇批评凯恩斯的文章。② 他会探讨各种各样的理论，主要是表明其中任何一个理论都不管用，然后是解释他和米切尔正在发展的统计学方法。他们后来把这些发表在《度量商业周期》一书中。我觉得该书废话连篇、毫无意义。在我看来，这本书似乎不是要去回答他们想要回答的问题，但就单个论点而言，却是非常有文采。顺便提一句，佳林·库普曼斯③对此写了一篇著名的评论文章。伯恩斯让我就太阳黑子理论写一份报告，那是商业循环理论的一部分。这些人谈论的可是真正的太阳黑子啊。卷入这方面的有一些相当杰出的人物。这要回溯到1882

---

① 阿瑟·伯恩斯（1904 – 1987）曾在哥伦比亚大学执教并主管美国国家经济研究局。他也曾是艾森豪威尔总统的美国经济顾问委员会主席（1953 ~ 1956年）和美联储主席（1970 ~ 1978年），罗纳德·里根总统曾任命他为驻联邦德国大使（1981 ~ 1985年）。

② "凯恩斯主义者所开出的药方，其巨大而明显的优点就是它们力图缓解大规模的失业；而它们的弱点则是，它们大量依靠对不确定的价值的纯理论分析。"参见阿瑟·伯恩斯1946年的作品。

③ "因他们对资源优化配置理论的贡献"，佳林·库普曼斯和列奥尼德·康托罗维奇荣获1975年度诺贝尔经济学奖。

年，那时斯坦利·杰文斯开始研究这个东西。存在着一个太阳黑子周期，而且确实有某种影响，至少对气候因而对农作物有影响，这在当时可不是一件小事。请注意，这并不是今日被称作太阳黑子的东西，只是作为一个演讲数字，例如在谢尔/凯斯演讲中。他们理所当然地认为真正的太阳黑子不重要，因此他们把该术语用作某个不重要的东西的实例，更确切地说，用作某个只是被相信是重要的东西的实例。呃，那是在1941年12月。那时，我们还处在二战期间。我参加了气象计划，希望能够用上我受过的数学训练。然后，我必须等着，直到被召唤过去。由于这件事，我希望能够通过考试，越快越好。我是在3月和4月参加考试的。我没有浪费很多时间。

您必须修完整个经济学课程吗？

噢，是的。虽然学校没有价格理论课，但必须参加价格理论的考试。意思是你得找到一位教授，和他商定一个主题，然后得到一份阅读书目。于是，我找到了克拉克。当时有一个非常热门的主题，即不完全竞争。这是张伯伦和罗宾逊提出的理论，实际上是博弈论的一个早期版本。当时，霍特林要考我统计学，伯恩斯要考我商业循环理论。我不得不应付两个应用领域，一个是商业循环，另一个是公共财政，我选的老师是罗伯特·黑格。我还得学习经济史，通常，这可以通过选修课程应付。但我抽不出时间上这门课，因为我的课程表被所有这些其他的事情占满了。所以，负责教美国经济史的教授只是拟了一份阅读书目交给我，过了一段时间之后对我进行了考试。这是我遇到过的最有趣的考试之一。他把我叫进去，给了我三个问题，然后叫我出去，坐在他的办公室外面，考虑40分钟左右的时间。之后，他再次叫我进去回答那三个问题。其中一个问题让人望而生畏，问题是这样的：给定美国现在的进出口数据，那么1725年和1928年的进出口数据会是多少？只使用这个资料，说一说你对本国内部经济结构的看法。这太可怕了。另一个问题是：如果美国南部各州1861年被允许脱离联邦，那会对今天的贸易模式产生什么影响？很明显，谁知道呢？这些问题只是要考你怎么作自我辩护。我通过了全部考试。系里对我的评价非常好。我有了一份特别令人满意的奖学金，未来几年将衣食无忧了。就在这时，我被征召去服兵役。但我在退役后得到了这笔奖学金。

您是怎么避免被送上前线打仗的？

我没有坐以待毙，等着自己被征去服役，而是立刻参加了气象计划。军队启用了各种民用计划，我被派往纽约大学的气象学系。这个系颁发一个相当于气象预报硕士学位的学位。我们也要进行操练，当然，这对于我们的学业不是特别有用。

那是一段有益的经历还是糟糕的经历？

有益的经历。你瞧，操练不完全是我们生活的一个主要部分。我们基本上是学术性的。我们大概一周操练两三次，每次几个小时。这不是一件非常严肃的事情，他们不过是设法在这上面搞一点军事色彩罢了。于是，我们就有了宿舍大检查。到时候，他们会走进宿舍，检查床是否收拾得整齐干净。一天，我们作出极大的努力，对宿舍进行了大扫除，把样样东西都收拾得井井有条。收拾完之后，有人抬头看到了天花板上的枝形吊灯，说，哎呀呀，我们忘了这个东西了，上面可能很脏。果然不出意料，那天，检查官走进来，戴着一副白手套，伸手去摸……

但您在学术上没有懈怠吧？

这个嘛，他们分派我去做研究。有人说那是因为我在这个领域一无是处。至少，这件事不是很有成效，我没怎么用上我的学术工具。我在战时的大部分时间用在做拟合回归上，主要是预测未来15天甚或未来1个月的天气。大事当然是逐日预测天气。事实是你预测不了未来两周的天气。但我们作了尝试，我用的是统计学方法。它们不是太好，但我在这上面花了大量的时间，我们使用的是大号台式计算器，当时一台大约600美元，相当于今天的八九千美元。但它们的运算能力只及今天最便宜的计算器。做一个八变量的回归，需要花八个小时。不是因为我能力不够——恰恰相反，我非常擅长做这个。但是，我得说自己对战争没有作出很大贡献。这使我很烦恼。

但是，您也没有做很多经济学研究。

我做了一件实实在在的事情。有人过来问我一个问题：如果你为飞机导航，你该怎么利用风势引导飞机尽可能快地飞到另一个地方？要点不在于速度，而是节省燃油。当时我们的轰炸机要从纽芬兰飞往苏格兰，一段12个小时的航程。这是喷气机之前的时代。我发现这里有一个有趣的数学问题，那是一个我知道得不是太多的数学分支，但我研究了它，并解决了它。这给我带来了我发表在美国一份期刊上的第一篇论文。这是一个变分法问题，我对此做了研究，并找到了办法，使我们平均能够节省一个小时，这对于12个小时来说已经很长了。他们从未采纳它。就我所知，这是今天设定航班线路的基础。它涉及的都是怎么捕捉风势，但美国空军当时没有把它用起来。我感到自己的工作经验不是很有用。

不管怎么说，这不是纯数学，而是向应用数学走出的另一步。

这是我工作的一个典型特征。我通常开始于某个明确的问题，然而设法把数学用上，用公式表示。我曾反复再三地这么做过。

战后发生了什么事？

我于 1946 年 1 月休假，4 月被遣散。战争已于 1945 年 8 月结束了，但我们必须等到我们得到各自的遣散证。我回去读研究生。我已经通过了所有口试，正处在学位论文阶段。系主任是黑格，也就是以前的那位公共财政教授。他告诉我："学位论文意味着出师之作。你知道出师之作意味着什么吗？这个词起源于中世纪的行会。它意味着你做出了一件符合要求的杰作，表明你有资格当师傅。"他们催促我在 4 月和 10 月之间完成我的学位论文。人人都认为我非常优秀，我也认为自己作为学生是非常优秀的，但我对自己能否做出原创性的工作根本没有把握。自我读大学以来，很大部分时间一直有这样一个习惯：我在图书馆占有一个桌子，位于书架之间，它靠近经济学书架，这样我就可以随读随取。所以有一天，我偶然读到了约翰·希克斯的一本书，名叫《价值与资本》。① 就眼界而论，霍特林逊色一些。希克斯给出了整个经济的图景，这让我兴奋不已。另外，我是一个非常挑剔的人。我会说"这个做得不是太好"、"那个有待商榷"、"他有那么几分掩饰这个要点的意味"之类的话。我并不是个崇拜英雄的人。

---

① 约翰·希克斯 1939 年的作品。约翰·希克斯和肯尼斯·阿罗分享 1972 年度诺贝尔经济学奖，"以表彰他们对一般经济均衡理论和福利理论作出的开创性贡献"。

这么说，您胆子不小啰。

但我是个非常有礼貌的人。保罗·萨缪尔森也讲了一些他过去常常当面纠正授课教授的错误的故事。我认为这没什么错。但我不是那种类型。

您是怎么接触上逻辑学的？

那时我还在城市学院。1939年9月第二次世界大战爆发时，是我在城市学院的最后一个学年。事情是这样的：有一次，举办了一个逻辑学会议，人们过来参会。有一个家伙名叫阿尔弗雷德·塔斯基，是个波兰逻辑学家，因战争爆发滞留在这里回不了国。我对逻辑学有兴趣。虽然没有这门课程，但我喜欢看这类书，自学。那时哲学系有一个空缺，但塔斯基不懂英语，他讲不了课。他花了秋季那个学期学习英语，然后在2月开课。他讲两门课，一门本质上是基础课，另一门课叫"变分法"：X 表示 r 对 Y 之比，或 X 是 Y 的自变元，或诸如此类的东西。他发展了对这整个过程的系统阐释，引入了诸如传递性之类的概念。我是那个班的学生。上第一、二节课的时候，他讲的话我们一句都听不懂。每次上完课后，我们少数几个学生会围坐在一起，分析到底是什么原因使他的话这么难懂。我们认识到句子中的重音发错了。不过，他有非常好的语感。我们逐渐摸索到了一点如何听他的课的窍门，他的英语水平也有所提高。我这门课学得非常好，在结课考试时，我只用40分钟就答完了考题。他有点惊讶，但我觉得考试非常容易。只要走对了路子，就一点也不难了。总之，塔斯基教给了我关于符号逻辑和变分法的整个思想。他想让人来翻译他写作的一本基础教科书。教科书原来是波兰语，但也有一个德语版，这个版本是由一个年轻的德国移民奥拉夫·赫尔默翻译的。塔斯基感到自己的德语水平不足以校对译稿，于是他请我来做。那个暑假,我正在那家保险公司做事,但我还是抽出时间做了校对。

您什么时候能够利用上自己学到的符号逻辑学知识?

当我开始研究经济学的时候,人人都在谈论偏好。这其实就是排序,正是我从塔斯基那里学到的东西。他培养我去思考这些种类的逻辑。第一个应用场合出现在我研究生的第一学年期间。当我回到哥伦比亚大学,努力做学位论文,并试图纠正希克斯的一些错误表述时,希克斯本人来到大学作讲演。他带来了某个新想法。他想维持顺序论,但他也想进行人与人之间的比较。设有 A 和 B 两人。A 有一些商品,B 也有一些商品。假设 A 对自己的商品的偏好大于 B 拥有的商品,而 B 对 A 的商品的偏好大于自己拥有的商品,你难道不会说 A 好于 B 吗?这是一个仅涉及依次比较时对处境更好的定义。但我当场提出了一个问题:"希克斯教授,如果您说 A 好于 B,那我想您可以说,如果 A 好于 B,且 B 好于 C,那么 A 好于 C。但这并不能从你刚才说的推导出来。情况完全有可能是这样,即 A 好于 B,B 好于 C,C 好于 A。"这促成了我后来的社会选择理论。[①] 情况大致如此。不过,在当时,我只是觉得这是一个很机智的提问,但一点儿也不严肃,我并没有给予任何的关注。总体上让我对希克斯以及对经济学理论操心的方面之一,是企业使利润最大化。企业有很多所有者,自然,他们全都希望使利润最大化,所以这不应该是个问题。但希克斯强调,对未来的预期的确很重要。所以,最大化意味着对贴现利润总额最大化。现在假设你和我或者我们三个人拥有一家企业,我们全都希望使利润最大化,但我们每个人对于利润的构成有不

---

① 这是他 1951 年的博士学位论文的内容。

同的想法，因为我们有不同的预期。那么，企业该怎么决策呢？多数投票法，显而易见。

如此看来，这就是企业理论和社会选择之间的纽带！我明白了。您把我们从一个领域带到了另一个领域。

这还远不是故事的结尾呢。我记得我们前面想对这个排出一个顺序。如果该企业处境好，你就能够说存在着一个极大值。进行多数投票必然会导致一个排序。只需漫不经心地想 15 分钟，就可以意识到这一点都不正确。当然，我当时并没意识到孔多塞①在 1785 年就做过同样的事情了。直到大约 1952 年我才发现这一点。

那是在您的学位论文已完成之后吧。

不错。我发表它时并不知道有关孔多塞的事。但过了一段时间，有一位教授向我提及一个名叫 E. J. 南森的人。南森也做完了它，并在澳大利亚发表了一篇论文。但事实上，这个悖论要古老得多。总之，我相当苦恼，因为我想要的是企业理论，而不是在找一个悖论。所以我把这个放在一边，仍旧设法对希克斯的观点进行修改。我对这个很不满意。结果，我仍然考虑自己将来去当保险统计师的问题。事实上，我甚至去一家保险公司面试了一次，这家公司答应录用我。就此事，我再次恳求霍特林给我写一封推荐信，他给我写了，但他同时说，这件事让他心乱如麻，他不希望我离开学术界。那家保险公司希望我能够立刻上班，但我

---

① 孔多塞侯爵（1743 - 1794）是一位法国哲学家、数学家和政治学家，是启蒙与理性主义时代的典范。他的悖论表明，多数偏好在 3 个或 3 个以上选择的情况下变得不具传递性：多数人喜欢 A 超过 B，多数人喜欢 B 超过 C，同时多数人喜欢 C 超过 A 的情况是可能的。

告诉他们,我必须先完成学位论文,之后才能做保险公司的事情。接着,1946年,美国统计学会在康奈尔大学举办了一次大会,考勒斯委员会①也组织了若干研讨会。他们邀请我参加。瓦尔德是考勒斯委员会的时任主管雅各布·马尔沙克的好朋友。他们一直在寻找有统计学和经济学双重背景的人选,如果人选合适,他们就可以推荐。他们主要对计量经济学的同步方程法感兴趣。我参加了大会,在那里结识了库普曼斯。他当时非常瘦,是个高个子、苦行僧似的人。第二次世界大战时他在日内瓦待过,并在法国沦陷之前设法逃离了那里。我知道他就一个非常有趣的统计学观点发表了一篇论文,文章署名为宾州互助保险公司。所以我问他,他是怎样找到为保险公司工作的机会的。他没说别的,只用浓重的口音说:"噢不,里面没什么'妙音'。"他的话一出口,我脑子里关于进入保险公司工作的其他问题立刻就烟消云散了。

这么说那是一个关键时刻啰。

这个嘛,我确信不管怎么说,我原本就不会这么做。即便没有这事,我也会得出相同的结论。只不过库普曼斯说得太好了,霍特林就做不到,我也做不到。总之,一年之后,我仍在做我的学位论文,考勒斯委员会再度邀请我加入,我去了。但由于自己没什么进展,我感到十分不快。我想知道自己是否真的能够提出一个原创性的思想。我能够品头论足,我非常聪明,我懂得最好

---

① 考勒斯经济研究委员会是1932年由商人阿尔弗雷德·考勒斯在科罗拉多州的斯普林斯创立的。它于1939年迁至芝加哥大学(迄至1943年的主任是西奥多·英特马,1943~1948年是雅各布·马尔沙克,之后是佳林·库普曼斯),后于1955年移到耶鲁大学,更名为"考勒斯基金会"。其座右铭是"科学即度量",因此它一直致力于把经济学、数学和统计学结合起来。

的经济学家的思想，并找到他们的工作有什么漏洞。但这是身为聪明学生的素质之一，二者不是一回事。总之，我那时进入了考勒斯委员会。他们非常强调计量经济学，但当然了，你需要一个适合计量经济学的理论。这是一个令人激动万分的群体，有莱昂尼德·赫维奇①、劳伦斯·克莱因②、库普曼斯、马尔沙克等人。我还在那里遇到了一个研究生，我们在几个月之后就结婚了。③我们如今仍然相濡以沫。她家也很穷，她曾是农业部的职员。那里有一位统计学家，迈耶·亚伯拉罕·格希克，他曾师从霍特林。他需要的不是秘书，而是研究助手。所以他让她去做计算，他总是说，她相当擅长计算，这比她当秘书要强多了。她后来回到大学读书，获得了乔治·华盛顿大学统计学本科学位，且最终成为研究生。我是通过她结识格希克的，他是个俄国人。美国空军创立了兰德这个项目。它最初是作为美国一家飞机制造公司内部的一个项目，后来自立门户，成为一家独立的公司。格希克在里面做统计工作，这与考勒斯委员会当时在做的基础性工作有密切关系。所以他拜访了那里，而且几乎立刻问我是否想去兰德公司待几个夏季，报酬相当不错。就这样，我于1948年夏天到了那里。我已经在考勒斯委员会待了一年。我仍是那个有才气的人，在各种研讨会上非常活跃，但我实际上没作出什么像样的事情。转眼又一年过去了。每个人都预料我会做出什么事情。我是唯一怀疑这一点的人。

---

① "因奠定了机制设计理论的基础"，莱昂尼德·赫维奇与埃里克·马斯金、罗杰·迈尔森一起荣获2007年度诺贝尔经济学奖。
② "因建立并应用经济学模型来分析经济波动和经济政策"，劳伦斯·克莱因荣获1980年度诺贝尔奖。
③ 阿罗的妻子名叫塞尔玛·施韦策。

兰德公司给了您新的灵感了吗？

哦，在兰德，我去了数学分部。当时博弈论是全新的，我学到了许多有关凸集的知识，它是支持超平面什么的。它们全都很有用，但不是立刻就派得上用场。我的朋友、哲学家赫尔默，那时被兰德雇用了。兰德公司认识到，我们不知道有了原子弹之后未来的战争将会怎样，因此他们需要某种独立的思想，于是雇了一名哲学家。一天，我们聚在一起喝咖啡，他对我说："你瞧，有件事让我很困惑。我们正在设法去建立以苏联和美国为参与者的博弈理论模型。但苏联并非是一个实体，它只是一个结构物。他们是人，有不同利益的个体。"我告诉他，艾布拉姆·伯格森写过一篇解释这一切的论文，提出了"社会福利函数"。他建议我写一篇解释这些的文章，我答应了。我又想起了企业理论，我问自己，我们在实践上是如何获得这些社会福利函数的。人们拥有的只有偏好，这必然是一个复杂的投票问题。看起来多数投票不会起作用。没什么东西看起来令人满意。要么得到非传递性，要么得到这样一种情形：偏好于不合理的亦即不重要的东西。大约三四天之后，我看出不论你做什么，投票悖论都会重现。

实际上，赫尔默只是推了一把，让您系统阐述您本已知道的东西。

我曾向希克斯问过这个问题，但我本人觉得这是不重要的东西。但我当时被迫去给出一个解释。

这对您来说是个真正的突破，我想，就心理层面而言亦如此。

不错，这是我第一次认为自己做出了一件重要的事情。

您后来把这作为学位论文发表出来,用的术语是"可能性定理"。在文献上,它也被称为"不可能性定理",指的是不可能以不矛盾的方式集合偏好。这是怎么一回事?

哦,那是因为库普曼斯感到"不可能性定理"这个名称太悲观。但我觉得"不可能性定理"更合适。

您离开兰德后做了什么?

我回到了芝加哥,当半工半薪的助理教授。哥伦比亚大学帮了考勒斯委员会大忙,任用学校自己的人做这个兼职工作。不知怎地,我有种感觉,这个任用行为不太严肃,尽管在学术上,这其实是个正常的举动,实际上中规中矩。考勒斯委员会当时十分缺乏资金,他们需要帮助。这给了我某种教学经历。我于1948－1949学年在经济学系教统计学。我已经得到斯坦福大学的聘书,但我想先做出点事来。就在这时,事情发生了一点变化。一个名叫奥尔·鲍克的家伙获邀到斯坦福来筹建统计学系。他本是哥伦比亚大学的一个研究学者,后来他就待在斯坦福了。顺便说一句,哥伦比亚大学最终也建立了统计学系,但这是另一个曲折的故事了。本来,霍特林曾要求过来做这件事,但学校始终没答应。之后,他得到北卡罗来纳大学的邀请,于是拂袖而去——在这之后,哥伦比亚大学组建了统计学系,是瓦尔德创建的。一直以来,没人搞明白事情为什么是这个样子。总之,鲍克于1948年到斯坦福大学来筹建一个统计学项目,而且很清楚,这会得到联邦政府的支持。他劝诱格希克来到了这里。格希克是个人物。他先使我产生兴趣,然后问我是否也能过来。就这样他找到了经济学系。那里有不错的机会,因为有些人还没有从战场上回来任职。负责组织这件事的人希望改造该系,使之从低等系上升为优等系。当我面试时,我递交了我最新的研究材料。当时,艾伯特·哈特是我与之接触的人。我认为他并不懂得这些材料讲的是什么。看来他只是认为如果我说好,就一定是好的。他对我非常好,尽管有人告诉我,他对其他人相当傲慢。接下来,我花了6个月的时间把所有这些想法写下来,给出一点历史背景,指出以前已有人提出过这个悖论的各种版本,或者作了扩展,但都没从其整体上研究它,例如西托夫斯基和卡尔多。我确实太想写出一篇不到100页的学术论文了。当时,学术论文的典型篇幅是300页。结果,我的论文最终是105页,我有点失望。

但那个时候您没有去斯坦福大学。

是的,但我当时感到自己已经有了一些成果,于是我回到芝加哥大学教统计学。在这个战后班上,有许多优秀的学生。《政治经济学》杂志的主编邀请我给杂志写一篇文章,这是我不曾想过的事情。自此之后,我就变得一发不可收拾,创作出了大量的作品,在其他领域。我没有回到社会选择领域,我还没有接上那条线。我变得有创造力得多。

我猜想您终究是要从这个"起跑架"出发的。但先让我问一下——您只是偶尔回到社会选择理论上,为什么?继您那篇突破性的论文之后,您已写了那么多的文章。你引发了大量的争论,例如,我认为,詹姆斯·布坎南的回击——指出对周期性的有益效应——就值得特别关注。您为什么没作出像样的应战呢?

就其本身的主张而言,我的理论从未被推翻过。若你来我往地争执不休,结果就不太好,这并不是非常振奋人心的。政治选择则提出了一组稍微不同的问题。政治选择这个概念是有经济动机的。它不是一个新概念。霍特林在其关于空间竞争的论文中,已对此作了明确论述。连冯·诺依曼和摩根斯特恩都讨论过政治活动。在某种意义上，每个人都在使效用最大化。我认为吉姆①是试图证明，如果你考虑参政，那么社会选择就得靠边站。而这是完全错误的。我可以买到选票，但这并没有改变问题。问题在于，在一个多维的世界，投票均衡状态甚至不存在。我在撰写学位论文之前一直在思考单维的情况。我一有空闲就和一些朋友谈论，我把它写在餐巾纸上，并证明如果只是从左到右依次排列②，则多数投票将具有传递性。在我抽出时间把它写出来之前，却发现已被邓肯·布莱克发表出来了。显然，他比我早几年就发现了它。一维情况完全不同于多维情况，这在社会选择理论和政治选择理论中都差不多如此。不要误解我的话。吉姆曾就动机问题做了一组可怕的研究。通过最大化来解释官僚主义和立法行为的整套想法，就做得非常好。他们使什么最大化却始终不是这么清楚。我有一个理论，它实际上可构造出他与杰弗里·布伦南合撰的一篇论文。该文以"文学的逻辑"为题流传开来，但却以另一个标题发表出来。③ 其要领是，你在投票时，实际上不是在做最大化，只是表达你的情感。你的投票其实无关紧要，因此去投票不是理性的。你知道这一点。所以如果你真的去投票，你不过是表达自己的情感。

在您与布坎南的方法之间，难道没有极大的不同吗？在我看来，吉姆更多的是走哈耶克的路子，谈论在政治领域要阻止对少

---

① 吉姆是詹姆斯的昵称，这里指詹姆斯·布坎南。——译者注
② 他指的是现已被人们所称的"单峰性"：若 A、B 和 C 从左到右固定排序，则唯一可能的投票结果是 A>B>C, C>B>A, B> A>C, B>C>A（而不是 A>C>B 和 C>A>B），这便产生传递性。
③ 该理论被称为"表达性投票理论"。参见杰弗里·布伦南和詹姆斯·布坎南 1984 年的作品。

数人的剥削，同时谈到知识的产生。① 他指出，在政治领域，知识是通过个人行动——这经由政治投票加以汇总——而形成的，然后需要在不被持续的多数派压制的情况下经过现实的检验。您似乎问的是您如何把个人偏好加总，而他的问题是建立在社会各个成员对于集体行动能够形成、修正和表达各自什么样的偏好之上。

可能是吧。我猜你说的是，新的知识产生于社会互动。我没有这样考虑过。吉姆的工作是这个意思吗？

呃，我想是的。他的确还说，并不存在诸如可被独立定义的社会效用函数。顺便说一下，倒不如说是个人效用函数之类的东西，因为这是那种以任何预定的方式都不存在于"世上"的东西。恰恰相反，仅当你行动的时候，也就是，实质上当你交易的时候，你才会发现它。

我确信的确如此。你知道，人们有时会说，直到他们说出来之前，他们不知道自己在想些什么。但请注意，甚至在读研究生的时候，我就从不认为效用理论暗示了自觉意识。当然，你能够发现一些东西，并认识到你自己的偏好。这是一个我没有系统研究过、大概应该做更多研究的论点。从创新的观点看，它似乎特别重要。顺便提一句，关于哈耶克，有一件事一直困扰着我，那就是，所有的局部知识必须在社会互动过程能够产生任何新的知识之前传递出去，而他确实没有向我们表明这会怎么进行。

您认为自己最重要的贡献是什么？

就原创性而言，是我们刚刚谈论过的社会选择论文。就对经

---

① 这指的是弗里德里希·哈耶克1937年和1963年的两篇论文。

济学的贡献而言,就有若干个了。例如关于不确定性和医疗保健福利经济学的 1963 年的论文,这是我最喜爱的文章。在我做过的工作中,有许多是应他人要求的结果,比如当赫尔默向我提出那个重要问题的时候。在 1963 年论文的情形中,事情是这样发生的。当时正非常慷慨地资助研究的福特基金会,有一个项目官员名叫维克托·福克斯。他有一个想法:选取若干实用主题,就每一个主题,让一名在相关领域没有真正搞过研究的理论家和一名从事实际工作的人各写一篇论文。他们已经在健康、教育和福利方面分别选人去做了。他们找到我,问我愿不愿意考虑就卫生保健的问题写一篇文章。在那段时期,这个主题非常热门。哈里·杜鲁门总统已经提出过关于保险的问题。我没有立刻动笔,而是开始围绕这个问题广泛阅读,因为我有统计学背景,我对不确定性较有兴趣。一直以来,我的许多工作都涉及不确定性,不是以这种方式,就是以那种方式。而且,若某事物较新鲜,就会让我真正兴奋起来;如果是我原来已经做过的,我就没有兴趣。对于挑战,我一直积极应对,过去几乎总是如此,甚至近些年也这样。

关于挑战,您指的什么?

给我带来任务的问题。问题越稀奇古怪,我就越兴奋,越想试试。毫无疑问,我的很多灵感都来自其他人的问题——我以前从未想过的问题。再举一个例子,譬如存货理论,它也属于这种情况。这是一篇极具影响力的论文,也是有人找上门来请教而促成的。其他一些事情就不是这样了,其中一些毋宁说是来自一般的文献。在上述卫生保健的例子中,我围绕这个主题进行了大量的阅读,发现它是一个理论问题。保险市场有点不完全,因为承保的是医疗费用,而医疗费用却并非与被保险人无关。当然,这是大家普遍观察到的现象。此外，还存在这样一个问题：为什么医生把许多时间花在救济上，给予患者无偿护理。并没有法律要求这么做，但医生就是这么做的。医院是典型非营利性的。这牵涉到许多有趣的事情。不知怎地，它让我动了心：这一切有一个共同特点。交易双方并不拥有相同的信息。还有其他人从不同的角度得到了这个结论。一些人当时正在研究苏联，分析工厂层面的经理们如何应对中央政府机构发出的指令、中央政府机构如何才能知道工厂的具体运行情况。然后，人们意识到，资本主义制度也有这类委托人－代理人问题。信息不对称才是问题所在。我瞄准它的原因是，我在几年前已经就风险承担的最优分配问题写了一篇纯理论性的论文，它也是我十分自豪的论文之一。理论上，它是关于如何把不确定性纳入一般均衡的问题。这个问题最初是希克斯提出的，但他说人们采取行动时把价格当做是确定的，从而有效地排除了这个问题。但我从统计学中学到了一点，那就是，当人们不确定的时候，可能会做出在其他情况下不会做的事情。人们以某些方式两面下注。在不确定性方面，存在着性质上不同的行为。问题完全在于你在建立模型时怎么把这个纳入其中。

您是怎么设法找到出路的？

我说不出自己到底是怎么想到这个的。我只是碰巧习惯于这样一个观念，即不确定性是指存在着你所不知道的各种社会状态。所以对于每一个状态，你都会下注。因此，最好的安全措施就是由各种赌注构成的一个复杂组合。基本思路是各种有条件的安全措施。典型的保险费因而是一个状态函数。问题是，如果我知道情况而你不知道，我怎么能够担保所付款项合适呢。就这么简单。由于受过这种高度理论性的训练，一旦遇到一个实际问题，我就能够看出我的理论有什么问题。我并没有发明一个理论来解释这个实际问题。我先有理论，然后再应用，看一看它是否管用。在这件事上，我的理论就不管用，因为它不允许信息不对称的情况。这就是我怎么想到不对称信息很重要的。总之，我应邀参加了1952年在巴黎举行的一个讨论风险承担的会议，提交了这份材料。组织者希望发表我的论文，所以我匆匆赶出了论文，并让人把它翻译成法语。文章非常短。9年后，有一名编辑找到我，邀请我发表该论文的英文版。这很容易，因为我原先就是用英文写的。我本来就不应该马上发表法文版的。总之，英文版发表之后，论文变得相当有影响力。

把这件事概括一下，一开始是希克斯的理论性争论给了您最初的灵感，之后您看到了一个理论不能回答的实际问题，然后这触发了一个新的理论。

正是这样。然后我意识到这个问题不仅对保险很重要，而且在医患之间再次面临相同的问题：我怎么知道医生正在做对我来说最好的事情？有了这个事实，医疗市场特有的所有特征就可以理解了。纯理论假设完全不令人满意。

一件事导致另一件事，正如新的理论要面对其他的理论，也要面对现实。我猜这就是学术发展的过程。

不错。对于保险和医疗保健之间的关系的发展，我的反应是社会制度很重要。其他人继续在理性预期的方向上探索，强调价格信号的重要性。

您还研究了经济增长理论。您和罗伯特·索洛共同研究了这个固定替代弹性概念。

我们一共有四个人。霍利斯·钱纳里和他的学生、如今已很有名的教授渡边恒彦，当时正着眼于劳动力在不同国家同一行业中的比例问题。有了科布-道格拉斯函数，你就能够预期劳动力比例是个常数。单位产出的工人应该与工资比率成反比，或者在取对数的情况下，其曲线斜率应该是-1。但是，他们发现斜率不是-1，而是-3/4。于是他们找上门来问我，对此是否存在某个理论解释。你知道的，我总是有求必应。于是我开始研究起来，但过了两个星期我都没有搞定它。突然，我想到了一个被我完全忽视了的最基本的方法。有一次，亨德里克·霍撒克尔提到，鲍勃·索洛发展了一个函数，可以用得上。索洛一直讨厌使用科布-道格拉斯函数，但他没看到自己的函数的含意。所以，他起的作用大概是最小的。

您有求必应可以解释为什么您涵盖了如此之多不同的领域。

是的，但我也做过从文献中获得灵感的事情。我的确有一种能力，能够从不同的方向研究问题，并看出其中是否存在关联。我能够看出事物之间的关联性。我做过的事情往往是小尺度的。我不研究自由放任主义之类的大事。

在您看来，经济理论的发展是什么？

我们现在处于一种百家争鸣、百花齐放的状态。有许多新的思想涌现出来，其中一些推进得还不够，例如经济学的社会性质。这实际上是经济学中一个未被系统研究——毋宁说研究得相当不够——的部分。但这不是我们大多数理论中的一部分。经济学有一种倾向，它太个人主义化了。行为经济学甚至更是这样，它把全部重点放在认知缺乏上。实验经济学同样如此。实验有助于提出新的理论，但新的理论必须在实地进行检验，而实验情况总是与实地情况相去甚远。总之，我们往往忽视以下事实：信息是在人与人之间传递的，不仅通过价格传递，而且能够以基本得多的方式传递，诸如一个人告诉另一个人今天是卖出某一只股票的时候这样的例子。这个信息不是通过市场传播的，它没有显示在价格中，而是口头传播，通过社会交往进行。这就是社会行为。还存在着人们遵守的某些社会规范，即便这种行为在市场中不合理。我们必须对此多加关注。

对。谢谢您，教授。

问　卷

1. 迄今为止，最严重的经济灾难是什么？

   在现代，1929～1940年间的大萧条。

2. 最有前途的经济学发展是什么？

   在最近时期，信息革命。

3. 对未来最重要的经济威胁是什么？

   除政治和军事上的威胁（核弹）之外，是日益增长的能源匮乏以及全球变暖对能源的含义。

4. 您能记得的糟糕的经济政策失误是什么？

   通过把事情搞得一团糟和盗窃国家财物成性的政府，许多非洲国家经济体的政府破坏行为（最近期的例子如津巴布韦）。还有许多类似的失误。

5. 最开通的具体经济政策措施是什么？

   "G. I. 比尔法案"，也就是，美国给二战退伍军人提供大量津贴，供他们接受高等教育。这是美国技术进步的基础。

6. 请列举一位政治家，您对他在经济政策方面的高超手段很钦佩？

由于对预算以及对外国经济危机的管理，我提名克林顿总统和他的财政部长们。

7. 在您的脑海中，经济学中最引导人们误入歧途的理论研究法是什么？

奥地利学派的先验教条主义（尤以冯·米塞斯为甚；哈耶克程度稍逊）。

8. 最重要的理论突破是什么？

在20世纪下半叶是信息不对称。

9. 现如今，如果仅仅由于经济上的原因，您愿意居住在哪个国家？

就纯经济成就而论，瑞典。

10. 如果仅仅因为智力上的挑战，你愿意生活在哪个时期？

目前就够好。

11. 如果必须在效率和平等之间抉择，您会选择哪个？

这是伪二分法，任何一个极端都不可支持。

12. 如果必须在自由和正义之间抉择，您会选择哪个？

同上。

13. 税负的极限是多少（请给出其相对个人收入的最大百分比）？

我不认为人们能够凭空回答这个问题。诚然，如果处理得当，该数字超过50%都曾达到过，且与效率和增长并行不悖。

14. 政府经济活动的极限是多少（请给出其相对国内生产总值的最大百分比）？

这个问题没有意义；可以有极大的政府控制，同时政府对资源没什么直接管理；相反情况也存在。

15. 您特别喜欢当今哪位经济学家？

詹姆斯·赫克曼。

16. 在经济理论界的古典作家当中，您特别喜欢哪位思想家？

维弗雷多·帕雷托（我指的是"最有趣的"，而不是"最好的"）。

17. 在经济学之外，哪位作家对您影响最大？

费奥多尔·陀思妥耶夫斯基。

18. 在智力上，您最感激谁？

我列举几位吧：约翰·希克斯、雅各布·马尔沙克、佳林·库普曼斯。

19. 谁是您的主要行为榜样？

没有。

20. 哪件经济学作品（书、文章、演讲）给您印象最深？

希克斯的《价值与资本》。

21. 您能记得最让您震撼的智力"顿悟"吗？是哪一次？

我遇到过几次，但我认为，理解社会选择问题并明白不可能性定理（这花了我几天时间）一定排第一。

22. 经济学研究者应具备哪些素质？

我不喜欢在方法上搞教条主义，优秀的工作可以呈现多种形式。

23. 您认为您本人最重要的贡献是什么？

两项：如医疗保健背景下发展起来的社会选择和信息不对称（其他的也是殊途同归）。

24. 职业生涯中最让您痛苦的失败什么，您愿意列举一个吗？

我没遇到痛苦的失败，我曾走到过大量死胡同，但我通常在此过程中学到点东西。

25. 您认为自己的主要个人性格特质是什么？

强烈的好奇心。

26. 您认为自己的主要个人缺点是什么?

    对工作不愿意全力以赴。

27. 在您的合作者中,哪种性格特质您最喜欢?

    向我提问。

28. 在您的朋友中,哪种性格特质您最喜欢?

    坦率。

29. 对您来说,快乐是指什么?

    无法回答。

30. 对您来说,圆满是指什么?

    同上。

31. 在您看来,最糟糕的经济不幸会是什么?

    重大萧条。

32. 在经济学研究之外,您喜欢以何种方式度过闲暇时光?

    看文学作品、听音乐。

33. 您最爱吃哪种食物?

    烤鸭。

詹姆斯·布坎南

美国弗吉尼亚州费尔法克斯市乔治·梅森大学

获得1986年度诺贝尔经济学奖,"以表彰他为经济和政治决策理论奠定的契约和宪法基础"。

简 介

希斯特知道如何行为规矩些。在东奔西跑、不安地狂吠、顽皮地乞求温柔一点之后，它本能地感觉到打开麦克风意味着什么。它安静地躺在沙发上，鼻子舒适地落在爪子中间，静静地等待着。希斯特是一只琥珀色毛发的狗，原来属于詹姆斯·布坎南的妻子。在她去世后的这几年时间，布坎南一直忠诚地照顾这只狗。他们相互喜欢上了对方，彼此相依为命，孤零零地生活在弗吉尼亚州布莱克斯堡附近大片土地上一幢不大的农场住宅里，这是夫妇二人过去购买的，后来用诺贝尔奖金进行了扩建。"当希斯特是只幼崽，安妮得到它之前，它受到了虐待，前主人老是打它——所以它是一只可怜的、精神受创的狗，花了很长一段时间，才使它恢复了少许信心。"布坎南解释道。他平素就很喜欢狗，这从壁炉架上面和周围他收集的大量陶瓷、木质和塑料小狗玩具便可一望而知。总之，对于希斯特来说，结果是漫长的等待，因为我们的谈话拉长到超过两整天。这不是我们第一次会面，这一次也不例外，当他回首往事、展望未来的时候，这位诺贝尔奖得主尽情分享自己的想法。就所有他在学术上的卓越、在智力上的严密、在逻辑上的不妥协态度以及他坚定的信念而言，布坎南一直是一个脚踏实地、思想开明、有人情味和有感染力的人。他也是一个令人称奇的、慷慨的故事高手，讲起话来带有可爱的南方人特有的慢声慢气，浑然天成的美妙的散文风格，不加渲染的幽默感，以及出色的层层推进、悬念迭出的节奏感。他讲述的东西无一需要作任何后续的编排，只是有许多的缩略形式。布坎南对语言的娴熟运用，对于任何熟悉这位多产作者的作品或至少熟悉其一些作品标题的人来说，一点都不会出乎意料：《赞同的计算》、《自由的限度》、《赤字民主》、《规则的理由》——这位作者的确是一位以头韵①的形式采用引人注目的标题的艺术大师。正如他承认的那样，他对遣词造句很敏感，超出纯粹的分析一致性的必要。他感到自己是科学家和艺术家的综合体。快到午饭时，布坎南站起身，到厨房忙活起来，为我们准备简单的午餐：三明治和雀巢咖啡。午餐后，他像往常一样上床午睡，我则来到屋外的走廊，坐在一把古色古香的摇椅上，尽享优美风光，观看着梳洗后焕然一新的希斯特消失在草丛中和泥地里。它尽情地嬉戏玩耍，一点儿都不管在这之后主人会对它吹胡子瞪眼睛。

关于身为美国南方人的詹姆斯·布坎南的个性，上面已经作了许多描述——这不只是为了打下埋笔。身为南方人，意味着继承了被统治的创伤，因为南方人在内战失利后受到北方佬的统治。这份遗产，主要是由他的爱钻研且要求过高的、备受尊敬的母亲传承给他的，这赋予了詹姆斯·布坎南一套价值标准，一直指引着他所有的思考和研究。1919年，布坎南出生于田纳西州的一个乡村小镇默夫里斯伯勒的一个非常普通的家庭。在一个他称之为"每况愈下的"的农场里，他的童年是在贫穷中度过的，他的学校教育也很简单。尽管如此，布坎南在中田纳西州立师范学院开始了高等教育，然后获得奖学金，进入田纳西大学深造。第二次世界大战时期，他参加了海军。这段时期，由于是可怜的南方人，而非东海岸权势集团的一员，他遭到了歧视，这当然强化了他内心深处对任何类型的独断专行的极度反感。尽管如此，他十分喜欢海军生活："军旅生涯、社会生活、秩序。"战后，他

---

① 头韵：在一组词的词头或重读音节中对相同辅音或不同元音进行重复。上述书名都使用了头韵。——译者注

获得了一份奖学金,这把他带到了著名的芝加哥大学——他挑选这个地方,主要是因为他受不了纽约。在芝加哥大学,著名的弗兰克·奈特对他产生了极大的影响。他还发现了瑞典经济学家克努特·维克塞尔的作品,尤其是维克塞尔的"财政理论研究",这是他1896年的一篇学位论文,提出了"一个新的公平征税原则"。这篇文章被布坎南翻译为英文,后来成为他本人的重要思想的基础。1948年从芝加哥大学获得博士学位后,他先后在田纳西大学(1948~1951年)和佛罗里达州立大学(1951~1955年)执教,之后作为富布赖特①学者在意大利进行了为期一年的研究。回到美国后,他来到夏洛茨维尔市,接受了弗吉尼亚大学的一个职位,担任经济学教授以及政治经济学与社学哲学中心的主任。这段时期,他与戈登·塔洛克联合创立了公共选择思想学派。也是在这段时期,他与塔洛克一起创建了公共选择学会,出版了名为《公共选择》②的学术杂志。1968年在位于洛杉矶的加利福尼亚大学任教一年后,布坎南于1969回到弗吉尼亚,在位于布莱克斯堡的弗吉尼亚理工学院担任经济学教授和公共选择研究中心主任。有趣但也与其在海军遭受歧视的经历相吻合的是,布坎南从未在东海岸任何一所著名的常青藤大学扎下根来,反而选择了能够容忍他离经叛道的做法、允许他施展拳脚的小地方。1983年,他随该研究中心从布莱克斯堡迁到弗吉尼亚的乔治·梅森大学。该大学位于费尔法克斯市,就在首都华盛顿的大门口。当他1986年获得诺贝尔奖时,他同时正担任朝圣山学社会长。朝圣山学社由弗里德里希·哈耶克于1947年创立,是一个

---

① 詹姆斯·富布赖特(1905 -):美国政治家,1946年提出富布赖特法案,提出了美国与外国的学者和学生到对方国家交流进修的计划。
② 该杂志最初是用有点不便使用的名称"关于非市场决策的论文"出版的。

由古典自由主义学者和知识分子组成的相当松散的国际性组织。这段日子，布坎南的几乎所有时间都待在布莱克斯堡他的农场里，只是偶尔用一下他在弗吉尼亚理工学院的办公室。

前面已经提及，由于是公共选择理论与宪法经济学的创立者之一，詹姆斯·布坎南注定名声不佳。公共选择学说把经济分析工具应用在政治分析或者说"非市场决策"分析上。这意味着对于经济学来说，国家行为或者说政府行为，不应再被人为地认为是外源性的，而应该现实地被视为是内生性的，并自成一格。1962年，布坎南联合戈登·塔洛克发表了名为《赞同的计算》的专著，由此宣告了对这个领域的第一个突破性贡献。在这篇专题论文中，两位作者吸收了克努特·维克塞尔的基本概念，例如个人主义方法论以及人作为经济人的形象和作为交换的政治活动。他们把个人理性的效用最大化这一惯常的假设，应用到整个集体选择领域。在这方面，新颖的、那段日子仍属真正革命性的假设之一是这样的观点：政治家和官僚主义者不一定表现为"乐善好施的独裁者"，恰恰相反，他们像普通人一样，表现出有目的的行为，也就是说，他们追求其自身的私利，他们完全像任何其他人那样对激励作出反应。在这本书中，布坎南和塔洛克还在集体决策的两个层面之间作出了至关重要的区分，即宪法层面及普通的、日常的政治活动层面。

宪法选择是定下所有基本游戏规则的层面，这个层面因而最为重要。发生在公民与国家之间的交换过程，类似于托马斯·霍布斯在其著名的《利维坦》一书中理论上描述的过程：个体把统治的垄断权授予国家，以换取国家提供保护性和生产性的服务。虽然霍布斯仍把这种社会契约看做是表示对所有权力的一个完全和绝对的、无追索权的让与，但布坎南和塔洛克走在相反的方向上，把这一过程看做是一个规定游戏规则，尤其包括对国家行动的限制的过程。因此，这个层面确定的所有规则要求全体一致同意。然而，代替让每一个人亲自到投票箱去投票，布坎南构想出这个阶段某种虚构的社会契约，在这个阶段，所有参与者可以被想象为是在"无知之幕"的背后。约翰·罗尔斯在其《正义论》一书中沿着类似的思路继续前进。在这样一幅"无知之幕"背后，个体决策在理论上就不会受到对于未来某个时点一个人自身立场的推测所影响。沿着著名的康德律令的路线，这个构想的决定性问题现在就变成了，所讨论的规则是否具有这样一种性质，即这些规则"可以从真正的制宪代表大会的参与者达成的协定中产生"，正如布坎南在其诺贝尔奖演讲中说的那样。这对于初始的宪法协定和后期的宪法改革都是适用的。在这方面，主要由于人们是在追求纯规范的、被认为是正当的利益，关于布坎南提出的方法，看起来就可能存在一个严重的现实限制。然而，同样也有一些显而易见的规定，例如，这些规则必须被设计为全体的，也就是说完全无差别的。

在后宪法或次宪法的普通政治活动层面，尽管有不同的多数投票制形式，结果仍然是惯常的集体决策程序。然而，多数投票制有一个经常被忽视的重大缺点——不幸的是，这种忽视经常导致公共演讲中对民主不加批判的神圣化：少数人可能系统性地受到统治。在布坎南的观点中，仅当这些少数人的权利在宪法层面得到保证，仅当对这一宪法至少有一个想象上的一致同意，后宪法层面的多数投票才是合法的。再次使用布坎南的比喻说法，这是在规则之内进行的政治游戏。在这两个层面，政治过程全都是关于旨在实现共同利益的社会合作。

政治家和官僚主义者差不多完全像任何普通人一样受私利的驱使，这个事实使得布坎南对于约束政府的可能性持悲观态度。作为普通的政治活动，即规则之内的游戏的结果，他预见到了一种向大政府发展的内在趋向,这不可避免地带来大量的赤字和公共债务。限制这一点的唯一办法,就是制定适当的宪法规则。在与杰弗里·布伦南合著的《赋税的权力》一书中,他提出了一系列防止这一点的宪法规则和设计。这本书读起来特别有趣,因为它完全颠覆了最优赋税理论的原则。然而,关于为什么这些宪法规则不会像普通的政治活动那样出现相同方式的偏向,仍有待讨论。如果一致同意的要求只是一种想象上的要求,只服务于规范的正当理由这一目的,那么现实的保证在哪里?呃,布坎南在《规则的理由》一书中主张,我们应该把更多的精力致力于制定这些程序。即使一致同意的要求是一个想象中的要求,宪法规则通常是十分抽象的和普遍的,足以至少在某种程度上模仿"无知之幕",并足以消除区别对待。然而,为了在现实生活中实现这一点,大概要求有这样的人,他能够超越其直接私利,以自明的、文明的方式行事。在"诺贝尔奖得主的评论"一文中,他谈及这里要求有"某种宪法责任伦理",即"某种扩大的因而在属于我的适度、直接的效用价值之上的利益"。在布坎南的立宪方法中,即使逻辑上不可能存在任何现实的绝对之物,根据弗兰克·奈特创造的用语,这些也是"相对绝对的绝对之物",即社会无日不能没有的那些基本偏好和价值标准。①

回到本书的主题性问题,即沿着应时而变的经济挑战、经济学作为一大科学领域的演变以及个人经历这三条主线探索学术进步的源泉,詹姆斯·布坎南的情形特别让人感兴趣。显而易见,与肯尼斯·阿罗或罗伯特·索洛不同,他不属于难题解决者,而

---

① "由过去的选择而产生的既有偏好函数和制度是'相对绝对的绝对之物',它们会发生变化,但只能随时间的推移而改变——唯有现在作出的选择才可能使之受边际性影响而发生变化。"参见杰弗里·布伦南和詹姆斯·布坎南1985年的作品。

是系统建设者。系统建设者提出一个全新的范式，一种一般地看待世界特别是看待政治活动或集体选择的革新方式。正如下述访谈异常清晰地揭示的，这方面的根源要在他的家庭背景、个人经历以及他身为南方人的文化传承中去寻找，其分量非常大，是支配性的。打一开始就让布坎南最感兴趣的，是人们如何能够在不侵犯彼此利益的情况下在社会上生活。在他之前或他身边的其他人沿着类似的路线思考过，尤其是弗里德里希·哈耶克。我想不出还有哪位学者对公正寄予了如此深切的渴望，对统治和歧视给予了如此发自内心的深恶痛绝——而且不论为了他自己的利益，还是为了其他人的利益，都是如此。布坎南的方法是极端个人主义的和断然主观主义的。这一切都使他成为一名完完全全的古典自由主义者，因此，他对经济学大师如亚当·斯密、克努特·维克塞尔和奥地利学派的著作滚瓜烂熟，就一点儿也不足为奇了。布坎南的传承和气质使他的头脑容易接受这些大师的作品，他如饥似渴地吸收他们的思想，加以整合，进行扬弃，并发展了一套研究方法，这套方法一方面是理论研究方面合乎逻辑的延伸，而且在另一方面，也是对当前时期具体政治问题的必然答案。在这个完美的堪称标志性的案例中，上述三条灵感路线就是以这种方式相互影响的，但其中有一个决定性的影响因素表现得极其突出，那就是我所称的个人经历。

访 谈

本次访谈时间：2007年6月23～24日。

布坎南教授，我想从最显而易见的问题开始：首先，您是怎么对经济学产生兴趣的？毕竟，这不是一个直截了当的选择。例如，一个人在学校通常是碰不到经济学的，所以，需要从外人那里打听才行，不论是父母，还是其他人。

根本没有。大萧条正在肆虐，我可没钱去范德比尔特学院——我本来预定去这所学校，但最终去的是法律学校——所以我不得不待在家里。我可以去的唯一地方是城里的师范学院。这是一所规模较小的学校。你必须学习所有那些师范类课程和诸如此类的东西。但我是一个好学生，到第二学年年末，我的学习成绩就在年级里名列前茅了。我修了三门专修科目，部分是为了便利，部分是出于兴趣。一门是数学，一门是文学，一门是包含经济学的社会科学。我在学院的第四学年年底时，就业机会非常难找，我只有三个选择：第一，我可以在高中教书——实际上我的确代过课；第二，我可以在银行工作——我获得了一家银行的聘请；第三，我的政治学教授设法给我弄到了一份奖学金，到田纳西大学念经济学。这个奖学金原本可以是任何专业，我本来也会接受它，因为它胜过其他选择。就这样，我被引导到经济学上。这纯属运气。

可是对于这一步，您是否做了什么准备？对于经济学，在您这方面有什么素质或其他知识准备吗？比如，家乡的情况怎么样？你们谈论过一些经济话题吗，比如谈论日常生活中遇到的短缺或预算约束，尤其是在大萧条的那些艰难日子里？

我不这么认为。我们家乡的环境不像这样，尽管我母亲是个十分聪慧的女人，非常喜欢看书，什么都看，如饥似渴。她什么都吸收，从庸俗小说到文学作品，无所不包。她对我们高中不教拉丁语非常失望。她希望我学习拉丁语，她还让我上法语课，尽管我不想去。她对什么都感兴趣，一点都不夸张。她们家族有人当过县副治安官和传教士，属于人们所称的中上阶层。我爸爸看报纸，但他在智力性的谈话中根本不是主角。然而，他们家族与我母亲的家族相比，有更多的学术联系。他叔叔是俄克拉荷马大学的历史学家。实际上，有一条街就是以他的名字命名的。我爸爸去俄克拉荷马大学读了两年书，还打橄榄球。

你们家住在一个农场里。

是的，我们经营这个农场。我爷爷曾是田纳西州的州长，这使他永远地荒废了农活。但我们住在那里。我们家有几家佃户，主要是黑人家庭。他们后来逐渐搬出去了。爷爷去世后，留下我爸爸管理和经营农场，尽管事实是，他不拥有这个农场，农场是由整个家族拥有的。结果，他没有任何动力好好经营农场，因此农场每况愈下。我们卖牛奶，这是我们主要的现金来源。我们还种植了一点棉花、玉米什么的，全都是标准的作物。我爸爸天生就不是个农民。他干了许多杂活，比如木工或绝缘子安装工。他的真正爱好是当兽医，他过去常常四处行医，帮当地人给牲畜治病。

这种生活很贫穷吧？

非常贫穷，虽然我那个时候没意识到。我母亲勤劳肯干、任劳任怨。她总是在干活。我从她那里继承这一点，毫无疑问。我从不喜欢游手好闲。我母亲不喜欢游手好闲。我爸爸则不然，他没事就到镇上的店里，与他的狐朋狗友闲聊，一待就是几个小时，留下我干活。他就是喜欢闲待着，什么都不干。这个没有传给我。

这么看来，您父母是有趣的一对？

他们的确是有趣的一对。母亲在结婚前教了9年书，所以大主意都是她拿。我父亲要比我母亲好看很多，他是个英俊的男人，而母亲则普普通通——但这很好。他总是迁就我母亲。平常都是父亲管钱，但他完全懂得母亲比他更聪明，所以最终都是由母亲拍板。对此，父亲并不觉得吃了亏，他没任何心结，他非常自信。

这段日子里，维持收支有困难吗？这是家里的一个话题吗？

啊，我母亲总是抱怨他给的钱不够，买不了她想买的东西。但这种事情一年到头都不断。我们从来没有挨过饿，连接近挨饿都没有过。严格来说，整个大萧条时期对我们家造成的唯一实质的影响，是在大萧条最盛之时，我姨妈带着两个儿子来我们家避难。我姨父原先在一家铁路公司工作，但被公司解雇了。姨父的母亲允许他回家住，但不允许他们全家都过去住。因此他们连住的地方都没有了。显然，从道义上讲，我们也必须接纳他们。他们住了大约1年时间，直到姨父在孟菲斯找到了工作，过来把他们接走了。

您的目标是要获得某种良好的教育，然后继续往上走？

这不只是一个目标，这是一件理所当然的事情。

你们家不认为您将来会当农民吗？

哦不，绝不，从来都没有。如果我当了农民，我母亲死都不会瞑目的。就是说，我只需尽最大努力往前走。她对我期许甚高。例如，农忙时节，整所学校的其他每一个男生都必须离校，到地里帮大人摘棉花、掰棒子或其他什么的。我母亲就不会让我为了干农活而错过一天学业，绝不会。所以我每天都去上学。我不介意，我喜欢上学，在所有阶段。我从没觉得这是个负担。

您遇到过对自己影响很大的老师吗？

我五六年级时遇到了一位好老师。她是个非常胖的女人，但也是一位非常好的老师，她跟所有的学生关系都很好。开学的学年里，她会带学生到她家里去。这始终是一件大事。例如，三四个男生会随迈耶小姐到她家去，在那里待一个晚上。她父亲在街上开了一个商店。她们家比我们家稍微富裕一点。我大概去过她们家两次。其中一次，我记得很清楚，晚饭后，我们围坐在一起，她拿出一些幻灯片，放立体感的幻灯机给我们看。通过幻灯片可以看到这片神圣土地上的三维景色。这是让人大开眼界的东西。

那么，后来在师范学院，您主修了您提到的三个专业，数学、文学和社会科学（经济学）。在经济学上，他们真正教了您什么呢？

什么都没有，绝对没有。我们的讲师是个退休牧师，他对于经济学包括什么内容一点概念都没有。之后，依靠那个经济学奖学金，我去田纳西大学上了一年学，也没有学到什么经济学。对了，那个时候，经济学讲的全都是基本原理。我们上了一门关于罗斯福新政的课程。里面全都是这些缩略词的机构，如 NRA、FDS 等，不一而足。有一门较好的课程是关于中央银行的，但不是关于经济理论本身。我们有一门相当好的统计学课程，但在我去芝加哥大学之前，我没学到什么经济学。

但那一年肯定激发了您的兴趣，不然您也不会去芝加哥大学。

不，实际上没有。我前面说过，这个想法要到以后的求学中才出现。我获得的是统计学奖学金。与上次一样，这是哥伦比亚大学第二学年可提供奖学金的领域。当时他们有一个很好的课程表。① 但是，在3月份或4月份的时候，我在征兵名单上排名靠前。我必须去参加军队的身体检查。我的身体没问题。实际上，我本来必须参军的，但我不甘心，开始四处奔走，设法进入海军的军官培训学校。可是，我的血压太高了，不合格。我请求医生让我第二天再过来检查血压。他们同意了，于是，我赶紧去田纳西州首府纳什维尔。我爸爸有一个堂弟在当地当医生。我们打电话叫他到高尔夫球场来，然后把这件事告诉他。他说，好啊，你明天就回去，尽量往好里想，等到检查前半个小时，吞下这个药丸。我拿着药丸走了。检查前，我估摸着还有大约半个小时的时候，我吞下了药丸。没想到他们立即把我叫过去检查，我的血压还是高于上限。于是我说，我只是有点紧张，让我坐在那里，就等几分钟。不到半个小时，我的血压就下来了，医生大为吃惊，就这样，我进了海军的军官培训学校。

他们担心血压高，是以防您可能在潜水艇之类的地方工作吧。

不，这只是随意的。就像任何其他检查项目一样。他们不在乎。

这么说，是海军让您没当成统计学家啰？

哦，是的。若我被4F②，为了获得统计学博士学位，我料想自己会去哥伦比亚大学念书。我确信自己会喜欢上统计学的。我始终认为，你会发现这些学术经历中的任何一个都是有益的。回

---

① 哈罗德·霍特林在20世纪30年代设立了这个课程表。
② 指被永久地挡在军队大门之外。

头讲一讲我在师范学院上学的情况吧。那时,为了给那些奶牛挤奶,我每天必须里里外外跑上10英里路。由于这项农场工作,我不能参加那些要在晚上迟些时候做实验的课程。因此我无法选择物理课,我不得不选择生物课,生物学实验在白天早些时候做。但在最后一学年,我总算赶上了一个尾巴,上了一年物理课。要是我第二学年就能够上物理课,我确信自己会当上物理学家的。我着迷了,完全着迷了。但它来得太迟了。它与经济学也有很多相似之处。

您没有梦想过自己将来会成为什么样的人吗?

真的没有。那段日子,能够生存下来,有一份工作,就很满足了。我模模糊糊地记得,我那时常常想,通过进入师范学院学习,如果我能够在类似的学院当上教授,就是理想的生活了。我的政治学教授,也就是帮我获得田纳西大学经济学奖学金的那位——一个毫无价值的老师,我没有从他那儿学到任何东西,但他是个好人——在默夫里斯伯勒一条漂亮的小街上拥有一座漂亮的小房子,他每年能赚3 600美元。这在当时算得上一笔巨款了。于是我就想,天哪,如果有朝一日我也能像他那样,那该多美啊。这是我模模糊糊记得的唯一的理想。

海军教了您什么?

从1941年年中到1945年年底,正是我长身体的时候,这段日子对我来说,非常有益。这一次,运气同样发挥了巨大的作用。其次,我去那个位于纽约的军官培训学校。对于这个,你必须得是大学毕业生。他们训练了我们三个月。我们加速赶完了常规训练。首先,我们到海军新兵训练营,练习打靶、行军、测量、划船,诸如此类的事情。然后我们学习航海、枪炮操作、船舶驾驶技术等课程。我们大约有600名男生。地点是停泊在哈得逊河的泥浆里一艘美西战争时期的旧战舰"伊利诺斯号"上。我们住在战舰的甲板上。我们在那儿或码头的一幢仓库楼里面上课。詹姆斯·托宾也在这个班上,就在我后面。总之,在训练的第一个月,我受到了歧视,这让我心里很不舒服。如果说有什么我受不了的事情——这是问题的核心——那就是当有人受到不公平对待的时候,不论是别人还是我。这600名男生中,来自南方与西部的学员跟东北部的学员相比不成比例。我不是东部人,不是国教信徒,所以受到了公然的歧视。在全部600名男生中,只有大约20人毕业于耶鲁大学、哈佛大学、普林斯顿大学——它们都是常青藤大学。到这个第一期新兵训练营快结束的时候,他们就得从海军军官学校的学员中挑选军官了。他们从来自这些权势大学的20名男生中,挑选了12~13人,这与总共600人相比,对比太明显了。这是对我们这些不属于东部权势集团的人的公然歧视。这使我怒不可遏,要是这时有人前来招募共产党员,我会马上应征加入的。我原来就有强烈的左翼社会主义倾向,但这时比以前更强烈了。我想,我对这一点的感受,比其他任何同学都要强烈。即使是今天,这种情绪仍然存在。我从来就没摆脱过这个……不管怎么着,没有人过来招募,我也没有在任何共产党名单上签上我的名字。但如果有,我肯定会这样做的!

这些左翼信念来自何处?难道它不过是我们所共有的,至少在我们青春年少时所具有的对一切听起来是公正和有益的事情的惯常倾向吗?

不,在我这方面不仅仅是这样。这基本上要归结于人民党背景。我是伴随所有这样的小册子长大的,它们自19世纪90年代时就有了，当时美国有几个州倒向了人民党①——小册子都是关于华尔街大亨和强盗资本家之类的材料。当然，民主党当时控制着南方，它在南方是一党独大。因此，我对经济学发生了兴趣，在我的同龄人中，人人都有社会主义倾向。我们对于正在发生的事情没有正确的认识。俄国是我们所有人的理想。我甚至开始学俄语。

哇！但一般说来，您不是较信任政府吗？

在当时，我脑子里仍隐隐有这样的形象：不知怎地，国家都是仁慈的。直到很久以后我才开始提出这个类型的问题。

那好，我们回头谈谈您的海军经历吧。后来怎么样了？

幸运女神再次眷顾了我。关于我们结业后到哪里去报到，我们早已得到了命令。我得到的命令是到康涅狄格州的海军通信学校报到，去当通信专家。但在珍珠港事件后，我们有四个人得到的命令更改了。我们将前往位于罗得岛州纽波特市的海军军事学院。我们是有史以来仅有的来到军事学院的低级军官。在那里，我们将参加令人着迷的五周作战图课程，然后我们将去珍珠港，到切斯特·尼米兹的参谋部报到。在珍珠港，我们的工作是随时更新作战地图，并跟踪所有船只的所在位置。我在这几个人中算是地位较高的，因为我的分数比其他人都要高，所以到第二次世界大战结束时，我晋升为助理作战官。我实际上参与撰写了中途岛战役的正式报告，这是我们在太平洋的关键战役。当然了，整个过程充满了混淆和杂乱。我们做了实证研究，整理资料，比如

---

① 人民党是美国 19 世纪后期的一个政党。基于其反对金本位的立场，它在西部农民当中尤得人心。

什么飞机击沉了什么轮船等，夜以继日，然后撰写了这份报告。

您经历了多少战斗？这听起来好像有点遥远。

是的，实际上，我们秘密做了几件事。我们有一个作战官员，是一名上校，他觉得不应该命令我们出海参战，除非我们本身有出海任务。但他的确命令我们去海上待了一段时间。就这样，我随同第五舰队，登上"印第安纳波利斯"号军舰，参加进攻马绍尔群岛的战役。我们轰炸了海岸，他们把日本人带回到船上。总共还不到6个星期。这是我参加过实际战事的全部经历。后来，1944年12月，我们把总部搬到关岛，并在第二次世界大战的最后8个月里一直待在那里。

二战结束后，您考虑过继续待在海军吗？

是的，非常强烈。我曾作出的最艰难的决定是离开海军还是继续待下去。他们试图让我待下来，他们认为我可以在海军做得很好。我心向往之，因为我非常喜欢军旅生涯、社交生活、秩序。我不知道我将来在学术界会怎么样，所以说，当我决定返回学术界时，我逮住了一个大机会。

但确切地说，当时是什么促使您离开海军的？

我想基本上是这个想法：一名仅仅受过短短三个月的训练，然后被提拔为军官的预备军官，肯定永远比不上那些科班军官。另一个没什么帮助的因素是出海执行任务的缺乏——我只执行过六个星期的出海任务。

所以您离开了海军，去芝加哥大学重拾学术生涯。为什么选择芝加哥？

我有哥伦比亚大学的奖学金，但我不喜欢纽约。如果没有钱，纽约在现在和过去都不是一个非常好的地方，甚至在那些日子里。我的大学本科教授，也就是我前面提到过的那位，他1938年前后取得了芝加哥大学的博士学位。他告诉过我一些情况，让我感到那个地方的学术环境令人兴奋。我至今仍有同感。它的学术气氛是世界上最令人兴奋的，这一点毫无疑问。我一点儿不了解经济学系的情况，对于它是好是坏还是中等没有任何概念。倘若我知道这是一个市场导向的系，我大概会去别的某个地方。

这个系里有谁对您产生了很大的影响？

弗兰克·奈特①在那里，在我的生涯中，他肯定是一个产生了支配性影响的人。他是我的楷模。他教两门课，一门是价格理论，另一门是思想史。当时，雅各布·维纳已决定离开芝加哥大学，他在1946年离开了，但我仍然参加了他讲授的国际贸易课程。他对学生非常严厉，大力督促我们学习，让每一个人都快疯了。维纳认为，让每一个学生感到一无是处和微不足道是他义不容辞的责任。西奥多·舒尔茨②则截然不同，我继承了他的教学风格。他的想法是绝不去压制和羞辱学生，他更宁愿这样对学生说，唔，某某学生，你刚才说的可能有点问题……维纳却不然，他简直要把学生"碾碎"。之后，我完成这门课的那一年，即

---

① 从20世纪20年代到40年代末，经济学家弗兰克·奈特（1885—1972）与雅各布·维纳共同主管芝加哥大学的经济系。今天，他仍以其对"风险"（有可知概率的随机性）和"不确定性"（有不可知概率的随机性）所作的著名区分而声名远扬。他为放任主义辩护，不是出于功利的原因，而是因为放任主义认为个人自由是有不容置疑的好处的。

② 由于"他们在经济发展方面作出了开拓性的研究，并深入研究了发展中国家在发展经济时应特别考虑的问题"，西奥多·舒尔茨（1902—1998）与威廉·刘易斯一起荣获1979年度诺贝尔经济学奖。

1947年，米尔顿·弗里德曼来芝加哥大学执教。本科指导老师对我建议说，虽然我已经师从奈特学过价格理论课程，但我应该师从弗里德曼再学习一遍，因为他讲得不一样，讲得更好。这个建议非常好，他思维缜密，对细节不厌其烦。

这导致了您的社会主义倾向的终结，我猜。他们肯定使您的想法大转弯吧？

而且是急遽的大转弯。我们大约有30人上奈特的价格理论课。其中有15人在6~8周内完全改变了想法，另外15人依然如故。他们是些社会主义者，上这门课之前是，上完之后还是，与学习成绩无关。这不是聪明不聪明的问题，毋宁说是这种或那种方式预先决定的。由于某种原因，我被预先决定了去相信市场的运作方式——这是直到我学习奈特的课程之前，我实际上根本不理解的东西。

是否是因身为南方人而热爱独立，成为这种先决条件的一部分？

是的，这一点毋庸置疑。

您能否多解释一点这个呢？美国内战已成过去，您本人也没有经历过那段时期。您没有经历过任何种类的衰退，不是吗？毕竟，您过去一直生活在一个自由的国度。那么，为什么有这种"南方人"向往独立的强烈要求？

这全都要追溯到我的母亲身上。她在智力上对我影响甚大。她是在这种南方文化中长大的。她憎恨亚伯拉罕·林肯，一说起他就言辞激烈。虽然那已是她之前三代人的事了，但在她的思维方式中，这种情绪仍很强烈。她从没想过南方奴隶制的责任。但是，作为北方佬之化身的林肯，却把内战强加在南方人身上。这种情绪在我们家非常强烈。这个再加上人民党的影响，共同促成了对华尔街金融利益集团和东部权势集团的反对情绪。我的确得反思一下自己关于这一切的观点。这种改变对我来说是很难承受的，但渐渐地，我对林肯越来越钦佩了。

回头讲一讲您在芝加哥大学的情况吧，您在经济思想课程上学了些什么？您就是在这门课上接触到苏格兰启蒙运动、接触到亚当·斯密的思想吧？

没错。弗兰克·奈特的课其实就是一门关于亚当·斯密的课程。不过，他把课程重点集中在相对价格如何形成上。完全被忽视的是亚当·斯密在其《国富论》中提出的第二个原理，即经济增长方式通过扩大市场来达成的思想。我只是在20世纪80年代才重新发现斯密的这个部分，而且我研究这个到现在有20年了。这种事情很少有人会去做。我的问题是，如果你扩大市场，那么为什么你得到的是生产总值不成比例的增加，即使不存在规模经济、不存在外部性等。新古典主义范式错误地告诉你，你将得不到这个结果。但我认为，关于这一点，我们现在得到了答案。当你扩大市场时经济将不成比例地增长，因为你有了随机需求。在这种情况下，仅当市场达到某个临界规模时才值得去生产某物，因为只有这时才存在足够的需求去满足。

这么说，您是通过后门，从消费方面而非从生产方面来重新阐述规模经济啰？

是的，您逃不开这个。

《道德情操论》对您有什么影响吗？

没有，甚至到今天也没有。

咱们回到您在芝加哥大学读博士的时候吧。您与老师有很多交往吗？

我与弗兰克·奈特交往很多，与其他老师不多。命运女神再次眷顾了我。我不确定奈特是否对其他人很平易近人，但他对我的确如此。部分是因为他喜欢我，部分原因是我们的出身背景相当。一旦奈特和我以这种个人的方式建立了亲密的关系，我就经常去他的办公室，一待就是几个小时，与他交谈，有时纯粹是闲聊。我从奈特那里得到的，并没有那么多特别的东西，除了事在人为这一观点，也就是说，你要质疑一切，不要相信任何权威。没有什么是神圣不可侵犯的。

那么，您是怎么选择自己学习和研究的课题的？首先是什么驱使您转到公共财政上来的？

这要归因于我在上研究生的时候，当过我们的公共财政教授的助手这个事实。我曾写过一篇关于田纳西州如何在所辖诸县分配其税收收入的硕士论文。可以说，我已经抬起了一只脚，因此，撰写一篇关于联邦财政制度，即关于拥有独立征税权的各州如何与联邦政府打交道的学位论文，对我来说就是很自然的了。就这样，我进入了公共财政领域，并待了下来。顺便提一句，芝加哥大学教一门关于公共债务的课程。当讲授公共债务的老师交给我们一份密密麻麻的参考书目时，我以为老师是要求我们把这些材料都读一遍。于是我开始阅读。读了一本又一本。当我发现没有一个同学在读这些材料的时候，我感到自己实在太蠢了。不过，愚蠢却又幸运——因为9年之后，当我突然认识到我学到的关于公共债务的一切都是错误的，并着手去撰写我那本书的时候，至少我确信自己阅读了所有相关文献。

大学里的政治气候是什么？凯恩斯主义对芝加哥大学有什么影响？

实际上，没有多大影响。凯恩斯学说还没有完全抵达那里。我们的确有一门由雅各布·维纳讲授的宏观经济学，我猜你可能会说这门课是凯恩斯主义导向的，但这种倾向被纯化了。而且我的同事唐·帕廷金开始去研究庇古效应[①]。但基本上，芝加哥大学根本没有被凯恩斯主义的模型所主导。

您是说芝加哥大学极力抵制凯恩斯主义，而且做得非常之好，以至于大学里甚至没进行多少辩论？

是的。学校认为这甚至不值得费心。我只给你举一个例子，证明芝加哥大学离世界有多远。我记得非常清楚，1948年夏，我正打算离开芝加哥大学，因为学校聘请劳埃德·梅茨勒过来当老师。于是和一个朋友一起，我们到课堂上旁听，只是为了听一听他教什么内容。梅茨勒一上课便说："现在，世界上有两种经济学在教。芝加哥大学教一种，世界其他地方教另外一种。我将把世界其他地方而非芝加哥大学教的东西教给你们。"接着，他开始讲述所有这种凯恩斯主义的东西。

您是怎么逃脱当时的数学化时尚的？

我大学本科的专业是数学，因此我在芝加哥大学的研究生指

[①] 庇古效应是物价下降时发生的消费刺激效应。较低的价格水平导致既有私人财富较大的名义价值，从而导致消费上升。

导老师告诉我，我不必再上什么数学课。就这样，我跳过了这个，这对我来说是一个小小的不幸。如果我的数学知识稍弱一些，我可能会更容易接受它的。事实上，我从来就不反对数学，但我也从未感到自己必须大量使用数学。

您是从什么地方得到那个内生化和分析国家行为的想法的？我知道，您在芝加哥大学的老哈珀图书馆偶然发现了维克塞尔的《财政理论研究》①，这事十分重要，堪称神启，因为他简洁陈述了许多您也有的想法。您最开始是在什么时候学习德语的？

当时，要获得博士学位，我们必须懂德语和法语。你必须拥有阅读德语和法语文献的知识，而且必须通过考试。我在上高中时必须学法语，德语我是自学的。我只是看了几本语法书。我学到的东西足够看懂经济学文献，但确实不足以翻译维克塞尔的这本书，可是我太想做这个了。就这样，我开始翻译，但在翻译过程中，伊丽莎白·亨德森对我帮助很大。

但是您为什么灵光闪现，马上想到看维克塞尔的书呢？把那个选择范式应用到政治活动中的想法来自何处？是什么使您成为一个契约论者？这是与其他人讨论的结果，还是完全是您自己想出来的？

肯定不是源于跟其他人的谈话，我也不清楚这些东西怎么产生的。我想，在这一切的背后——这要追溯到我是个南方人——我是在探寻一种逻辑，可以解释为什么一些人强制另一些人是合法的。哲学上，我在某种程度上是个无政府主义者，而且在很大

---

① 该书的主要部分由詹姆斯·布坎南和伊丽莎白·亨德森翻译成书，书名为《公平税收新原则》。

程度上是个个人主义者。如果你接受我借以出发的这个观点，就必须有一个正当理由，来证明能够强制其他人是正当的。因此，有了我的方法，你就能够对人们所赞同的集体秩序形成一个概念，如果人们就它达成一致，它就不是强制，而是某种契约。

有前提。

有前提的赞同给了你一个标准，这强于去说"我需要它"或"上帝需要它"之类的话。它至少给了你一个方法，去安排我们在规范上应该站在哪里。这就是亚当·斯密所说的公正的旁观者，或者是约翰·罗尔斯的"无知之幕"背后的位置。这对于规范问题，是较其他任何可选方法都更好的出发点，但当然了，它确实会有徇私舞弊的问题。真正的一致是唯一的检验标准，但这代价高昂。不论如何，回顾过去，在人们感觉国家和政治的方式上，存在着这种巨大的缺口——大到可以开卡车通过——似乎是显而易见的。我们必须以某种方式解释集体层面的活动。过去没人注意这个。如果你看一看20世纪40年代的公共财政，没人担心这一点实在令人惊讶。经济学被这种凯恩斯主义的离题行为所支配了，宏观经济学流行开了，政府被假定是仁慈的。因此很自然地，这是一个需要被填充的缺口。我猜自己也曾受德·维蒂·德马科的一本书的英译本的影响，比我意识到的更甚，他在书中讨论了国家模型。我们这些进入公共选择领域的人，有几个出自公共财政领域，受过意大利人的影响。总之，我1949年的第一篇文章，就沿袭了那本读物，内容不外乎呼吁公共财政经济学家至少要去关注国家，并以某种方式——要么把它作为一个有机的、仁慈的主体，要么把它作为个体的集合——对国家进行建模。一切都有赖于此。

您的博士学位论文写完后发生了什么事情？

我在芝加哥大学获得的那个额外奖学金是有附加条件的，我得回到南方去，奖学金涵盖了多少时间，我就得待多长时间，否则我就得把钱归还给学校。所以我先是回到田纳西，时间是1948～1951年。1951年，我得到了佛罗里达州立大学的聘书。这件事是厄尔·汉密尔顿负责经办的，他当时在芝加哥大学。佛罗里达州立大学正从一所全女子学校转制为男女混合大学，非常迅速地组建自己的教职员工队伍。我决定到那里去。我不知道为什么，但这是我所作的具有决定意义的最佳决定。在那儿的教职员工中，有两个家伙，克拉克·艾伦和马歇尔·科尔伯格，他们均了解现代学术界是怎么回事，这是田纳西没人拥有的东西。他们懂得你必须发表论文。我们三人合著了一本教科书。就这样，突然之间，我变成了一个对写文章感兴趣的人。事情就是当我在佛罗里达州立大学时发生的。就在这时，邓肯·布莱克和肯尼斯·阿罗各自提出了他们的想法。我对简单多数规则的确切运行方式从来就不感兴趣，对社会福利函数也一样。但1951年，特别是阿罗，引发了汹涌如潮的讨论。我对那场讨论的整个论调感到不满。它实际上让我很不舒服，它看起来根本就不适当。在这整个背后，布莱克和阿罗均持有这样的观念：要是我们能够编制一个社会分类或福利函数该多好。在我看来，事情完全搞反了。他们的理想是一种我们不想要的偏好结构。我们需要避免统治，所以我们实际上想要的是一种循环。我曾写过的两篇最棒的文章，就是在1954年发表的，当时我就在佛罗里达州立大学。主编厄尔·汉密尔顿把它们刊登在《政治经济学》杂志上。① 文章是对整场阿罗讨论的批评，抨击了社会福利函数的概念。这一概

---

① 这两篇论文都于1960年再版了。

念在我看来没有意义，现在对我来说依然毫无意义。我从来就不明白保罗·萨缪尔森和艾布拉姆·伯格森的用意何在。我就是不理解这种不知怎地要有某种社会秩序的潜在愿望。于是，我写作了这些没人真正理解的文章，没人理解，只有阿马蒂亚·森①除外。总之，这是我人生的一个关键转折点。

学术界有什么反应吗？

那时没人给予关注。但是，当我现在回过头来仔细推敲我自己的东西时，我真的认为这是我做过的最棒的事情。

您写这两篇文章，其背后的驱动力是什么？

我不喜欢这场讨论中某些论述的隐含意义。我把这看做是一种努力，企图证明多数人将其意志强加于少数人之上是正当的或合法的。这一点要一直追溯到"南方人"思维上。实际上，我的着眼点是想要保护少数人免遭多数人的暴政。我希望尽可能减少人受人的强制。如果你接受布莱克和阿罗的文章的隐含意义，如果你认为少数应服从多数，那你就只会继续把多数人的意见强加在少数人身上。这就是我当时反对的东西，对我来说，是有不同凡响的潜在价值的。一直以来，我始终对受压迫的少数人非常敏感。这一点加上那个维克塞尔思想，让我对于使集体行为合法化，而非变成一个纯粹的无政府主义者的方式作出了某种设想。之后，在我逗留意大利那一年（1955年）②，我的思想又有了转变，这一年强化了上述的许多观念。意大利人对于如何为国家建

---

① 阿马蒂亚·森"因其对福利经济学的贡献"而荣获1998年度诺贝尔经济学奖。
② 在1955~1956学年，詹姆斯·布坎南获富布赖特研究奖学金，在意大利待了一年。

模给予了许多关注。这把我置于这样一种思考框架之中,应从集体层面,也就是从那个与市场相对的经济部门层面思考问题。那一年在价值意义上也是重要的。它使我在情感上愿意挑战美国民主中某些神圣不可侵犯的戒律。你不会以批评的姿态审视国家和集体行为,这一点已深入人心,我肯定也不例外。事情恰恰相反,人们存有这样的敬畏:国家就必须是仁慈的。意大利人则毫不留情,一捋到底。他们完全不尊重国家,完全不尊重政治家,完全不尊重政治。这对我有益,因为它使我能够把自己思想中的那个部分连根拔除。不然的话,它可能仍隐而不见。

但是,是什么使您多少抛弃了这些标准的分配方面,反而转向了对规则层面的分析?

在我去意大利之前,1954年,我在兰德公司待了一个夏天。我受到标准的新古典主义研究方法极大的影响。例如,大约始于那个时候,美国展开了一场关于德怀特·艾森豪威尔总统修建州际高速公路的计划的大讨论。我以前曾在《国家税务》杂志上发表过一篇关于高速公路定价的短文,于是决定写一本关于高速公路经济学的书。就在那本书写了一半的时候,我获得了前往意大利的机会,于是对那个高速公路主题失去了兴趣。我完全放弃了它。我受到了大得多的激励,去写我那本关于公共债务的书,以澄清人们对机会成本认识上的这种可怕混乱,把一切带回到个人选择上。我本已决定去做这件事,但当我从意大利回国后,这个分配类型的标准经济学题材看起来对我再没吸引力了,于是我转到了其他方面。这本债务方面的书是我后来的《成本与选择》一书的前奏,它也与集体行为的思想紧密相关。从意大利回国后,我来到了位于夏洛茨维尔市的弗吉尼亚州立大学。在这里,我得到了一个有力的援手,拉特利奇·瓦伊宁,他也信奉意大利人所强调的东西。他对我产生了重要的影响。他也曾是弗兰克·奈特的学生。奈特强调规则，瓦伊宁继承了这个衣钵。只选择规则——这是瓦伊宁所强调的，当然，我也承继了这一点。就这样，我开始思考其他可供选择的规则、宪法和诸如此类的东西。转折点是20世纪50年代中期出现的。

这么说，进行智力交流至关重要？

是的，不错。后来，1958年，依靠博士后奖学金，戈登·塔洛克来到我们学校。这是另一个对我有影响的人。塔洛克本人曾受约瑟夫·熊彼特的《资本主义、社会主义和民主》一书的影响。我根本没受此书影响，尽管你可以在熊彼特的著作中，看到公共选择理论后来所发展的许多思想的雏形。戈登还是安东尼·汤斯的好朋友，后者曾师从阿罗写作自己的学位论文。因此，戈登写作了这篇关于多数规则的东西，文章发表于1959年。那一年，塔洛克和我在牛津举行的朝圣山学社会议上发表了几篇短文。我们都谈论了规则和宪法。这些就是《赞同的计算》一书的种子。会后，我们回到美国。后来我们分道扬镳，塔洛克离开学校，到南加利福尼亚大学对外关系系任职，我则获得了福特基金会研究员职位，离校一年，摆脱了教学和行政管理职责。正是在1959~1960学年，通过在夏洛茨维尔和南加利福尼亚之间来回寄发书稿，我们写出了那本书。

你们这部突破性的作品问世时，人们的反响如何？

评论好得出奇。政治学家们似乎对它有一点儿吃惊。我并不认为我们是在做任何革命性的事情。我们只不过采用詹姆斯·麦迪逊的概念，把它们融入现代术语之中，就是这样。它对与政治学家理想化了的议会多数制度相对立的美国政治决策制度作了含蓄的辩护，因此是对多数规则的抨击。

您是什么时候发现弗里德里希·哈耶克的？他关于知识问题的方法在您形成自己的研究方法时是决定性的吗？

他在那个阶段根本对我没任何影响，这只是在很久以后才开始。我们知道，哈耶克写了《通往奴役之路》一书，但我们根本就没有注意到它。倒是路德维格·米塞斯及其《人类行为》对塔洛克有影响，但对我没影响。我身上具有的所有激进的主观主义成分，更严格地说是源自伦敦那帮人，源自杰克·怀斯曼和乔治·沙克尔。米塞斯在某种程度上把这一切变成了同义反复。

这些个人主义的东西作为一个出发点，对于您的工作绝对至关重要。但这个根源于什么？不是根源于任何种类的天赋权利吧，我想？

这个嘛，我猜这就是哲学家们现如今称之为"本体论个人主义"①的东西。在我看来，似乎你必须是一个本体论个人主义者。我看不出你怎么可能是其他什么人。这并不是一个有关规范的问题，也不只是一个逻辑出发点，而是一个事实。你不过是一个个体，就这样。我就是这么看的。用福利经济学术语来说就是，即使你的效用函数中所有的成分都得自家族的恩惠，但它们仍旧是你的。

那么，哈耶克什么时候开始对您产生了影响？

---

① 有时被称为"本体论个人主义"的哲学观点是这样的论题：社会的或历史的群体、过程和事件不过是个人和个体行为的综合体。

那要到 20 世纪 60 年代才出现。我的确是从哈耶克那里了解到我后来所称的道德共同体、道德秩序和道德无秩序之间的区别——这是关于这样的意识，我们的遗传质素全都是对于内部家族人而言的。① 那就是他对我的主要影响。他思考了许多这种从部族到扩展了的社会的飞跃。在这种扩展了的社会中，我们对待陌生人就好像我们对待自己的族人一样。我们是怎么学会这样做的——这在他看来仍是一个谜。每个人都没搞明白，它现在还是一个谜。正是在这方面，他从理论上退回到了某个文化演进的过程中。

那么关于普适规则和一般规则的想法呢？

这也来自于他，但时间要靠后一些。此外，哈耶克关于市场自发秩序的"交换"（catallactic）② 观点，也增强了这个经我独立思考并从 19 世纪的一些作者那里汲取营养而形成的观念。迈克尔·博兰尼的《自由的逻辑》也是一个重要的影响因素。我的主题是，我们应该把注意力集中在交易而不是选择上。当然，做交易本身先就做了选择，但核心问题是交易制度。

我们谈谈《赋税的权力》，这是您另外一本闻名于世的并且

---

① 参见弗里德里希·哈耶克 1952 年的作品，特别是第 8～10 章。哈耶克后来在 1979 年的作品的后记中又对此作了明确陈述。
② catallaxy 的意思是交换，即人与人之间友好的互动。关于自己为什么喜欢这个词，哈耶克在 1976 年的作品中题为 "市场秩序或交换" 的一章作了特别好的解释。他使用该词来形容 "市场中许多经济个体的相互调整所带来的秩序"。该词源自希腊动词 katallasso（καταλλάσσω），不仅指 "交换"，而且指 "允许进入社群" 和 "化敌为友"。然而，catallactics 一词最早似乎是由英国逻辑学家、神学作家和都柏林圣公会大主教理查德·惠特利（1787 – 1863）在其 1831 年的作品中创造。

读起来赏心悦目的重要著作吧。这本书起源于什么？

这个嘛，杰弗里·布伦南那时刚来不久，我们找到了某个共同点。当时，正有人组织编写一部纪念乔·佩克曼的文集。佩克曼曾在布鲁金斯学会担任税务研究员多年，是鼓吹扩大税基的主要倡导者之一。为了这部纪念文集，布伦南和我合撰了一篇赞扬逃避税务漏洞的文章，指出如果你真的有了一个非常宽的税基，那么根据定义，人们将无路可逃。然而，漏洞的存在将会在你想要使收益最大化的情况下，限制你能够提高税率的程度，因为不然的话，人们会通过漏洞进行规避。我们认为这是个有点取巧的观点。它不过是对一个小小逻辑难题的一种解决办法。后来，我们把这个观点扩展为一本书。《赋税的权力》是一本对某一单个观点严密展开、层层推进的著作。

这本书肯定惹恼了不少人吧，因为您把一切完全颠覆了？

对。比如理查德·马斯格雷夫，他就被这本书弄得很不舒服。

与其他人相比，您的很多作品都是合著的。这是否暗示，您的创造力的驱动力是合作？

对，但情况各不相同，我的合著者起了不同的作用。其中的几位合著者，是因为他们拥有我所不具备的技术特长。例如罗杰·费思和德怀特·李，他们在某种程度上就是这样。杰弗里·布伦南则不同，他和我意气相投，一起坐上半个小时，就能碰撞出许多火花。和他待上半天，获得的激励比与大多数人相处一辈子所获得的都要多。而戈登·塔洛克呢，他才华横溢，我就得时刻勒紧缰绳了。其他的合著者都是些有初步的想法但我必须帮助他们加以完善的人。还有一些想法完全得自寻常的讨论,有时甚至是在课堂上。

您会怎么描述您从一个主题转向下一个主题的过程?其间是线性的吗?

我会说,这是理论中需要被填补的逻辑不足。当你澄清了某个看似纠结不清的东西时,你就前进了。

您对于依靠适当的规则和法规来影响,或更确切地说,改进人们在社会中共处的方式的可能性持乐观态度,为什么?我知道,您没选取结果,而是规则。与此同时,规则也是结果,而在……

……这是一个无限的回归,是这样的。

您是怎么跳出去的?

你根本跳不出去。你可以在一组既有的规则或制度内谈论政策。你可以假定这些规则或制度是"相对绝对的绝对之物"[①]——这在某种程度上是个遁词——然后,在已知某些效率

[①] 这一用语,芝加哥大学的弗兰克·奈特、亨利·西蒙斯和乔治·斯蒂格勒等人使用得很多,它被詹姆斯·布坎南用做一个实用的工具,以在宪法框架内把宪法选择阶段从后面的政治选择阶段明确区分开来:"在 t_0 时刻面对一组集体选择或选项时,个体意识到,体现在历史记载中的偏好和约束都是固定的。这些偏好和约束并不处在决策者控制之下的那组选择变量之内,决策者是在决策规则范围内行事的。由过去的选择而产生的既有偏好函数和制度是'相对绝对的绝对之物',它们会发生变化,但只能随时间的推移而改变——唯有现在作出的选择才可能使之受边际性影响而发生变化。"参见杰弗里·布坎南和詹姆斯·布坎南1985年的作品。

规范或价值标准的情况下,你就能够在比较各种政策观点时,说这个强于那个。当你转移到规则层面时,你就能够分析不同的规则组,设法判断由不同的规则组产生的有关结果组。最后,你还能够转移到约翰·罗尔斯层面,以便就产生规则的各种原则作出规范性的决定。就我这方面来说,我愿意——这把我与罗尔斯①区分开来——在程序上打住,而他甚至想要明确界定依据程序所产生的东西。

回到您的灵感来源吧,世上有什么公共政策问题,使您发自内心地感到要去加以解决?

我从来就不是那种死死抓住公共政策不放的呆子,也从来没有全力提倡某一政策而不及其余。只有一个例外,而且失败了。我的确卷入了平衡预算修正案的提议中。我在不同的国家立法机构作了几次证。另外,我也没做什么咨询,除了一次。有一次,威廉·鲍莫尔觉得我可能有兴趣在国家商业委员会面前就驳船运输和陆路运输定价问题作证,他们管制所有这类价格。辩论是就纯边际成本定价法展开的。于是我写了一篇 24 页的辩护状,而且花了非常多的钱,但它从来就没被用上,完全徒劳无功。我想驳船方面的人最终打赢了这个官司。这给了我一个教训。如果你受到了诱惑,你就可能搭上许多钱,但这根本不值得。我并不很注重金钱,你知道的。

我宁愿认为,研究主题的出现有时候可能与公共场合的政策辩论有关。

---

① 参见约翰·罗尔斯 1971 年的作品。詹姆斯·布坎南写了一篇关于该书的评论文章,他后来在 1976 年的作品中再次论及这个问题。

对，我卷入了其中的一些。比如，我的确乐于见到欧洲进入某种联邦制度，这样一来，欧洲各国就会维持它们的存在和它们的权力，同时确保自由贸易以及资本和劳动力跨边界的充分流动性。我给1990年在巴黎召开的一次会议写了一篇文章，名叫"欧洲的立宪机会"。接着，从这篇文章出发，我想到了有关欧洲联邦制度的一整套想法，并一发不可收拾，就这方面写作了多篇文章。可是，我太乐观了。我在那篇文章中犯了两个错误。我认为，过时的社会主义立场和中央计划在力量上大不如前了。另外，我以为，联邦制度概念如此显而易见，它是不会招致太多反对的，尤其是来自英国人的反对。联邦制度这东西看起来太自然不过了。呃，一直以来，我的一些文章都是由这些正在探讨的议题引发的，现在依然如此。我其实应该投身其中，说一些关于自由贸易的东西，坚持斯密的逻辑的力量强过李嘉图的逻辑——以便抓住这种深藏于我国的巨大的保护主义情绪。

概括起来，我想我们可以说，您拥有了所有这些不同的灵感来源——个人背景、理论中的逻辑不足、政策挑战、来自你作出了反应的其他研究人员所作文章的挑战，以及最后是与同行的讨论。这么看来，就好似一个大熔炉，其中的每一个都不占主导地位。

完全正确。就我的情况看，没有什么占主导，而更多的是变动不居。现在回过头来，其中大部分看起来比我曾经梦想的更为连贯一致，写作了我在不同时期、背景下出于不同目的而写的东西。当你顺势而为时，你就会对更多的事情发生兴趣。我喜欢想到一个主意后把它写出来。除了逻辑上的一致之外，构思和写作的乐趣对我来说很重要。我的许多同事不知道如何去写作。这样，读经济学作品根本就不再是乐事了。

世上是否还有什么东西迫切需要作出解释的吗？您已经造就了一个范式转变，其他人在其他领域这么做过。是否还有什么东西必须去做的？或者，已经进步到了某个程度，再没有什么东西需要提出和解答的了？

这个嘛，我们还没有学会和平共处……但我不知道进步真正是什么含义。不管怎么说，我认为我们必须相信以下事实：世上还有更多东西需要作出解释。例如，甚至我们目前已有的范式，包括主观价值理论，也不过是临时的。有些物理学家可能相信，我们终将能够解释一切。在我看来，这真是愚蠢透顶，就好像在说，无神论者与得克萨斯浸信会教友一样教条。在我看来似乎是，即使你认同进化，你仍无法期望你的狗会站起身来开始讲德语，这是因为你的狗在遗传上就不具备这个能力。我们是凡人，我们是受限的。根据定义，世上还有无数的论说领域我们无法企及。永远都有我们无法逾越的限制，知道这些东西在那里，你就总是有望靠近一点——但仅此而已。

谢谢您，教授。

问　卷

詹姆斯·布坎南不愿填写问卷，他评价说："我不喜欢这类问题，这些问题没什么干系。这是在强迫自己解答一些自己既无能力也没信心去解答的东西。在我想来，它背后隐含着一种傲慢自大。"然而，他改而拿出了一份名单，名单上列出了对他影响最大的十位思想家，人名顺序是任意的。名单如下：

1. 弗兰克·奈特；

2. 克努特·维克塞尔尔；

3. 安东尼奥·德·维蒂·德·马尔科；

4. 肯尼斯·阿罗；

5. 拉特利奇·瓦伊宁；

6. 戈登·塔洛克；

7. 约翰·冯·诺依曼和奥斯卡·摩根斯坦；

8. 弗雷德里希·哈耶克；

9. 约翰·罗尔斯；

10. 亚当·斯密。

罗伯特·索洛

美国马萨诸塞州坎布里奇市麻省理工学院

获1987年度诺贝尔经济学奖,"以表彰他对经济增长理论所作出的贡献"。

简　介

　　大雨如注。这是6月份，但是雨点却以这种特别令人讨厌的方式从波士顿上空的乌云中落下。尽管打了雨伞，但从高速公路肯德尔路口一出来，我的衣服就完全湿透了。当我深一脚浅一脚地走过华盛顿街和纪念馆快车道的拐角处，来到斯隆商学院所在的那幢灰色建筑时，已经抵达那里的罗伯特·索洛亲切地把着敞开的门，好让我快点进去，少淋点雨。他与以往一样修长而整洁，尽管已经83岁高龄，但他仍然十分忙碌，期待着即将到来的长长的三个月暑假，他打算像往年一样，利用这段时间前往玛莎葡萄园，到自己用诺贝尔奖金购买的房子，与自己的一大家子人团聚。他在我稍微干了一些之后，邀请我进入他那间小小的办公室，就在保罗·萨缪尔森的办公室隔壁。最初安排他到这间从前为助理教授设计的办公室，就像他喜欢说的那样，纯属"地理上的巧合"，而且他从来没想过要去改变这个命运。然而，难以想象的是，在这个小小的房间里，仍有空间容纳他自1949年以来喷涌而出的所有创新想法。正是那一年，他离开哈佛大学来到这里，与保罗·萨缪尔森一道，努力去创立一个崭新的和卓有成就的系。近60年来，他们一直比邻办公，是友好争论的对手和伙伴。这是有趣的、力量悬殊的一对——以离奇古怪、居高临下和充满自信的保罗·萨缪尔森为一方，以亲切和蔼、耐心宽容和谦逊朴实的罗伯特·索洛为另一方。当然，将他们团结起来的，是他们数学式的和相当折中的凯恩斯主义/新凯恩斯主义方法。索洛首先询问了一些有关德国的消息——他会说德语，而且一直对德国的经济政策饶有兴趣，尤其让他担心的是欧洲中央银行

（ECB）相对紧缩的货币政策。他认为这个政策达不到预期目的。之后，他飞快地给自己的药剂师打了一通电话，他稍后将去那里取药。现在，我们完全准备就绪。

在如何使教学和研究彼此无碍反而能相辅相成这方面，罗伯特·索洛堪称一个完美的典范。2002年度诺贝尔奖得主乔治·阿克尔洛夫说："他是一个令人称奇的人，一个异想天开的老师（他讲授的课堪称一流）。我要大大感谢他。"他这么说并非孤例。[①] 索洛对年轻人有天生的吸引力，他喜欢答疑解惑。他身上洋溢着父亲般的慈爱、炉火纯青的幽默感和人道主义的关怀，他对任何人都不会傲慢自大、咄咄逼人。这也许与一个事实有关：索洛似乎在生命的早期就已找到了幸福，不论是在个人生活上，还是在事业上——而且他知道如何去享受生活的方方面面。唯一能够令他忍不住大发脾气的事情是愚蠢的经济政策。在索洛看来，愚蠢的经济政策，自由主义的、平等主义的、干涉主义的凯恩斯式经济政策，大多数时候意味着货币主义和/或自由市场经济学。正如萨缪尔森和如今的大多数主流经济学家一样，索洛更喜欢自诩为超然于一切"意识形态"之上的实用主义经济学家，视乎当时的情况，有时选择一种凯恩斯式的（即需求方导向的研究方法），有时选择供给方导向的方法。他坚信，没有什么经济制度在效率方面堪与资本主义媲美，但如果市场失灵，政府就应该出手，发挥应有的作用。虽然对政府的完美性未抱幻想，但他仍然主张积极的调控：

> 将要发生通货膨胀时，政府应该设法控制。失业情况将来可能延长时，政府应该设法解决。我还认为有种

---

① 参见本书对乔治·阿克尔洛夫的访谈。

种理由相信，为了解决类似这样的问题，财政政策以及货币政策均是必要的和有效的。

罗伯特·索洛1924年出生于纽约市布鲁克林区，是一位犹太皮毛商的儿子。他们家族发源于俄罗斯。读完高中后，他获准进入哈佛大学，开始攻读社会学和人类学。第二次世界大战期间，他投笔从戎。与大多数同事不同，在这段时间，他并没有待在某个政府或军事机构搞研究，而主要是被派遣到西西里、北非和意大利参战。离开军队后，他继续其在哈佛大学的学业，不过这一次，他听从了当时的新婚妻子的建议，主修经济学。在哈佛大学，他成为华西里·列昂惕夫的研究助理，并深受后者的影响。华西里·列昂惕夫本人最终在1973年获得了诺贝尔奖。索洛于1947年大学毕业，1949年在麻省理工学院当助理教授，在哥伦比亚大学待了一年之后，最终于1951年以关于家庭间收入分配动态的学位论文，获得哈佛大学的博士学位，这篇论文给他带来了大卫·韦尔斯奖。[①] 然而，到那时候，由于更多地受发展和增长问题所吸引，他已经偏离了列昂惕夫的研究领域。正如他解释的，有两个问题真正激起了他的兴趣：大萧条是如何发生的，以及另一场萧条是否会在战后接踵而至。

自从20世纪50年代起，索洛就一直对麻省理工学院忠心耿耿。二十多年来，他一直担任系主任。萨缪尔森倡导正规的经济学方法，尽管他身体力行并予以支持，但他声称从未为了数学而搞数学。"我知道自己想从数学角度搞经济学研究，特别是经济

---

① 索洛在其诺贝尔奖自传中讲了一段有趣的轶事，他承认自己实际上从未得益于韦尔斯奖："写完后（我）提供了图书形式的出版物，并开价500美元（那可是1951年的价钱！）。然而，当我重读该论文时，我认为自己可以写得更好些，但我从未回到这项工作，论文现在仍未发表（而且支票也未兑现）。"

理论，但并不是使用大量的数学工具，仅当我认为用上数学之后自己能够更轻松地搞经济学研究之后，我才会从事数学本身的研究。"此外，尽管他所在的领域具有很强的技术性，他的文章始终具有高度的可读性。1961～1962年，索洛在约翰·肯尼迪总统的经济顾问委员会担任资深经济学家。正如下面的谈话将会证明的，他非常钦佩肯尼迪。1968～1970年，他是收入保持计划的总统委员会成员。1975～1998年，索洛担任美联储波士顿银行的董事。他于1961年被授予约翰·克拉克奖，1983年被授予塞德曼政治经济学杰出贡献奖，并于1995年荣获功勋勋章。[①]

在索洛相对较早期的贡献中，有三项对经济理论产生了持久的影响，引发了大量的后续研究活动。第一个重要贡献是他1956年的论文，名为"对经济增长理论的一个贡献"，他在该文中提出了一个后来成为经典的新古典数学模型：索洛增长模型。后来，该模型在引入其他生产要素甚至纳入随机因素后得到了扩展。索洛的增长模型是对哈罗德-多玛模型的扩展，其中加入了劳动力作为一个生产要素。其主要特征是，个别来看，资本和劳动力均收益递减，但合并来看，这两个——可相互替代的——生产要素收益恒定，是随时间的推移而变化的技术变量。这个模型预言：储蓄率上升并不影响稳态增长率，拥有较高劳动力增长率的国家具有较低的单位工人资本投入和单位工人产出的稳态水平，最重要的是，在稳态下，单位工人的资本投入和单位工人的产出均以技术进步速率增长。在这一点上，他并未试图去解释这个技术变量真正是指什么、技术的性质是什么或者持续的技术变

[①] 功勋勋章，也叫"蓝马克思"，最初由普鲁士国王威廉·弗里德里希一世创制为"慷慨勋章"，后由弗里德里希二世改为"功勋勋章"，二战后一度被废，后改为专门颁发给在科学、艺术领域作出了杰出贡献的人员。——译者注

革来自何处。这只是索洛为人们把技术变革作为经济增长的一个引擎进行分析时所打开的第一扇门。就像人们称呼的那样,技术变革在稍后不久就成为著名的"索洛剩余"。索洛在其1957年的"技术变革和总生产函数"一文中,更是对技术变革进行了集中讨论,他在该文中找到了一个办法,把经济增长的源泉分解为技术变革和实物投入的增加。在其1960年的"投资和技术进步"一文中,他还引进了一个研究方法,使我们可以把技术进步看做是归并到随后的资本产生之中,即著名的"索洛制造期资本"法。这两篇论文为"增长会计学"奠定了基础。其1962年的"资本理论中的替代部分和固定部分"一文中,作了进一步的精雕细琢,即著名的名为"油泥—陶土"的增长模型。①

在1960年与保罗·萨缪尔森合著的一篇论文中,索洛还使菲利普斯曲线的概念在美国得到普及。根据该概念,失业和通货膨胀之间存在着此消彼长的关系——这个概念后来遭到人们的抨击,主要是米尔顿·弗里德曼和埃德蒙德·菲尔普斯两人。此外,他还参加了资本理论中的"剑桥论战",其中以英国剑桥的琼·罗宾逊、皮埃罗·斯拉法和尼古拉斯·卡尔多为一方,以马萨诸塞州坎布里奇的保罗·萨缪尔森和他为另一方。在1963年出版的《资本理论和回报率》一书中,索洛强调,对资本理论而言,重要的是资本回报率的决定,而非对资本本身——极端困难——的度量,然而后者却成了争论的焦点。索洛还为凯恩斯理论的工资黏性概念提供了一个新的阐释方法。他解释说,削减工资可能不符合雇主的利益,因为这样一来,生产率可能降低,而

---

① 术语"油泥—陶土技术"指的是替代率,它隐喻性地暗示,油泥—陶土在烘烤之前可随意弄成各种形状,但一旦烘烤之后,就变成硬泥,要进一步改变其形状就不可能了。

成本可能上升。这是对新凯恩斯主义的效率工资理论的一个重要贡献。

在本书采访的全部诺贝尔奖得主中，罗伯特·索洛是第一个完全领会我的目的何在的人。在对他本人及其主要灵感来源作了充分反思之后，他能够立即给出十分清晰的答案。结果再次显示，大萧条产生了决定性的影响，它既是作为一个令人困扰的经济情况、一个未能成功应对的政策挑战，以及经济理论未作出令人满意的解释的一种情况，又是作为一场不幸的个人经历。这个背景首先并从根本上把索洛的注意力吸引到作为一门社会科学的经济学上。正如他在下述谈话中所说的：

> 人们普遍担心，战争结束之后另一场萧条将接踵而至……我当然对此感兴趣，而且希望弄懂它。这把我引入了凯恩斯经济学中。另一个悬而未决的问题是，在已知大英帝国解体的情况下，经济将怎么发展。我感兴趣于这种方式下的经济增长理论。

可以说，这是对长期情况的解释。然而，从那时起，他一走上了这条路，就短期而言，索洛就以一种在某种意义上为理论本身所固有的方式往前走，几乎是被理论推着走。他填补了一个又一个空白。借用托马斯·库恩著名的用语，罗伯特·索洛自诩为"难题解决者"。对他来说，进步不过意味着"解决更多的难题"。当然，这些难题随着时间的推移而变化。所谓难题，是指仍未被解释的东西，要么是因为理论框架不足以囊括特定的情况，要么是因为情况以一种重要的方式发生了变化。在索洛漫长而令人着迷的学术生涯中，他二者都经历了。因此，大致可以公平地说，甚至在他发现自己对经济学的兴趣的最初时刻之后，他就被各种力量沿着下述所有三条相互作用的灵感主线推着往前走：随时出现的现实的经济挑战、个人经历以及经济学作为一个学术领域的演进。虽然后者可能事实上发展出了它自身的强大动态，正如索洛指出的，它绝不可能与其他灵感源泉无关。通常，多种不同的来源馈之以动机和灵感。

访 谈

本次访谈时间：2007 年 6 月 4 日。

最初是什么吸引您进入经济学的，索洛教授？

我是 1940 年 9 月到哈佛大学的。我一点儿都不知道自己将要学些什么。我当时 16 岁，隐隐约约地认为自己可能对生物学有兴趣。我是在大萧条期间长大的，我听人说美国林务局提供生物学方面的职位。我认为自己可以在有工作机会的地方做事。

这么说，吸引你的并不是生物学这门学科的优美啰？

是的，完全不是这个原因。我从未对生物学着迷过。我大学一年级时上过一门大课，成绩不太好。我在实验方面有点问题。我非常讨厌绘图，每当老师叫我们根据我们在显微镜下看到的东西画图时，我都画得很糟糕。

哦，这么说，生物学肯定是死路一条，我能看得出来。但为什么改为经济学呢？你们家受到大萧条的影响了吗？这个经历已在某种程度上给您设定了经济学之路，是不是？

对，我想是的。大萧条在我身上打下了深深的烙印，这对于我对商业循环和失业的兴趣的确有某种重要的影响。我父亲是一个皮毛商。大萧条期间我们绝不穷，但 20 世纪 30 年代，作为一个孩子,我就完全清楚这样的事实:我父母在一起谈论的话题,全都是关于下一个铜板将从何而来。大萧条以十分极端的方式影响了我们一家,因为有一段时间,我父亲在皮毛行业能够找到的唯一工作,就是远涉前苏联去购买皮毛。他们在列宁格勒等地召开大型皮毛拍卖会。因此我父亲长期在外,有一次竟然一待就是好几年,因为他被陷在俄罗斯了。他能够通过外交渠道寄信给我们,所以我们从没有断过他的消息——但他还是离家在外两三年。

接下来发生了什么?您是怎么打定主意的?

我随波逐流——这个词很恰当——进入了一个当时在哈佛大学被称作"社会科学之空地"的领域,这意味着它是跨学科的。我为什么会这样呢?因为,在大萧条期间长大,且1939年二战爆发之后,我看得相当清楚,社会运转得不太好。因此,我实际上是受激励而进入的。我主修了社会学、人类学和经济学。我发现课程的吸引力一般,经济学并不比其他学科强。两年后,当时我18岁,我离开了哈佛大学,自愿参加了军队。要么是因为我觉得打败希特勒非常重要,要么是因为我很无聊,谁知道呢?这两种动机都有。当然,到那时,也就是1942年,美国卷入了战争,珍珠港事件爆发了。就这样,我在战场上待了3年。[1] 我于1945年7月回国,回来后一个星期,我就结婚了——娶了我的结发妻子[2],之后,8月份,军队公布了一项积分制度,规定哪种军衔的军人累积多少分就可以退伍。我们是在两天前结婚的,正计划到科德角去度一个星期的蜜月。在我们留宿的旅馆房间里有

---

[1] 罗伯特·索洛当了陆军通信兵,曾在非洲、西西里岛和意大利参战。
[2] 他的妻子名叫芭芭拉·刘易斯。

收音机，我坐在床上听到了这个消息，开始根据我服役的月数、参战时间和我的一枚勋章合计分值。算完后我转过头，对妻子说："我可以退役了！我的分数够了，我要退役了！"当时我们是在波士顿去科德角的途中，我想既然我正在这里，我最好让哈佛的人马上知道我打算9月份回校上学。但是，我还不知道该学什么专业，到时我准备跟他们说什么呢。于是，两天来我一直向妻子求教："你学的是经济学。它有趣吗？"她说："对，很有趣。"于是我说："那好，就它了。"我赶到经济学系，告诉他们一个月之后我将回校念书。

您的话让人听起来好像您念经济学的决定完全出自您那位有学问的夫人。事情真的是这样吗？

这个嘛，我肯定不打算学物理了，我也知道自己不准备学生物，但我也可能成为社会学学者或人类学学者。不过，我嫌社会学有点模糊。我认为自己大概已经心中有数了——结果证明这是正确的——即使我打算成为某个种类的社学科学家，也要选一门严密的社会科学。经济学的分析性已经吸引我了。事情一定是这样。这其实不是机缘巧合的问题。但如果我妻子说"哦，不，经济学太无趣了"，那我大概就会选择其他什么专业了。

您还考虑过找工作吗？

没有。我根本就不再想这个了。我只是在想，我还有一年半的时间在大学念书，我必须找到一个专业。我必须选择，我那时必须作出抉择。于是我选择了经济学。

当您开始上学时，情况怎么样？您对自己选择的领域满意吗？

在那时的哈佛大学，每个学生都有一位指导老师，一星期见一次面。他会在头一个星期给出建议阅读书目,让你去阅读。等到下个星期碰面时,他和你就此讨论 30 分钟。我的指导老师是华西里·列昂惕夫。这不是我的选择,是学校指定给我的。实际上,我在参军之前上过列昂惕夫讲的一门课,叫"美国经济的结构"。列昂惕夫给了我一份阅读书目,他完全清楚自己在做什么,我想。我阅读的材料之一是约翰·冯·杜能的《孤立国》。① 我发现这本书十分有趣。我懂德语,所以我阅读了德语版。列昂惕夫会对我说,"你为什么不这么这么读呢,哦,不,不,你不能读这个,因为你还不懂任何微积分知识呢",并说服我阅读其他材料。而下一次,他会说些类似的东西。

通过挫折来刺激你,这就是他的策略吗?

哦,是的。如果作品有好有差,我就读好作品。就这样,我开始学习数学。我上高中时数学就一直很棒,可能是我学得最好的学科,但我对于学习数学根本没有特殊的兴趣。我从来就没兴趣当数学家。它对我来说太抽象了——尽管我能够令人信服地将应用数学作为终身职业。总之,当我学数学时,我开始阅读好作品,我非常喜欢它们。

什么样的作品呢?

比如约翰·希克斯的作品,以及他的《价值和资本》。然后,我阅读像简·丁伯根②这样的人写的关于商业循环的论文。当然,我还阅读列昂惕夫的一些关于投入产出分析的作品。我沉迷在这

---

① 在这本书中,冯·杜能(1783—1850)结合空间经济学和地租理论发展了一种土地利用的方法。
② 简·丁伯根与拉格纳·弗里希一同荣获 1969 年度诺贝尔经济学奖,因为他们两人"发展并应用了动态模型来分析经济进程"。

上面，喜欢上了它。到最后，我想把数学应用在经济学上，尽管说我在孩提时或青年时就迷上了数学，并一心想要为它找个用武之地，这肯定不属实。不是有句老话说，对于手拿锤子的孩子来说，整个世界看起来就像是一颗钉子。我觉得有些人就像这样，但我的情况不同。在我念了一两年数学，选了足够的东西去做而不只是去读之前，我就在搞经济学了。我知道自己想把数学用在经济学上，特别是用在经济理论上，但不是运用大量的数学工具来搞经济学。仅当我合计着那样做自己就不必与经济学作斗争之后，我才会从事数学研究本身。我只是想要一个超出我的需要的东西。那就是我驻足停留的地方。

您还记得一些悬而未决且引起您注意的导向性问题吗？

是的，我还记得。有两个问题。第一个是——而这使我远离了列昂惕夫，他原本希望我对他本人的工作做些扩展——普遍担心二战结束后另一场萧条将接踵而至。这个担心是很自然的，因为有前车之鉴：二战之前发生过一场萧条。1940年，美国的失业率为14%。我对这个当然很感兴趣，而且想去弄懂它。这把我引入了凯恩斯经济学。第二个悬而未决的问题是，已知大英帝国解体的情况下经济将怎么发展。我从未对发展中经济体的研究产生过兴趣，但我对于这种方式的经济增长的理论感兴趣。人们普遍关心长期而言经济如何增长的问题，我的兴趣是这种世界范围的兴趣的扩展。你看，我的情况就是这样。

您是什么时候想到自己有可能真正一辈子搞学术的？

时间相当早了。实际上，在这方面，我可以自诩为早期的女权主义者。二战结束后两年，我完成了自己在哈佛大学的本科学业，我必须决定接下来做什么。我还没有定下来去搞学术。我和妻子谈论这件事，她说："我觉得你应该继续攻读研究生，获得博士学位。"我同意她的意见："你去我就去。"于是我们两人都注册去攻读博士。不久之后，我就认识到，我擅长读书，成绩很优秀，我学东西很快，而且我对于一些可以自己搞明白的东西有自己的想法——到那个时候，我大概已基本上决定我将来走学术之路了。后来，到博士学业快结束的时候，我得到了两个工作机会，不想去寻找别的什么了。一个是在麻省理工学院当助理教授，另一个是我可以在哈佛大学做教学助理——这简直是侮辱人。到那个时候，我肯定已隐隐决定去当大学老师。

您是否问过自己，在未来的10年时间里自己想要达到怎样的高度？

没有。我不是一个喜欢做计划的人，我妻子才是。大多数人都喜欢做系统的计划，没多少人像我。我从不想这些。甚至当被要求去做计划的时候，我都不做。我总是把注意力集中在当时必须做的事情上。

回头谈谈您的博士论文吧，您怎么选择论文题目的？

当我1948年写论文的时候，我选择了一个主题，它在某种程度上是方法所决定的。在学习经济学以及攻读经济学研究生学位期间，我对概率论和统计学发生了兴趣——这主要是因为我从来就对纯理论没有很大的兴趣。一直以来，我都想做这样的理论工作，自己已经清楚认识到它的应用，所以我需要了解统计学。然而，20世纪40年代，哈佛大学经济学系对经济学的讲授简直是儿戏，太糟糕了。连我知道得这么少的人，当我看到它的时候，也知道是垃圾，我当时就看出来了。对我来说幸运的是，统计学家查尔斯·莫斯特勒被安排在社会学系执教。他教一门为期一学期的数学统计学课程，我上了这门课，很喜欢它。于是我问他是否可以给我安排一门阅读课，他答应了。就这样，我的确对概率论和统计学发生了兴趣，甚至因为其本身的缘故，非常令人着迷。在某种程度上，概率论或许是对人类已发现的任何事物所做的单一最成功的数学模型了。我认为自己可以写一篇博士论文，构造出一个关于规模性收入分配[①]的模型。实际上，为了做这个，我靠奖学金在纽约的哥伦比亚大学待了一年时间。由于亚伯拉罕·瓦尔德以及保罗·沃尔福威茨的父亲杰克·沃尔福威茨等大师，这儿有一个极好的统计学系。甚至在我完成博士论文之前，我就受邀在麻省理工学院执教。当然，我接受了，当我从哥伦比亚大学回来后，我就开始执教了。

麻省理工学院的新生活怎么样？您在那里得到了什么样的新刺激？

我1950年开始执教，我讲授的东西大多在统计学方面。我是统计学助理教授。但我也教一部分宏观经济学课——自此之后我一直教了49年的经济学。我很快就熟悉了埃弗塞·多玛1946年的论文，我还看罗伊·哈罗德的一篇早期论文和他的一本书，并开始思考经济增长问题。没过多久，我和保罗·萨缪尔森、罗伯特·多夫曼跟兰德公司达成协议，去撰写一本关于经济学线性规划的书。我们履行了协议，所作著作出版于1958年，虽然所有的工作到1956年就已做完了，只是花了很长时间详细地写出

[①] 收入分配可分为功能性收入分配和规模性收入分配。前者又称要素贡献收入分配，是反映各生产要素所有者的生产要素投入（贡献）与其收入之间的关系；后者又称个人或家庭收入分配，主要研究国民收入在各类家庭或社会阶层之间的收入分配状况。——译者注

来。与此相关联,我多得到了几个看待经济增长的不同角度。例如,可以搞一个动态的列昂惕夫类型的东西,这就是我所做的。你看,我就是这样对思考长期经济增长感兴趣的。

我想弄明白,除了您显而易见的天分之外,到底是什么推动着您达到这种程度的数学化。为什么不是一个更描述性的领域,一种哲学性的研究方法?

我喜欢精确,喜欢刨根问底。当我觉得自己证明了某个东西,或者当我得出了一个结论的时候,我希望确切了解我得出的结论以及我为什么应该相信这个,如果它是某个关于现实世界的东西的话。我认为,我被吸引到经济学当中,部分地恰恰由于成为社会科学家的可能性,但要有一定的精确性、一定的严密性、一定的准确性。此外,正如保罗·萨缪尔森喜欢说的那样,50年前,有许多相当容易解决的东西以前没人想到过。经济学的使用还没有完全转变成数学建模,事实上根本没有。我记得曾卷入到《经济学和统计学评论》期刊上的一场论战之中,时间相当早了。有个人写了一篇方法方面的反数学化的文章,我和许多人撰文进行了回击。① 我指出,研究经济学的正确方法是建立模型,这意味着数学化——不是为了数学而数学化,而是因为用这种方式,你就可以提出精确的问题,并设法找到精确的答案。从那些

---

① 这是兰德公司的经济学家大卫·诺维奇挑起的一场争论,他抱怨说,经济学界"目前把数学作为工作语言的趋势,已经使大部分同行缺乏阅读或理解新思想的能力"。许多著名的数理经济学家纷纷站出来在同一杂志上反驳这一批评:劳伦斯·克莱因、詹姆斯·杜森贝里、约翰·奇普曼、简·丁伯根、罗伯特·索洛、罗伯特·多夫曼、佳林·库普曼斯和保罗·萨缪尔森。索洛只是驳斥说,数学"不过是思考某些问题时的一个非常强大和有效的工具或语言而已"。

早期岁月时起，我就从来没有怀疑过这一点。另一件事是，如保罗·萨缪尔森喜欢说的那样，世界上有许多唾手可得的果实供人去采摘，这是实话。有许多东西并没有得到很好的理解，所以你可以对此建立经济学模型，从而使一切变得清晰起来。有时候证明这是废话，因此有待取得智力上的胜利。当然，现在要困难多了，因为这50年来，我们有无数聪明的年轻人搞经济学。任何相当容易解决的和一目了然的东西大概都已被人做了。这么看来，我比现如今攻读经济学博士学位的人更幸运。

真的已经取得那么大的进步，以至于现如今尚存的问题真的很少了？

并不是说问题很少了，而是说现在的问题更棘手、更精细了。我给你举个例子，这个例子在某种程度上界定了我自己作为经济学家的职业。其问题是，如果你明确允许资本和劳动力的相互替代，那么哈罗德-多玛增长模型将会变成什么样子。这可不是什么微不足道的小问题，而是一个大问题。1955年，或者说我着手研究这个问题的任何时候，没人想到去提出它，没有人想到去解决它。

该模型中让您颇有感触的那些缺点，它们是您独自想到的，还是已为学术界所广泛讨论的？

肯定没有被讨论过。也许有其他什么人思考过，但的确没有人写出来过。例如特雷弗·斯旺，一个澳大利亚人，也发表了一篇大致论述相同主题的论文。他是一流的经济学家，一个才华横溢的家伙。非常棒。他的论文包含了同一模型的胚胎。但特雷弗提出的问题与我提出的不一样。他认为自己写的文章是给琼·罗宾逊以及英国剑桥的人看的。我的文章不同，其读者是像哈罗德和多玛那样的人。这些文章发表之后,立即引发了相关文章的大爆发。我曾作了查阅,看看1958～1960年间发表了多少篇关于经济增长理论的文章,结果多达数百篇。它显然触及了一个引起经济学界极大兴趣的主题。但你也知道,即使我不做这个,别人也会做这个。事情并不那么难,你只需问对问题即可。

这不过是个时机的问题。有时候,某个特定的新想法,一旦时机成熟,就会有不同的人从不同的方面处理,有时甚至没有任何互动。

完全如此。看一看学院经济学家——其他领域亦然——刺激人们写作某篇论文的,通常是另外一篇论文。事实上,我想这就是我由于其本身的缘故而不曾喜欢数学的地方。纯粹的数学家从不考虑其他人已经写过的任何东西。从数学上证明文献中现存的两篇看似不相关的论文实际上是相关的,才算得上是丰功伟绩。这是一项精巧的智力游戏,但它从来没有打动过我。

但是说真的,你会怎么界定经济理论的进步呢?

在经济学家当中,有两个典型的类型。有一种你可以称之为系统建设者,例如罗拉尔·德布鲁[①];第二种就是难题解决者[②],我属于难题解决者。我不知道系统建设者是如何界定进步的,但

[①] "由于把新的分析方法纳入经济理论中,重新对一般均衡理论作了严格的系统阐述",罗拉尔·德布鲁荣获1983年度诺贝尔经济学奖。
[②] 这种区分显然可比得上但却迥然不同于弗里德里希·哈耶克对"学科大师"和"困惑者"的区分。所谓"学科大师",就是这样的人,他们拥有出众的记忆力,因而拥有某一领域包罗万象的知识;所谓"困惑者",则是这样的人,他们缺乏这种完美的记忆力,因而不得不独自对每一件事进行深入思考——但这可能会使他们更有创造力,使他们能够发现其他人可能看不到的非常规道路。参见哈耶克1978年的作品。

对我来说，事情很简单：解决更多的难题。你发现了某个奇怪的、不太容易弄懂的东西，然后设法去一步步弄懂它。你所找到的一步步的解决办法就是进步。有时候，某个难题的正确答案会变化，因为情况改变了，或者制度改变了，或者态度改变了。非常可能的情况是，我们要去解决的难题永无止境。你看，我对经济学进步有一个非常不宏大的图景。这意味着你能够去弄懂越来越细小的东西，而弄懂并不一定意味着预测。弄懂只是表明一种信心，相信如果你改变某个或其他的变量，自己能够对由此而产生的问题给出正确的答案。而你的理解可能会导致什么情况，可能就存在这种不可预知性。一些经济学家把自己的专业看做是追求一个包罗一切的理论，我不是这样看。

经济理论的进步难道是一种随机漫步吗？

对，我觉得其中有这么个成分，但不是一种纯粹的随机漫步，往往有一个方向。这个方向受内、外两种因素驱动。谢天谢地，它部分地源自现实世界中的问题：这里有个谜，这儿有个现实经济中似乎没人弄明白的东西。但也有这么一个事实：有人写了一篇十分有趣的文章，提出了一个有趣的想法，然后人们受到吸引，去加以扩展。因此，这是同时以两种方式进行的。对于几乎任何一个主题，几乎任何地方的任何人都可能想到某个聪明的点子，这将对文献产生影响。同时，文献也会对世界上被看做是实际问题的东西作出反应。例如，很明显，计算机时代的到来以及经济活动从货物向服务的转移（德国除外，它只想着制造，只要可能，它就会继续制造产品），已经引起了一大堆的问题。这种情况是很难把握的，而一旦有人在这种背景下写了一篇有趣的文章，别人就会进行琢磨，加以改善，但总是沿着由世上的某个东西所决定的方向前进。大萧条就是这方面的一个绝佳例子。它催生了凯恩斯经济学，因而当然也催生了非凯恩斯经济学。大萧条期间，人们对商业循环产生巨大的兴趣就不是偶然的了。你怎么会不感兴趣呢？第二次世界大战后第三世界的发现、大英帝国和法国在非洲的殖民地的解体，也是促使整个经济发展类文献往前走，并影响了经济增长类文献的事件。所以是同时以两种方式进行的，而且一定是。我不认为有任何选择，二者中的任何一个都不占优，两者都是必不可少的。有时候会存在着显然是外部刺激为主导因素的情况，有时候，则会出现内部因素占主导的情况。那不过是世界运行的方式。

由于您总是对现实世界的问题感兴趣，所以我想，您显然更倾向于因果关系的那个方面。

稍多一些。再则，大萧条时期的经历在这方面也有影响，它实际上是我们那代人的一个重大事件。比如，考虑一下德国，你可能会辩解说，如果不是大萧条，希特勒就绝不会上台。这样的事件显然塑造了经济学往前行进的方向。如果逐季查阅某份学术期刊，你会发现大多数论文的灵感来自其他的论文，虽然其中一些在相当有益的意义上是方法论的。现如今发表于美国期刊的文章，有很多产生于这样的事实：经济学家现在能够接触非常巨大的资料库，而且拥有处理这些资料的计算能力。这为许许多多的问题敞开了大门，但是它们都是现实的问题，有关现实生活的问题，这在以前是不可能提出的，因为你手头没有数据——或者，即使你有了数据，也不可能做计算。

咱们回到过去，也就是说，回到哈罗德-多玛模型以及您对它的扩展。接下来出现的问题是什么以及为什么？

关于哈罗德-多玛模型，促使我想要对它作进一步思考的事情是，这个版本的增长理论得出的典型结论是，资本主义经济的增长是非常不稳定的。而且毫无疑问，任何人，若其关于工业资本主义经济增长的信念通过学习哈罗德和多玛的作品而形成，都会认为历史是由一连串灾难构成的，即一连串令人绝望的需求过度和通货膨胀的时期，其间伴之以令人绝望的需求不足和萧条的时期。但即便是20世纪30年代，那也不是真实的资本主义历史。到50年代，我们已经度过了一个包含若干较小经济周期的十年，但仅此而已，而且趋势是向上的。于是，我明确地对自己说，这些理论一定是出了什么问题。它们与你看到的不相符。我的思维过程不是去说"这些模型不允许投入替代，相反，我们知道投入替代是可能的，所以我们应该改进它们"，反而是，这些模型表示资本主义经济具有内在的不稳定性，但其实不然。因此，在这些模型中，要么一定是有了本不该有的东西，或者本该有而没有的东西，那会是什么呢？我思考了一下。如果你问自己这个问题，而且满脑子都是哈罗德-多玛模型，那你就会飞快地觉察到，这里欠缺的一个东西是这样的事实：不论在生产方面还是消费方面，经济都能够适应储蓄率的变化。而在多玛的意义上，经济却不能适应。这不应该是一个很难得出的结论。于是，问题就在于怎么去解决这个问题，怎么理出这个问题的逻辑，使之一目了然，这样一来，你就能够实际上理解正在发生的事情。这使我写出了第一篇论文。于是，对我来说，问题很自然地就变成了这些东西串起来是如何构成美国经济史的。我开始着眼于长时期的资料。资料看上去有点特别，于是我前进一步，发展了一个把各种增长来源区分开来的方法，那就是劳动力的增长、资本的积累和其他源泉，即"剩余"。这使我在一年之后写出了1957年的那篇论文。这是一个"残次品"，尽管它是沿着上述思路而作的。我撰写的这两篇论文的结论是，长期经济增长是完全由剩余决定的。这是个令人失望的结论。我原本想要去发现的，是一种使经济增长更快的简单方法，使政策能够对它做些什么的某个东西。可是，技术进步是机械式的，那么你能够做什么呢？它不通向任何地方。当然，你可以资助研究和开发——但这一切都是十足间接的和不确定的。因此，我是在寻找某个被遗漏的东西，这个东西将起到那种杠杆作用，从而能够更直接地影响增长速度。我这才意识到，某个东西确实被遗漏了，那就是以下事实：大部分技术进步需要进行投资才能成为现实。的确，哈罗德和多玛是在下述显而易见的假设下进行的：投资越多，增长就越快。然而，从该模型可以推导出一个令人震惊的东西：如果你作了更多的投资，经济在一段时间里会增长得更快，但随后，增长速度会恢复到技术进步所决定的水平上。但是，考虑到技术进步，为了对经济产生任何根本的影响，几乎总是需要进行资本投资，也许这个环节——这一点一目了然——会导致一个你可以告诉国会的结果。于是，我试着对此建立模型。我用了一个十分糟糕的词，称之为"具体化"。不管是好还是坏，这个词后来沿用了下来。我搞出了一个这样的模型，而且发现我可以找到一条出路，需要一些我不太喜欢的假设。这是人们实际上能够使之发挥作用并进行应用的一个模型。但它不具备我一直在寻找的结果。有一点倒是确定的，这种具体化会影响所作投资的短期结果，但不影响长期结果。经过鼓捣，我终于搞明白为什么是这样。但这个模型未能如我所愿，整个想法崩溃了。没人跟进。要在经验上找到一个与这个现象相似的东西似乎十分困难。它离开了人们的视线，直到大约八年前，有人重新捡起了这个想法，开始去寻找一些经验上的相似物。但这却是一个很好的旨在对世界获得洞察的理论实例。不管怎么说，我继续研究经济增长。

您喜欢现实问题,这一点最终吸引您到了华盛顿,对吗?您出去为经济顾问委员会工作了一年之久,动机是什么?

这件事发生的经过是相当有趣的。那是 1960 年在约翰·肯尼迪当选总统之后,在他入主白宫之前的那段时期。我们家位于马萨诸塞州康科德城。有一天,我们家的电话铃响了,那时已经很晚,都快到午夜了。我在熟睡中被吵醒,不得不去接电话。电话的另一头是沃尔特·赫勒①、科密特·戈登②和詹姆斯·托宾。我对他们说的第一句话是:"你们这个时候打电话,有什么事?"他们想让我过去,加入经济顾问委员会。我说:"我要想想。"但我其实一点兴趣都没有。这与我执教相差十万八千里。他们竟然强调说,我可以在委员会里当象牙塔经济学家,这样我仍然可以做理论工作,而他们做日常工作。但是我对这件事没兴趣。于是我回到床上,告诉我太太电话是怎么回事,我还告诉她,我不愿意做那件事。但她却说:"你知道的,在整个艾森豪威尔执政期间,我老听你抱怨说经济政策多么糟糕。那你为何不拿出实际行动来证明一下?"我无言以对。就这样,我跟系主任商量,向他请了假。我在那里待了两天就发现,那个所谓象牙塔经济学家的主意不过是自欺欺人。尽管如此,我度过了令人愉快的一年。我这辈子从来没有这样努力工作过。就某些方面来说,这份工作很痛苦,因为委员会主席沃尔特·赫勒是个夜猫子。整个白天他都待在白宫,只要一出现经济问题,他就会问肯尼迪是否想就此问题写个备忘录。然后,他到下午 5 点回来,于是我们就有一个晚上的工作要做了,这时我就会给家里打电话请假。我记得有一

---

① 沃尔特·赫勒(1915 – 1987)曾担任经济顾问委员会主席(1961~1964 年)。
② 科密特·戈登(1916 – 1976)是美国预算局局长(1962~1965 年)和布鲁金斯学会会长。

天，我给家里打电话，是我那 6 岁的儿子接的。我听到他说："妈妈，爸爸打电话说他晚上不回家了。"我打电话过去正是想这么告诉他们的。但是我很喜欢我的工作。

这项工作对你自己的研究贡献了什么新的想法吗？

是的。这项工作使我对短期经济产生了兴趣，尤其是失业方面。在某种程度上，这是一个机会。当我们于 1961 年 1 月到达那里的时候，我们必须制作某种小型的经济报告。我们得在 5 周的时间里拿这份报告到国会作证，证明其可行。我们作了内部分工，我被告知去做有关失业的部分。1961 年年初，失业率大约是 6%。我从来没有搞过劳动经济学。当时也流行着一个观念，与今天的非常类似，那就是，失业率上升是不可避免的，它是自动化的结果。我们认为这个观念不对，但我必须设法深入研究这个问题。那几个星期，我像一头老黄牛一样，就失业率上升以及对此能够做些什么提出一个严肃的意见。这给了我另一个兴趣点，自此之后我一直保持着，那就是劳动力市场以及就业与失业的宏观经济方面。我在委员会只待了一年，但是第二年，我还是每天舟车劳顿，到华盛顿帮忙。就这样，我继续两个方面同时搞，即研究宏观经济学的短期方面和长期方面。

说一说与肯尼迪打交道的情况，好吗？

对经济学家来说，肯尼迪是一位理想的总统，因为他关心人。沃尔特·赫勒（因为他是一个好人）把一件事变成了一个惯例：他在交给总统的每份备忘录上，都写上一些注释，说明下面的工作是阿瑟·奥昆、鲍勃·索洛或其他什么人做的。通常，工作都是我们两人中的一个做的。于是，肯尼迪会打电话叫你过去。他会说："我看了这份备忘录，我知道你在其中做了一些工作。我看到第二页的中间,它是这样说的。我不明白的是为什么应该是这样,所以,你能不能给我解释一下?"噢,天哪,对于一位会这样做的总统,你会为他鞠躬尽瘁、死而后已的!我见过他几次,尽管我不是委员会委员,我只是一个参谋人员。后来,我本来能够当上委员会委员甚至委员会主席,但我绝不想那样。总之,每当白宫召开经济会议,而如果我是那个做了有关工作的人,我就会获邀与会。我在其他场合也遇到过肯尼迪。顺便说一句,在肯尼迪竞选时,我绝不是他的坚定的支持者。我投了他的票,没错,因为我肯定不打算投尼克松的票!我喜欢他。他有很好的幽默感,这一点始终很重要。而且他很好学,这非常讨人喜欢。在肯尼迪遇刺、约翰逊就任总统之后,白宫传话给委员会,总统从不看超过半页的东西,所以你们最好把你们的备忘录弄短一些。约翰逊不感兴趣,他想要的是行动。但是他有相当好的头脑,尽管不是那种三思而后行的人。约翰逊是一个真正的悲剧人物,一个真正的希腊悲剧人物。要不是越南战争,我想他会是一个伟大的总统的。他很有效率,他的心思放在正确的地方,但因为他不愿意或者说不能够摆脱越南战争,因而他被毁了。这对世界来说是个悲剧!

经过那段华盛顿插曲之后,发生了什么事情?

1963年,我不知道那是怎么发生的,但我获准休假一年。那一年我待在英国剑桥,和琼·罗宾逊作斗争。

是那场著名的剑桥论战的时期吗?①

---

① 剑桥论战主要在英国剑桥大学的经济学家琼·罗宾逊、尼古拉·卡尔多和皮埃罗·斯拉法与位于美国马萨诸塞州坎布里奇市的麻省理工学院的保罗·萨缪尔森和罗伯特·索洛之间展开。论战全都是关于资本的度量或估价的。

对，完全正确。我早先就已经卷入那场论战了。我以前曾在学术刊物上写了一篇文章，回应琼写过的某个东西。对我来说，卷入其中是很自然的，因为我对经济增长理论的贡献涉及生产函数中劳动和资本的相互替代，而琼抨击了这个观点。所以我觉得有必要作出回应。于是我写了这篇文章，其间来来回回有所反复。①1963年，我计划到牛津去休我的年假。为什么是牛津，我不记得了，但大概是因为我读过把它描绘成一个如此美丽的梦想之地的小说吧。所以我想，我们为什么不举家搬到牛津呢？那一年，美国经济学会的年度会议在华盛顿举行。会议期间，我遇到了尼古拉斯·卡尔多，和他一块儿喝咖啡。我们以前从未谋面，但我们从与琼的论战中知道了对方的名字。攀谈期间，我向尼基提到我打算在接下来的一年待在牛津。他猜测是我害怕到剑桥去。于是我赌气说："我会去剑桥的。"很明显，男人总是不太会处理这种事情。就这样，我在剑桥待了一年，其中的很多时间是参加到那场与琼的徒劳无益的论战之中。论战占据了我许多的时间。我做了一定的工作，若不是因为琼·罗宾逊，我本来是不会做这样的事的。但我得出了一个结论，那就是，整个论战主要是空谈，没什么意义。更多的是关于意识形态，而不是专业性的经济学，于是我试着尽可能从中脱身。我认为里面没什么真正有用的东西。那个智力性的问题没有解决——现在仍没有解决，因为问题实在太难了——我知道自己对此没多大帮助。所以我就回来了，到麻省理工学院做我的常规工作。

---

① 最后，罗伯特·索洛拿出了明确的论证，根据其论证，理解资本回报率是如何确定的要比度量资本本身更重要。参见索洛1963年的作品。

那是个什么问题?

如果你把经济增长看做是一个不间断的、平稳的过程,如果美国经济始终处在某种自然的均衡状态之中,你就能够对此给予相当完整的分析。但是当意外发生之时,例如某种冲击、战争,也许是一项重大发明、任何一次动荡,那么既有的实物资本——机器设备、建筑、计算机、电话什么的——就必须在平稳的均衡条件下重新评估。这是资本理论所要求的。你能够用精确的术语讨论某一资本品的价值是多少。至于当一个干扰发生,你为什么不能再这么做的原因,是因为资本品的价值取决于其未来收益的折现值。意外的本质是,你认为你知道你的收益会是多少,但结果却是你不知道。于是,问题就在于要详尽了解那时所发生的事情,以及经济如何回归到或未回归到一个不同的均衡状态。你必须能够把握在这种具有现实的不确定性——也就是说无法用概率描述的不确定性——的情况下,如何评估资本品的价值。这是非常困难的,我就从来没有想出过一个非常好的办法。也没有其他人想出过。这是一个非常重要的问题,并不深奥。我曾评论说,我们有增长理论,我们有若干短期宏观理论,但对于其中的任何一个来说,问题在于你怎么把二者联系起来,这样的评论我在自己的论著中也许发表过十几次,那只是为了保持人们对它的关注。这一点还是没有解决。未被解决的深层原因是,你不知道或者说我们不知道去哪里寻找它。这个问题是概念上的。这是一个关于没有任何明确答案的经济生活的问题。如果上帝正在思考这个问题,他也许会说这个问题不存在答案:"人们很困惑,而每个人困惑的方式不同。那你为什么会指望将有一套资本评估方法,让你可以把它用在模型中呢,可怜的人类傻瓜?"这可能的确是正确答案。

您在这方面获得了什么教益？

这要看情况，没有统一的模式。我们都知道，除非发生政治骚乱，除非社会以某种方式崩溃，否则资本主义经济最终都会回到一种很有可能由某种增长模型所描述的均衡状态。但做到这一点的确切方式……嗯，这是一个现实的问题。这就好像碰到一种完全不了解的疾病的医学专业。

只能把动态推进到这么远，您会同意吗？真正的骚乱是很难解释的。

是的。事情也可能是，每一次动荡都是不同的。这与骚乱的来源是什么有关，与骚乱发生时的确切情况有关，诸如此类。但我是从宏观经济学的角度思考这个的。现在的关键问题是我所称的中期宏观经济学。詹姆斯·托宾自诩为研究中期情况的凯恩斯主义者，以及研究短期情况的新古典经济学家。我认为自己和他一模一样。吉姆和我往往想法相似。罗伯特·卢卡斯曾说这在逻辑上是一个不可能的事，因为短期总是在现在，长期也总是在现在，这样一来，中期就没有藏身之地。这个嘛，除了说这就是我怎么认为的，以及那就是我认为的自己思考的方式之外，我还想说的是，我以为自己对此有一个非常好的类比答案。下面就是这个类比。当我年轻时，我是一条小船的水手。我知道得十分清楚，世界是一个球体。如果我一连几天都在航行，我应该认为自己是在一个球体上航行。而另一方面，当我驾船从玛莎葡萄园岛出海时，我会把海面当做平得像这张桌子那样操纵、驾驶我的船。你得以某种方式把这两个东西联系起来，而且你做到了。你驾船时就仿佛自己是在平坦的水面上，然后，每隔一段时间，你就得稍作调整。我认为我们在经济学中必须做同样的事情。这是宏观经济学家仍然解决不了的一个问题。我们没有一个令人满意的办法处理这个问题。

不过，我想问一下——您对人们目前搞增长理论的方式满意吗？

我认为有一条进步路线。重要的是错误是否得到修正。这在所有科学中都是一个大问题。在我的领域中，大变化就是这个所谓的内生性增长理论。这是一种尝试，把技术变革囊括进来，作为对人力资本的一个扩充，像实物资本一样。我认为做这件事绝对正确，但它不能提出任何真正智力性的问题。对这一点是没有任何值得怀疑的。但理解技术进步是一件非常困难的事情。当保罗·罗默和罗伯特·卢卡斯的两篇论文开启了这场运动的先河时，经济学界所做的第一件事，就是把球滚向了错误的方向。这就是所谓的 AK 增长模型[①]的时期。在此类模型中，你必须假设存在着完全不变的资本回报。它引起了大量的关注，有许多人跟进，因为它非常迅速地给了你非常有力的结果。这太有诱惑力了。一些使用此类模型的人会声称，如果降低资本税，就能够提高经济的稳态增长率。这是一个非常强有力的说法。如果你告诉我通过支付某个成本，我就能够将美国经济的稳态增长率每年提高 0.2%，我会心甘情愿地支付一笔庞大的成本去做这个的，因为经过很长一段时间之后，那将是巨大的！不过，这些结果却取决于收益递增或递减的不存在。打一开始我就认为这是非常愚蠢的，我也是这么说的。最终，几年之后它就消失了，几乎再没人这么做了。之后，真正让保罗·罗默感兴趣的，是设法去理解技术的演变。同样，我认为这方面的文献也过于简单化。为了达到

---

① 这些所谓的"AK 模型"假定，产出为资本 K 与一个正的常数水平的技术 A 的乘积。

目的，文献作出了十分强大的假设，却根本没有对这些假设提供任何正当理由。我以为，如果你提出一个非常强大的假设，你至少应该让业界讨论一下，为什么它不是一个愚蠢的假设。但根本没有。终于，在该领域做研究的经济学家，包括罗默在内，打圆场——对他们自己——说，他们所使用的技术变革模型不太管用，他们必须更深入、仔细地思考技术变革的方向和速率。现在还有很多的工作沿着这些路线前进。我的麻省理工学院同事达龙·阿塞莫格鲁等人正在研究这个问题，他们进展缓慢。肯定很慢，因为这个问题比其他问题都难。对于把科学类比于生产过程，我们还缺乏了解，我们也缺乏数据。

最后一个问题：对于其他新经济学方法，比如实验和行为经济学，您有什么想法？

我喜欢实验和行为经济学。我认为这是一个极好的纠偏之举，因为有人轻信贪婪、理性和均衡能够解释一切。但它所欠缺的是一种理论。它贬低了难题解决方面，所以它走得有点太远。现在需要的是稍微多一些一般性。观察人们在经济决策时做某些明显违反了贪婪和理性假设的事情，这是不够的。我们现在需要的是把这些观察关联起来的某个东西。

谢谢您，教授。

问　卷

1. 迄今为止，最严重的经济灾难是什么？
   20世纪30年代的大萧条。

2. 最有前途的经济学发展是什么？

　　生产力（在长时间里）的加速提高。

3. 对未来最重要的经济威胁是什么？

　　人口增长，特别是在贫穷国家。

4. 您能记得的糟糕的经济政策失误是什么？

　　若仅就近期而论，或许是未能通过征税资助越南战争。

5. 最开通的具体经济政策措施是什么？

　　美国的社会保障（和医疗保险制度），其他地方的类似措施。

6. 请列举一位政治家，您对他在经济政策方面的高超手段很钦佩？

　　约翰·F·肯尼迪（然而远非完美）。

7. 在您的脑海中，经济学中最引导人们误入歧途的理论研究法是什么？

　　在近些年里是"实际商业循环理论"。

8. 最重要的理论突破是什么？

　　（1）一般均衡概念；（2）不完全竞争。

9. 现如今，如果仅仅由于经济上的原因，您愿意居住在哪个国家？

　　丹麦。

10. 如果仅仅因为智力上的挑战，你愿意生活在哪个时期？

　　很难回答，也许20世纪30年代吧。

11. 如果必须在效率和平等之间抉择，您会选择哪个？

　　平等。

12. 如果必须在自由和正义之间抉择，您会选择哪个？

　　自由。

13. 税负的极限是多少（请给出其相对个人收入的最大百分比）？

因时因地而异，平均税率可能超过50%。

14. 政府经济活动的极限是多少（请给出其相对国内生产总值的最大百分比）？

要我说是50%，但这只是一个约整数。

15. 您特别喜欢当今哪位经济学家？

保罗·萨缪尔森。

16. 在经济理论界的古典作家当中，您特别喜欢哪位思想家？

没有。

17. 在经济学之外，哪位作家对您影响最大？

也许是伏尔泰，也许是大卫·休谟，也许另有其人。

18. 在智力上，您最感激谁？

华西里·列昂惕夫、保罗·萨缪尔森以及一位高中英语老师。

19. 谁是您的主要行为榜样？

（1）我战时的连长；（2）詹姆斯·托宾。

20. 哪件经济学作品（书、文章、演讲）给您印象最深？

萨缪尔森很久以前的《经济分析基础》。

21. 您能记得最让您震撼的智力"顿悟"吗？是哪一次？

躺在我们儿科医生的办公室地板上的时候"看"新古典增长模型。

22. 经济学研究者应具备哪些素质？

诚实、谦虚、脑子清楚。

23. 您认为您本人最重要的贡献是什么？

毫无疑问是增长理论。

24. 职业生涯中最让您痛苦的失败什么，您愿意列举一个吗？

"中期"宏观经济学实在不是一个好主意。

25. 您认为自己的主要个人性格特质是什么？

（1）一次做一件事；（2）对大事淡然以对。

26. 您认为自己的主要个人缺点是什么？

　　（1）吹毛求疵；（2）对大事淡然以对。

27. 在您的合作者中，哪种性格特质您最喜欢？

　　随和、坦率、可靠、有幽默感。

28. 在您的朋友中，哪种性格特质您最喜欢？

　　随和、坦率、可靠、有幽默感。

29. 对您来说，快乐是指什么？

　　对我来说太深奥了，我大概在与夫人一起扬帆航行的时候最快乐。

30. 对您来说，圆满是指什么？

　　对我来说太深奥了，也许是把某件差事做得很漂亮，然后放松休息。

31. 在您看来，最糟糕的经济不幸会是什么？

　　对于个人而言是不能养家糊口；对于社会来说是这样的个人太多了。

32. 在经济学研究之外，你喜欢以何种方式度过闲暇时光？

　　看书、扬帆航行、听音乐。

33. 您最爱吃哪种食物？

　　烤鳕鱼。

加里·贝克

美国伊利诺伊州芝加哥大学

获1992年度诺贝尔经济学奖,"以表彰他把微观经济学分析的范围扩展到对人类行为和相互作用的分析上,包括非市场行为"。

简　介

　　终于，加里·贝克转过了街角，他悠闲地走着，双手揣在兜里。他进入日本东京新大谷酒店的大厅，在我身边坐下。我们在这里参加朝圣山学社——弗里德里希·哈耶克1947年发起创立的、由来自不同背景和研究领域的古典自由主义思想家之间进行辩论的著名平台——的60周年大会。贝克曾担任过朝圣山学社会长（1990~1992年），是本次会议的计划委员会主任，对大会有莫大的好处。会议议程显示，他带来了许多朋友和合著者——其中有美国总统经济顾问委员会的现任主席埃德华·拉泽尔。加里·贝克先是在沙发上坐了一会儿，然后转到不那么软的椅子，总算找到一个更舒服的位置坐下。他的背有点驼；他认为这是在酒店健身房锻炼过多所致。体育锻炼在他的优先事项名单上仍然排名非常靠前，就像在他较年轻的时候一样。然而，也与以往一样，极其瘦削的身材、几乎半透明的皮肤以及满头花白的头发，使贝克看起来有点弱不禁风——但是，他精力之旺盛给人以深刻的印象，就如同其非凡的效率一样。

　　加里·贝克喜欢对方快速、准确地提问，他会彬彬有礼地给予快速、准确的回答，但却不会透露太多东西。贝克不浪费自己的时间。他不会投入过多——很明显，他太明白机会成本了。因此，他不是见面寒暄很长时间的人。至少，我们实际上不需要这样做，因为我们以前见过好多次面了。我们第一次见面是2000年在智利圣地亚哥举行的朝圣山学社大会上；我在《法兰克福汇报》工作期间，对他作了两次采访，一次是2002年，另一次是2003年；为了纪念2006年去世的米尔顿·弗里德曼，我们有过几次电子邮件通信；贝尔克也是答应参与本书访谈的第一批诺贝尔奖得主之一。然而，尽管他从一开始就答应随时可作访谈，具体时间却总是敲定不下来。事实表明，加里·贝克很难被逮住。他的日程表总是排得满满的，他总是在天上飞来飞去，而且并不总是查收自己的电子邮件，因此，我有一次专程前往芝加哥与他会面，结果却无功而返。就这样，几乎两年时间，我们玩了一场真正的尽管友好得有点微妙的狐狸追野兔的游戏，直到现在，我们终于设法见面了。伴着周围轻柔的钢琴声，我们开始了美妙的遥想往事之旅。

虽然1930年出生于宾夕法尼亚州波茨维尔市，加里·贝克却堪称是一个地地道道的布鲁克林人——一个犹太知识分子，极有教养、富于机智、有相当的欧洲人派头。他4岁时，他们全家搬到布鲁克林居住。他父亲是一个相当成功的商人，年仅16岁就从加拿大移居美国；他母亲来自一个东欧家庭。两人都没上过什么学。他们俩膝下有两个女儿和两个儿子。读完高中后，加里·贝克在普林斯顿大学读本科。寻常的本科课程满足不了他的智力需求，他还选修了许多研究生课程，并遇到了雅各布·维纳，在来普林斯顿大学之前维纳曾在芝加哥执教。从20世纪20年代至40年代晚期，维纳和弗兰克·奈特一直负责芝加哥大学的经济学系。维纳是一个有争议的人物——一个见多识广、知识渊博的经济学家，但不是非常有创造性，如果我们相信弗里德里希·哈耶克的话——他还是一个非常强硬、要求苛刻的老师。正如詹姆斯·布坎南记得的，维纳倾向于"碾碎"他的学生。被维纳称赞为他遇到过的最棒学生的贝克却不介意——刚好与埃弗塞·多玛一样，后者称"维纳很出色，因为他极难对付。上课时，他会在黑板上写一段话，让我们对它作出评论，然后把试图辩解的学生批驳得无地自容"。一个有趣的佐证是，贝克本人也成了一个严厉的治学教师。例如，来自财产和环境研究中心的特里·安德森谈起多年后访问芝加哥大学时，钦佩之情仍溢于言表，那时，贝克已是大名鼎鼎，而他本人是一个颇受尊敬的经济学家。是他主动与贝克对话的——后者以犀利的评论把他批得"体无完肤"。

加里·贝克以"最优等"成绩获得了普林斯顿大学的硕士学位。毕业后，他决定来到芝加哥大学。在这里，他被笼罩在米尔顿·弗里德曼的影响下，自此之后，这位个子矮小但却咄咄逼人的芝加哥经济学派人物，将对贝克的思想产生重大影响。"在他做的每件事上，他都是最好的。"贝克回忆说。虽然他的头两篇论文涉及的是较传统的贸易和货币理论的主题，他现在却开始追求其富有个人特色和无限创造性的道路，无畏地把经济学方法应用到更广泛的社会问题上。这就是"老而弥坚的贝克：有争议、很重要、不受欢迎和几乎肯定正确"，就像史蒂文·莱维特对他描述的那样。这个新的研究方法为经济学理论敞开了一条全新的地平线，这是一场大革命。这一切的基础是理性选择理论，它假定人类行为是有目的的，这意味着人们的目的是使效用最大化，因而倾向于在作决定时，不论这些决定可能涉及什么领域，都尽可能好地对未来的成本和收益进行权衡。在这一点上，贝克当然也得到了米尔顿·弗里德曼毫不含糊的支持。① 尽管如此，经济学方法这种向非货币问题的扩展一直极富争议，"因此在一开始，（它）就遭到了怀疑甚至不信任"，就像阿萨尔·林德贝克在其1992年度诺贝尔奖获奖演说中提及的那样。它被谴责为"经济

---

① 米尔顿·弗里德曼本人就有一篇非常著名的捍卫理性选择理论的论文。文章认为，人和企业作决定时"就好像"他们根据完全的信息运用主观预期效用最大化。参见弗里德曼1953年的作品。

学帝国主义"——这个词在当时带有贬义，但美国经济学家现如今已逐渐几乎完全自信地使用该词。一个更微妙的批评可能是反对把多种非货币因素加入到对人进行建模的效应函数中这一方法，因为这可能最终导致逻辑循环，允许人们去解释几乎一切东西，只要作出了相关的基本假定。

在米尔顿·弗里德曼的指导下，加里·贝克写作了关于歧视的博士论文——这个主题甚至在平权行动①的高潮之前，就处在踊跃的公众辩论的核心。贝克试图揭示黑人和白人之间持续存在的工资差别，并通过把一个描述种族隔离"口味"的参数引入到雇主效用函数和雇员效用函数之中，来解决这个理论难题。歧视对双方都有代价和伤害，但它能够在卡特尔的情形中持续存在。然而，正如贝克在东京举行的朝圣山学社会议上指出的那样，全球化通过打破全国性的垄断者或卡特尔，使这种情况日益困难。

获得博士学位后，贝克先是待在芝加哥大学，但在这里执教了3年多时间之后，他接受了位于纽约的哥伦比亚大学以及国家经济研究局的邀请。就这样，加里·贝克在曼哈顿开始了研究人力资本的工作，他出版的那本关于这个主题的突破性著作，实际上就是他为该局所做研究项目的成果。贝克摆脱了所谓劳动力是完全同质的这一经常遭到质疑的假设。其中心思想基本上是，人力资本能够通过学校教育和劳动力培训而积累，潜在的选择不过是另一种投资决策。

虽然这些年成果丰硕，但1969年在得到福特基金会的一笔资金后，贝克还是大胆地选择离开，回到芝加哥当客座教授，并

---

① "平权行动"旨在提高少数种族在就业、教育和商业等他们在历史上被排除在外的领域中的代表性。其中的一些行动包括有争议的优待选择，以纠正过去的歧视。平权行动的观念起源于1964年的《民权法案》，并在20世纪70年代成为一个公众热议的话题。

最终于1970年全身心地回到大学。正如他在自传中说的，他感到哥伦比亚大学在学术上很沉闷。他也被1968年的学生反抗弄得疲惫不堪，1970年受到失去第一任妻子的打击，并厌倦了每日往返于纽约市郊的劳顿。在芝加哥大学，他进入经济学系执教，同期到来的还有后来成为亲密朋友的乔治·斯蒂格勒[①]以及哈里·约翰逊。在这里，他开始从事研究犯罪行为的工作，以其众所周知的"犯罪与惩罚"一文而达到顶峰，又引发了该领域的一场革命。之后，他开始了研究时间分配的工作，对家庭内部的劳动分工进行了探索。这项工作迅速发展到有关家庭的各个不同方面，超出了他初期一直研究的出生率和家庭规模问题，现在也涉及诸如结婚、离婚、孩子教育投入、女性参加工作、家庭劳动评估等问题。不是像传统理论做的那样，把家庭简单地看做是一个黑匣子，贝克决定应用惯常的生产理论工具，来考察这个单元的内部运行方式。有关这个大主题的两部主要著作是他的《家庭行为的经济分析》，以及后来出版的带有补充性、较易理解的《家庭经济分论》。

1983年，芝加哥大学社会学系聘请贝克当兼职教授，他喜欢将这件事解读为一个信号，说明他的理性选择方法是一个可被社会学专业所接受的理论范式。自1985年以来，加里·贝克把自己的领地扩大到理论论文和教科书领域之外，除了为《商业周刊》的一个月评栏目撰稿（2004年中止）外，他还与法官理查德·波斯纳[②]一道，定期出现在一个博客上。后者是他的辩论对手，而且在某些方面两人简直是一个模子出来的。

---

① 他和斯蒂格勒分别于1974年和1977年联合署名发表了两篇论文。
② 理查德·波斯纳现为美国第七巡回区（芝加哥）上诉法院的一名法官。他在芝加哥大学法学院执教（1969~1981年）的时候，参与发起了法与经济学运动，现在他仍在法学院担任讲师。他创立了《法律研究》杂志。

相较于去体会那些促成了其想法的影响因素，分析加里·贝克的工作所产生的影响要容易得多。他的影响怎么高估都不过分。被人们以非贬义的方式运用的经济帝国主义，现在已是一个不可否认的事实：贝克通过聚焦于人类生活的核心，即聚焦于个人选择以及个人如何在社会互动中表现自己，成功地把经济研究方法扩展到人类生活的方方面面。这使得几乎所有既有的研究领域焕然一新，并引发了无数新的领域，包括涉及社会学、人类学和心理学的学科间新方法。劳动经济学、制度经济学甚至行为经济学中的大量内容，若非贝克拓展了学科的范围和领域，就不会被发展出来。贝克延续了芝加哥经济学派的传统，而且极大地影响了从史蒂文·莱维特到爱德华·拉泽尔，以及从凯文·墨菲到爱德华·格莱泽等他本人的学生群体和合著者群体。

关于他自己的灵感，加里·贝克是本书中最不情愿参与事后分析和讲述往事的受访者之一。在我们的对话中，除了孩提时期，他没有透露多少有关其私人生活的情况，因此无法作出任何直接的推论。但是，已知他在工作中处理的许多问题所反映的日常生活特征，可以推知其中必然存在着某些联系。他的一些课题可能是他从自己的私人生活中感悟到的。但是，这些在理论上解释个人难题或决策问题的学术方法，只是在它们描述可通用的理论的范围内，对于更广泛的公众才变得有实质意义。不然，其人生旅程的大部似乎确实应归结于纯粹的意外事件（他第一次上经济学课程，完全是因为他必须去上这门课）和运气（若非维纳的忠告，他可能不会去芝加哥大学）。贝克对社会问题的嗜好，似乎起源于他成长过程中的家庭讨论，而没有任何直接触发这种关注的戏剧性背景。然后，智慧和卓越推动着他进一步前行，再结合做事的毅力和勇气，最终落脚于芝加哥大学。在芝加哥大学，他的命定贵人正等着他：米尔顿·弗里德曼。毫不夸张地说，弗里德曼对贝克的影响是全方位和决定性的。弗里德曼向他展示了能够怎么搞经济学，教导他看出逻辑方法能够被扩展到多广，并在贝克奋勇向前的时候支持他。促使他一度离开芝加哥大学达12年之久的，不仅仅是贝克所宣称的爱好独立，以下或许也是指引其人生道路的一个重要因素：他乐于独自解决问题，不愿意随大流。这里面有超越大众的智慧。

访 谈

本次访谈时间：2007年9月12日。

贝克教授，您受益过什么经济学素质吗，比如您的家庭背景和教养？

这很难说。我父亲是个商人。他相当富有。我们也在家里有过许多讨论，其中一些是与我父亲讨论的，但是主要是我们兄弟姐妹之间。我十三四岁时还给父亲读过证券类报纸，因为他的眼睛渐渐失明，再也读不了报纸了。也许这就是我在当时怎么获得商业评价的。

您不觉得这些证券类报纸相当无趣吗？

十分无趣，这倒是实情。我觉得有责任替父亲读报纸，但我本人对这个一点兴趣都没有，完全没兴趣。

但逻辑上讲，这种责任感本来应该使您对经济学敬而远之，而不是把您拉得更近一些。

念高中时我也上了一门经济学课程，这是一门非常糟糕的课程。我必须选一门课，我选这门课纯属偶然，而且它的确产生不了任何兴趣。但到某个时候，我确实开始有了一种为社会做些事情的愿望——我真的无法解释这是怎么发生的，也许是受我姐姐和我们一家人的讨论所影响吧。这种作贡献的愿望在某种程度上确实开始显现出来，即便我对于该怎么去做当时依然一点头绪都没有。这事肯定开始于大约十六七岁，我逐渐认识到应该在学校学习更多的课程，包括学习哲学和数学。随着时间的推移，这种愿望变得越来越强烈。我一直很喜欢数学。很难看出到底是什么原因促使我最终选择了经济学。使你走上某条路而不是另一条路的因素有哪些，这通常是一个很难分辨的事情。除了我们家人之间的讨论，我看不出还有其他什么影响因素。我的朋友们都喜欢运动，他们的主要兴趣全都在运动上。

战争结束时您 15 岁。那段时期以某种方式——或许是美国的战争努力、对战后欧洲重建的关注，或者是更一般的经济影响——对您产生影响了吗？

当然有，但不是很大，不超过任何其他典型的美国人产生的影响。我还记得我是怎么听说珍珠港事件的①，那时我 11 岁。我记得这件事，是因为我们当时正和父亲一起听收音机直播一场重要的橄榄球比赛，当收音机插播珍珠港受到攻击的公告时，我觉得这太讨厌了。后来，我们还听到有些街坊邻居死于战场。除此之外，日常生活就没受多大影响了。国家实施物资配给，我们必须削减某些开支，但也不过如此，这与欧洲人或日本人比起来，根本算不了什么。战争快结束时，我哥哥应征入伍。他参加了驻

---

① 偷袭珍珠港是日本海军针对美国在夏威夷的海军基地于 1941 年 12 月 7 日发起的一次突然袭击。它逆转了舆论，致使公众普遍赞成美国参加第二次世界大战。

日本的占领军。总之,我不记得战争对我的兴趣有什么重要影响。不过,上高中时,我对上学变得更严肃了,老师也开始强调社会学问题,他们还和我们谈论这些事情。16岁时,我开始对这些类型的社会问题逐渐产生了强烈的兴趣。于是我开始减少体育活动,不论它们有多重要,把时间和精力转到数学和其他智力性的活动上。

可是数学和哲学不完全是一回事,喜欢演算与对社会问题感兴趣也不必然是一回事。您如何跨越这个缺口的?

起初,这些都是单独的兴趣。但是,在普林斯顿大学念一年级时,我上的第一门经济学课使用了一本教科书,那是保罗·萨缪尔森写的,课本很让人着迷。这本著名的教科书给我留下深刻印象:在课本的最后一章中,他那个时候(而且现在大概更是这样)就用数学公式对经济学作了系统阐述。这正是整门课程中最吸引我的部分。在我看来,问题在于我怎么能够运用数学——我喜欢且十分擅长数学——来论述社会问题。因此,萨缪尔森的书实际上架设了这道桥梁。

根本上,您碰巧拥有数学天分和对社会问题的兴趣,而您能够把二者结合起来,正是这种洞见使您在大学选择了经济学。

不错。在普林斯顿大学攻读学士学位时,我主修了数学和经济学。我三年就毕业了,加速完成了我的本科专业课程。

您为什么这么做?

我希望在财务上早一点自立。你知道,我不能说我们家穷,我也不能说我们家非常有钱。事实是,我们家相当殷实,但我不喜欢别人说我不独立。我很想自立，实际上希望以这种方式帮我父亲的忙。所以我决定把我的本科学业压缩在三年里完成，这意味着不论准备做什么，我都要尽快完成。我不知道就此而言这是否是一个明智的决定，但我这样做了。然而在读经济学的最后一年，我的第三学年，我渐渐对经济学失去了兴趣。

为什么？
这个嘛，它不涉及我所感兴趣的社会问题。

经济学都讲些什么，以什么方式授课？
课讲得中规中矩，没有应用。

是不是宏观经济学多于微观经济学？
不，有许多微观经济学，但我觉得讲课的方式不好，没有显示当前的理论对于理解那个时代的世界有什么用处。我就是对这点很不满，于是转而考虑社会学。我从未上过社会学课程，但我与一些社会学家交谈过，读过一些社会学著作，特别是塔尔科特·帕森斯①的，他实际上是那个时代的伟大人物。然而，我判定社会学太难了。我发现像塔尔科特·帕森斯这样的人所说的话以及话的实质含义理解起来非常困难。于是我又回过头来，开始旁听研究生的经济学课程，还是在普林斯顿大学。

关于社会学，您觉得为什么有这么困难？

---

① 塔尔科特·帕森斯（1902—1979），一个有影响力的美国社会学家，任教于哈佛大学，以其被称为结构功能主义的理论方法著称，结构功能主义力图把所有的社会科学整合进一个包罗一切的框架内。

我无法十分清楚地看出逻辑结构,这是我的问题。

这肯定应归因于社会学,而不是您。

也许吧。总之,我的感觉就是这样。我断定社会学对我来说太难了,所以我回到了经济学上。我对此不是百分之百的满意,但我认为这对我是个更好的领域。

在这个时候,是否有哪位老师帮助您作出决定,甚或设法吸引您进入经济学?

普林斯顿大学有一些相当优秀的老师,但对我影响最大的是一位曾在芝加哥大学教过书的教授雅各布·维纳①,他在当时可是一位赫赫有名的经济学家。他是从芝加哥大学转到普林斯顿大学的,当时在普林斯顿大学教研究生课程。我在这里上了许多研究生课程,尽管当时我还在读本科。就这样,我选修了维纳教的两门研究生课程,而且非常喜欢它们。② 现在回想起来,大多数课程都是浪费时间,但这几门课相当有益。

他后来也对您产生了影响吗?他建议过您应该继续读研究生吗?

他没有直接提出任何建议。但当我在普林斯顿大学的本科学业快结束的时候,我曾就应该去哪里深造向他请教。我获得了富

---

① 雅各布·维纳(1892–1970)讲授经济学,在芝加哥大学执教至1946年,在普林斯顿大学执教至1960年。维纳是早期芝加哥学派的主要人物之一,是约翰·梅纳德·凯恩斯的坚定反对者,他本人主要以企业理论、贸易理论及对经济思想史的若干贡献而著称。
② 维纳以其粗暴和严厉得出名的教学风格而名声在外。参见本书对詹姆斯·布坎南的访谈:"维纳简直要把你'碾碎'。"

尔布赖特奖学金，可以去英国的剑桥大学，也可以去伦敦经济学院，还得到了去哈佛大学和芝加哥大学的奖学金，奖学金非常优厚。我记得我是这样问他的："维纳教授，您认为我应该怎么办？"他没有推荐剑桥大学，他只是说："剑桥使机智的人更机智。"这是他的原话，我至今仍记得，这就是他说的。我点头同意："噢，我不是那么机智。"我认为他以这种方式给了我一个很好的建议。在当时，剑桥大学不是一个适合我的地方。就这样，我的选择飞快地转到了芝加哥大学还是哈佛大学上。真的很难决定去哪所大学。有一次，米尔顿·弗里德曼从芝加哥大学来普林斯顿大学作讲演，但他的讲话没有给我留下那么深的印象。所有的东西听起来实在太简单了。实际上，他介绍的内容非常深奥，是关于汇率弹性的，今天，那篇报告在该领域仍非常有名。不过在我看来似乎太简单了。于是我到哈佛大学去看了一下。我不喜欢哈佛大学经济学系的人的态度。他们认为他们系显然是最好的系。这个系其实不是那么重要，就工作而言，系里的人相当传统。除此之外，芝加哥大学对我来说还刚巧是中西部一个较新鲜的地方。我过去一直都生活在东部沿岸地区。芝加哥大学在我看来似乎更有试一试的欲望。考勒斯委员会也在那里，那儿有一个令人感兴趣的数学群体。你看，这就是我选择芝加哥大学的原因，而且他们给了我非常优厚的奖学金。平心而论，我得说哈佛大学也会给我非常优厚的奖学金的。我本来可以说，我去芝加哥大学，是特意为了师从米尔顿·弗里德曼或其他某个伟大人物，但事情完全不是这样。

您是什么时候想到自己可能成为职业经济学家，一心一意搞研究并以此谋生的？

唔，我一到芝加哥大学念研究生，就感到自己会成为教授。

我还记得我告诉母亲说:"我想当教授。"那时我可能是二十一二岁。她对我说:"但这样的话,你一年只能挣一万美元呀!"我回答说:"啊,这就够了,这对我来说足够了。"我父亲的话更让人鼓舞。实际上,我母亲也并非真的让我打退堂鼓。因此,在那个时候,我已经在思考当教授了。你瞧,我在普林斯顿读大学时成绩非常优异,而且在芝加哥大学,我已经发表了几篇论文。① 正是这个时候,我作出了从事经济学研究并继续待在学术界的决定。

咱们现在回过来更具体地谈一谈您的课题和研究方法吧。理性选择理论②是您所做工作的基础。您是什么时候想到这个,您是什么时候作出决定,把这个基本范式作为核心,其他一切应该围绕着它而建立的?

这实际上是一个渐进的过程。在这方面,毫无疑问,米尔顿·弗里德曼对我产生了极大的影响。他是到目前为止最伟大的教师。他实际上打开了我的双眼,让我看到经济学是一个有力的分析工具。米尔顿·弗里德曼堪称第一。他是个伟人。他自己也使用理性选择理论,但他不用它来讨论范围如此广泛的问题。总之,我是在研究种族歧视的时候发展理性选择理论的,但我在那时并没有完全预见到能够取得怎样的进展。我前面说过,这个过程是渐进的。当我研究诸如种族歧视、家庭以及最后的人力资本等各种问题时,我开始逐渐感觉到,这可能是一个相当有力的工

---

① 加里·贝克于1951年获普林斯顿大学学士学位,1952年获芝加哥大学硕士学位。
② 理性选择理论可被描述为一个研究经济和其他社会行为的方法,其出发点是,个人往往根据自己的偏好和约束使自己的行动最优化——他们的行动是有目的的,尽可能地平衡好的和坏的影响。理性选择理论属于决策理论,侧重于诸如激励和机会成本之类的概念。因此,理性选择理论在方法论上是更一般的个人主义方法的一个方面。

具，可用来解决广泛的问题。这是一个渐进的过程。

歧视的主题是如何出现的？有什么人向您提起过吗？

我不记得了。哦，不，没人向我提过。事实上，我的大多数老师都不喜欢我研究这个。我不知怎地抓住了这个主题，当我在非常早的阶段向各位老师提交我的论文大纲的时候，米尔顿·弗里德曼认为它有前途；另一位朝圣山学社成员——同时也是一位非常优秀的劳动经济学家——格雷格·刘易斯①认为它有前途；另一位诺贝尔奖得主西奥多·舒尔茨也认为它有前途。但仅此而已。芝加哥大学经济学系的大多数教职员工不喜欢这个主题。为了使我能够继续做下去，他们强调应该从社会学系安排一个人加入我的课题组。我们照做了。所以实际上，我无论如何都不能说经济学系有什么人向我提出过这个主题，但我得到了系里少数人某种强大的支持。这些都是我最尊重的人。

在这个阶段，您和谁打交道最多？

米尔顿·弗里德曼和格雷格·刘易斯是我与之打交道最多的人——他们都在我的课题组中。米尔顿·弗里德曼——你知道的，在他做的每件事中，他都是最棒的。他讲的课非常好。他是我们组中富有感染力的主导者。而格雷格·刘易斯，他其实是一位未被人颂扬的杰出经济学家，尽管他未曾发表过多少作品。

弗兰克·奈特②在其中起了作用吗？

---

① 格雷格·刘易斯（1914-1992）是最早期的芝加哥"经济帝国主义者"之一，执教于 1939~1975 年，其后在位于北卡罗来纳州达勒姆的杜克大学教书。
② 弗兰克·奈特（1885-1972）是一位有极大影响力的美国经济学家，詹姆斯·布坎南是比他名气还大的学生之一。从 20 世纪 20 年代到 40 年代末，奈特和雅各布·特纳共同主管芝加哥大学的经济学系。弗里德里希·哈耶

我们没什么个人交往。那个时候他的年纪已经相当大了。我上过他的三门课，这三门课不管原来叫什么，我们常常称之为奈特 1 号课、2 号课和 3 号课。我们学生还喜欢说，不论奈特开始讲什么主题，他都会转到宗教上。事情的确如此。为什么是宗教呢？这个嘛，虽然奈特非常反感宗教，毫不含糊，但他发现宗教对经济问题有许多现实的意义。奈特有许多重要的想法，我当然觉察到了这些。他是一位伟大的经济学家。

您曾经提出了一些实质上是公共选择理论①的雏形的想法，但在奈特的劝阻下，《政治经济学》杂志不予刊登。这种事不是十分有益，而且肯定是相当令人沮丧的。

确实是。那是早期的一篇公共选择论文，名叫"民主和竞争"。我把稿子寄给了《政治经济学》杂志，他们也倾向于接受它，正在走评估程序。我还把稿子的复印件交给奈特审阅，但他表示了反对意见。因为杂志有一项规定，只要文章存有异议就不得刊登，所以他们决定不刊登我的论文。我觉得奈特并未真正理解我在论文中做了什么。我还要给你讲另一个故事，这事你也许还不知道。我把同一篇论文的手写稿交给弗里德里希·哈耶克看，他当时正在芝加哥。他看都没看就还给了我，说他不看手写

克极好地描述——并区分了——奈特和维纳两人，称他们是"两种人"：维纳这种人"堪称'所在学科的大师'"，也就是说，这种人有出色的记忆力，因而拥有某一领域包罗万象的知识，而奈特这种人，"如果过去有这种人的话，那就是困惑者"，也就是说，由于缺乏那种无所不包的记忆力，这种人不得不独自对一切进行深入思考——这却可能让他们更有创造力，使他们能够发现其他人可能看不到的非常规道路。

① 公共选择理论就是把经济分析工具应用于政治决策或"非市场决策"上。这意味着，政府行为不再被看做是外源于经济学的，而要看做是内生性的，这使它自身成为经济学的一个研究主题。

稿。问题是，那段时间我还不会打字，所以我永远没有机会获得他的评论意见。

也不太令人鼓舞。您就这么放弃了吗？

这个嘛，部分放弃了。我后来稍微修改了一下稿子，最终发表在《法与经济学》杂志第一期上。艾伦·迪莱克特①很喜欢这稿子，他希望我发表出来，我们就这么做了。

但是对于这个主题，您并没有一直跟进下去。

对，一直到很久以后的20世纪80年代，这期间我转向了特殊利益集团和他们在政治程序中的角色。

很显然，即便是其他人小小的决定，也具有极大的影响。如果奈特和哈耶克不是这么让人气馁……否则的话，天知道您会走哪个方向，也许您可能会成为公共选择理论家，而绝不会回过头来研究歧视、人力资本和家庭？

这个嘛，我放弃它，部分原因是因为我被阻止了，但部分原因也是因为我的兴趣转移到了其他地方。当然，《政治经济学》杂志那个时候没有刊登那篇早期论文，是一件不光彩的事情。他们确实应该刊登出来，他们犯了错误。但我不能抱怨，不过我做得还不错。反而让我想到了歧视这个主题，我写下了关于这个主题的论文，而且由于我与米尔顿·弗里德曼的交往，我甚至和他在《政治经济学》杂志上联合发表了一篇短文。我在芝加哥待了六年，后三年作为助理教授教书。最后，我断定，独立一些对我

---

① 艾伦·迪莱克特（1901-2004），芝加哥大学法学院教授，米尔顿·弗里德曼是他的妹夫。他是法与经济学领域的创始人之一，并于1958年创办《法与经济学》杂志，他与罗纳德·科斯联合主编。

来说更好。米尔顿·弗里德曼很伟大，但他在学术上太强势、太有影响力了。我希望走自己的路。所以，我决定到东部去，每天奔波往返于纽约市郊区与哥伦比亚大学之间。我还将为国家经济研究局做些研究，其总部正好位于纽约市。他们需要一个课题，于是我说，我愿意研究教育经济学。他们同意了。为了做这个研究，他们拨给了我一小笔资金，就这样，我开始明确地搞起了人力资本的研究。

"人力资本"这个概念在那时就已经存在吗？

哦，是的。西奥多·舒尔茨一直在研究人力资本，使用过这个术语。在芝加哥大学，也有人谈起过它。其他地方谈起它就不太多了。

下一大块的主题是家庭。这个是怎么出现的？

我1960年就研究过生育率经济学，时间相当早。之后我放弃了这个主题。然而，当我后来写一篇有关时间分配的论文时，这把我带回到了关于诸如生育率、女性劳动力之类的问题上。我在20世纪70年代初期以前对这个没有做过多少工作，但之后我开始努力研究婚姻理论，并决定一门心思研究家庭经济学。

您为什么选中了这个主题？

（大笑）这对我来说同样是一个很难回答的棘手问题。我记得一天上午，我坐在一间酒店房间里，开始思考这个谁和谁结婚的问题。为什么受教育较多的人倾向于和受教育较多的人结婚？为什么高智商的人与高智商的人结婚？为什么会这样？为什么你会看到这样的事情？我开始努力研究婚姻理论，我对于为什么出现这个模式有所洞察。然后,我开始着眼于婚姻的其他方面。谈论婚姻时,肯定也会谈论离婚,这是一件很自然的结果。我探究了不同类型的婚姻;我研究了生育率,并考虑了是否生孩子的选择;我研究了人力资本。于是,渐渐地,我把所有这些东西糅合在一起,然后就写出了关于家庭的著作。

在这些彼此相关的问题中,是否有一些是在校园里的谈话中突然冒出的?

那个时候,我是在哥伦比亚大学。我与哥伦比亚大学的同事讨论了我的一些工作,尤其是雅各布·明瑟。[①] 我曾帮助说服他来哥伦比亚大学执教。他是一位杰出的经济学家,也研究过人力资本和其他相关领域。他和我共同主持了一个研讨会,我们在研讨会上进行了大量的讨论。明瑟对婚姻之类的问题不感兴趣,但他对参加工作和生育率等问题感兴趣。

在你们的那个研讨会上,有人提出过令人耳目一新的想法吗?有任何学生使您走上新的道路,并给了您意想不到的推动吗?

我们确实有非常优秀的学生。因此,在我关于时间分配的论文中,我一开篇就提到,这是大量的合作努力的结果。我刚才说过,在哥伦比亚大学,我们有一些优秀的学生,当然了,还有明瑟,他也研究我感兴趣的问题。我们肯定对他们正在做的事情有影响,我想这是毋庸置疑的。关于卫生保健的最重要的文章,其中有一篇就是我的一个学生迈克尔·格罗斯曼写的。[②] 在我们系,

---

[①] 雅各布·明瑟(1922 – 2006)是劳动经济学早期著名的领军人物。他自1959年起在哥伦比亚大学执教。

[②] 参见迈克尔·格罗斯曼1972年的作品。出生于1942年的迈克尔·格罗斯曼在纽约市立大学任教,并在美国国家经济研究局做研究。

他的论文基本上是把人力资本分析应用到卫生领域中。它在卫生经济学中影响非常大。其实，我有一些杰出的学生，其中一些搞法律和经济学研究。与学生、几位教师和国家经济研究局进行双向的交流，这是十分重要的。

您没有被经济学内的其他领域所吸引，这是为什么？它们本来也可能满足您的数学爱好，比如那段时期快速发展的经济增长理论，或者社会选择理论。

分身乏术啊，你没有那么多时间和精力做太多不同的事情。那时，我研究经济学中被人们大大忽视但因我对社会的一般兴趣而自认为很重要的问题。我研究婚姻、教育和犯罪，这些是重要的社会问题，对于它们，我认为自己有话要说。倘若我有更多的时间和精力，我肯定会喜欢探究更多东西的，但时间很宝贵啊。这当然是时间分配理论的基础：你不可能什么事情都做。

对您来说，宁为鸡头不为凤尾，这不也是事实吗？

不错，我更喜欢走自己的路。我不是那种喜欢随大流的人。肯定与这个有关，我同意。

但你多少是在孤军奋战，您遇到过不少的阻力吧。

很多的阻力，巨大的阻力。

这对您有什么影响？对您是激励还是妨碍？

没人喜欢我做的事情。不过有些事情救了我一把。一个是，那些我非常敬重的人，比如米尔顿·弗里德曼、西奥多·舒尔茨以及我回到芝加哥大学后渐渐了解的乔治·斯蒂格勒①，他们喜欢我正在做的事情，认为它很有趣。他们并不喜欢我在做的每件事，但他们总体上喜欢我的研究方法。另一个是，我也自认为自己在做的事很重要，而且十分自信。直到今天，我还是无法理解某位显赫的经济学家对我关于婚姻的工作所提出的批评。乔治·斯蒂格勒曾把我的论文交给他审阅。我在这里不想指名道姓，但是那位被邀请去审阅我的作品的诺贝尔奖得主却不屑一顾，而且说："不要发表这个。"我无法理解这个，现在还是无法理解。这个主题太重要了，我们不应该把它交给社会学家，由他们来处理这些问题是走不了多远的。我在这方面却有话要说。我内心深处的这种自信，再加上来自我敬重的人们非常重要的支持，使我能够心平气和地接受这一批评：起初没有得到认可没什么了不得的。当然，我想到的是，路遥知马力，我将来会被认可的。

啊，您现在已经……
（大笑）是啊，我被认可了。比我应得的还多。

您受到了激烈的批评，这主要由于两个原因：一是您把经济学方法沿用到与金钱无关的问题上，这被人指责为"经济帝国主义"；二是理性选择理论本身。这大量的批评来自而且现在还来自非经济学家，但那段时间有些批评也来自学科内部。您对依据这些原因批评您的人说了些什么？理性假设纯粹是一个探索性的用来发现机制何在以及动机怎么起作用的工具呢——还是您实际

---

① 乔治·斯蒂格勒（1911–1991）是芝加哥经济学派的另一位领军人物。由于其"在工业结构、市场运行以及公共经济法规的起因与影响方面的开创性研究"，他获得了1982年度诺贝尔经济学奖。

上相信，人们是纯理性的和精明的，而不只是把人们看做是完全有目的的经济人呢？

理性假设其实基本上是一个工具。在我的一些工作中，目的是扩大这个意指理性的概念，使其内涵囊括许多在其他情况下被排除在外的其他行为。如果你认为，一个人很理性就是指这个人自私自利、工于计算，只操心他们自己和他们的金钱利益，那么这显然一个歪曲的表述。

这是某些经济学家某些时候使用的一个表述，但它是歪曲的表述。而我想做的，是扩大这一概念，使我们能够考虑人还有爱心、利他主义、仇恨等诸如此类的其他情感。人们操心金钱之外的其他东西。人们操心家人。人们的确会伤害他人，人会犯罪。我希望扩大理性概念，从而能够反映生活中更寻常的方面。生活中会有误算，人们会犯错误，这没错，但尽管如此，理性选择理论仍不失为一个非常强大的分析工具，可以帮助我们理解世界上的许多问题。

您对行为经济学有什么看法？您认为它有用吗，即使它对理性假设提出了质疑？它能够对我们有所教益吗？

关于行为经济学，有三个不同的方面。第一，在这个方法中，你可以把人们的偏好这一概念加以扩充，从而使偏好的效用涵盖公正之类的东西。我无疑接受这一点。我自己对此也做过一些工作，有些人很长时间一直在做这件事。做这个在某些情况下是有益的，尽管在其他情况下也许没用。我认为这个对我们所有教益。第二个是关于所有那些心理上的奇想和偏差的。第三，我认为在这种类型的文献中，在个人层面何者重要和在集体层面——经济学家就以这种方式考虑这些事情的——即市场层面何者重要之间，可以说有时候存在着混乱。里面充满了那些在集体层面不重要的突发奇想,因为它们相互抵消了,它们不存在了,就好像歧视那样。许多歧视由于市场力量而消失了。在许多情形下,这类市场分析做得太少了。但总体而言,我认为行为经济学增进了人们的见识,它大体上是对经济学的一个有益的贡献——如果接受其限制,且如果市场力量的作用没有被忽视的话。我就有这两个附带条件。

您的政治信念是怎么形成的?您总是站在市场一边——还是您一开始就是一名社会主义者,就像几乎每一个年轻人那样?

我过去是社会主义者,这是事实。甚至我的父亲,尽管他是一个相当成功的商人,也坚定支持干涉主义类型的候选人。我们对此有过一些辩论,但真正影响我且使我从社会主义脱身的,实质上是两个因素:米尔顿·弗里德曼和经济学。我记得,我在普林斯顿大学二年级那一年快结束时,学过经济学之后,我与别人就市场和社会主义孰优孰劣展开了辩论。我站在市场一边,我已经从社会主义转移开去了。进入普林斯顿大学时,我是社会主义者。大约两年之后,我就不再是社会主义者了。三年之后,我决定去芝加哥大学读书,我当时仍有一种不安的感觉。尽管我已经有了为什么我应该偏向那个方向的基本原理。我还缺少理论。我后来在芝加哥大学得到了这个。

您那时是否抽出时间去更仔细地考虑过纯哲学性的问题?

哦,在芝加哥大学念书时,至少在那段时期,我们接触了经济学中许多哲理性的探讨,例如关于自由的基础。在这方面,我的老师很重要。我读了许多哲学家的著作,我无疑进行了哲学上的思考,绝对的。我参加过哈耶克的讨论会。

他作为老师看起来怎样？

我对他了解不多。他实际上不是经济学系的,他是在社会思想委员会。① 他的讨论会都是蜻蜓点水似的,他并没有试图去主导这些讨论会。在他的讨论会上,有很有趣的演讲人,有些是大人物。哈耶克很有绅士派头。我开始阅读他的一些作品,《通往奴役之路》当然不在话下,稍后还读了《自由秩序原理》。如果与他有更多的接触,那该多好,但我实际上和他接触不多。我试过,我曾给他一篇论文让他看看,但他不想看,对我有几分不屑一顾的味道。他在经济学系的影响力不太大,只是因为他不是经济学系的。在这个意义上,他对芝加哥大学的学生没有很大影响。我很幸运,我听说过他,我去听过他的讨论会。因此,我至少有过某种较智力性的接触。

如果您必须指定一位显然对您产生了最大影响的人,给了您最多洞察力和推动力的人,那会是谁?不是哈耶克,显而易见。肯定是弗里德曼。

当然,毫无疑问。

你会把自己形容为一个是从报纸封面上、阅读时还是在谈话中获得最多灵感的人?

这很难讲。记住,有时候,完全是坐在酒店房间里得到灵感的。

---

① 社会思想委员会是芝加哥大学能够授予博士学位的若干跨学科委员会之一,由历史学家约翰·奈夫、经济学家弗兰克·奈特、人类学家罗伯特·菲尔德和大学校长罗伯特·哈钦斯于1941年设立。

是和某个人在一起吗？

不，我一个人。我正赶往某个地方，不记得去什么地方、为了什么事情了。我还记得触发我想到犯罪理论的情形。那一次，我必须去芝加哥大学参加考试，但我迟到了，我必须决定是合法还是非法地停车。这促使我开始思考理性犯罪的问题。就这样，我开始全盘思考这个问题：考虑被逮住的可能性，作各种各样的估计，考虑该怎么与警察、社会和罪犯等打交道。在此之前我根本没有想过这个问题。你可能会说那是一个偶然事件，但不知怎地，我的大脑对此有了准备，天知道是为什么。我不认为我的想法有太多是明确地从阅读中获得的。的确，我是从文献、从阅读中获得我的经济学方法的，这种阅历影响当然是巨大的。至于现实世界的经历——这个嘛，就当时的事件而论，我不相信它们有任何重要的影响，只是与犯罪等有关的主题也许除外，但这实际上是很难知道的。

那么那场政治辩论呢？它是否为一个灵感来源？

在任何我认为较重要的工作中……种族歧视是个大的主题，一定是。如果我没有意识到在世上、在美国有个大问题，我原本是不会涉足这个方面的。吸毒成瘾的问题同样如此，在这方面，我在后期做了一些工作。我意识到了这个问题，所以我开始探究这个主题。因此，这其中是有影响的。但一般而言，我的工作绝非来自卷入公开辩论，然后用这个来搞出某个理论。这绝不是一个主要因素。

这毋宁说完全是"悬而未决"的啰。

对。

私人生活中的加里·贝克和专业上的加里·贝克是否相同？他们是完全一致，还是二者之间存在着一条泾渭分明的界线？

哦，他们当然不同。对大多数人来说都是这样——私人生活中怎么做是一回事，专业生活中怎么做是另一回情况，尽管我也喜欢一种理性的私人生活。我喜欢思索自己正在做的事情，在私人生活中和专业事务上都是如此。你瞧，我遇到了我的妻子，而且打心眼里感到了她的吸引力，就像任何其他人都会做的那样。我并不是先坐下来写下一个等式，然后决定我是否想要结婚。但是，那并不意味着它不是一个理性的决定，这是一个美满的婚姻。我碰巧是一个喜欢三思而后行的人，我这个人过去总是相当有条理。这就是理性的加里·贝克。我喜欢这样处理问题。但我们是在大量不确定性的情况下作出许多重大决定的，我很清楚这一点。你不可能事先计划好一切。例如，我去了普林斯顿大学——但我本来可能去麻省理工学院的。之后我去了芝加哥大学——但我本来可能去哈佛大学的。所有这些都是幸运的决定，你知道的。之后，当我去哥伦比亚大学时，这也是一个不错的决定。我遇到自己的妻子则纯属偶然。世界上有许多的不确定性。问题在于，你如何对这种不确定性作出反应以及你是否能够利用所出现的机会。生活中的决定充满了运气和偶然性。

最后一个问题，是关于经济理论的进步的。进步包括些什么，我们在未来应该走向何方？

我始终不愿意说我们应该走向何方，如果我说了，这就好像是一个年长的政治家在告诉其他每一个人他们应该做什么。我不想这么做。关于我们应该走向何方，哪些领域应该是最重要的领域，我没有任何预先的设想。至于过去，我认为自从我读研究生以来，经济理论取得了许多进步。只需想一想在此期间已经发展的许多领域，以及所有发展出的新技术——例如人力资本理论、家庭经济学、公共选择理论和信息经济学——就一目了然了。我还可以继续引证各种构成经济理论的进步的东西。我认为这将继续下去。我的许多学生说，所有重要的东西都已经搞出来了。这是胡说。任何搞研究的人都能够发现新的问题。对于这个世界，仍有许多东西我们搞不明白。现在，我正在对高等教育作大量研究，设法弄清楚为什么女性纷纷进入高等院校学习。还有少数其他主题，例如人口增长等。但我不能准确说出接下来一系列的突破将出现在哪里。当人们说这类事情的时候，我通常是十分怀疑的，因为这是非常难以预测的。可能的情况是，有人将提出一些好的想法，然后这些将影响其他人。但我的确知道，关于现实世界，仍有许多是我们不理解的，因此接下来的一二十年必将取得进步。可以预见，我们将对人类行为获得更好的洞察。我们将建立在我们已有的理论上，所以它们将会随着时间的推移明显发生改变。理论是一种不断演变的构造，而且它还将继续演变。在这一过程中，我们不会消灭我们已有的一切，绝不会。任何时候都将存在着基本的元素，即理性选择和市场。它们将在任何时候都在身边指引着我们。但理论将会以各种各样的方式被人修改。这就是我怎么看待未来的。

谢谢您，教授。

道格拉斯·诺斯

美国密苏里州圣路易斯市华盛顿大学

与罗伯特·福格尔同获1993年度诺贝尔经济学奖,"以表彰他们通过应用经济理论和数量工具,重新开展经济史的研究,以解释经济和制度变迁"。

简 介

经济学大楼埃利奥特礼堂,道格拉斯·诺斯办公室的门开得大大的。当我向里面张望的时候,他从办公桌上成堆的书籍背后向我挥手示意。我本想作自我介绍,但他大声向我招呼:"我知道你是谁。卡伦,快进来吧。"他的话令人精神一振。和往常一样,诺斯还是那个不拘一格的诺斯,看起来像个纯正的水手,粗犷、饱经风霜、身体健壮。他下身穿牛仔裤,上身套挪威毛衣,看起来随便却很合身。也像往常那样,他说话很快,滔滔不绝地谈起他最近的想法和预感,在任何意想不到的时刻挑战和逼迫着他的对话者①,这一切都是以极睿智的方式进行着,有时候他的话太有趣了,令人忍俊不禁,笑得弯下了腰。"我今天在这里,你很走运",他扔出这句话后,放肆地咧开嘴大笑,"我自己当然忘了,但伊丽莎白今天早上提醒了我"。伊丽莎白·凯斯——他的"妻子、伴侣、评论家和编辑",他喜欢这样形容她——尽心尽责地记录她丈夫的多重预约,这可不是一件微不足道的任务。尽管已87岁高龄,他还是预约不断,太多了。显然,放慢节奏实在太无趣了。现在,由于他刚刚在外地过了一段较长时间的假期,包括在新加坡的一个会议,所以在我们开始谈话之前,他想先把他的一些邮件浏览一遍。他在系秘书范妮·巴特刚刚带上楼的成堆信件中搜寻了半天,找到了一张500美元的支票——这是给某次新制度经济学会议的演讲人的报酬,新制度经济学是他和其他人共同创立的一个研究领域。"噢不,"他皱着眉头说,"他

---

① 这里指作者。——译者注

们老给我寄这些"，说完他将支票撕碎，扔进垃圾桶里。"他们比我更需要这笔钱。"这种事完全不出人意料。实际上，道格拉斯·诺斯有一个名声：凡是他认为自己不该得到或者不相称的报酬，他就会拒绝。有传闻说——这事大概是真的——他数十年来甚至拒绝大学给他加薪，他感到自己挣的钱足够了。诺斯的确与众不同。

虽然不是出自知识分子家庭，但道格拉斯·诺斯长大后，仍然拥有了非常广阔的国际视野，因而能够从众多不同的方面看出让人充实的有影响的人或物。对于我们正在谈论的时代，他的故事堪称令人惊异，读者在欣赏下面的对话时，绝对会觉得这是一种享受。他1920年出生于马萨诸塞州坎布里奇市。他父亲在大都会人寿保险公司当经理——这个职位在他努力向上爬的时候，导致他们家不时搬来搬去，居无定所。因此，道格拉斯·诺斯在加拿大渥太华读小学和中学；先后在瑞士的洛桑、美国的纽约市和长岛读私立学校；最后在康涅狄格州沃灵福德市读高中。他在加利福尼亚大学伯克利分校主修政治学、哲学和经济学，这为他后来所发展的跨学科研究方法奠定了基础。在伯克利分校，诺斯形成了强烈的马克思主义信仰和向往和平的信念，正如他回忆的那样。毕业后，他加入了国家商船队，结果表明，这是一场虽然艰辛但却令人满意的冒险。

战后他离开船队，决定放弃他原来孜孜以求地想当摄影师的梦想，而是在经济学中进一步深造，心中只有一个清晰的念头：他想使世界更美好。只是在念研究生时，他才开始信奉历史观。由于他做了关于美国保险公司史的学位论文——这让他父亲大为不安——他获得了一份奖学金，并在哥伦比亚大学和哈佛大学做了一年研究。在哈佛大学时，他与约瑟夫·熊彼特建立了联系，后者对他产生了重要的影响。1952年——亦即他开始执教之后6

年，获得位于西雅图的华盛顿大学终身经济学教授职位之后2年——诺斯从伯克利分校获得了博士学位。1956~1957年度，他在国家经济研究局当了一年的助理研究员。在此期间，他遇到了后来获得1971年度诺贝尔经济学奖的著名的西蒙·库兹涅茨。自1961年起，诺斯还担任华盛顿大学经济研究所所长。1967~1987年的20年间，他担任国家经济研究局董事会董事。1966~1967年度，他获得福特教师奖助金，前往日内瓦待了一年，这一年，他把更多的精力集中在制度分析上。1979年，他在得克萨斯州休斯敦市的赖斯大学执教一年，1981~1982年在英国剑桥大学任教两年。1983年从西雅图华盛顿大学教授一职上退下来之后，他接受了圣路易斯华盛顿大学的教授一职，这儿有一群令人愉悦的年轻政治学家和经济学家，他们正尝试着发展新的政治经济学模型。在这里，诺斯创立了政治经济学中心。这是他这些年来一直待的地方——除了夏天，他一般在其位于密歇根州的避暑别墅度暑假。

道格拉斯·诺斯从小就不墨守成规，他没有被吸引到凯恩斯革命上，反而对历史观发生了兴趣，对此，他设法用数学的、统计学的和其他定量的方法来把握它。虽然他认为定量方法就像今天这样是对经济学的过度数学化和过度形式化，并对其进行了严厉的批评，但定量方法的确在他本人的职业生涯中扮演了一个重要的角色。他由此与同获1993年度诺贝尔奖的罗伯特·福格尔创立了一个名为"新经济史"或"计量历史学"的新经济学领域，因而名扬天下。这个计量历史学的冒险实际上开始于国家经济研究局与经济史学协会1957年联合主办的一次会议。计量历史学——名字取自希腊历史女神克莱欧——是努力对历史进行计量的学科。这暗示着，在一个更广泛的意义上，"使用定量方法、假设检验、经济理论和反事实分析，来解释经济增长和衰退"，如诺贝尔委员会说的那样。虽然基本的经济史仍是新古典主义的,但在这里,主要创新之处在于结合大量的定量数据,对历史上的经济表现进行分析。诺斯在该领域撰写的第一篇突破性的论文发表于1961年,文章对美国1790~1860年间的经济增长表现作了定量的分析。这项研究根源于诺斯在早期建立的一个出口基数模型,其背景是一个与美国国际收支有关的项目——他与西蒙·库兹涅茨合作在国家经济研究局搞的一个项目。① 若干年后,诺斯撰写的另一篇关于1600~1850年间远洋运输业生产率变化的缘由的文章,给了他定量历史学家的卓越声誉。同时,这篇文章包含并预示了诺斯后来对制度的专注:其中一个主要发现——一个更具一般有效性的发现——是组织变迁比纯技术变革扮演了更重要的角色。直到今天,这仍是经济史学中引用最多的论文之一。

在他20世纪60年代在日内瓦逗留的那一年,诺斯对欧洲历史产生了越来越大的兴趣。然而事实证明,这比他原先认为的更复杂。差别在于,正如他说的那样,"美国某种程度上始终是个市场经济",所以传统的、静态的、着重于价格理论并摘除了任何类型的中断和冲突的新古典主义方法,可以很好地解释美国整个历史上所发生的事情,"但欧洲不然。你怎么能够用新古典经济理论来解释封建主义和庄园制度?正是在这方面我认识到了,为了应对这些至关重要的问题,我们必须发展一个更好的理论体"。唯有制度——法规、产权、竞争、政治机构和政府——才能够解释为什么有些国家过去很成功,而另一些国家在经济上落后了。在某些情形中,制度变迁使得交易成本即进入互利交易的

---

① 这项工作导致了另一篇奠基性的论文面世,即道格拉斯·诺斯1960年的论文。

直接成本和间接成本最小化，这样的国家在经济上繁荣昌盛。另一些国家则不然。那么，这些必要的制度是什么呢？碰到这个难题后，道格拉斯·诺斯开始了其创造性生涯的第二个主要部分，最终创立了（或复活了）新的制度经济学领域。这个领域建立在新古典经济学之上，但填补了其中的空白，明确地处理了诸如交易成本、有界理性等之类的现象。正如诺斯所说，他已"逐渐确信，你需要一个新的能够解释经济如何随时间的推移而演变的理论。而这并不存在"。最终，这使他把目光重新转向美国，出版了两部著作：1971年与兰斯·戴维斯合著的《制度变迁与美国的经济增长》，以及与罗伯特·托马斯合著的《西方世界的兴起》。例如，诺斯和托马斯准确地发现，英国超越像西班牙这样的国家，是由已经发展的制度所推动的，产权在其中扮演了首要的角色。正是在这本书中，诺斯第一次明确谈到了激励因素。

但既然存在着好的和不好的成套制度，那何以会这样呢？为什么？这个问题把新制度经济学和早已为诺斯所熟悉的相关领域联系起来，例如社会学、社会哲学、心理学、政治理论，特别是公共选择理论。这种把不同学科结合起来，聚焦于在其所有不同方面随时间的推移而发生的社会互动和演变的跨学科方法，是诺斯在研究时不墨守成规及其特有的丰富性的综合体现。它是那么的广泛、让人着迷和费心费力，又是那么现实或毋宁说是必不可少。这是处于包罗万象的最佳状态的社会科学。这方面的一个主要作品是诺斯1981年的著作《经济史中的结构与变迁》，他本人认为这是他写过的最好的书。基于产权和交易成本，它提供了一个或可被称为统一的公共选择理论的东西，可以解释从狩猎－采集经济向农业经济的过渡等。诺斯描述了无效率的制度如何能够在事实上产生和持续存在。之后，在其重要的1990年的著作《制度、制度变迁和经济绩效》中，诺斯问及为什么有些国家较富而另一些国家仍较穷。在寻求答案的过程中,他特别考虑了政治、制度和经济表现之间的关系。由于投票者"是理性无知的",他们不能完美地监督政治活动,带来的结果是,不好的制度能够持续存在。使一切变得更加棘手的是,诺斯还间接提到了一种被称为"路径依赖"①的现象:一旦一国走上了某条道路,就不容易摆脱。文化传统不容易改变或移植。同样,总体经济绩效不只是唯一地取决于正式的制度,更重要的是非正式的制度,也就是习俗、惯例、信仰、规范、普遍的偏见等。因此,我们还没有到达故事的结尾:"我认识到,制度源自信仰,所以我必须设法搞清楚信仰是如何形成的,从而必须知道心智和大脑是如何工作的。"因此,为了查明心智和大脑如何工作、信仰怎么形成以及为什么它们塑造了制度借以产生的方式,从认知科学中获得洞察力似乎就是必要的了。结果,诺斯帮助圣路易斯华盛顿大学创立了一项聚焦于哲学、神经科学和心理学的计划。在此期间,许多研究人员接受了他的思想,一场完整的运动形成了。1977年,国际新制度经济学学会诞生了,道格拉斯·诺斯继1991年度诺贝尔奖得主罗纳德·科斯之后,担任了该学会第二任会长。

当需要确定其灵感的来源时,道格拉斯·诺斯却难以归类——对于像他这样一个非正统的人而言,这并不出人意料。他们家根本算不上是书香门第,因此,他对后来成为其研究领域的问题的兴趣,似乎不能说他们家对其有什么助益。然而,他在对话中提到,大萧条激起了他对经济学的兴趣,即使他们家并未受到这场危机太引人注目的影响。他的个人经历在其中扮演了某种突出角色的唯一情形,是在他的学位论文主题(美国的保险业历史)中——尽管这件事像他回忆的那样,让他父亲相当沮丧。现

---

① 路径依赖现象最初是由保罗·大卫于1985年阐述的。

实事件对于他选择主题也没有什么帮助,因为他决定对久远的历史进行研究。而且,似乎他的研究领域也不像是一个已经确定的、急速发展的和时髦的领域:在这类领域中,人人参与讨论,新的富有成果的方法由此时常涌现——这对于经济史的两个方面——即计量历史学和制度经济学——皆然。另外,诺斯在这两个方面都是从零开始、从无到有的。"就我的想法来自何处而言,我一直都是个独行侠",他说,"在我的一生之中,因为我对于我们既有的用以解释经济史和经济发展的理论感到不满意,这种不满一直是推动我往前走的力量。现在仍然如此,我从来都对自己知道的东西不满意"。问题是,一个人知道得越多,摸索到更多东西就不可避免地变得更难。那儿的空气变得越来越稀薄。

访 谈

本次访谈时间:2008 年 3 月 25 日。

我想知道是什么让您迷上经济学的?在您的成长过程中,经济学是您家里的一个话题吗?

不。我父亲连高中都没有毕业,我母亲也是。我父亲是典型的自力更生的人,一开始是在大都会保险公司当勤杂工,最后登上了副总裁的宝座。我母亲出自一个非常富有的意大利家族,但家人认为女孩子读书没什么用,所以她根本没有获得很多的教育。我从不和他们谈经济学,事实上,我们甚至从不考虑经济学。

一点儿都没有吗?甚至当比如带来某种好处的价格突然飙升时也不谈吗?你们当时连可能的原因也不讨论吗?

不讨论。

绝对没有？

这个嘛，我们应该谈过。我的意思是在家庭讨论中，但可以肯定地说，我不记得有什么东西。与我如何逐步成为经济学家无关。

那时家里都谈些什么话题？政治话题吗？

呃，是的，我猜是每家每户都会谈的事情，我不怎么记得了，但政治话题应该相当多。

那么，你们家对您产生了什么影响吗？

我母亲是一个迷人的女人，我受她影响甚大。她不喜欢美国的教育制度。到我稍大一些的时候，我父亲赚了很多钱，于是她带我到欧洲去生活。我们曾在伦敦、巴黎和洛桑住过。我在洛桑的加卡尔中学念了一年书。所有这些事情都对我有重要影响。之后，我们从欧洲回来，住在加拿大的渥太华。我父亲那时是大都会人寿保险加拿大公司的负责人。当我们回来后，我到许多学校上过学。我在七年左右的时间里在六所不同的学校上过学。最后，当我准备去上高中时，我在康涅狄格州一所教会学校受到了极好的教育，以至于在我上大学的第一学年，我不必做任何功课。

您是怎么选择要去上大学的？

呃，我被哈佛大学录取了，但当时我父亲被任命为他们公司西海岸办事处的主管。那个时候——20世纪30年代——与家人远隔3 000英里可不是好事。于是我改而去加利福尼亚大学伯克利分校。我没有选择去斯坦福大学，因为我哥哥在斯坦福，我不想与他上同一所学校。你瞧，你看到了我借以起步的所有这些理性方式。

您主修什么专业?

我有三门主科,政治学、经济学和哲学。所有这三门课我的平均成绩都是 C。

哦,天哪。

啊,这是因为在我上大学一、二年级时,我变成了一个激进分子。我领导了劳工委员会和福利委员会;我领导了各种和平游行以及诸如此类的事情。

这一切是怎么发生的?

我真的不知道那是怎么发生的,反正我卷入了。我猜测,首要的原因是大萧条仍在肆虐,我开始对当时发生的事情发生了兴趣。那时,标准的经济学给不了任何令人满意的答案,它实在是无聊而乏味。就在这时,我发现了卡尔·马克思,他给出了一切事物的答案,实际上,他提出了所有正确的问题,但没有给出十分令人满意的答案。但我花了很长时间才认识到这一点。

您是怎么发现马克思的?您在什么地方周围都是左翼分子?

不。实际上,上大学时,我曾加入了一个兄弟会,当我成为一个左翼分子时,他们几乎把我扔了出去,我是个弃儿。

但这种情形之下,您是怎么想到解决之道也许可在左翼的政治理论中找到?

呃,由于大萧条,美国有高达 25% 的劳动力失业。你身边的人每天都会谈论与这个有关的问题,虽然就个人而言,我过的生活还算舒服。事实上,大萧条时,我父亲甚至破产过三次,只是我从来不知道罢了。他恰好在 1929 年垄断了古巴市场,这个时候垄断古巴白糖市场实在是一个糟糕的时刻①;他做这类事情,简直是疯了。但他保住了自己在大都会人寿保险公司中的位置。我不知道在这段时期,每天像我们这样被各种问题包围的时候,任何人怎么能够避免成为激进分子的。就这样,我渐渐成了一个马克思主义信徒。不是共产主义者,是马克思主义信徒。这二者有很大的差别。

您真的理解马克思的劳动价值论吗?

是的。我是马克思的一名严肃的学生,我读了他的《资本论》。读过这本书的人不多,但我读了。我还读了马克思的其他许多著作。这对我的生活产生了很大的影响,至今还有影响。我现在已不再是马克思主义信徒了,但是,他拥有巨大的影响力。总之,我上完了学,并因而成了左翼活动中的一名领导者。就在这时,第二次世界大战爆发了。

您参战了吗?

到那个时候,我是个和平主义者,我不想参军作战。于是我去当水手,加入了国家商船队。别人可以开枪打我,但我不会还击。我签约当了军校学生,参加了两个月的基础培训,现在想来我并没做什么事。之后,我被分派到一艘船上,船长对我说:"我不信任军校学生,这样吧,你去当甲板水手。"我以前从来没有工作过,所以这是一段很实在的经历。我们在大海上航行了两天,这时,船长把我叫到舰桥上,说:"诺斯,你上过大学。呃,我们迷失了方向。我给你24小时,把导航给学会了。"事情是这

---

① 1929年,大萧条爆发,专注于糖类生产的古巴经济,因全球性需求崩溃的直接影响而遭受重创。在那些日子里,意味着购买后不能够转售出去。

样的：船坞每天生产一艘船，为船只配备船员。他们招募各种海员，主要是在船上干过的斯堪的纳维亚人，他们必须提拔这些海员当船长和副手。我们船长上过几年学，但大副从未上过。他本来是要当领航员的，没人知道怎么导航。就这样，我通宵没睡觉，看一本1810年出版的导航书。顺便提一句，那本书现在仍然有售。第二天，我爬起床，开始领航。我引导船从加利福尼亚的旧金山驶到了澳大利亚的墨尔本。用了38天。

真是难以置信！导航需要什么样的实践和分析技能？

哦，你得学会使用六分仪，你得学到足够的球面三角学知识，这样才能观天象，做计算。我喜欢这个，我天生就适合干这个。这是一段令人愉快的日子。当然，我就不用当甲板水手了，我也不喜欢当甲板水手。我在高级船员住舱区得到了一个舱室，日子过得比以前舒适多了。我必须做的就是导航。当我完成第二次航行后，我有了足够的时间静下来学习，为考取三副许可证做准备，以后再出海我就当三副了。这就是我在接下来的三年半所做的事情，一直干到1944年。

您曾遇到过危险的情况吗？

当然遇到过。我非常幸运，我是在太平洋上，而不是大西洋，大西洋有相当高的事故率。事实上，大约在1942年圣诞节时，我们装满货物，准备驶往摩尔曼斯克。[①] 在最后一刻，美军进攻所罗门群岛。他们让我们卸掉原来的货物，再装满其他货物

[①] 1941~1945年，40个护航船团，共计800多艘船只，其中包括悬挂美国国旗的350艘船，开始了摩尔曼斯克航行。这些船只中，有97艘因炸弹、鱼雷、水雷和恶劣天气而沉没。它们运送了超过22 000架飞机、37 500辆卡车、8 700辆拖拉机、51 500辆吉普车、1 900台机车、343 700吨炸药和其他物资。

后驶往所罗门群岛。在那次前往摩尔曼斯克的护卫航行中，92艘船只有30艘成功抵达。要不是那次所罗门群岛的攻击战，我就不会在这儿了。

的确很幸运。

在另一个方面也很幸运。在国家商船队，每到一个港口，例如像新几内亚的莫尔兹比港，我们就没事可做。夜间我们不许上岸，所以我们通宵打扑克。唯一的规则是，当空袭来临时，你得把船上的货物移走。但你不能跑，因为无处可逃。如果我们被击中，我们不论怎样都会被炸得粉碎，因为我们装的是高辛烷值汽油，相当于一千磅的炸弹。我打牌赢了很多钱。我赢了 2 500 美元，这在 1942～1943 年算得上是一笔巨款了。我把钱寄回家给我母亲，她很奇怪我怎么可能变成了这样好的扑克高手。其实我算不上扑克高手。我只是遵循了一个非常简单的规则：整个晚上尽量不喝酒。我会喝一瓶啤酒，但其他所有的人会喝四五瓶澳大利亚啤酒，这种酒含有 12% 的酒精。一到午夜，我就开始赢钱，一点都不费劲。我老说他们疯了，但他们完全不为所动。

那么在二战之后发生了什么事情？

我回家了，商讨是去当摄影师还是做经济学家。哦，我居然漏说了我一生中十分重要的一段经历。我 14 岁时，我父亲给了我一架相机，后来我非常渴望当摄影师。1941 年夏，即我大学三、四年级之间的那个夏天，我和几个移民学生住在中央谷。我是搬过去和他们住在一起的。我星期一到星期五和他们待在一起，一到星期五晚上，我就会回到家，在暗室里忙活。我是在给来自美国联邦农业安全管理局的多萝西娅·兰格干活。摄影实际上成了我生活中非常严肃的一部分。二战之后，我认为大概当经济学家才是拯救世界——我现在还想拯救世界——的最佳方式。当时,多萝西娅的丈夫保罗·泰勒是加利福尼亚大学伯克利分校的经济学家。他们过去常常当着我的面争论我应该去做摄影师还是经济学家。保罗赢了。赢了之后,他对我说:"道格,你必须答应我,在你成功当上经济学家之前,你不能拍照,一张都不行。"我做到了,25年来,我一张照片都没拍。

您父母是怎么想的?

我父亲一直希望我进入大都会人寿保险公司挣钱,做所有那些我没有任何兴趣做的事情。事实上,我的博士学位论文就是对保险公司的抨击,揭露它们的丑闻。这种事情,说得好听一点,我父亲是没有热情的。实际上,这不是一篇糟糕的论文。

但您父母大概更喜欢您当经济学家,而不是以摄影师为职业的想法吧?

是的。做经济学家似乎更受人尊敬,而当摄影师不是我父母认为非常受人尊敬的事情。

那么,一旦您打定主意当经济学家,您选择去什么学校呢?

1946年1月,我离开国家商船队,回到家里。当我向各大院校的研究生院申请攻读经济学专业时,由于我大学本科的平均成绩是C,没有一所学校愿意接受我。人人都认为我绝不会有出息。不过,在我读本科的母校伯克利,他们至少同意让我试读一个学期,如果成绩不错,我就可以继续待下去。就这样,我读上了研究生。我是1946年2月入学的。在伯克利分校,我的各科成绩一律是A,并最终获得了博士学位。我用自己在国家商船队打扑克时赢的钱,在北加利福尼亚购买了一个大农场。

够奢侈的。

我买农场花了1 600美元,我在那里度暑假。农场占地160英亩,有一幢五个房间的木屋、一家铁匠铺、180棵胡桃树和一个葡萄园。照料这么大的农场实际上是一件很辛苦的事情。要到农场去,你得驱车沿101高速公路到加伯维尔,翻过山顶,下行到另一侧,然后还得把车停在某个乡村小店,步行走到河边,划独木舟逆流上行三英里,然后下船步行爬到山顶,那就是我的农场所在了。这是一个奇妙的地方。当然,你得年轻才行。只是农场有一个我当时不知道的小小不足:房子底下有一条响尾蛇。我发现这个时吓了一大跳。总之,整个秋天、冬天和春天,我忙完自己在伯克利做研究的事情,然后在夏季到这里避暑,照料农场,其他时候则读书。这个地方好极了。最后,我所有的研究生同学和老师都到这儿来过,他们全都很羡慕我。

讲讲您老师的情况吧。

当时有三位教授对我有影响:罗伯特·布雷迪,他是一个爱争吵的左翼分子,但不是马克思主义信徒;利奥·罗金,他是一个真正的知识分子,一个非常有才华的家伙,我们研究生全都认为他非常棒;梅尔文·奈特,他是弗兰克·奈特的兄弟。梅尔文·奈特成为我的论文导师纯属偶然。当我决定写作关于人寿保险的论文时,我找到美国经济史学家桑福德·莫斯克,但他回绝了:"诺斯,你绝不会有出息的。"我那时仍是一个激进分子,我猜他不喜欢这个。就这样,我在梅尔文·奈特的指导下做学位论文。当我多年后被推选为经济史协会会长的时候,我给桑福德·莫斯克发了一封邀请函,让他过来看一看。

您与梅尔文·奈特打交道时学到了什么?

他的兄弟弗兰克·奈特是一位非常有名的经济学家。他的确对我后期的生活产生了重要影响。梅尔文·奈特不相信经济学理论，但他知识非常渊博。他是一个非常令人兴奋的人，但他不喜欢理论。他教经济史，采用的是按时间顺序讲故事的形式。讲得非常好，没完没了的故事。梅尔文·奈特的故事讲得实在太好了，我至今仍印象深刻。我从他那里学到了很多——但不是大量的理论。毫无疑问，里面藏有许多的理论，即使他不这么认为，但确实有。

他只是没明确表达出来罢了。

不错。我在1950年秋完成了研究生学业，开始写作论文。为此，我回去住在纽约。这是所有人寿保险公司的所在地，因此我必须在这里做研究，包括在大都会人寿搞研究——当然，我父亲强烈反对这个。那一年非常有益而重要，因为我逐渐认识了许多对我有影响的人，例如来自哥伦比亚大学的社会学家罗伯特·默顿，以及另一位在哈佛大学执教的社会学家塔尔科特·帕森斯。

我想，那段时期约瑟夫·熊彼特也在您身上留下了决定性的印记吧？

是的。事情是这样的。从纽约返回后，我去了哈佛大学，与哈佛大学的整个阿瑟·科尔企业家学派相处甚欢。这一切很重要。当我1950年秋最终在西雅图华盛顿大学得到第一份工作时，我还没有完成我的学位论文呢。那时，有一个叫唐·戈登的家伙与我同期前来执教。他是一名优秀的经济学家，我们每天下国际象棋，从中午12点下到晚上12点。下棋时我总是赢他，他教我经济学知识。我对经济学了解甚少，以至于当我毕业时，我只不过把考试所需的所有正确答案都背下来，然后在考试时写出来。我一点儿也不了解经济学，连简单的价格理论都不懂。

这么说，唐·戈登在您的智力发展中起到了主要的作用啦。

是的。他对我的一生有非常大的影响，因为是他真正教会了我经济学。这也是我摆脱马克思主义的最后一步。当我重新学习理论时，我变成了一个坚定的新古典主义的、芝加哥学派的经济学家。典型情况下，这并不比当你迷失方向，选择下一步怎么走时更糟。在我这方面来说，这使我成了右翼保守分子。

哦，是吗？价格理论就足以使您摆脱马克思主义，而转变成为右翼保守分子吗？真令人惊异。

我不确定自己能否给出一个令人满意的答案。一方面，我发现马克思主义不足以回答许多尘世的经济学问题，例如价格。另一方面，马克思主义提出的各种紧迫问题依然存在，没有为权威经济理论所解答。

那场社会主义核算论战情况怎样？弗里德里希·哈耶克的"知识分工"①呢？制度变迁呢？

你走在我的前面了。那是我生涯后期的事了。原因是，在此期间，这个矛盾指引了我的研究兴趣，我们发起了所谓的计量历史学革命。在成为一名坚定的、十分严格的新古典经济学家之后，我觉得我们应该把经济学理论和定量方法应用在历史上。我这样做了。我的两个学生，兰斯·戴维斯和乔恩·休斯已到普度大学，发起了一次有关计量历史学的年度会议，尽管我们那个时

---

① 尤其参见弗里德里希·哈耶克1945年的作品。

候并没有这么称呼它。这从根本上改变了经济史。当然,这花了一段时间,但我成了一名大牌计量历史学家。

您的第一本书《1790~1860年间的美国经济增长》①,如今无疑是一部经典著作。

是的。我还研究了1600~1850年间海洋运输业生产率变化的缘由。② 这一切使我获得了作为严肃的计量经济史学家的声誉。不过,咱们现在转到你想要我谈的东西上面吧……③1966年,我获得福特教师奖助金,前往瑞士的日内瓦待了一年。就在那个时候,我决定从美国经济史——在这方面我已经写作了几部著作——转到欧洲经济史上。但在这方面我遇到了一个难题。写美国经济史很简单,用价格理论就足以应付了。美国在某种程度上一直是一个市场经济体,一个市场化程度越来越高的经济体。所以,对于美国过去发生的大量事情,使用简单的市场理论,就完全能够讲述得令人满意。但欧洲不然。怎么才能用新古典理论讨论封建主义和庄园制度呢?至此,我意识到我们必须发展一个更好的理论体,才能对付这个至关重要的问题。正是这个促使我转而设法去研究和理解制度以及我自此之后一直从事的所有事情。

您在日内瓦和谁交往?有没有遇到什么有影响的重要人物?

没有。我过得很愉快,但瑞士人太不热情了。事实上,我甚至从未获邀去任何日内瓦大学的瑞士同行家里做客。

---

① 这导致了另一篇奠基性的论文面世,即道格拉斯·诺斯1960年的论文。
② "历史计量学"(Cliometrics)是以希腊历史女神克莱奥(Clio)之名而创造的一个术语。
③ 道格拉斯·诺斯的意思是,作者的意图是找出他在制度方面的兴趣是如何产生的。

那么，既然与同行没什么交流，那还有其他什么东西使您的兴趣发生了转移？

我完全没有从历史中理出头绪，问题在于经济理论是静态的。它不涉及随时间的推移而发生的变化。我由此确信，我们需要一个新的能够解释经济制度如何随时间而变化的理论，而这个并不存在。于是我开始漫无头绪地四处乱闯。你知道，我是很会闯的。我胡乱闯了一段相当长的时间。

您是怎么设法去说服别人相信这是一条光明大道的？

哦，一开始，我完全是单打独斗。没人对这个感兴趣，他们全都认为这么做太疯狂了。我有身为计量史学家的好名声，我在计量经济学方面做出了令人满意的东西。所以他们对我说："诺斯，你疯了吗？你这是抛开名声，去追求这个虚无缥缈的东西，你甚至不知道自己走向何处！"这是实情，我的确不知道自己走向何处。但我还是出发了，我知道我必须去解释随时间的推移而发生的变化。我必须投身于研究能够解释变化的工具，也就是研究制度以及制度变迁的方式。后来，我认识到制度源自信仰，因此，我必须设法去搞明白信仰是如何形成的，这又把我带到了有心智和大脑工作的方式。这就是此后我一直在做的工作。

这是其中最棘手的问题。不过，我们先回到关于您的灵感源泉这个问题吧。在日内瓦，也就是您的研究模式发生了变化的地方，您几乎是单打独斗，我可以这么说吧。但是，您和其他人联合发表了许多作品。也许我可以就此推断，您不完全是一个人依靠内心的思考，独自提出您的所有想法，其中一些想法也来自智力碰撞吧？相互交流很重要，是不是？

我想是吧。我确信自己从其他人那里学了许多东西，但这些因素是难以明确指出的。诚然，我和别人合著了作品，我也喜欢和他们一起工作。但就我的想法来自何处而言，我几乎一直是个独行侠。贯穿我的一生，我对于我们用以解释经济史和经济发展的理论不满意，这才是我一直以来的驱动力。我现在依然如此。我从来就对我所知道的东西不满意。

那么在那个时期，这把您带到了哪里？

在我的思想上，有两个不同的发展路线。一个是在这条道路上继续前行。我采用这个思路与兰斯·戴维斯合著的第一本书，名叫《制度变迁与美国的经济增长》。兰斯是个可怕的家伙，很难与之合作。他令人讨厌、任性、爱争吵、很难相处。还好，这本书引起了轰动。这是我正在做的工作的一部分。

另一部分是什么？

当我1961年从欧洲回国后，我当上了西雅图华盛顿大学经济学系主任。我判定，我们应该回过头反思一下我们该怎样教一年级的经济学。大一有800名学生，这个班太巨大了。你知道，我是搞标准经济学理论的：新古典主义图表、供给曲线、需求弹性以及诸如此类的东西。我总共教大约六节课，讲述农业和完全竞争。有一次，坐在教室背后的一个黑人小伙子站起身，大声说：“你讲的是一堆狗屎。”于是我说：“那好，你上台来，告诉各位同学为什么是一堆狗屎。”他照做了。他讲得头头是道。他数年后成了我的一个好朋友。但是孩子，在那个时刻，我真想找个地洞钻进去……他站起身指出，农业根本不是完全竞争的，因为价格全都是计划好的。我那天晚上回到家，认识到我必须好好思考一下，如何以某种方式处理经济学，从而能够应对这些问题。我通宵没睡，大部分时间是在喝白兰地。

我确信这一夜很有收获吧。

不错！第二天，我来到课堂上，说："我正好是西雅图市议会的顾问"——这是实情，"就他们应该花多少钱预防暴力提供咨询。他们说他们应该每年花200万美元。这意味着你们将容许28宗谋杀案。它们是一回事。"啊，我一下子就吸引了全班的注意力。而且这促使我开始着手那部今天依然有售的著作：《公共议题经济学》。[①] 这本书现在是第七版，共发行了1 700万册。它是我和一个叫罗杰·米勒的家伙合著的，米勒当时在华盛顿大学执教。我们达成的交易是，我写作全部文章的初稿，他进行润色和完善。我每天写一篇，供上课使用。到学期结束时，罗杰拿着书稿去找出版商，但人人都摇头说："这不是你讲授经济学的方式。你是用供给曲线、需求曲线和所有这样的东西讲授经济学。"所以没人感兴趣。最后，我们终于找到了一家出版商，我们这本书他在头六个星期内就一售而空。自此之后销量一直在增长。这种讲授经济学的方式要比教学生去学习一大堆抽象的概念强得多。你只是抓住一个基本问题，然后展开论述，并显示你如何能够从某个经济学理论中得出有意义的结果。

您难道不需要既讲述抽象的理论，又阐述现实的应用吗？

需要，但这是你应该开始教经济学的方式。你应该通过显示经济学具有现实意义，且其背后的逻辑有助于理解现实中真正重要的事情，来设法让人们感兴趣。我是靠机缘巧合发现的，那个机缘巧合就是，那个黑人小伙子让我出了丑。这种方式非常管用。它改变了我的一生。我们当时所需要的，是这样一个经济学系：它真正关心的是如何能够让人们理解现实之物，而不只是正

[①] 该书近期还有一个新的版本，但这是他与丹尼尔·本杰明共同撰写的。

规理论。

为什么这对您很重要?

我猜想这是我迷上马克思主义之后遗留下来的东西。我想要去拯救世界。我现在仍旧在试图拯救这个世界。不是很成功,你知道的,但我仍在努力。

有些人更感兴趣的是某种执教方式在学术上的优美性,而不是其现实相关性。

我不是这样。事实上,我激烈反对经济学今天仍在践行的方式,包括我们系这里。① 它是抽象的用数学表述的高等理论。它很优雅,你可以使之正式化,你还可以写出数学公式,但它做不了任何事情。它不解决问题,它离你关心的问题太远了。我认识到了这一点,这使我踏上了我今天仍在走的道路。

您对凯恩斯革命有什么反应?它触动您了吗?

凯恩斯革命开始的时候我正在读研究生。二战后,凯恩斯如日中天。我经历了那一切,我读凯恩斯的书,非常有益。记住,我是半个马克思主义者。所以,我有几分喜欢凯恩斯,因为他至少在正确的方向上走了一步。他关心的是失业和其他真正的现实生活中的问题,而不是那种我过去而且现在仍然从满世界经济学界的同行们那儿得到的破烂玩意儿。

但您并没有陷入芝加哥学派与凯恩斯主义者之间的斗争中?

对。我当上西雅图华盛顿大学经济学系的系主任之后,我们

---

① 道格拉斯·诺斯指的是圣路易斯华盛顿大学的经济学系。

系以是否支持芝加哥学派为界，分成泾渭分明的两派。人们认为我是骑墙派而瞧不起我——我两面都不靠，这是一个巧妙的策略——这样我两面都不得罪，和双方都能搭上话。我从没开过一次系大会，因为他们将会在会上斗个你死我活，拳脚相加是免不了的。我无法相信人们对理论的执迷程度如此强烈。我当了12年系主任，并把我们系带入了全美经济学系20强之列。我做到了这一点，靠的是从来不开系大会。在分别与两派进行商议、设法就我们所做的事情达成一致之后，我独自作出决定。我做得相当好。当然，在我1983年离开，他们有了另一个系主任之后，经济学系分崩离析了。但那是另一回事了。

我前面提过弗里德里希·哈耶克，他在您身上留下过印记吗？

留下过。当我还在西雅图华盛顿大学执教时，我有一次收到了哈耶克的一张便条，说他意欲过来和我谈一谈，这使我有种受宠若惊的感觉。他读过《西方世界的兴起》，认为这本书十分有趣。他来到西雅图，与我相处了两天。我们过得很愉快，我的确很欣赏他。不过，我真希望我当时就了解我此后才学到的东西，这样我就能够更适当地认识到他来访的重要性。在他来访之前的那段日子，我从来没有读过他关于认知科学的东西。在我看来，他现在仍是20世纪最伟大的经济学家，一骑绝尘。若说真正想要去设法理解这个世界的人，那么可以说，哈耶克较有史以来的任何人都更接近这一理想。

我们回头谈谈理论吧。您接下来做了些什么？

我的《经济史中的结构和变迁》一书是我写过的最棒的著作。这本书写于1980年，我非常喜欢它。我开始去仔细构思这本书应该包括什么内容。那时，我手头的认知科学资料还不是很多；这一点要到很久之后。但我认识到了，必须学习政治理论，才能看出制度是怎么起作用的。于是，我从经济学转移到横跨经济学、政治学和社会学的领域，因为你得了解清楚各种规范。写作这本书迫使我对制度变迁进行仔细和彻底的思考。我猜这就是我获得1993年度诺贝尔奖的原因。到那时，制度经济学正逐渐成为一个热门主题。

考虑到铁幕的出现，这本书出得也非常及时？

不错。不管怎么说，1983年，我离开西雅图，来到圣路易斯。到那个时候，我对政治学、政治理论和政治经济学有极大的兴趣。在圣路易斯华盛顿大学，有一群非常聪明的年轻教授。所以，我怀着建立一个政治经济学中心的想法来到这里。这一点我做到了。① 那是一个很好的举动。我被迫再次沿着新的思路进行思考。一旦你开始问自己怎么才能把政治学和经济学结合起来，你就必须重新开始思考。这中心是做这一切的较好方式。巴里·温加斯特当时也在这里，他后来去了商学院，最后到斯坦福大学执教。我们合著了那篇被引用最多的政治学论文。总之，到了这里之后，我对认知科学才真正严肃起来。再一次，由于认知科学，我必须重新思考我手头的事情。我参与建立了这里的PNP计划：哲学、神经科学和哲学。该计划在这所大学至今仍然存在。我与其他人联合执教了认知科学和经济学的课程。这促使我走上了我此后一直在走的道路，设法发现心智和大脑如何工作、信仰如何形成以及为什么信仰塑造了制度借以建立的方式。顺便提一下，在这一背景下，我还与弗农·史密斯合作开展了许多工作，他当时在亚利桑那，后来去了乔治·梅森大学。我们十分密切地

---

① 该中心现仍开放，道格拉斯·诺斯1984~1990年任中心主任。

合作了一段相当长的时间。通常，我会提出问题，然后我们一道做实验。我从他和他的团队那里学到了很多东西。我提名他为诺贝尔奖人选。他获得了该奖。①

ISNIE，也就是1997年您还参与创立的国际新制度经济学学会内的那群研究人员怎么样？

啊，对。那时，罗纳德·科斯②对我有极大的影响。1988年，他和我同获德国科隆大学的名誉博士学位，这是我荣获的第一个名誉学位。那次典礼的结尾，我们每个人必须就我们正在做的事情发表讲演。他讲的是科斯定理之类的东西。我讲的是关于如何能够运用科斯理论和交易成本，通过减少交易成本，来彻底改变社会随时间的推移而演变的方式。我讲完后，罗纳德走过来说："你知道，我从未想过这个。"他实际上没有把他自己的想法应用在其原有范围之外的任何地方。我始终认为，科斯定理很有趣——因为它是错误的。科斯定理本应告诉你，人类总是企图通过使参与各方的报酬最大化，来解决互动的问题。当然，这根本

---

① "因将实验室里的实验确立为实证经济分析中，尤其是另类市场机制的研究中的一个工具"，弗农·史密斯与丹尼尔·卡纳曼一道荣获2002年度诺贝尔经济学奖。

② "因揭示并澄清了经济制度结构和运作中交易成本和产权的重要性"，罗纳德·科斯荣获1991年诺贝尔经济学奖。除其他贡献之外，他还以乔治·斯蒂格勒所称的"科斯定理"而闻名于世。这个定理——名字本身就够引人注目的——认为，当可能有外部性（例如水污染）且交易成本为零时，无论产权最初归谁，交易者间的谈判将导致一个有效率的结果：若上游的农民最初有权排污，则下游的农民就可以通过向他支付费用让他停止污染，或者，如果下游的农民拥有清洁的河水的权利，则上游的农民就可以向他提供补偿，从而买断他的权利。科斯在自己的学术论文中，经常以有悖常理的方式展开论述——在这种情况下，硬币的另一面当然就是，既然谈判从来不是没有摩擦和不需要花费精力，也就是说既然交易成本不为零，产权的最初归属就很重要了。

不是经济学起作用的方式，但应该是。如果经济理论是关于理性的和精打细算的行为，那就应该如此。这恰恰是我一直以来关注的焦点，即为什么经济学不是这样子。这促使我转而去考察各种制度以及制度之间是怎样不相容的。总之，1997年，我在圣路易斯华盛顿大学的同事李·贝纳姆对我说："我们应该创建一个新的机构。"于是，他召开了第一次会议，罗纳德和我都参加了。他是ISNIE的第一任会长，我是第二任会长。ISNIE发展迅速，这是个巨大的成功。我不确定他们做的每件事都十分有趣。这是因为所有的组织，当你创立它们时，最开始是革命性的，但最终都变得非常保守。我现在仍是一个革命者，仍在设法解决如何才能搞清世界的意义。我不是要在我的一生中取得很大进展，但我一直在努力，并感到了其中的乐趣。

现在呢？您在做些什么？

今天，我还在往前走。我去年获得乔治·梅森大学的邀请。弗农·史密斯刚离开那里。他的团队的其他人都还在那里。我非常想去那里。但他们希望我把整个推倒重来。可是我当时想，都87岁了，不应该再干这种事了，所以我最后拒绝了。现在，我有一本新书即将付梓，是与斯坦福大学的巴里·温加斯特以及约翰·沃利斯合著的，即《解读有记录以来的人类历史的概念框架》。[①] 约翰·沃利斯曾是我的学生，目前在马里兰大学执教。这个题目还差强人意吧，你觉得怎样？这是一本真正革命性的著作，它糅合了所有那些不同的元素，设法把所有东西都融入到一个全新的用以思考经济学和社会学运作方式的框架之内。它不只

---

① 关于这个主题，美国国家经济研究局现在已有一篇由三位作者撰写的工作报告。

关乎经济学,还包括政治理论、社会理论、经济理论和认知科学。我们刚写完。

最后一句话,也许总结为:您认为何谓经济学,诺斯教授?

经济学是一个非常窄的领域,究其本身,我并不认为它十分有趣。它提出的是,已知某个效用函数,人们怎么才能一直不断地改善他们的命运。这不是非常有趣,只是一项小小的微不足道的行动。真正的行动会促使你去思考社会规范、信仰制度如何运作等,使你进入一个复杂的世界。

我们也许可以称之为社会互动理论。谢谢您,教授。

莱因哈德·泽尔腾

德国波恩大学

与约翰·海萨尼和约翰·纳什分享1994年度诺贝尔经济学奖,"以表彰他们在非合作博弈理论中对均衡的开创性分析"。

简 介

找到莱因哈德·泽尔腾在波恩大学的办公室并不轻而易举——但至少比找到前往其实验经济学实验室的路更容易,实验室深深地隐藏在地下室的某个地方。"Juridicum"——法律与经济学大楼——尽管外形方正,但它不仅显得破败和混乱,而且布局相当复杂。泽尔腾的办公室本身简朴而实用,没有任何现代性的痕迹。所有沉重的计算机设备都不在这里,它们都在楼底下的实验室里。泽尔腾说起话来声音柔和,几乎软弱无力,就好像他怀疑任何人真的会对他的个人经历感兴趣。大多数时候,他的句子都以客套语"是吗"结尾,寻求对方的肯定。虽然充分意识到其本人的贡献的价值,但这位德国第一个也是唯一的诺贝尔经济学奖得主仍是一个非常谦逊、彬彬有礼和文雅的人。他谈起理论比谈他本人更自在些,但随着时间的流逝和谈话的进行,他稍微敞开了一点。研究是他的嗜好,因此,谈话时,他很容易就转到抽象的东西上,然后话题就改变了——他讲课时也是这样。正如一代代学生见证的那样,其费尽心力的讲义证明,他的天赋与其不拘一格、复杂难懂的方式不相上下。在课堂上,他以非常复杂的幻灯片而闻名,例如,幻灯片都是泽尔腾手写的,上面不均匀的字密密麻麻,写满每一个地方,使用多达四种不同的颜色,来表达四个不同层次的含义。泽尔腾堪称典型的教授,表面上显得有点紊乱,但实质上,其思路异常严密。弗农·史密斯,2002年度诺贝尔奖得主,实验经济学的另一位开拓者,把他描述成

"一个令人称奇的有强烈好奇心的人"。①

　　正如下面的谈话所表明的,莱因哈德·泽尔腾的生平经历十分感人。1930 年出生于布雷斯劳,一座当时属于德国、二战后划归波兰的城市,莱因哈德·泽尔腾饱受其一半犹太血统之苦。他父亲是犹太人,曾经把读书会经营为一个非常成功的生意,但根据纳粹的法律,他不得不变卖了自己的生意,并于 1942 年去世。孩子们被迫辍学,泽尔腾当时年仅 14 岁——所以说,他们的教育远没有达到原本可能和应该达到的程度。然而,莱因哈德·泽尔腾非常迅速地发展了对数学的强烈兴趣。然而在小小年纪,这个有天赋的孩子就必须依靠自学来学习一切知识。他 15 岁时,战争结束,面对日益逼近的苏联军队,母亲带着几个孩子开始逃亡。他们一家四处避难,先是萨克森,然后是奥地利,最后落脚于西德的黑森州。即使在那时,生活也一直很艰难,主要是难以忍受的贫困、在一家农场干沉重的体力活以及其他零工——但最后,辍学两年之后,莱因哈德·泽尔腾终于能够继续上学了。正如他喜欢指出的,他每天必须步行往返学校三个多小时,这使他不仅有足够的时间在脑子里解决大量的数学难题,而且教会了他去享受大自然。然而,1951 年高中毕业后,泽尔腾来到法兰克福市,在这里学习数学,也探索经济学和心理学等其他学科。他是第一个被允许获得数学文凭的学生,其中一门副修学科不属于自然科学,他选择的是数理经济学。他专攻实验经济学——探究合理性的边界——和博弈理论。1957 年获得硕士学位之后,泽尔腾找到了一个当助理研究员的工作,代表德国科学基金会(DFG)做本质上是实验性的研究。② 1961 年,泽尔腾获得

---

① 参见本书中莱因哈德·泽尔腾的问卷。
② 这产生了他与论文导师海因茨·萨尔曼 1959 年合撰的一篇论文和其他作品。

了数学博士学位。巧合的是，他被介绍给了法兰克福大学的奥斯卡·摩根斯坦——他早已自学过后者的主要作品了。不久，摩根斯坦邀请他到美国的普林斯顿大学出席一个博弈论会议。正是在这里，他遇到约翰·海萨尼，后者后来成了他的研究伙伴，研究不完全信息之下的议价，还成了他的合著者和诺贝尔奖的共同得主。1965年，他应邀参加了在耶路撒冷举行的一个极其著名的国际博弈论工作会议，会议持续了三个星期，集合了博弈论中所有崭露头角的一流研究人员。1967～1968年，泽尔腾在加利福尼亚大学伯克利分校做访问教授。显然由于更喜欢住在德国，他从海外回国，于1968年在德国完成了为获得终身职位所要求的"资格"论文，并于1969年接受了柏林自由大学的教授职位。泽尔腾在那里一直待到1972年，期间正值学潮高涨，他经历了真正"火热的岁月"，那一年，他转到了更安宁、更乡土气的比勒菲尔德大学工作。1984年，他来到波恩大学，他发现这里有更好的条件建立——现在相当著名的——实验室：实验经济学实验室。自1997年退休以后，他仍是该实验室的学术协调人。莱因哈德·泽尔腾是功勋勋章的得主。他对远足、植物、猫以及人工语言世界语有着明显的热情。

　　莱因哈德·泽尔腾在博弈论和实验经济学方面都是开拓者。博弈论是数学的一个分支，是在考虑到个人决策是相互依存的之后，专注于对个人间的相互作用的分析。不幸的是，"博弈论"这一名称给了该领域一种有点不严肃的味道[1]，它本质上是处理策略性的相互作用的——这使它对于范围广泛的非常严肃和实质性的问题有重大意义，从包括核威慑在内的军事冲突[2]，到寡头

---

[1] 博弈论的英文是 game theory，亦可译为"游戏理论"。——译者注
[2] 这个主题是2005年度诺贝尔奖得主托马斯·谢林作出了贡献的特定领域。

市场中的定价行为，这是最初吸引泽尔腾的领域之一。这一领域最初的工作是奥古斯特·古诺于1838年做的。① 然而在现代博弈理论中，第一部应用于经济学的主要作品，却是约翰·冯·诺依曼和奥斯卡·摩根斯坦1944年出版的《博弈理论和经济行为》，对三个或三个以上主体的联合博弈及两人之间的零和博弈作了区分。泽尔腾在法兰克福大学的头几年就读过这本书。由于合作博弈决定性地取决于所达成的协议必须以某种方式执行，那么很自然地，这个领域下一步的发展，就一定是综合考虑合作和竞争的各种可能性，对更一般的非合作博弈进行分析了。在某种看似矛盾的意义上，合作博弈现在已被看做是非合作博弈的一个子类。接下来出现的概念，是参与者之间没有任何沟通的非合作有限博弈概念，这是约翰·纳什提出的，他与泽尔腾同期获得了诺贝尔奖，但其获奖饱受争议。② 纳什识别了参与各方的最优策略，并把这组策略作为一种均衡情况正式化了。为了表彰他的贡献，这组任何一方都没兴趣单方面放弃的策略，被命名为"纳什均衡"。后来，莱因哈德·泽尔腾介入了这个领域，为了分析动态策略相互作用的情况，他对纳什均衡概念作了改进，聚焦于均衡的稳定性和健壮性。这极大地提升了这一概念对于经济政策的现实意义，从而也开创了一个完整的值得开展学术研究的新分支。泽尔腾区分了"扩展式"博弈和"范式"博弈。在范式博弈中，参与方同时选择自己的策略，他们了解其他参与者的策略。然而在

---

① 奥古斯特·古诺，更准确地说是安托万·奥斯丁·古诺（1801—1877），是一位法国经济学家、哲学家和数学家，其主要作品是1938年的《关于财富理论之数学原则的研究》。
② 致使约翰·纳什饱受争议的，是在瑞典皇家科学院内，而不是在经济学领域，他在经济学领域的杰出贡献是公认为没有任何疑问的。参见本书第29页脚注①。

扩展式博弈中，也就是在一连串前后相继的行动中，情况就完全不同了。在这里，一方必须辨别博弈的不同阶段，并留意各参与者开展行动的时机以及每个阶段可得到的信息。于是，关于这种均衡的稳定性问题就大大增加，并在逻辑上变成了一个关于博弈的每一个阶段——即子博弈——各策略均衡的稳定性问题。这个过程可以排除掉"无关"均衡，也就是基于空洞的威胁的均衡。这是至关重要的，如果作出了一个普遍理性假设的话。于是，每个阶段的纳什均衡就是"子博弈精炼均衡"——这恰恰是莱因哈德·泽尔腾在其1965年的两篇论文中创造的概念和术语，这两篇论文都是用德文写的，论述了一个具有需求惯性的寡头博弈模型。1957年，泽尔腾又创作了一篇论文，这次是用英文写的，进一步改进了稳定的纳什均衡的标准。在该文中，他提出了"颤抖手"精炼的概念——这个概念允许无关紧要的、不至于导致破坏的均衡策略错误（"颤抖手"）。

在后来的岁月里，莱因哈德·泽尔腾的精力越来越集中在实验经济学上，算是重新回归到了他以前的兴趣核心，这个兴趣自他开始处理他本人在自己的精炼均衡概念中一直使用的理性前提时就有了。因此，泽尔腾自称为"方法论上的二元主义者"。实验经济学这一领域的目的，就是查明人们的行为举止情况，这超越了传统的新古典模型，后者使用完全理性作为探索工具。在位于波恩的实验室，泽尔腾设法发展了许多描述性理论，揭示出在寡头市场上、拍卖中或议价情况下——有限理性的——人是如何表现的。正如他在其诺贝尔自传中说的那样，他的"目标"就是"帮助创立一个描述性的严肃对待人类行为之有限理性的决策和博弈论分支"。

当谈及指引本书的基本问题，即杰出的学者通过何种互动渠道获得其灵感的时候，莱因哈德·泽尔腾的情形与其他受访的诺贝尔得主都不一样。他的个人遭遇使他踏上学术之路异常艰难，几乎难以置信——但幸运的是，这并没有使他裹足不前。在这个意义上，他的个人遭遇也许从一种负面的意义上讲，是绝对至关重要的。泽尔腾不仅仅从他父亲那里继承了那种只要自己认定是对的就排除万难、一往无前的倔强和顽强。正如他本人在本访谈中指出的，他的艰难经历也许塑造了他的性格，教会了他要有叛逆精神：

> 结果是我始终不相信多数意见，这种信念较其他任何东西更甚。我总是必须独立思考。在那些日子，这不仅对于政治态度为然，我还把这种独立性应用在我后来的研究工作上。实际上，我从来都不随大流。博弈论后来变成了主流，但当我开始涉足它的时候，它不过是一条涓涓细流。

他一踏上主流之外的道路，泽尔腾进一步的研究议程就似乎依其所在领域大体上取得的进步而演变。于是，一个自我推进的过程开始了，正如更进一步的逻辑考察所表明的，新概念需要细细琢磨，精益求精。通常，可以大致公平地说，那些内生性的理论挑战往往随着时间的推移而变得越来越精细——或者恰恰相反，趋于提出基本得多的、自上而下的挑战，例如对整个研究提出质疑。这两个方向，泽尔腾都经历过，而且一步一个脚印地走下去，一方面对纳什均衡作出了一步步的改进，另一方面转向了实验经济学的新领域，以便推翻和取代传统的理性假设。不过，这两条线都是理论内生的。没有一条是经由对经济政策或总体经济情况的应对而直接触发的。莱因哈德·泽尔腾是典型的科学家。研究不仅可以是一门职业，而且也可以是一种嗜好——至少是唯一可以想象到的度过人生的方式。

访 谈

本次访谈时间：2007 年 9 月 10 日。

泽尔腾教授，我想知道，最初是什么引起您对后来成为所在研究领域的问题发生了兴趣。所以，我想问一下——是什么促使您首先转向数学，然后转向博弈论和实验经济学？在这方面，您的孩提时期和成长过程在多大程度上留下了印记？您的思维方式是怎么演变的？

我想我的智力发展始于高中。我上学一接触到数学，就注意到自己似乎有这方面的天分。从 15 岁时起，我就自学数学。[①] 我总是埋头于某些类型的计算。当然，我后来学习数学专业了，但大学教的数学完全不同于我在中学学习的数学。总之，我打一开始就十分清楚自己将来不会专注于数学上。不过，我今天之所以正在做我当前所从事的工作，这个事实在某种程度上是外在环境和生活中的机缘巧合导致的。一直以来，我的兴趣都相当广泛，因此对我来说，被经济学之外的某个东西所吸引，就会是十分自然的。

数学天分是泽尔腾家族的一个普遍特征吗？

我不清楚。你瞧，有些人确实有天分，但他们从未意识到这一点，因为他们甚至没接触过他们在某方面有天分的东西。除此之外，天分这东西，即使能够从上一代遗传给下一代，其程度也

[①] 14 岁时，作为当时隶属于纳粹德国的布莱斯劳一名半犹太血统的男孩，莱因哈德·泽尔腾被迫辍学了。

是十分有限的，尽管某种遗传的核心因素大概不能否认。

您家族有祖先从事过学术工作吗？比如乔治·阿克尔洛夫，他就告诉我说，他无法想象学术职业以外的任何东西，因为他从家里完全了解不到任何其他东西。

我的情况不是这样，根本不是。我母亲只念到职业高中，学校的重点是商业。我父亲也只念过三年书。他眼睛失明了，所以他不得不去一所盲人学校念了三年书。所有的盲人学生要么必须学习做篮子，要么必须学习做扫帚，这就是他获得的全部教育。我的祖辈们也没人接受过任何学术训练。我祖父做房地产生意，我外祖父是小学教师。那个时候，要当小学老师，不必先得上大学。那个时候，小学老师是在"师范学院"接受教育的，这类学校提供专门的高中和大学课程。总之，在第二次世界大战之前，德国人口中只有很小比例的人——不到1%——受过高中教育，而这1%的人当中，只有非常少的人上过大学。在那时，生活异常艰辛。我最终走上学术道路纯粹是运气。我多半梦想过这类事情，但积极地追求是绝对不可能的。

好吧，您父亲没受过高等教育，但他在其他方面很有头脑，他的生意做得非常成功。他有一个聪明的想法：读书会。

那个时候的读书会迥然不同于我们今天所知的读书会。当然，我们今天依然熟悉读书会——比如，在医生的候诊室或理发店里可以找些杂志看。但在那个时候，许多私人住户向读书会预订杂志。一般而言，一种杂志出租一个星期，归还后再出租。顺便说一句，我父亲并不是第一个想到这个点子的人。但他在布雷斯劳市和西里西亚地区的其他中等城市创办自己的企业时，柏林已经有一家读书会了。他在格莱维茨和莱格尼察还有联号。

他是设法在身有残疾的情况下做到的吗？

是的。他的第一任妻子帮助他创办了企业。起初，他们事事亲为。后来，企业发展了，我父亲雇了一些人手。需要很多人做事——例如，递送杂志、招徕新顾客、做办公室工作等，尤其是总是得安排人把顾客填的纵横字谜擦掉。那些杂志一般出租10～20次。杂志越新，租金就越高。

您是否必须帮忙做生意？例如，擦掉纵横字谜上的字？

不用，我年纪还太小，做不了这个。早在1934年，我父亲就不得不放弃了自己的生意。然后我们举家搬到了格莱维茨，这样他还能经营他在那里的联号。由于德国与国际联盟签署的一个条约，少数民族在那里受到保护。实际上，这个条约的用意是为在波兰的德国少数民族和在德国的波兰少数民族提供保护，但根据条约规定，犹太人也将受益。由于这个原因，他们刚开始时还不能抢走我父亲在格莱维茨的生意。毕竟，他的生意同德意志帝国出版社有关系。那简直是无法想象的。

您家是怎样设法维持生计的？

呃，因为我父亲被迫卖掉了自己的公司，他手头有一些钱。我们只好靠银行存款过日子。

这些钱没有被人动过吗？他们没有把您家的金融资本抢走吗？

没有。我父亲是以绝对合规的方式卖掉他的企业的，所以他能够保有这笔收入。不过，若我们移居国外——实际上我们的确有过类似想法——那么由于"Reichsfluchtsteuer"①，他将会失去一半财产。此外，如果你那个时候到瑞士去，你不得在那里找工作。这意味着如果你真的想要一走了之，你最好是非常有钱。在这方面，选择是非常难的。

关于移居国外，您家有过公开的讨论吗？想法有多具体？

没人和我讨论这个，当然，我太小了。但我父母显然谈论过。我父亲把自己的财产转给我母亲，因为她不是犹太人。我甚至记得自己无意中听到过关于这件事的谈话。她不想接受，但他解释说必须接受，因为不然就会失去这笔财产。

多么辛酸啊。

毕竟，相对来说还是可以忍受的，因为我父母是被人称为"受法律保护的异族通婚"。这虽然并不意味着它没有坏处，但还是可以忍受的。可怕的事情在于一切都在走下坡路。政治情况对我们越来越不利，每每引发其他会使我们的情况越发糟糕的事情。战后，情况也很糟糕，但至少趋势是向好的。

我可否从这一点推断，在家里您与家人的谈话更多的是围绕政治话题而非经济话题的？

哦，也不太多，因为谈论政治是很危险的。特别是与孩子谈话时，大人们得特别小心，不能说太多，这样的话，孩子们就不会在公众场合转述任何重要的东西。不过，我知道什么东西对我们事关重大。年龄越大，我被允许参与的话题就越多。但当然啰，我还只是个孩子。

---

① 这就是纳粹据以损离开德国的犹太人之利而肥自己之私的"资本外逃税"。

在学校或公共生活中，您必须在多大程度上承受家里的这种不利情况？

这种情况在学校有人找岔子。有一次，我一连好几天遭到威胁，十分可怕，就因为我是半个犹太人而招人冷言冷语。处境真的很难，不过还好，事情平复下来了。我上的是一所私立中学。当我刚到那里，他们就立刻让我跳了一级。所以我是插班学习，而不是像新生那样从头开始。

所学课程也是那样吧，这肯定是个不小的挑战。

这个嘛，我们家有一个非常好的家庭教师照料我。她是个犹太人，没有任何其他职业机会。她住在我们家，监督我们迅速做完家庭作业。她离开我们家后，我常常整个下午坐在那儿打瞌睡。而有她在，一切都迅速高效。在我获准上中学之前很久，她甚至还教过我们英语呢。

从家境角度，我该怎么想象泽尔腾家呢？您家有一位指导老师，这么看来，您家似乎相当富裕。

是，但我们家不属于中产阶级。在那段早期岁月，大多数学术界人士的家境都非常不错。但我家的情况不同，我们家还没富到那个地步。不错，我们家里确实雇了人手，但至于严格意义上的家庭教师，正常情况下我们是雇不起的。今天情况就不同了，她到我们家是来避难的。顺便提一下，当被问及我父亲的职业时，我总是说他是个书商，那的确是他的正式头衔。但是他不止于此，他是位雇用了20名员工的书商。

在您看来，他似乎是一位真正的企业家，成功的企业家。

是的。然而，战争一爆发，一切都越变越糟。我们被迫搬了好几次家。每当某个与纳粹党扯上关系的人碰巧喜欢上了我们的住处,我们就不得不搬出去。我们每次被迫搬家,新的住处都比不上原来的。我们最后的住处是在一条他们把犹太家庭集中起来的街道上。

您父亲必须经历所有这些吗?

不,他没有挨到最后。他在1942年死于一场重病。我父母的年纪相差22岁。

您是怎么继续自己的学业的?

对于半犹太血统的孩子来说,到14岁,义务教育就算结束了。这就意味着暑假一开始,我就必须离开学校。起初,我整天在家里帮忙做事。很难找到事干。唯一向我敞开的职业就是去当非熟练工人。我去学习真正职业的权利被剥夺了。于是,我们找到那个住在我们的房子里并从事石油贸易的男人。他想让我进他的公司——当然,不是正式工,也不是当真正的学徒,不过他想教我一些东西。他想帮助我们。这件事本来定在1945年2月。但在那个时候,我们已不住在那里了。

您家是在逃避俄国人吧。

最初,我母亲想留在原地。毕竟,对我们来说,德国战败投降是一件好事,它就像一线曙光。但后来,我母亲觉察到,有越来越多的德国士兵来到布雷斯劳,他们宣布把这座城市当做要塞。她推测这里将爆发长期激烈的战斗。后来的事实的确如此。就这样我们离开了那里。

官方"允许"您家这个时候离开吗?

当时人人都开始外逃,我们很容易就能够隐瞒我们的"特殊"身份。有许多逃难的人根本就没有证件,也没有人查证件,一切都乱套了。我们设法爬上了最后几列离城的火车其中的一列。那个并不明显。人们被催促着步行离开城市,但我们设法爬上了火车。

你们的目的地是哪儿?

哦,这个时候哪有什么目的地呀。火车去哪儿我们就去哪儿。起初,我们甚至不知道我们的火车去往何方,后来我们听说是去德累斯顿。我们已经登上这列火车三天了。我母亲不喜欢再到另一个大城市去,所以我们在包岑市下了火车。我们在附近的一个村庄里找到了住宿。我们能够看到德累斯顿火光冲天。在包岑下车是个非常明智的决定。

这已是您母亲作出的第二个明智的决定了。

是的,但我们不能待在那里,前线离我们越来越近了。于是,我们又爬上了一列火车,在铁轨上又颠簸了三四天。最后,我们来到了奥地利。

但你们也不想待在那儿,或者说不能待在那儿,是不是?

这片地区处在俄国的占领之下。但更主要的,我们真正想去的是德国。在奥地利,我们留宿地的人们帮我们离开,但他们也想把我们摆脱掉,这再明显不过了。一些奥地利人从非正规的小路偷偷带领我们过了边境,回到德国。那个时候,美国人已不再允许任何人进入他们的占领区了。

您家在西部没有亲戚吗?

有。我姑姑住在法兰克福。一直以来，她成功地隐瞒了自己的犹太血统。她在天主教会的帮助下受了洗礼。此外，她还耍了一些手腕，说话时总是胡言乱语，所以没有人把她的话当真。她的表现就好像她没有脑子，行为相当古怪，但其实她非常聪明，而且达到了目的。不过，我们没能到法兰克福去。

为什么？

因为他们在维尔茨堡火车站把我给落下了，那段日子，火车停站的时间会很长。我们手头还有几张食品配给卡，我想用它们来买些面包卷，只需短时间内冒险下车。当我再次回到月台时，火车已经走了。所以我得独自一人继续赶往法兰克福。我们家其他人在卡塞尔市下了火车。我哥哥于是回过头来找我，最后，他在一间候诊室里找到了我。

哦，天哪。

之后，我们一块儿到了卡塞尔附近的一个黑森村庄，离梅尔松根不远。遭遇总是一样的：难民抵达后，市长把他们分派到不同的家庭，而那些家庭其实很不高兴。就像在包岑，也是这样的。现在我们只好共用一间房。过了一段时间，市长注意到了这个情况，于是，我们多了一些空间，住处也好了些。

您是什么时候回到学校的？

没有立刻上学。在奥地利的时候，我一直干农活，在这里我又得重操旧业了。学校要到1946年春天才开学。在那个时候，我已经失学两年了。由于这个原因，我母亲决定让我留级一年，因此我又失去了一年。但是失学两年——这意味着你什么都忘记了。例如，我忘记了我原来学过的拉丁语。我真的害怕上学。

不过，您不觉得重新回校等同于内心的某种解放吗？因为又走上正轨了。

当然是。作为农民——毋宁说作为农民的下手——我干起农活来是很难的。我是一个十足的城里的孩子，我实际上不适合做这类事情。因此，人们对我评价不高（笑）。

不过，您能否从中获得一些宝贵的经验？回过头来看，那段时期教了您一些您现在不想错过的东西吗？

我干农活的那段时期的确给了我一些见识和更多的理解。例如在奥地利，那些农民的生活条件实在是简陋。一家人共用一个菜碗。农民本身其实并不是真的很穷，他拥有许多土地，全家人拥有充足的食物。这在那段日子是很重要的。村里用食物给我付工资。在德国，在我们的村子里，条件就不这么简陋。农场较小，农民生活得较好。

但请允许我再问一下——这段时期是否在某些方面对您的成长有影响？期间是否有什么东西证明是有益的？我不知道，也许是纪律或者早起？

没有。唯一发生的事情是我在另一个时代生活了一阵子，尤其是在奥地利的时候，就好像你倒退了一个世纪。满眼看起来就是这样。后来，我发现自己更容易设想不发达国家的人们是怎样生活的。我能更好地理解生活，更加意识到文明的好处。但我觉得这整件事让人相当不愉快。

至少，对您的生命没有威胁，对不对？

这个嘛，我得病了，我生了疥疮，但后来好了。的确很有趣。随着时间的流逝，我几乎习惯了自己给农夫当下手的生活。但是，事情并没有一成不变。

后来学校终于开学了。您有没有遇到看出您的天分并帮助您去开发它的老师？

真正来说没有。当然，一旦我的数学天分开始显现出来，我就得到了某种激励。但是我始终很叛逆，总是驳斥每个人的话，特别是在我们的德国班上。

为什么？您能不能解释一下？

从心理学上来说，这似乎的确与一个人在家里排第几有关。我哥哥比我大三岁，他总是告诉我我太笨了，我知道的东西当然不如他多。顺便说一句，心理学研究表明，那些在家里排名第二甚至排名更靠后的学术研究人员，往往比那些排名老大或独生子的人更为叛逆。后者不仅在政治说服力上，而且在学术取向上，往往都相当保守。持不同政见者更易见于家里的老二。弟弟妹妹们就是不那么轻易相信哥哥姐姐们告诉他们的话。所以里面有这个因素。另一个因素可能是我们在政治上的局外人位置。

关于后一因素，战争一结束，德国人就对后者有某种公开谈论吗？

很少。请注意，国家社会主义和反犹太主义并没有随二战走向终点而结束。所有这些东西在德国人中仍然存在，只不过潜伏下来了。因此，我们的"特殊身份"并未一夕消失。今天，这些最终都已过去了，但在那些日子没有。

村子里的人怎么知道您的这些事情的？

关于自己的血统，我从来就没有保持沉默。

那些您不得不忍受的辛酸经历大概也助推了您的叛逆性格吧？

比其他东西更甚，其结果是，我一直不相信多数意见。我总是不得不独立思考。这在那些日子对政治情况是这样，我后来还把这一领悟应用在我的研究上。事实上，我从不随大流。博弈论后来已经成了主流，但在我刚开始研究的时候，它还只是涓涓细流。

谈一谈您在那个哈森村庄的生活情况吧。

好。作为难民，我们当然身处不舒服的位置。我母亲有很多年不得不依靠福利救济金生活。随着时间的推移，情况有所好转。我给许多人补课以补贴家用。后来，我中学毕业前一年，我受雇在美国出版公司的一家子公司工作。这是一个出租图书的店铺，几乎是个图书馆。就这样，我一边上学，同时在那儿有一份全职工作，每天工作八小时。我在那里做家庭作业。图书馆甚至在星期六和星期天也开业。它使我有机会接触到很多有趣的图书，例如一部关于经济学思想史的教科书。还有《财富》杂志，在其中的一册里，我读到了一篇文章，是用通俗的散文体写的，这是我第一次读到博弈论。那份工作纯粹是上帝对我的眷顾，因为在那些日子，要看到各种图书和杂志是不容易的。当时的学习条件可不是现在这样。

到那时，您很清楚自己将结束中学学业，我想。

是的。

大学生活如何？您没遇到经济上的问题吗？可以想象，能够马上挣钱，可能比把更多的时间投入在教育上更重要。

哦，是的，遇到过经济上的问题，但情况有所改善。我父亲曾在二战前持有股票。战争结束后，没有股票交易，没有证券交易所，但是这一切在1948年货币改革之后都恢复了。货币资产作了彻底的再评估，下调了大约6.5%。但股票的情况就不是这样了。我们曾经拥有的许多股份，现在都无可挽回地失去了，比如代表西里西亚地区一些工业工厂的资产的股份。但我们还拥有一些西部股，我们从这些股票获得了红利。虽然不是很多，但这些股票的价值也随时间的推移逐渐增加了。20世纪50年代的某个时候，根据国家赔偿计划，我母亲还获得一些转移支付。最后，我们甚至从德国的"负担均等计划"获得了补贴。① 所以，当时的情况即便不是非常好，但还算过得去。读大学时，我也干了不同的工作。我一个月的生活费是150马克，租金和费用包括在内。这不是太多，大多数学生有更多的钱，但我将就过得去。

您租房子住吗？

对。我很长一段时间和另一个人共用一个房间，他是个警察。那个房间相当小，租金也很便宜。租金最开始是15马克，后来涨到20马克。当女房东把租金提高到25马克时，我搬出去了。用25马克，我可以得到更好的东西。

一开始，您学的是数学。

是的。如果你寻找的是应用学科，某个你能够使数学派上实际用途的领域，那么在那段时期，你通常都会想到物理学，那时

---

① 这个"负担均等计划"于1952年批准执行。

几乎别无选择。但我总是留意经济学课程通知，也去听过一些讲课。我就是这样发现我的老师埃瓦尔德·伯格的。他还给经济系学生讲授数学课程。有一次，他甚至提出为经济系学生开一次博弈论研讨会。我知道那是讲什么的，我以前读过冯·诺依曼和摩根斯坦写的那部基础著作。于是我参加了研讨会，尽管研讨会并不是面向数学系学生。显然，我给他留下了深刻印象，因此他建议我跟随他在那个博弈论领域撰写我的硕士论文。我已经通过了"段考"①——期中考试。顺便说一下，数学专业的那些段考是很难考过的。我学习得非常刻苦，没日没夜地努力了三个月。我这辈子必须通过的考试没有一个比这个更难，只有驾照考试位居次席。

难在什么地方？抑或完全是您给了自己太大的压力吧？

有两位极有天分、成绩优秀的同学告诉我说，我肯定通不过考试。我对他们的话很是当真。那时，德国的大学是以这样一种方式组织的：你根本就不清楚自己学得怎么样，不知道学得是好还是坏。今天，学生时时都得考试——但那时不是这样。对于"段考"而言，唯一必考的东西是口语考试。在那之前参加考试是可能的，但我从未设法去这么做。

于是您就得面对现实。

我通过了考试，相对来说还不错。我不差。

到那个时候，您想没想过自己的志向是去搞学术？

---

① 段考即期中考试，准硕士学位考试。一些自然和社会学科的学生在顺利完成了基础课的学习之后所获得的一个称号。——译者注

不，我没想过，我没指望将来去搞学术。作为学生，你还无法去设想这样的事。我曾有过一个想法，自己有可能成为科技记者。但是我缺乏从事新闻工作的天资，幸运的是，我足够早就认识到了这一点。总之，在我上大学及中学期间，我就钻研了与考试无关的东西，算是不务正业吧。上大学时，我选修了若干心理学课程，严格来说，这些是与我的专业课程无关的东西。我涉猎了各种各样自己无须考试的东西。这大概是与普通学生相比我花了更长时间才毕业的原因吧。

您认为自己到最后会对数学不满意吗？

我不这么认为。数学是我上中学时一直特别擅长的领域。但当然啰，那是就中学层面而言的。能够上大学的都是中学成绩出色的佼佼者。与周围的同学相比，你会突然之间感到不再那么优秀了。但我的确希望拔尖。

谈谈数学这门学科吧。毕竟，数学只是一个逻辑工具。您不是对这个工具不满意吧？

是的，与社会稍多一些联系，这才是我会喜欢的东西。我经常看报纸，而且一直对政治感兴趣。本来自然科学也可能让我感兴趣，例如天文学。但在那时，实质上只有天体物理学，而物理学对我来说学起来很费力。

天体物理学无疑是一个令人兴奋的领域，但它与大众没有太多关系。

的确，它与大众没多大关系。我对社会问题更感兴趣，就此而言，经济学就不错，心理学也会不错，还有其他的学科，但我继续攻读数学，甚至在这一领域写作了我的博士论文。但那时我已经报考经济学系了。当我在做硕士论文的时候，我写的内容超出了硕士论文的范围。于是导师对我说："就这么多放在硕士论文中吧，其他内容我们保留给将来的博士论文。"因此，我的博士论文进展得比硕士论文快得多。

海因茨·萨尔曼①，您的博士生导师，有多大影响力？
萨尔曼在德国名气很大，但在国际上不是。他的确写作了若干教科书，而且他是战后把凯恩斯主义引进德国并使之普及的人士之一。他本人的贡献倒是相对不为人知。但有些东西人们是知道的，例如我们合著的两篇论文，它们在某些方面是基础性的。他关于经济理论的见解对我有影响，特别是在宏观经济学方面。尽管和他谈话时，你有时候并未意识到他是在给你指引某个方向。萨尔曼对经济学的未来有极好的领悟力，他总是给我们指示正确的道路。他自己并不拥有足够的数学知识，以便把所有的新东西用在他自己的工作中。但他知道将会发生什么，而且他会安排手下人去研究。

那时正是凯恩斯理论正式确立的时期，特别是在美国。从这个意义上说，由于萨尔曼，您实际上处在科学的最前沿。
不错，萨尔曼正致力于此。他推动着经济学的数学化，虽然德国的大多数经济学家以极大的怀疑态度注视着这种发展。在那段日子，一些经济学教授对我说："把数学带进经济学——这根本没有前途。"（笑）许多德国经济学教授认同这个看法。

---

① 海因茨·萨尔曼（1905–1981）是一位有相当影响力的德国经济学家，主要在法兰克福大学工作，极大地推动了二战后经济学的数学化。他是德国经济事务部经济委员会的首任主任。

时间已经证明他们错了。今天，经济学主流已极度数学化了。

没错，但当时我们的确必须为这种数学化作艰苦的斗争。在那段时期，我们显然扮演了持不同意见者的角色。使数理经济学为人所接受并不是容易。

纵观您的整个学术生涯，您总是把自己置于这样一个持不同政见者的位置，先是用博弈论，后来又用实验经济学而脱离于经济学主流。

是的。有相当长的一段时间，博弈论甚至在数理经济学内部都不是特别突出。人们普遍的信条是，这个领域将永远不会起飞。实验经济学在很大程度上也是这样。我很早就开始研究它，成了一名开拓者。在这方面，甚至在此之前人们就嘲笑我，也不把我当回事，但是我不介意。很早以前，在职业生涯的极早期，我就研究了赫伯特·西蒙关于有限理性的工作。① 之后，萨尔曼和我合著了这方面的一篇论文。我们在那篇有关实验经济学的合著论文中，也简要谈到了这个话题。有限理性的概念是我绝不会视而不见的东西。我在这上面花了许多功夫——几乎与博弈论差不多，尽管不怎么成功。实在是因为它更困难。

除此之外，您在所在领域多少是孤军奋战，这大概也不容易吧。成为创始人当然是无上光荣——但充满了艰辛，而且很孤独。

在这方面，问题不仅仅是数学，而是需要一个新的理论概念。附带说一句，我因自己在博弈论方面的工作而获得诺贝尔

---

① "因对经济组织内的决策过程所作的开创性研究"，赫伯特·西蒙荣获1978年度诺贝尔经济学奖。

奖，恰恰是由于发展了某个概念性的东西①；并不是因为它背后的数学。顺便提一下，我原本没有指望获得诺贝尔奖。肯·宾莫尔曾经说过，在博弈理论领域，五个人有资格获得诺贝尔奖：罗伯特·奥曼②、劳埃德·夏普利③、约翰·纳什④、约翰·海萨尼⑤和莱因哈德·泽尔腾。在这群人中，我个人的预测是奥曼和夏普利。奥曼后来确实被授予了诺贝尔奖，但夏普利还没有。这稍稍有点奇怪，因为他实际上是顶尖的博弈理论家。然而，诺贝尔奖委员会的委员们物色的似乎是经济科学中对后续研究产生了最大影响的理论发展。而这些实际上属于我们正在推进的非合作博弈，但不属于20世纪六七十年代流行的且夏普利负有盛名的合作博弈。特别是多阶段博弈和不完全信息，它们带来整个科学革命。当然，做这一切的时候，我发现自己又一次扮演了持不同政见者的角色。

是什么首先吸引您搞博弈论的？是它的逻辑吸引力，还是某个关于实际应用的观点？

博弈论非常让人兴奋，因为它既展现了合作，又刻画了冲突。在某种意义上，博弈理论激动人心，而且让人着迷。

---

① 诺贝尔委员会指出，泽尔腾"是第一个细化了纳什均衡概念，并用于分析动态策略互动的人。他还把这些精炼后的概念运用于分析只有少数几个卖家的竞争"。
② "因通过博弈论分析，促进了我们对冲突与合作的理解"，罗伯特·奥曼与托马斯·谢林同获2005年度诺贝尔经济学奖。
③ 劳埃德·夏普利是一位美国数学家、经济学家。他是加州大学（洛杉矶）的名誉教授，在数学系和经济学系任教，对数理经济学的各领域尤其是博弈论作出了贡献。
④ "因他们在非合作博弈理论中对均衡的开创性分析"，约翰·纳什与莱因哈德·泽尔腾、约翰·海萨尼一道荣获1994年度诺贝尔经济学奖。
⑤ 参见本页注释③。

这意味着吸引您的并不是形式化的吸引力，而是这个方法能够促进对人类互动的理解。

当然是。这个分析工具对政治学特别重要。博弈论的确能够为你提供对人类互动的洞察。然而在今天，我得承认，完全理性的方法并不是真正可维持的。当我攻读硕士学位的时候，我起初也是一个天真的理性主义者，虽然我选修了一些心理学课程。当然，没有人相信应该在严格的意义上接受人是完全理性的这一概念，但我们的确认为，这个假设使我们在理解人们如何决策方面相对前进了一步，因为它至少是一个对现实的相当好的近似。这是一些人今天仍然坚持的东西，而且在某些情况下，它的确是可维持的。但在其他许多情况下则不是。我们必须学会如何更好地理解完全理性的假设在哪些情况下可维持，在哪些情况下不是。随着工作的继续，我对有限理性和它的含意越来越感兴趣。但同时，我也继续在完全理性假设的基础上做研究，而正是这个使我获得了诺贝尔奖。

您把注意力集中在非合作博弈上，那是为什么？只是因为在这上面比在合作博弈上面有更多的争论吗？

我已经在硕士论文和博士论文中涉及合作博弈理论了。不过在那时，我已经使用了扩展式博弈。这使我认识到了在你使用范式博弈或者扩展式博弈时所造成的不同。① 所以我比别人更早就认识到——由于精炼问题——在这方面是可以做些什么的。② 当

---

① 在其扩展形式中，博弈被模型化为单独的个体行动序列——而在正规形式中，一切决定都被视作是同时发生的，也就是说，均处在一锤定音的框架内。
② 这里的意思是可能达到纳什均衡，即策略均衡，在这种情况下，任何一方都不可能通过单方面修改自己的策略取得任何额外的好处。在扩展形式中，即在动作序列中，关于这类平衡的稳定性问题是成倍增加的，并在逻辑上成为一个关于策略均衡在博弈的每个个体阶段——即子博弈——的稳定性问题。于是，每个阶段的纳什均衡是"子博弈精炼均衡"。

我后来对精炼问题打下了更好的基础的时候，我还注意到它能够导致经济学理论更多的进步。请注意，我1965年的论文实际上是关于寡头垄断问题的。这是一个应用。在该文中，我对子博弈精炼均衡的定义没超过半页纸。我过去一直着迷于寡头垄断，只是盼望着能够对寡头垄断理论作些贡献。为了解决这个问题，我需要子博弈精炼均衡这个工具。

寡头垄断问题为什么这么让您着迷？是因为它直接的现实指导意义，还是主要由于仍有余地把逻辑往前推进些？

寡头垄断问题之所以让人着迷，是因为它与博弈论直接相关。里面只涉及少数相互作用的参与者。另一个让我感兴趣的是这样的事实：传统的寡头垄断理论产生了不计其数的理论，它们全都声称建立在理性行为假设的基础上。但是它们彼此之间有着非常大的不同，所以整件事不可能是完全真实的。这件事促使我认为，我们完全应该做些实验，看看人们的行为实际上是怎样的。我从心理学了解了实验技术，在此类实验中，你能够相当迅速地看出其结果与你以理性理论为基础所预期的结果无关。尽管如此，对于你的问题，你总还是需要一种分析性的解决方法的，即使这必须建立在诸如完全理性假设之类的错误前提之上。这始终是我的一个关注点。你需要一个基准来面对你从实验中获得的数据。然而，从长远看，这并不能让人满意。我们必须远离理性假设。就其现在所建立的方式看，博弈论更适合生物学。

难道我们不需要两者兼具，这个启发式工具以及对现实的经验观察？我记得您曾说，在这个意义上您自己是一个二元论者。

传统的规范性理论事实上的确反映了某些关于人类思维的东西，其背后的理性是人们只要能够就想要达到的理性。这是看起来很吸引人且对人有益的东西。然而事实是，这样的一种理性是实际不可能做到的，所以我们必须退而求其次。大自然并不合作。人类的大脑不是为了这一想象上的理性而造的。这是一个现在终于开始在学术界普及开来的认识。当然，从哲学角度看，有必要对完全理性概念进行充分的探索。结果是，这个概念，正如在贝叶斯决策理论中所表达的，即便从规范的立场看，也不是令人满意的。在这方面有严重的缺陷。这在文献中暴露无遗，但对于解决这个问题，人们毫无作为。今天的学术界已有几分习惯于搞出一套特定的工具，用它来分析经济问题，比如使用由冯·诺依曼和摩根斯坦提出的效用概念。[①] 诚然，这个概念对于博弈论的发展十分重要。但是当你着眼于博弈论的应用时，你就会看到，在大多数此类模型中，所有被最大化的都是风险中性假设下的预计利润。当你再仔细些，你就会看出，这种效用理论从规范的立场看，也就是说从哲学上看，一点也不令人满意。一个例子就是我们在模型中怎么处理时间。重要的不仅仅是某东西是否不确定。我的同事罗宾·波普[②]让我知道了一个事实，那就是，一个不确定的事件保持多长时间的不确定，以及这种不确定性将在什么时候结束，这些也很重要。想象有一个在做化验看看他是否得了癌症的人。他将在哪个时间点知道化验结果，就可能对这个人非常重要。它可能事关某些必须作出的决定。传统理论把这个抽象掉了。但这一点意义重大——即便只是由于某个不具有确定性的人通常无法停止忧虑。当然，没有人真的能够改变可怕的命运，而且通常你甚至不能对它做适当的准备。但我们仍然希望尽

[①] 预期效用或"冯·诺依曼-摩根斯坦效用"的概念，把传统的效用概念转化为一个具有不确定性的世界。基本上，这是一个基于彩票相关偏好的基数效用概念。这方面请参见莱因哈德·泽尔腾 2001 年的作品。

[②] 目前依靠一个德国国家科学基金会的奖项在波恩大学工作。

可能早一点知道它。因此，不同的设想下有很多不同的可能性这个事实，不是唯一要紧的因素。知道不确定性将在什么时候变成确定性也具有重要意义。有一些这方面的文献，但到现在还没怎么被经济学认可。当然，这并不令人惊讶，因为我们看来几乎不怎么关注期望效用理论，而且我们只是假设风险中性。

经济学理论正变得越来越复杂，是不是？

理性主义经济理论，就我们所知，目前只是在我们能够简化问题的时候，才使我们能够解决问题。这种方式是解决不了更复杂的问题的。因此，你必须从根本上进行简化，然后希望更复杂的问题能够像那些小打小闹的问题那样得到解决。也许你能建立某种类比，当然，从理性主义观点看，把任何事情建立在类比之上是毫无正当理由的。凭借一套这个类型的工具而能解决具体的、现实的问题，是不会频繁发生的。

但是，如果希望至少能够言之有物，减少复杂性难道不是很关键吗？

没错。但是，如果某个企业家的问题是你不可能用理性方法解决的问题，就没有任何理由假设，该企业家能够以完全理性的方式作出其决策。只需想一想初始形式的理性预期理论。你必须假设每个人实际上都知道经济的模型，并在这个框架内进行优化，完全预期其他每个人也这样做。可笑的事情是，所有经济主体都被认为知道这个模型，而经济学家们对于这个模型实际上包括些什么却没达成共识。根据他们自己的假设，他们只需走到街上，随便问一个人即可，因为根据推测，人们知道一切。这样一种方法怎么能够应付现实中的问题呢？如果这样一种简单化的方法能够幸存下来，甚至逐渐变成主导性的，那么这就是一个问题,而非一种解决办法。更重要的是,如果它碰巧解决了现实中的问题,那我们就得严肃地询问这怎么可能。

您的同行对您的开拓性工作的接受程度如何?我猜那段时期您自己的注意力在极大程度上集中到美国了。

在冯·诺依曼和摩根斯坦的那本书出版之后15年,大多数人认为,这个原本看起来前途无量的新研究方向,不会产生任何东西。我那时通常解释说,你只要看一看经济学期刊就会认识到,你总能找到至少一篇使用博弈论的论文。他们甚至没有注意到。这个问题只与以下事实有关:你必须进行专门研究,然后你简单地稍稍跟进其他领域的进展情况。这只需花些时间,还需要是年轻人。只是在20世纪80年代,博弈理论才真正取得突破性的进展。从那时起,经济学的主流再次紧跟在我后面。

您总是设法避开主流,但通过这样做,您最终缔造了一个新的主流,这怪怪的。事实上,您在主流之外的专攻是如何在学术劳动力市场获得回报的?它让事情变得更容易还是更困难?

那时候,整个招募程序是不同的。在德国,就没有诸如申请之类的东西。某大学的招募委员会委员集中在一起,审核谁有资格进入那个希望聘人的专业。市场比现在要小,我们的人数少得多。在年轻学者中,我的名气很大,属于其中的佼佼者。我被认为是研究寡头垄断市场的数学理论家和博弈论专家。博弈论那时还不太高深,但人们很清楚,博弈论是一个棘手而又有趣的东西。它的确有一定的地位。有三所大学希望招我过去。结果,1969年,我决定去柏林自由大学。

1969 年，哎呀，从政治上讲，那可是火爆的岁月啊，尤其在柏林。

是啊。我要说，我参与了那些史诗般的日子。顺便说一下，法兰克福那时已经很狂热了。我永远未能发表我的"资格演讲"。① 虽然公告了好几次，但由于一些学生的抵制，最后总是不得不取消掉。最后，大学当局只好在我未发表演讲的情况下，把证书寄给了我。做演讲完全是不可行的。

期间，这方面的事情已显著平静下来。由于您待在德国，那么，您是怎样建立国际人际网的？

1961 年，我应邀到普林斯顿大学参加一个有关博弈论的会议。这得感谢奥斯卡·摩根斯坦。他从很早就显示了对我的某种兴趣。有一次，他来到法兰克福大学，主持一个讨论会，我在讨论期间老是举手发言，他很喜欢这点。以后他定期来法兰克福，每一次都设法与我见上一面。他甚至通过美国军事空运局②给我搞了一张机票。那是螺旋桨式发动机的时代，飞往美国的航班耗时 19 小时，途中两次停机加油。在那次会议上，我遇到了约翰·海萨尼。我们过去一直在研究类似的东西，但从不同的角度出发。我们成了好朋友。他甚至希望我到美国，去底特律任教。但后来他本人也离开了底特律，去了加州大学伯克利分校。另一个的确很不错的事件是 1965 年在耶路撒冷召开的国际博弈论工作会议。会议持续了三个星期，有 17 人参会。没有事先确定会议议程。你去就行了，如果有人想要介绍一篇论文，我们就会约

---

① "Habilitationsvortrag"（资格演讲）是为取得在大学执教的资格而必须在德国发表的公开演讲。
② 美国军事空运局是 1948~1965 年间美国空军的一个指挥部门。

好一个时间，到时候再度聚首，聆听高论。我们进行了海量的讨论，尤其是关于海萨尼的不完全信息概念。我给他了大力支持。我们后来也开展了联合研究。1967~1968年度，我还作为访问教授到了加州大学伯克利分校，我那时甚至还没获得大学教师资格呢。在伯克利分校，我不仅与海萨尼合作，还和汤姆·马萨克一道，研究一般均衡模型中的企业定价行为。我也与奥斯丁·霍格特等其他人开展实验研究。我在美国建立了许多有益的关系。

您想没想过自己可能搬到那里去定居？也许您在那儿甚至会发现更多的灵感源泉？

我从来就不曾对灵感源泉有这么大的兴趣。我不是这么依靠外在灵感的。此外，不论我在哪里，我倾向于主动去建立关系，寻找激励。的确，我本来可以去美国定居的。我得到了好几个任教邀请，例如1961年的底特律以及后来的斯坦福大学，但我真的不想去。我首先想要的，是在德国做一番事业。我不喜欢美国人的生活方式。比如有一件事，我直到很晚才开上汽车。我是41岁才最终拿到驾照的。

那么，这实际上是一个文化上的决定啰。

对。也与德语有关，这个一直对我很重要。我也会思念德国高地的，那儿有各种规划良好的远足小径、客栈和咖啡馆。

的确如此，这里和那里的基础设施不同。

德国就是更符合我的个人偏好，特别是在那时。今天，事情有所改变。美国在此期间发生了某种欧化——不只是欧洲的美国化。一些争论仍然存在，但争论不那么激烈。无论如何，我在德国有工作，而且还不错。

我猜，这在很大程度上取决于您产生灵感的确切方式吧。如果您主要依靠与其他学者的讨论，那么或多或少待在同一个地方就可能是有益的。

当然，产生灵感总是需要讨论的，我也不例外。这很重要，但这也是你在各种会议上介绍你的论文时可以得到的东西。顺便说一下，那些你与之打交道最多的学者通常绝不在同一个地方。你们是有目的地见面，并以聚焦的方式会谈。与同一所大学的同事讨论问题的细节是不太容易的。与你周围的同事在一起，诸如本系事务、学校管理和新任命之类的话题，总是会阻碍议事日程。这时候，你们不怎么会谈论所在学科的情况；相反，你们会谈论大学内部的勾心斗角。这就是为什么秘密合作总是由来自不同地方的人开展的。这绝不是巧合。

您会把自己描述成什么样的人，孤独的修补匠还是团队型人员？

我的确喜欢与人共事。我经常与人合著作品，即便在我能够独自一人做得非常好的时候。在开展实验研究的情况下，就得有人来编制程序，这是我从未学过的东西。当然，我也可以静下心来学习编程，但我不需要。顺便说一句，我现在仍然主要用纸写东西，简简单单地用一根铅笔。我不喜欢用电脑。

这很有趣，因为我们的思维过程与我们怎么书写有很大的关系。还有，您选择去研究的具体主题是如何出现的？

如今，主要是战略规划的结果。经常，问题在于哪个类型的项目将会获得资金资助。这种考虑确实给整个事业一个具体的方向。但更基本的是，一个人的研究课题确实与一个人所追求的长期利益有关。

您工作上快速而高效吗？

不是，我做的一切都耗时漫长。我与约翰·海萨尼合著的那本书花了 18 年。我现在正在写另一本书，已过去 18 个年头了。我们已走了相当远，但是它还需要更多的时间，也许还要两年。我是个慢性子。这就是为什么身处边缘对我来说较好的另一个原因。当你身处主流时，你就得很快。但我必须走自己的路。我做的每件事都是非常长期的。

在哪些课题上您感到有一种要在未来数年取得进展的迫切要求？

我绝对想在有限理性领域取得某种突破。我现在的确有一个十年期的研究项目，项目始于 2006 年 5 月。我们刚刚完成了第一期研究。那很重要。我们正专注于研究目标设立和愿望适应的问题。早在 1962 年，萨尔曼和我就写过一篇关于企业内部愿望适应的文章。那篇文章确实得到了一定的关注，甚至在工商管理领域中。它一度经常被人引用，但之后几乎被人遗忘。后来在 1988 年，我又在《数学心理学期刊》中撰文论述了这个主题。心理学家通常喜欢我们对有限理性的建模方式。但多年来我认为，我们没有进行实验检验是一个重大缺陷。所以，我们现在做的事情就是补上这块短板。我们有一项实验，它指向一个复杂的动态垄断问题。实验证实了愿望适应理论。但足以确信的是，像这样的理论是绝不可能包罗一切的。它只能描述成功人士的典型行为。但这已经很不错了。

这些结果也提供新的动力，对不对？

的确。博弈论或实验经济学领域的研究人员始终会遇到一种阻力，那就是经验检验。但是它也得对你会遇到的另一种阻力很敏感，那就是数学逻辑。我们必须先得保证数学上是正确的，然后在此框架内发挥我们的创造力，找到出路。

谢谢您，教授。

乔治·阿克尔洛夫

美国加利福尼亚州加州大学伯克利分校

与迈克尔·斯宾塞和约瑟夫·斯蒂格利茨分享2001年度诺贝尔经济学奖,"以表彰他们对有不对称信息的市场的分析"。

简　介

"咱们别待在办公室里了，这里的一切都是灰色的。连墙壁他们都粉刷成灰色的，你注意到没有？我不喜欢灰色。我就是不喜欢它。咱们到外面去吧，外面既亮堂，空气又新鲜。"的确，今天阳光明媚，天气温暖，那为什么还要待在室内进行我们的谈话呢？至少，乔治·阿克尔洛夫看起来双脚发痒。看得出来，他刚开始时有点不自在，经常动感情，几乎有点腼腆、紧张。还有，不论是关于伯克利分校埃文斯讲堂①走廊上真正妨碍其审美感的那些新近粉刷成灰色的墙壁，抑或是关于某些可能会使其他人不舒服的麻烦事——乔治·阿克尔洛夫总是对他周围的世界明察秋毫。他总是乐于助人，而且非常善解人意，这使他一刻都闲不下来。他非常和蔼、敏感而体贴，以至于让你有负罪感。我们在班克罗夫特街的斯特拉达咖啡馆找了个座位坐下来，香气四溢、热气腾腾的拿铁咖啡摆在面前，但为时不长。仅仅过了几分钟，他就打断了自己的谈话："你肯定你的麦克风录得清我们的谈话吗？这里太嘈杂了。"他说得对，录音效果将很糟糕，我们得换个地方。我们找到了一个稍好些的座位，但那儿有一群学生在忙活，我们可能会打搅他们。我们得再找个地方。最后，我们终于找到了，坐下来，重新谈了起来。谈话进行了20分钟，这时，一群教职员工在我们的邻桌坐下来。阿克尔洛夫一跃而起，兴奋得像个孩子，和他们热情地打招呼，握手，闲聊了一会儿——然后又催促着我换个地方。这一次，我们在咖啡馆最远的

---

① 埃文斯讲堂是伯克利分校的经济系大楼。——译者注

角落落座。我们继续谈话，但是，当他突然意识到，一个坐在我们邻桌的女学生正在做家庭作业的时候，这位友善的2001年度诺贝尔奖得主又站起身来，询问她我们的声音是否太大，打扰她做作业。"哦，没有，没关系。"她让他放下心来。阿克尔洛夫的叙述朴实、有趣，隐隐有一种强烈的自嘲意味。他绝不是无事自扰——他只不过刚好有这种经济学热情罢了。

如果说学术职业道路对于某些人来说根本不是一个直截了当的选择，那么恰恰相反，由于——在乔治·阿克尔洛夫的情形中——不利的环境，这是难以避免的。他1940年出生于康涅狄格州的纽黑文市，他们家有深厚的学术背景，尽管主要是在自然科学方面。他父亲出生于瑞典，是耶鲁大学化学系的副教授。他父母是在化学系举办的一次郊游中相识的，他母亲当时是化学系的研究生。她出自一个有德国犹太人血统的书香门第；她父亲曾在约翰·霍普金斯大学开设了美国第一家心脏病诊所，后来成为明尼苏达大学医学院药理学系的系主任；她哥哥是威斯康星大学的化学家。此外，乔治·阿克尔洛夫的同胞哥哥卡尔·阿克尔洛夫后来成了一名物理学家。然而，与家族的其他人不同的是，正如他亲口所说，乔治·阿克尔洛夫在早期对"社会事物"更感兴趣，读高中时他已经下定决心，自己有朝一日将要当经济学教授。要说他志向这么高远，就像他微笑地承认的那样，这是因为他完全"不知道，作为经济学家，还有各种各样你可以做的其他事情。在我看来，大多数经济学家似乎都是教授。当经济学家就是当教授"。乔治·阿克尔洛夫步父亲的后尘，先是在匹兹堡市，然后是在华盛顿特区，最后是在普林斯顿上学。像他哥哥那样，他去了耶鲁读大学，但所学专业是数学和经济学。在阿克尔洛夫看来，在这个阶段获得比寻常的经济学家更多的数学知识，被证明是极其有益的。正如他所说的，这种相对于其他人的优势只是给了他在发展自己的思想和模型方面更大的施展空间。他虽然不是为了数学而对数学感兴趣，但他坚称，"数学的运用推进经济学前进了一大步，使我们有共同的语言开展经济学研究"。因此，阿克尔洛夫在耶鲁大学获得了良好的教育，他称之为"一种极好的标准经济学教育"，这为他继续到麻省理工学院深造，并最终于1966年获得经济学博士学位打下了良好的基础。在其学位论文中，他尝试着为凯恩斯经济学提供牢靠的微观基础。① 他的博士生导师是罗伯特·索洛。随后，阿克尔洛夫被加州大学伯克利分校聘为助理教授。之后，他在印度待了一年，在哈佛大学待了几个月，在1970年才回到伯克利分校，先是当了一段时间的副教授，最后从1977年起当上了终身全职教授。1973～1974年度，他在经济顾问委员会担任顾问性质的高级经济学家。1977～1978年度，他在联邦储备系统管理委员会②当了一年的客座研究经济学家。因未获学校提拔，他心灰意冷之下，1978年携新婚的第二任妻子兼未来的合著者珍妮特·耶伦③离开了伯克利。阿克尔洛夫在伦敦经济学院执教货币银行学，一直到1980年，夫妇二人才又回到了伯克利。1994年，当珍妮特·耶伦成为联邦储备系统管理委员会的委员时，他们全家搬到了华盛顿。阿克尔洛夫成为布鲁金斯学会的高级研究员，起初继续在伯克利分校当兼职教授，但最后担负起了越来越多的家务和照看孩子的责任。1999年，他们举家搬回了伯克利。

---

① 他博士学位论文中的一篇于1967年发表。
② 联邦储备系统的核心机构，亦称联邦储备系统理事会、联邦储备委员会，简称美联储。——译者注
③ 珍妮特·耶伦是拥有耶鲁大学博士头衔的经济学家，曾在加州大学伯克利分校、哈佛大学和伦敦政治经济学院教经济学。她是1994～1997年间美联储的理事，1997～1999年间担任美国总统克林顿的经济顾问委员会主席，现为旧金山联邦储备银行总裁。

乔治·阿克尔洛夫的经济学研究有三个显著特征。第一个是他对社会、社会学和社会人类学问题的强烈兴趣。这也许可以解释他明显的自由主义世界观——然而，他却以一种哲学家可能感到困惑的方式把这种世界观说成是"意志自由论"："如果人们有更多的收入，那么平均而言，他们就有更多的自由去做他们想做的事情，而这的确会让他们更快乐……其自由论的方面（是），你旨在让人们获得自由。你可以拥有的最大自由，其中包括免于匮乏的自由，能够增进他们的福利。"① 不管怎么说，阿克尔洛夫承认凯恩斯宏观经济学对他有天生的吸引力。孩提时，他差不多就先期作了购买力的论证："我的想法是，如果（我父亲）找不到下一份工作，我们不再花钱消费，那么其他家庭也会停止花钱消费，以此类推。"第二个决定性的特征与第一个纠缠在一起，这就是阿克尔洛夫开展分析的出发点，即他怀疑市场可能会失灵，或至少不会完全出清。在其整个职业生涯中，阿克尔洛夫一直是一名坚定的新凯恩斯主义者，也就是说，他们的主要关注点是失业，且对市场会趋于均衡持高度怀疑态度，只要在此范围内，他们都会坚守在凯恩斯学派之内，同时使用整套的新古典主义模型工具。第三个显著的特点是他的情境分析法。这种方法具有现今大多数经济学理论方法的特征。乔治·阿克尔洛夫在解释自己为什么宁愿选择这种情境法时，巧妙地打了一个花园的比喻：

> 你可以拥有一座法式花园，那儿的一切都有某种令

---

① 意志自由论通常集中于"消极的"个人自由，亦即他人特别是国家施加的胁迫缺失的情况。从本质上讲，消极的个人自由意味着产权保护、合同自由和法治。乔治·阿克尔洛夫在这里指的是根本不同的"积极的"自由，即个人事实上拥有的实现自身目标的能力——这与金钱有关。参见大卫·鲍兹1998年的作品。

人赞叹的秩序（人们先假定某些公理，然后推导出原则）。另有一座英式花园，那儿看起来没有任何秩序。英式花园法就是如何从看似相当混乱的东西中梳理出秩序来。……（你）先观察外面的世界，然后从那些纷繁复杂的故事中，你能够构造一个更一般的理论。

阿克尔洛夫的第一个重大贡献源自他的博士论文。这是他在伯克利分校写作的第一篇论文，只有13页，并最终带给他诺贝尔奖声誉。它就是1970年的"柠檬"① 论文——一篇自此之后给予了下述研究领域以巨大推动力的论文：信息经济学。当然，信息经济学本身以前就已存在，但阿克尔洛夫现在尤其把注意力集中在信息不对称的问题上。它是从一个困扰着增长模型工程师的理论性关注开始论述的，即尚没有任何办法把资本的质量纳入考虑之中。质量是难点。阿克尔洛夫以二手车为例，表明了若其他条件均保持不变，买卖双方之间的信息不对称会阻止市场出清，换而言之，最终将根本没有交易。由于无法区分汽车是优还是劣，买家只愿意支付平均价格。然而，平均价格不足以覆盖高质量汽车的成本。结果是，卖方甚至将不再尝试出售高质量的汽车了。相反，他们将立刻把注意力集中在"柠檬车"上。坏车因而驱逐了好车，类似于格雷欣货币法则。② 这是"逆向选择"的一个绝佳实例，当然，逆向选择也会出现在其他市场上——而且这

---

① 柠檬一词在美国俚语中表示"次品"或"不中用的东西"。——译者注
② 托马斯·格雷欣（1519～1579）是一位金融家兼英国女王伊丽莎白一世的经济顾问。格雷欣法则通常表述为"劣币驱逐良币"。格雷欣是就英国铸币质量不佳而作出这个评论的。以前的君主亨利八世和爱德华六世，曾通过法定货币法迫使民众接受成色不足的铸币。"坏车驱逐良车"效应与此类同，但在市场参与者能够区分良币和劣币而非好车和坏车的范围内就不正确了。

个问题是诸如专业经销商（他们有失去信誉的可能）、特许经营体系、连锁店、品牌、证书、产品担保和广告等市场制度形成的原因。① 所有这些制度在产生和传播信息的过程中都是至关重要的。正如阿克尔洛夫在其他场合所回忆的，这篇论文本来准备在1967年发表，但它因"没什么价值"而先后被《美国经济评论》和《经济研究评论》拒绝，最后还被《政治经济学期刊》拒绝。最终，它被《经济学季刊》接受了。一旦这种信息不对称的重要

---

① 一些古典自由主义者批评信息经济学派的理由是，后者非但不承认市场在组装给定的本地知识并由此产生新的知识方面是一个"奇迹"——如弗里德里希·哈耶克指出的那样——他们反而从市场就是不设法传递相关信息的概念出发。然而，这是不准确的，批评也是没有根据的。可以很容易地把信息经济学派归类为哈耶克的方法。使用哈耶克的术语，人们可能会说，这一方法的支持者们从一切知识都是局部的和不同的这一概念出发，然后详细分析"知识分工"过程究竟是如何发生的，也就是说，所有这些点滴的信息在市场交易中是如何组装和传播的。虽然哈耶克的是一个 n 阶动态模型，但阿克尔洛夫的模型只会是其中 T＝0 时的一个静态图——这大概是"琐碎"评语的真正所指吧。真正令人感兴趣的是 T＞0 的阶段，而这才是信息经济学派真正处理的东西。鉴于在波普尔的术语中，这一理论发展被构建为情境分析，其解释力虽然由此而增强，却可能使预测力不那么强了，正如布鲁斯·考德威尔指出的那样。无可否认，当然有一个方法上的差异，因为现代经济学方法是以新古典均衡术语表达的，而哈耶克的方法则超越了这个。在真正的动态方法中，平衡概念变得毫无意义。虽然人们需要对这一点心中有数，但我认为，若人们着眼于这两种观点的相容性，这一点却并不那么关系重大。不过，在那些认为市场会失灵的人和那些认为市场不会失灵的人之间，还有一个意识形态上的差异，他们更喜欢把市场动态看做是"发现过程"。但同样，这一点也不是那么关系重大。并不能因此就不假思索地认为，那些在信息经济学中作研究的人和那些在知识分工概念之上作研究的人之间也有一个类似的差别。这两者可以和谐共存——尽管事实是，阿克尔洛夫和另外两位2001年度诺奖得主无疑是市场怀疑论者。来自诺贝尔委员会的约根·威伯尔在其颁奖辞中也给了我们一个相反的例子，他断定"我们相信，亚当·斯密的无形之手并不总是像传统的经济学那样有效地发挥作用"。关于"知识分工"，可参见弗里德里希·哈耶克的相关作品。

性在经济学界得到声张和认可，更多新的方法——特别是与阿克尔洛夫分享诺贝尔奖的约瑟夫·斯蒂格利茨和迈克尔·斯宾塞所提出的方法——出现了，它们显示了市场最终是如何处理这个问题的，亦即原本是"本地"的信息如何最终通过价格得到传播。斯蒂格利茨以其关于"信息甄别"的工作名扬天下，斯宾塞则以其"信号传递"工具而名扬天下。

另一个重要贡献是在效率工资理论领域。为了促使员工努力工作，提高他们的生产率和忠诚度，企业可能支付超过市场出清水平的工资——尽管因而会造成整个经济中的失业问题。正是阿克尔洛夫提出了上述主张。如果生产率因而取决于实际工资，那么，新古典主义对失业的惯常回应——较低的实际工资——结果将是无效的，或者更糟，甚至适得其反。在这个方面，阿克尔洛夫的第一篇论文是1980年发表的"失业影响的社会习俗理论"，第二篇重要的论文是1982年发表的"作为部分礼物互换的劳动合同"。这方面的理论在与珍妮特·耶伦合撰的一篇专论"劳动力市场的效率工资模型"中作了总结。其后，1991年，同耶伦和几位合著者一起，阿克尔洛夫分析了东德的情形，设想——并正确预见了——在重新统一后，德国的汇率可能是错误的，从而导致劳动力市场的严重破坏。因此，他主张让"东德自冷战以来的"工资补贴自生自灭。工资补贴被认为将随工资上涨而淡出，一旦西德的工资水平也达到东德的水平则完全消失。该论文引起了不小的轰动，但其主张并未真正被付诸实施。

阿克尔洛夫还处理了货币问题。例如，他尝试了为货币供给和产出之间的联系提供一个微观基础。他还试图对长期菲利普斯曲线给出一个新的解释，声称在低通货膨胀率的情况下，通货膨胀和失业之间可能存在着持久的跷跷板关系。近年来，他还专注于各种社会学现象，例如分析了在资源相似但民族或种族背景不同的情况下,为什么一些学校比另一些学校绩效更好,或者就为货币补偿提供一个重要的补充而言,在劳动力市场上造成了何种身份差异。

与乔治·阿克尔洛夫的对话让人受益匪浅,其中的洞见同样是不同寻常的。就他的情况而言,在使他成为学术人士方面,个人(家庭)的智力背景发挥了举足轻重的作用。然而,他选择经济学,却是一种特立独行的行为。他之所以选择经济学,正如他所说的,是因为他对"社会事务"感兴趣——他大抵只是声称这是他的"个人事务",是他自己的一个性格特质,并未被任何特别的东西所引发,或许除了担心他父亲失业,以及一般的自由主义世界观之外。他稍后的研究议程,实际上既是经济理论中特别是宏观经济学中所取得的进步的反映,也是失业率上升等在当前政治事务中出现的问题的反映。正如他说的那样,他通常通过学术交流和讨论学到了很多东西,他并不是象牙塔里的独行侠。作为个人,阿克尔洛夫为强烈的好奇心所驱使。他内心异常敏锐,因而对周围的一切明察秋毫——而且他感到有股强烈的冲动,按照他的"英式花园"法,去设法理解和解释他所看到的东西。这一切都发生在他所具有的驱使他付出全部努力的一般动机之内,亦即努力"作出贡献使人们的生活更美好,而且要做好"。这也是他对整个经济学界提出的要求。"我们确实有责任做好"。让世界更美好一点,就从事严肃的合乎要求的研究。

访 谈

本次访谈时间:2007 年 6 月 29 日。

我想弄明白的是,是何者指引您一路走来的。因此我想问一下，阿克尔洛夫教授，什么东西激起了您对经济学的兴趣？比如，是在家里谈论的某个话题吗？我知道，您年轻时就想做一些并非你们家其他每个人都在做的事情。这把化学排除在外了。这够公平的，但即使由于这个，经济学也不是一个不言而喻的选择。

我一直对经济学感兴趣，至少就我所能记得的而言。我想，我是持一种强烈的意志自由论观点开始搞经济学的，我现在仍有几分这种观点，只是随着年龄的增长，我对此越来越有所节制。这种意志自由论者的观点意味着，为了使人更快乐，一个人能做的一件事情，就是使他们摆脱各种束缚，让他们有更多的选择，这样他们就能够改善自己的命运。有许多文献认为快乐不仅仅取决于收入，可是我认为一个人必须相信，如果人们有更多的收入，那么一般而言，他们就有更多的自由去做他们想做的事情，而这的确能够使他们更快乐。我对此思考了非常长的时间。

您称之为"意志自由论者"，这很有意思。我觉得意志自由论者并非如此专注于收入，而是聚焦在权利上。

这个嘛，它是相当宽泛意义上的意志自由论。

在我看来，您所描述的东西听上去与其说像意志自由论，不如说更像自由主义。

是的，可能比意志自由论更多些自由主义成分，但我的确觉得有这种意志自由论者的成分。也就是说，你的目的是让人们得到自由。你可以拥有的最大限度的自由——包括不虞匮乏的自由，能够提高他们的福利。这种认识体现了经济学的精神，也就是说，它承认当人们有更多自由时经济状况较好。我不想说我在每一个问题上赞成每一个意志自由论者的意见。但我认为这是经济学家的基本目标之一：你希望让人们得到更多的选择。所以我想，让人们得到他们谋生所必需的收入是一个主要目标。早期引起我感兴趣的一个问题，便是失业。

那真是孩子们谈论的话题吗？通常，小孩子对动物、汽车之类的东西感兴趣。肯定是某个特别的东西在某个时候以剧烈的方式唤起了您的经济意识。

我不确定小孩子真的不考虑失业之类的东西。

好吧，也许如果他们的父亲失业的话。但除此之外呢？

我始终认为，我的父亲有失业的可能。1951年，他丢了工作，我当时想知道的，不只是他能否找到另外一份工作，而且，如果他没有找到工作，那会对经济的其他部分产生什么影响。我的想法是，如果他没有找到工作，我们就会停止花钱，然后其他家庭也会停止花钱，以此类推。

哇！这是简单的凯恩斯理论。您从哪儿得到的？

我始终认为它是一目了然的，我现在还这么看，自然而然就看到了。不过，当时我只有11岁，我还忘了提及我们家会继续花钱，大约是往常开销的3/4或1/2，也就是说我忘了乘数了。更确切地说，我把乘数弄得太大了一点。

真令人惊讶。这些东西是家里的话题，还是和朋友一起谈论的话题？

和朋友？不，我也不记得我们家特别感兴趣。我们在家里的确谈论政治，但我不认为爸爸、妈妈或我哥哥确切知道经济学家真正做些什么。

这么说，您很早就对经济学产生了十分强烈的兴趣。这种兴趣在上学时得到强化了吗？

是的，我继续感兴趣。例如，我中学毕业时就一个经济问题写作了我的历史论文。我看过的第一部真正的经济学著作是约翰·肯尼斯·加尔布雷思的《大崩盘》，我记得是在高中时看的，但中学是不教经济学的。那时，我对历史的兴趣非常浓厚。我对于当历史学家有潜在的兴趣，目的是对历史作出经济解释。所以上中学的时候，我已经对经济学有了强烈的兴趣，虽然我在上第一堂课之前不知道经济学为何物。当我上了大学，被问及我的理想是什么的时候，我记得自己回答说将来要当经济学教授。

哦，拜托！我稍后再问您这个。大多数人学习经济学，是因为他们对这个主题感兴趣，对理论感兴趣，因为他们很好奇并寻找对现实问题的解释，但他们不一定一开始就立志于追求学术事业。

我当时不知道，作为经济学家你还可以做所有其他种类的事情。在我看来，似乎大多数经济学家都是教授，当经济学家就是当教授。记住，我是在新泽西州的普林斯顿长大的。我最要好的朋友的母亲在经济学系工作。她拥有经济学硕士学位，她撰写关于国际贸易的文章。我就是这样知道世上有经济学家的，他们与教授做的事差不多。

您对历史的兴趣在什么方面？

经济学家研究不同的领域。我一直对历史中反映的经济情况感兴趣，所以我把经济学和历史这二者结合起来。这里有一件事可作为例子：当我中学毕业，当我14岁的时候，我为校报写了一篇社论，我写的是人们修建金字塔什么的是多么糟糕。整篇文章都是围绕着经济情况、权力的使用以及经济公平而展开的。那可能是我那段早期岁月留下的唯一纪念物了。当我上大学时，那就更自然了，我欣然选修了一门经济学课程。

您上中学或大学时，老师赞赏您的兴趣并加以培养吗？

不，他们只管教书。我不认为任何人曾注意到我有任何特别的兴趣。不过，我在劳伦斯维尔上中学时，受到了非常好的教育，那时我是走读生。但所有课程，甚至历史课，都不是太聚焦在经济学上。实在没有很多有关经济学的东西。对历史的经济学解释倒不如说是我个人的事情，我自己的观点。

您周围的人怎么样，特别是上大学的时候？您难道没有逐渐进入某个小小的朋友圈子，以高度政治化的方式就经济政策问题进行辩论，就像那个年代的许多人一样吗？

是的。上大学时，我大量的时间都花在耶鲁大学的《每日新闻报》上。我对此的理论解释是，如果你要研究历史，你就应该知道新闻实际上是怎么产生的。

您不也认为自己会喜欢上它吗？

是的，那当然。

但是您最终放弃了新闻业。您有没有认真地考虑过把这条路当做一个职业？

看起来的确有这种可能性。但我认识到，我的比较优势是在当经济理论家，而不是在做记者上。

接下来是上大学。您为什么选择耶鲁大学？

我去耶鲁大学，是因为我哥哥上过耶鲁大学，所以人们认为我也应该去那里念书。这根本就不是一个选择。我确实短暂考虑过哈佛大学，这倒是真的，但劳伦斯维尔中学的助理校长对我作了警告。学校不希望学生报考超过一所大学。由于他知道我大概最终是要去耶鲁的，他设法打消了我报考另一所大学的念头。我也觉得哈佛大学那时有招生限额，因此学校只希望那些下定决心去哈佛大学的学生报考那里。况且，我有个老师曾在耶鲁的各个委员会工作过，他非常喜欢耶鲁，他认同耶鲁。此外，他认为哈佛比耶鲁更保守。在20世纪50年代后期，哈佛大学仍然十分认同罗斯福①，而他不认同罗斯福。这是我的推测。

耶鲁大学那时的风气如何？

这很难回答。耶鲁大学简直是文化的大熔炉，各种文化都有。我最常打交道的人是《每日新闻报》的那群人。他们很出色，对政治和世界上发生的一切都非常感兴趣。那个时候，我对新闻的批评态度与我现在对经济学界是一样的。我觉得我们的报纸有太多的官样文章了，它们没有抓住背后的问题。那也是我对经济史不满的地方：不知怎么搞的，历史中有太多内容是从官方叙述的角度写的。有太多总统传记之类的东西，而太少着重于社会和经济方面。我对新闻的兴趣是在同一件事上。你想要了解的是每一件事情背后的社会根源。所以我不写官气十足的故事，相反，我往往写作自己提出的非正式故事。我想要去做攸关人类利益的报道，这是一方面。此外，在更严肃的社会问题方面，有一次，南部爆发了一场静坐行动，是早期的静坐行动之一，我和一

---

① 富兰克林·罗斯福本人是哈佛校友。

个朋友来到美国南部，报道了在此期间的活动。报道当然反映了对社会根源以及对黑人和白人之间的不平等——这在当时比现在甚至更严重——的兴趣。这是很早以前的事了，发生在1959年春天。在这件事情上，引起我们注意的是，一些学生在卡罗来纳①之一遭到高压消防水枪的冲击，这事上了报纸。于是我跟那个朋友决定前往南部，和当地人交谈，为《耶鲁每日新闻报》详细报道此事。我们做了很多让人着迷的事情。

历史往往只提供官方描述，没作更深入的探究，没有为个人考虑太多。情况的确是这样。有趣的是，这让您在两个方面——历史的和经济学的——以及在新闻方面动了心思！

每一个经济学家大概都认为应该自下而上地叙述历史。至少，我把经济学和历史结合起来。有很多经济学家确实有非常强烈的历史观，但并不是全部。

为什么是这样？

我猜很多经济学家持有这样一种观点：根据这种观点，他们所做的是理论。其中大部分人现在都被数学问题所吸引。因此，大量的经济学作品都是以与历史没很大关系的方式写作的，我认为这是一个错误。我写作的指导原则之一是，设法根据某个细小的历史观察资料去进行归纳，这就像是微观世界的历史。我努力根据这些实例进行论证。我认为大多数经济学家研究问题时刚好相反。他们先设法建立原则，然后根据那些原则进行论证。我不一样，我先设法观察世界，然后去建立一个模式。

---

① 卡罗来纳在美国用来合指南卡罗来纳州和北卡罗来纳州。——译者注

但是这样一种归纳能走多远呢？您会建立规则，还是只得出推论？

有两种类型的花园你可以培育。你可以有一座法式花园，那儿的一切都有某种令人赞叹的秩序。另有一座英式花园，那儿看起来没有任何秩序。英式花园法就是如何从看起来相当混乱的东西中梳理出秩序。二者之间有很大的不同。通常的、标准的经济模型，即法式花园模型，源自物理学，人们先假定某些公理，然后他们推导出原则。但我不想这样做。我想先对世界进行观察，然后我从那些仅仅是实例的观察结果得出普遍感兴趣的结论。这是一个完全不同的方法。

我理解这一点，但那些结论的适用范围如何？您的目标是一个包罗一切的"万有理论"，适用于过去和未来的事件，还是只是一些解释性元素，使您能够理解具体的可观察的现象？

我不确定我是在谈论目标。我试着去描述世界，当我得到一种较好的描述时，那它就是有用的。我不需要去要求它应该是包罗一切的。如果它能够解释各类现象，而你也可以用来解释其他现象，那我就非常愉快了。我想做的事情，就是像我在"柠檬市场"① 中做的那样，采用也能帮助我们理解其他市场的例子。我在"柠檬市场"中使用的那个例子，就是汽车市场上所发生的事情。那里发生的事情就是信息不对称。因为这个原因，二手车往往不交易。你也可以运用这个原则——它产生于汽车市场中的观察——去理解其他很多的市场。我就是这么想的。在我看来，如果你仔细思考自己所熟悉的事例的话，你就可以使生活容易得多。你可以进行仔细剖析，看看到底发生了什么。当你分析十分

---

① 这大概是阿克尔洛夫最著名的论文了（1970年发表）。

简单的故事和事例的时候，你知道自己已经搞懂了数学与事例之间的对应关系。在开研讨会的时候，我会先举个例子，来说明某个人或某篇文章是在试图阐释什么东西，然后问自己，这个例子是否与数学相符。这远胜于倾听各种只有尽最大努力才能搞明白的无穷无尽的数学推导。人们经常能够发现，数学与人们正在试图阐释的东西实际上并不相合。这类事情不胜枚举，多得令人吃惊。这是我形成想法的主要方式。我先观察某个现象，尽力试着对该现象给出最具体的可能的例证。然后我进行思考，把它看做一座英式花园，试着发现，何种秩序是否可以置于其上。标准经济学是自上而下的，并没有在其上添加正确的秩序，这一点简直达到令人惊讶的地步。标准经济学太让人束手束脚了。它限制了我们关于自己所见之物的认识。所以甚至是现在，经济学有令人惊讶的程度是错误的。

请给我多讲一些耶鲁大学的课程吧。

耶鲁的课程相当好。他们所教的大概是一个人当时能够学到的最好的经济学课程了。我还能记得在我后来上麻省理工学院时所写的一篇随笔。那个时候有太多的学生写这类短文了。内容是……好了，我现在上过数学课了，因此我认为经济学需要更精确。然而，当我后来发现了——不完全是靠我一己之力——经济学究竟是什么东西的时候，我认识到，缺乏精确性并不是经济学的主要问题。当人们在纸上落笔时，他们的确是从看起来优雅的一般原理出发，但是他们忽视了当你详细考察市场时变得十分重要的东西。生活比标准的新古典主义方法来得更复杂。总之，在耶鲁上大学时，我认为，我们得到的是非常好的标准经济学教育，所以当我 1962 年继续到麻省理工学院念研究生时，我已做好了准备。当时,大部分研究生主修经济学和其他几个社会科学领域。不过,我主修了双专业,数学和经济学,而且数学真的使事情不一样。如果你有数学背景,那是很愉快的。

就哪方面而言呢?

在某种程度上,它解放了我的手脚,使我不必理所当然地接受经济学课本上标准的数学表述。当我有了一个想法时,我就没必要到教科书上找那些标准的数学表述。基本上,我可以独自进行数学推导。我比其他人有更多的自由去建立我自己的研究方法。实际上,我认为数学和经济学之间有一种双重性。有这种良好的数学背景使我能够自由地选择。后来,在我读研究生一年级时,我在哈佛大学选修了一门课程,由真正的大数学家拉乌尔·博特授课。他教的是代数拓扑学。他不只是讲授数学公式推导。在某种程度上,他还教你如何看出问题的关键在哪里。他教你如何看出某一证明的核心部分和所有装饰性部分之间的区别。我从他那里学到了非常有价值的东西。后来,麻省理工学院有一个人讲授了真正一流的课程,他就是罗伯特·索洛。他是一个极好的人,一位天马行空的老师。我非常感激他。

他后来成了您的博士生导师。您从他那里学到了什么?

当时,他开拓了经济增长理论。他不只是理所当然地接受简单的增长模型,还发展了新的非常接近于我提到的这个英式花园类型的模型。它们相当难做,其中之一就是制造期资本模型。①其要点是,资本并非都是一模一样的。在某些情况下,你根本提高不了生产力,除非你拥有某一"制造期"的资本,具体体现为

---

① 这个想法是罗伯特·索洛的一篇突破性论文(1960年)的结果。

某一特定的技术水平。这是那种我一直以来想要用英式花园法去对付的东西：观察这个外在的世界，根据那些包含丰富细节的故事，然后你就可以构造一个更一般的理论。之后，索洛又构造了一种模型，它对我的影响甚至更大，那就是油泥—陶土模型。在你建立资本之前，你可以选择任何一个资本—劳动力比率。但一旦你建立了资本，你在某种程度上就固定了资本—劳动力比率，再不能修改它。他教导我如何去分析此类模型。这是一门新的代数学。索洛解放了我们的手脚，去尽情使用各种新的代数学来解决问题。在这一切和你需要用以分析信息经济学的代数之间，其一致性其实是非常接近的。实际上，我把自己从博特那里学到的东西和从索洛那里学到的东西结合了起来。麻省理工学院非常善长教导学生学习模型及如何建立模型。

但您是如何从"油泥—陶土"到"柠檬"的？

最初，当我研究"柠檬市场"时，我的问题其实是关于经济周期变化。在美国，1959年对车市而言是一个非常重要的年份。汽车公司之间大打价格战，努力出售尽可能多的汽车；但到了某个时点，该买车的人都买了。对我来说真正的问题是：汽车需求的变动为什么事实上能够导致经济整体如此之大的变动。如果你生产了一辆汽车但卖不出去，那为什么这会给经济造成如此之大的麻烦？于是我试着把这些写出来。但没有成功，那篇论文我没写出来，但是我发现，我的观察结果由于信息方面的原因，它本身是有趣的。顺便说一句，在麻省理工学院，索洛已经把我们领进了信息经济学的大门。

不对称信息是一个简单得令人吃惊的概念。令人惊讶的是，以前应该有人想到这个却没人想到……是什么激励着您去写那篇文章的?

我不认为自己是受了激励才去写的。我并没有把我打算写这篇文章的事告诉麻省理工学院的任何老师,我只是向我的朋友乔·斯蒂格利茨①和约翰·诺伊豪斯提过这件事。我在伯克利分校第一年之前,从未动笔写过那篇论文。

当时有什么反应?是每个人都惊呆了还是人们认为这个概念太过简单了?或者,也许他们会说,您在真正有趣的市场适应实际发生之前就停止分析,文章收尾是否有点太仓促?

为什么以前人们没有想到这个,这有两个原因。第一个原因是,他们没有看到信息不对称的重要性,而且他们认为,在人们确实拥有不对称信息的范围内,这只不过增加了变量。第二个原因是,这种信息不对称指的是质。然而,当时几乎所有的经济学,都是就价格而不是就质而写的。为什么每个人都认为你只能就价格而写的原因是,你可以用价格代替一个单位的质,于是就有了一个简单方法,把信息问题和质的问题转换回旧的经济学中。由于不确定性,在极大程度上,旧经济学看上去也就相当像新经济学了。鉴于存在着转换模型的简单方法,由于你能够事实上处理质的问题而无须改变模型,因此你实际上必须从另一端着手。你不得不说,你不喜欢旧模型,你也不喜欢其结果——你必须从相反的方向处理它,并问一问你需要指出什么,才不会得到这些结果。愿意这么做的人相对来说是很少的。在这个事例上,

---

① "由于他们对不对称信息市场的分析",约瑟夫·斯蒂格利茨与乔治·阿克尔洛夫和迈克尔·斯宾塞一道荣获2001年度诺贝尔经济学奖。

我是从我想要的结果，也就是"市场不起作用"出发的。这十分恰当，因为市场确实并不总是起作用。这样一来，我就能够举出一个例子，分析它，并指出为什么市场不起作用。

评论者们会说，您描述的只是人类相互作用的子集，或者更确切地说，您太过关注彼此之间可相互替代的个别市场了。如果一个市场不起作用，这一事实就体现为一个新的将会传播的知识元素，新的市场就会在别处冒出来。人们就完全能够找到其他的渠道去销售他们的汽车。

也许是这样吧，但那是阐释市场结构的经济学的一部分。我非常高兴人们将找到办法巧妙地绕过这些问题。但是为了切实理解市场结构是什么，你就必须搞明白你由此出发的核心问题是什么，而这可能是非常困难的。可能存在着在其中事物可相互替代且人们能够绕过问题的情形，但也有其他非常棘手的情形。我们在健康保险领域就遇到这一问题，还有许多我们在其中遇到这些问题的领域。这是经济学中的一个重要领域。

您说过，这个想法您从未跟麻省理工学院的任何人讨论过很多，那您是怎么想出来的呢？您通常是怎么工作的——以或多或少单打独斗的、内省式的、孤立无援的方式，还是与他人进行许多的互动和讨论？

我手头始终有一张项目列表。我从最好的项目开始，然后在排名靠前的十个项目中，第7个至第10个通常被排除掉。之后，在形成想法的过程中，是的，我往往进行某种程度的互动。我来到伯克利分校后，我的确和同事汤姆·罗森伯格讨论了"柠檬"构想。我不是百分之百地肯定我会把这个作为我的第一个项目，但他确实很喜欢它，于是它就成了我名单上的第一个。因此，这是我来到这里后写作的第一篇论文。我想我的确总是和其他某个人互动。我的确和人们谈论许多。例如，我就和珍妮特·耶伦合撰过许多论文。然而，我的一些主题都是长期以来就存在的想法。在"柠檬市场"的情形中，其中的长期以来就存在的部分是，我不满意于经济学处理质的问题的方式。这恰恰也是索洛在他的文章所做的。他谈论资本的质并显示这一点如何使事情不一样。他把它应用在增长理论上，而我想再往前推进一点点，把它应用在平常得多的供求经济学上。质很重要。

可是，您这个人看起来比索洛微观得多。
我始终是一名宏观经济学家。

但您建立了微观基础。
对，没错。我始终认为宏观经济学应该有微观基础。特别是，我想要的是失业的微观基础。"柠檬市场"就是从那个项目开始的。

您得到"效率工资"什么的，是不是走的就是这条道路？
对，触发这一概念的就是我对失业的微观基础的关注。我花了很长时间才得到这方面的一个结论——而且我得到的那个结论对经济学家来说是极难得出的。过程如下：如果存在非自愿失业，那就只可能有一个原因，那就是，人们以高于市场出清水平支付工资。奇怪的是花了这么长的时间。但在某个阶段，你只能得出那个结论。否则，失业概念指的就不是我们认为它确实所指的那个含义了。可是，一旦你得到了那个结论，那么关于人们为什么愿意支付超过市场出清水平的工资，就存在各种各样的故事了。

噢，这非常令人信服，但这个想法确切的起源是什么？

我念研究生时，我的很多朋友都对经济发展感兴趣。他们的看法是，发展经济学并不属于最强势的领域之列。但我认为，作为一名经济理论家，我应该对这个问题有兴趣。1967～1968年度，我去印度待了一年，那儿有一个项目，由史蒂夫·马格林领导，研究如何分配遮普邦北部巴克拉-楠加尔大坝的淡水。我参与了那个项目，但并不是很成功。分派我去做的工作，就是对水坝的雨水作一个预测。然而我发现，水主要不是来自上一个雨季，而是取决于融雪，也就是说，取决于冬天是暖和还是寒冷。于是，与我对历史的兴趣相一致，我把那年的时间都花在了阅读和思考印度的历史与社会上。有一个问题不时浮现出来而且我一直想搞清楚，即为什么市场不出清。在印度，不出清的市场有一个相当引人注目的例子，这就是种姓制度。于是我写了一篇关于种姓制度的文章。它可能是也可能不是一篇好文章，但它给出了一个市场在不出清时的均衡状态。劳动力为什么市场不出清，原因在于某种形式的社会风俗。就这样，后来我写作了其他的文章，认为失业是市场由于社会制度的缘故而不出清的结果。我想这才是根本原因。社会制度决定着人们觉得应该是公平工资的东西，而这个为社会所接受的"公平"工资可能高于市场出清工资。在这里，你同样可以看出我是怎么进行分析的：印度的种姓制度有一个独特的经济特性，它在数学上很有趣，于是我对此建立了模型，所得到的模型也能够解释其他的东西。

您说"在数学上很有趣"，意思是不是说它是可以分离的啰？

我的意思仅仅是，供给与需求不匹配。

您前面提到您的妻子珍妮特。拥有一位在同一领域工作的伴侣是什么感觉？我猜可能要么很美妙，要么很艰辛。

我们于1978年结婚，然后我们去了伦敦经济学院，我在那里获得了一个教授职位。我本来在伯克利分校拥有终身职位，可是我未获提拔，所以我们去了那里。最初，我和珍妮特并未在一起工作，但我们都对宏观经济学感兴趣，而且在某个时候，我们开始在一起工作。我们几乎总是对经济学中的几乎任何东西取得完全一致的意见。顺便说一下，她写过非常类似于"柠檬市场"的东西：关于捆扎的论文。二者在极大程度上属于同一个类型。只有一个领域我们最初有分歧，我们在贸易的好处上不一致。

以何种方式？

嗯，我想，经过30年后，我们现在都在向中间靠拢。我们现在都能看到贸易的好处，但我们也看得出，贸易会影响收入分配，而且对低收入者是破坏性的。我和珍妮特——是的，一块工作总是非常开心。我们大概是在某个像1982～1983年度那样的东西上才开始一块工作的，此后我们继续合作，直至她到美联储工作——那一刻我被打蒙了：自己将要失去她这位合著者了。

她是您的首选合著者吗？你们合作的热情一定非常高涨，因为作为夫妻，你们可以一块工作每天24小时什么的……

不错，但我不认为我们曾那样做过。我们所有的文章都很有趣，但最有趣的文章大概要数那篇德国论文了。①

那是一篇非常有名的论文。不过请谈一谈，你们的工作是如

---

① 这篇阿克尔洛夫夫妇在文中倡导工资补贴的论文，在国际上受到了大量的关注，引发了一场至今在德国仍在进行的争论。

何影响你们打交道的方式的？你们会不会早晨起来后，坐在餐桌旁一边吃一边讨论论文。

我不知道。我们确实谈论经济学较多。但至于我们是谈论自己的论文多些，还是其他经济问题多些，我不知道。至少，你不可能一天24小时都研究非常正式的宏观经济学论文。至于那篇德国论文以及那篇关于堕胎的论文，情况就不一样，我们谈论得非常多。说起这个——那篇关于堕胎的论文真的很有趣。论文结果实际上可能是正确的。其问题是，为什么有那么多单亲家庭。答案是，在过去，如果某个女人怀孕了，那个男人就得娶她为妻。但是，一旦堕胎变得合法，且避孕药发明出来之后，那个习俗就崩溃了，女人一旦怀孕，她们就处在糟糕得多的谈判位置。这一习俗的崩溃，实际上是一件令人惋惜的事。单亲家庭，特别是计划去做单亲的家庭，是贫穷的一个主要根源。这种方式抚养孩子要困难得多。

对。不过咱们回到那篇德国论文吧，您究竟是怎么吸引到这上面的？

这出于错误的原因。当我们开始写作那篇论文时，东德经常上新闻。那是许多人开始离开该国去捷克共和国的时期。我们思考了这种移民行为，只是想着当东德与西德合并的时候，即便不存在合适的汇率，也会有许多人移民。于是我们做了一个模型，提出一种假设：如果汇率是错误的，那将会发生什么事情。结果，实际情况的确是这样，但我们当时没任何理由确信这一点。我们真的非常幸运。因此，当德国重新统一的时候，汇率果然是完全错误的，而且我们有一个对随后可能出现的问题的模型。那篇论文确实非常有趣。首先，它更多的是经验性的。我们能够对什么东德产品可能好卖、什么不好卖作出一个很好的预测。我们遇到了"方向系数"①的概念，我们对自己说，如果在总体宏观经济层面有这样一个东西，我们也就可以在分解的层面估计一个。

在那篇论文中，你提议进行工资补贴。这个建议颇有争议，它至今没有完全付诸实施，但现在，德国正在向那个方向努力。

最初的政治尝试在很大程度上是朝我们的方向努力的。如果企业雇用一定数量的人，那么"Treuhandanstalt"②，即德国国有资产托管局，就会给企业提供补贴。这与我们所作的建议是等效的。可是结果却是，大型企业进来了，然后，几年之后，他们想要解雇他们的一些员工，取消他们的协议。这是我的解读。

在这个具体事例中，而且一般来说，是什么东西驱使您这么做？是想弄明白事理的愿望？或者更确切地说，是帮助改变世界的干劲？

我认为，经济学家要想被人当回事，他们就应该作出贡献使人民的生活更好，而且要做好它。我们实际上有责任把这个做好。而理论的优美只是一个必然结果。这也是为什么我教宏观经济学的原因。我教宏观经济学的原因是，政府能够做而且有责任去做的一件事情，就是创造良好的市场环境，使人们能够过上健康、舒适的生活。政府能够做的一件事，就是务必使失业率处于适当的低位。那正是每一位虔诚的凯恩斯经济学家所相信的。随

---

① "Richtungskoeffizient"，可译为"方向系数"或"斜率"，是与东德的贸易有关的一个概念，能够反映国内资源成本。它被用于把那些以可兑换汇率换汇时产生的利润或损失转换为东德马克。
② "Treuhandanstalt"（托管局）是1990年夏根据法律创建的，当时东德仍然存在。它的主要职能是把东德经济全部的国有企业和资产出售或转移到私人手中。托管局于1994年解散，它的一些副产品今天仍然存在。

着年龄的增长，我逐渐认识到，我们需要用更微观的经济学方式来分析这些问题。使事情不一样的，是微观经济政策。

我推测，您对经济理论进步的定义，也是沿着这些路线进行的？

在20世纪，我们取得了一个重大的进步。我们解释了如果你陷入萧条，你该怎么摆脱它。如果你回到20世纪30年代，看到人们对失业的理解多么可怜，那才真叫人震惊呢。如果30年代的经济学更先进些，可能根本就不会有大萧条，也可能根本不会爆发第二次世界大战。我们本来可以避免遭受巨大的痛苦。我们本来可以进行赤字开支，摆脱萧条。现在我们明白了。所以现在就有了大量的能够使需求波动的影响降至最低的宏观经济学。但基本上，宏观经济学的确具备恰当的结构。今天，我们会知道怎么去做的。这是一个重大贡献。当然，这要归功于凯恩斯。

那么，什么才是有待解决的主要问题？何者迫切需要我们去解决？

我认为，我们必须扩大我们的视野。如今，经济理论构造的方式是这样的：人们的动机被认为基本是经济上的。动机可能还包括其他的东西，如地位、某些非经济目标什么的。但最重要的是，动机是经济上的。而且，人们处理问题的方式往往是基于认知。因此，在经济学家已涉及心理学的范围内，它属于认知心理学。但这一点遗漏了社会学的主要理论结构。社会学家并不否认人们具有经济动机。但他们确认，人们也具有经济学家通常并未考虑的各种动机。人们具有关于他们和其他人应该做什么、不该做什么的观念：规范。这些在经济学中大多未被考虑。经济学家通常把规范解释为某种均衡状态，或者是，规范在信息方面起作用。但事实上，规范是能够直接进入效用函数的东西。它们是人们很在意的东西。这些规范真的很重要，它们影响着几乎所有的经济制度或市场如何正常运转。在经济学中，它们不发挥作用的领域是相对很少的。这是经济学仍不能解答主要问题的地方。

在您的工作中，您也处理那些规范从何而来的问题吗？它们是如何形成的？

一点点。这就是英式花园式经济学派得上用场的地方。人们会说你必须谈论这些规范，他们会问它们从何而来。我现在的回答是，我们应该把我们的理论、模型建立在观察结果之上。我倒喜欢用下述评论来代替这些规范从何而来的理论答案：这些规范的确存在，而且它们不太可能改变。

我猜您还得区分不同的心理意识，美国、德国以及印度的规范就不一样。

如果它们不一样，这就说明，经济学家不把这个列入考虑就是在犯错误。你必须小心从事，不要把德国的规范应用到印度上。我们也不应该把民主方面的规范套用在伊拉克人民身上。如果你这样做，你就有可能犯错，而且你可能犯下真正严重的错误。

您如何在建立经济理论时把规范纳入进来？

你可以通过非常实用的方式把规范纳入进来，以便解释两性关系、工作场所的关系或者家庭关系。其他领域还有教育经济学——因为教育在很大程度上依赖于人们认为他们应该做什么——或制度经济学，甚或宏观经济学。经济学家通常在某种外源性变化的意义上考虑因果关系。这与作为函数的因果关系是大不相同的。但你真正想知道的是，当有变化发生时为什么会有改变。那是完全不同的因果关系概念。我们用一个小小的例子做这个,例如学校,然后我们把这个扩展到更一般的层面,例如一般的制度。有些制度可能行不通,只是因为它们在经济上不可行。否则,规范好坏,结果可能完全不同。

可是,制度和规范大不相同,因为可以相对较容易地修改制度,规范却不然。实际的结果是,一些制度,尽管可能设计优美,却会行不通,因为规范没有跟上。

呃,那倒是。但是你需要弄清楚这二者中哪一个先得改变。当前的经济分析往往给我们构筑这样的事实:我们需要一定的规范才能让事情正常运转。

我们能够——或者说允许我们——改变社会规范吗?

这个嘛,如果你把规范看做是问题,那你大概就不得不去改变了。不管怎么说,这一点很困难。

关于许多领域的进步,其独特之处在于,一定的范式转变似乎是个时机问题,似乎在时机成熟时转变才会发生。这导致诸多特征,例如边际效用递减的规律多少在同一时刻在四个不同的国家被人发现。[1]

---

[1] 19世纪下半叶,赫尔曼·戈森、斯坦利·杰文斯、卡尔·门格尔和莱昂·瓦尔拉斯分别在德国、英国、奥地利和瑞士全都得出了这个结论。正如弗朗西斯·埃奇沃思明确表达的:"他们在不同的方面对这一相同的基本概念进行了深入思考:交换价值既非简单地与使用价值一模一样,也非完全不同于使用价值,而是相当于满足人最后的也即最小欲望的那一单位的效用,即'Nutzlichkeit des letzten Mengenteilchens'、'Degree of Final Utility'、'Grenznutzen'和'Rarete'——他们用不同语言和不同术语宣告了一个将永远与戈森、杰文斯、门格尔和瓦尔拉斯这几个名字联系在一起的基本事实。"参见弗朗西斯·埃奇沃思1889年的作品。现在,人们普遍认为戈森实际上是第一个提出这个概念的人,可参见其1854年的作品。

可能是这样吧,我得考虑考虑。呃,一些研究议程可能确实被提出并产生范式转变,因为用经济学中传统的、自上而下的法式花园法,人们得不到可行的解决办法。关于这些解决办法,里面有些东西使它们不能令人满意。因此,有些人将从这种认知传统跳出去,转而尝试某个不同的东西,比如数理经济学。作为这种进步模式的结果,以前我们不能用来对各种现象进行思考的方法,现在就能为我们所用了。这就是我所指的自由。为了获得新的解决办法,你得不拘一格,使自己从旧的解决办法,从所有以前的非数学传统中跳出来,否则,你基本上终将重蹈其他每一个人的覆辙。

经济学——如今——没有过度数学化的危险吗?我们的经济学不能再没有数学了吗?

大概不能,而且这正是数理经济学的成功之一。事实上,我们只是把简单的数学结构放在了其他人本来会看做是相当复杂的问题的东西之上。这非常有用。

的确是,但数学只是工具罢了。不过,它在社会互动情况方面,能否给你什么启发?

这个嘛,在其他许多社会科学中,大量的辩论是围绕着含义展开的,它们充当了澄清概念和定义的作用。经济学家则倾向于辩论"你的意思是什么"。数学的使用已把经济学推进到一种我们拥有共同语言的状况。

谢谢您,教授。

弗农·史密斯

美国弗吉尼亚州费尔法克斯市乔治·梅森大学

与丹尼尔·卡纳曼同获2002年度诺贝尔经济学奖，"以表彰他们将实验室里的实验确立为实证经济分析中——尤其是另类市场机制的研究中——的一个工具"。

简 介

我们约好在亚利桑那州图森市西望饭店的大厅见面。就我所知，它是这里唯一的旅馆。以前，因参加一个研讨会，我曾在这儿待过，所以这次我再次留宿于此。"不管怎么说，西望饭店是图森市中我最喜欢的地方"，弗农·史密斯在一封电子邮件中写道，见面地点就这么定下了。星期六上午10点差几分，天气闷热。我来到楼下，期待见到这位留着传奇式马尾辫的八旬老人。可是那儿没有一个人与此描述相符。我四处溜达，斗胆出来到车道上，进来又出去，围着游泳池转悠。半个小时过去了。终于，一个大概六十出头，留着泛黑的亚麻色短发，身材修长，身着紧身牛仔裤和红色夏威夷衫的人，从大厅里的一张沙发上站起身，向我走来。"你是凯伦吧？"不错——哎呀，难以置信但又的的确确，他就是弗农·史密斯。他一直就在那儿。"但你的马尾辫呢？"我马上道歉，用一种嗔怪的口吻问道。他咧嘴一笑，说："剪了。"他特有的众多银指环还在，但从远处我没见到它们。让他久等，让我感到很过意不去。但弗农·史密斯不介意，他是一个有耐心的人，而且不管怎么说，他不着急：他的第三任妻子兼灵魂伴侣坎迪丝·史密斯，不在身边，到东北部开会去了。最终，我们在一起攀谈了整整两天。这令人惊讶，我本来天真地以为自己已经了解了有关他的一切，因为我获准提前阅读其700页的回忆录《发现》的草稿，回忆录激动人心、跌宕起伏，读起来让人不禁屏住呼吸。但阅读是被动的，谈话却是主动的——甚至是有来有往——所以有滋味得多。我们在一起随心所欲地讨论了一大堆想法与体会，真是大快朵颐。弗农和蔼可亲、性格开朗、见解深刻、以诚待人,而且他很喜欢一对一的对话。① 经过星期六的长时间讨论后,弗农又于星期天上午来到饭店,容光焕发、满脸喜气,带来了从星巴克购买的热咖啡和一些果汁。我感到受宠若惊。

  弗农·史密斯的人生又是一个"不太可能"的例子,这在于不论是他的家庭背景,还是其青年时期的经济情况,似乎都不允许,更不用说推动他走上他后来所走的职业道路了。弗农·史密斯于1927年,也就是即将发生大萧条的岁月,出生在堪萨斯州的威奇塔市,是一位机械修理工的儿子。在他们家族中,实际上没有人是学术界人士。弗农是他父亲弗农·切斯曼·史密斯和他母亲22岁就成了寡妇的露露·贝尔·洛马克斯唯一的孩子。他母亲与前夫有两个女儿。她的前夫曾是圣达菲铁路的一名消防员,在一次事故中不幸遇难。他们把所获得的人寿保险赔付金投资在堪萨斯州米兰附近的一个农场上。1932年,与大萧条时期其他很多人一样,弗农·切斯曼·史密斯也丢了工作,他们一家搬到农场勉强度日。弗农·史密斯对这段岁月记忆犹新,正如他在谈话中解释的那样。农场生活贫穷而单调,但对孩子来说是有趣的——而且是一所有益的生活学堂。1934年,他们家还不

---

① 弗农·史密斯说,由于患有阿斯伯格综合征(一种自闭症形式),他经常发现很难在大的群体中与人沟通。然而即使果真如此,外人也是很难觉察的。他在回忆录中解释说,虽然这种综合征有时使他与人疏远,却也让他能够特别地全神贯注:"当我的脑子沉浸于集中思考——思维语或复合模式——时,我所有的思路似乎都明确地集中在精神创造之体验世界中,若从这个转到其他方面,就一定会失去那些自成秩序的相互关联的能够自洽的思维序列。我便失去了那个已形成的整个幻想统一体状态,之后,即使我成功地重建了那个精神体状态,也是需要在时间和脑力方面耗费相当的启动成本才能再度发生。过后,我的脑子里便有一种挥之不去的永久失去感:再也恢复不到近似于原来的精神状态了。"

起按揭，农场被抵押银行收回，于是不得不搬家，回到威奇塔。幸运的是，弗农·史密斯的父亲在那个时候又被雇用了。除了上学，年轻的弗农从九年级时起就开始干活挣钱，先是在一家杂货店工作，而后是在一家餐馆和冷饮柜工作。最后，在他16岁时，他一面继续高中学业，一面在波音飞机公司干活。1944年，弗农开始上大学——先是到一所教友派学校——教友大学——学习物理、化学、微积分、天文学和文学，而后到著名的加州理工学院念书，先是主修物理学，但后来转而主修电子工程专业。然而，在这个时期，他已经选修了一门经济学课程，同时也偶然读到了两部针尖对锋芒的书籍，即保罗·萨缪尔森的《经济分析基础》和路德维希·冯·米塞斯的《人类行为》。感兴趣之下，他报考了堪萨斯大学经济学系的研究生。后来，他被哈佛大学研究生学院录取，并获得奖学金，可以免除学费。在剑桥大学，他与一流的凯恩斯主义者如阿尔文·汉森和保罗·萨缪尔森，与美籍奥地利人如戈特弗里德·哈伯勒和弗里兹·马克卢普，以及与爱德华·张伯伦——他的主要灵感来源——建立了联系。1955年，弗农·史密斯以一篇关于投资和生产的论文获得了博士学位。随后，弗农·史密斯来到位于印第安纳州西拉斐特的普度大学，加入了那儿的经济学研究群体。1958年，他晋升为副教授，并于1961年获得终身教职，期间他在斯坦福大学待了一年。1967年，他转到位于普罗维登斯的布朗大学，主要是为了使他的第一任妻子乔伊斯·哈克勒罗德开始她自己的事业。1968年，他转到位于波士顿的马萨诸塞大学。1972～1973年度，他还在斯坦福大学的行为科学高级研究中心（CASBS），作为访问学者待了一年，随后在加州理工学院待了两年。1975年，弗农·史密斯加入位于图森的亚利桑那大学执教，同时二度结婚：他的伴侣是卡罗尔·布雷克纳。他在图森一直待到2001年，此后，他蒙召加入位于弗吉尼亚州费尔法克斯市的乔治·梅森大学,他在那里创立了实验科学跨学科中心。他还成了位于华盛顿的莫卡特斯中心的研究学者。获诺贝尔经济学奖之后,他创办了实验经济学国际研究基金会。① 2007 年,他离开了华盛顿地区,和他的团队一起迁往加利福尼亚州,到位于奥兰治的查普曼大学致力于建立一个新的经济科学研究所,里面将专门设立一个全新的实验研究实验室,年度预算为 400 万美元。纵观其辉煌的职业生涯,除了诺贝尔奖之外,弗农·史密斯还获得了无数其他奖项,如私营企业教育协会授予的亚当·斯密奖(1995 年)、加州理工学院颁发的杰出校友奖、德国弗里德里希·哈耶克学会授予的哈耶克奖(2008 年)。

弗农·史密斯的母亲是一名社会主义者,他们家的农场在 1934 年被抵押银行收回之后,大大强化并坚定了她的左派倾向。但这并没有使她的儿子永远地怀有成见。他很快就认识到,经济与工程不是一回事,而社会主义由于缺乏知识且无力产生实质性的新知识,而完全无法成功。今天,弗农·史密斯即便算不上一个自由意志论者,也是一个坚信自由市场的人②——不仅因为他认可自由市场的效率,这一点他已经在他的第一批实验中证实了,更有一个哲学上的原因。弗里德里希·哈耶克的"知识分工"概念——它建立在亚当·斯密的"劳动分工"概念之上——

---

① 实验经济学国际研究基金会成立于 1997 年,且诚如其宗旨所言,旨在"通过资助人们采用实验方法开展基础经济学研究,支持有学术发展前途的学生、准博士和博士后访问学者,资助人们亲自动手,创新性地、参与性地学习多种场景下的实验经济学,推动人们进行把实验经济研究成果应用于政策的更广泛讨论,来促进人们对交换系统及市场化制度的检验和应用的理解"。弗农·史密斯把自己的诺贝尔奖金投入到了该基金会中。
② 他谈到古典自由主义,"或其当前的自由主义的化身时,我的同情心便缓慢而自然地流淌出来"。参见史密斯 2005 年的作品。

在他身上引起了深深的共鸣。这并不是说，上述两位作者事实上在他的整个职业生涯里指导了他——恰恰相反，直到他开始自己的工作40年之后，他本人的洞察力才使他重新发现了他的本家，即那位苏格兰启蒙运动哲学家①，以及哈耶克。正如弗农·史密斯所说：

> 首先，我得依靠自己的力量发现某些东西，而本质上，它就是我在对市场的实验室研究中在受试人群身上所观察到的行为，这最终激发了我去严肃地研究哈耶克。从新的思路重新审视他的作品之后，我能够充分意识到哈耶克的作品中的博大精深和深刻理解，若非我在实验室里有了这种个人体验，这些本会与我失之交臂的。

这段话不无让人想起哈耶克对"困惑者"的特性的描述：这种人由于记忆不太好，对于所在领域的所有资料，也许并不能够信手拈来，但恰恰因为他不得不依靠自身的力量，根据自己的条件对事物作深入思考，他也许能够发现新的非传统的途径。弗农·史密斯就是这样的困惑者——但他并不是孤例。

这种对市场的明确信念以及对自由自发的互动所具有的知识汇集和知识产生能力的信任，是如何与他的实验及他从实验中得到的市场设计建议相调和的呢？一些意志自由论者不相信弗农·史密斯，因为他对市场表现的检验始终包含某种均衡基准，而在哈耶克的动态演变环境中，均衡这一概念是没有意义的——因为其设计特定市场的努力，尤其是公共产品市场，也许看起来像是

---

① 即亚当·斯密，他们同姓（Smith），但由于翻译的原因而有所不同。——译者注

结构主义罪过的最佳范例。一个回应是，在短期内（顺便说一句，这并不一定是指时间，而只是分析单位），均衡概念并非没有意义。另一个回应是，试图理解市场和其他自发秩序的运作方式，并了解外源性规则的变化如何影响它们，这并不意味着我们只能静坐下来观察。正如弗农·史密斯本人在其诺贝尔奖获奖讲演中所说的，实验经济学是在其不可避免地当然有点结构主义的范围内，为了帮助人们在适当的情境中作出理性选择——与任何一套集体选择的规则一样。但这种结构主义不仅伴随着想要消除纯政治扭曲的渴望，而且还伴随着深深的谦逊，因为这么一来，被施行的市场设计当然必须经受演化的市场检验。"关于社会互动的规则体系和市场如何形成，我们理解甚少，但在实验室中对这些规则作些变动，进而去考察何者为非，这倒是可能的。"①

弗农·史密斯开创实验事业的这种毅然决然的冲动，可以追溯到爱德华·张伯伦。② 1952年，在其于哈佛大学开设的入门课程中，张伯伦利用一个小小的实验，证明由于不完全竞争，市场不会出清。尽管学生们并不把那个小实验很当回事，尽管弗农·史密斯后来将会证明结果正相反，这个经历却正如他在下面的谈话中所说的，"的确改变了我的一生"。他本人在普度大学开展的

---

① 参见弗农·史密斯 2002~2003 年的作品。他继续写道："建构主义运用理性来精心建立行动规则，并创建人类的社会经济制度，这些制度在给定的情况下，能够产生比其他安排更可取的结果。虽然建构主义是人类智慧至高无上的成就之一，但是对以下事实保持敏感是很重要的：人类制度和大多数决策并非主要受建构主义指导——如果受它指导的话。紧急情况下的安排，即使最初呈现为建构主义的形式，也必然具有残存的特性，能够考虑到我们的建模努力所不可见的机会成本和环境挑战。"
② 爱德华·张伯伦（1899-1967）是一位美国经济学家，曾执教于哈佛大学（1937~1967年）。他最重要的贡献是垄断或不完全竞争理论，参见其1933年的作品。

实验显示，市场恰如价格理论对它们所预言的那样运行，它们总是收敛到均衡状态。然而，经济学界却完全不准备把这个新方法当回事。根据实验结果撰写的论文——"对竞争性市场行为的实验研究"，也就是将于2002年带给弗农·史密斯诺贝尔奖的两篇论文之一——正如他在访谈时微笑着回忆的那样，先是被拒绝，然后经过两度修改，才最终得以在《政治经济学期刊》上发表。弗农·史密斯同样发现，为了使这些实验符合现实情况，给予金钱奖励——不论金额多少——都是有益的。他的第二项重大贡献即诱导估价理论，他在一篇题为"实验经济学：诱导价值理论"的开创性论文中作了阐释，今天，该论文依然作为实验性研究的指导手册。

后来，凭借其对市场的洞察，即市场的制度形式会影响市场运行的方式，他把精力更多地集中在特定的市场设计上。在这一背景下，他的实验室成为对所提出的制度机制进行测试的"风洞"。该领域一个显著的主题就是拍卖。正如弗农·史密斯在几篇突破性的文章中所发现的，不同的拍卖形式对结果有不同的影响，如1976年关于"招标和拍卖制度"的论文、1980年关于"英国式、荷兰式和密封报价拍卖中的动机和行为"的论文。例如，平均销售价格在英国式和第二价格密封拍卖中往往高于第一价格密封拍卖。① 这项工作产生了非常大的影响。处理市场设计还致使研究小组开展咨询工作，尤其是为证券交易所和公共事业公司做咨询。然而，正如弗农·史密斯在我们的访谈中强调的，这不只是为了钱，而是因为"这真的很重要。它是我们所做工作的一个重要组成部分。正是在咨询过程中，我们找到了如何把我

---

① 在第一价格拍卖中，第一个竞买人向卖方支付自己的出价，在第二价格拍卖中，中标人只支付第二最高出价。

们在实验室中所发现的东西应用于实践这个问题的答案"。除了其实验经济学这个范例性领域，弗农·史密斯还在多个不同的领域开展了研究，范围从资本理论和财政经济学到自然资源经济学等。除此之外，他还定期回到诸如社会选择这样更哲学性的领域中。

可见，弗农·史密斯的想法来源于一大堆不同的有影响的人或物。有极大关系的人包括家人、老师和合作者。虽然他们家不是书香门第，但弗农·史密斯宣称，他父亲的职业道德和实用知识以及他母亲对政治和社会问题的兴趣，都有所帮助。大萧条及其给他们家带来的艰难困苦，也引起了他对这些问题的兴趣。家庭给他的传承和他的童年给了他对智力活动的好奇心，使他能够艰苦奋斗，即使被新鲜事物所包围，也坚持己见，不为所动；以及最后一点，但这并非最不重要，使他有勇气偏离主流。其次，良师和鼓舞人心的课程不可缺少，特别是堪萨斯大学的理查德·豪伊和哈佛大学的爱德华·张伯伦。张伯伦的课使弗农·史密斯领悟了事物的真意，尽管是以间接的方式，没有立即产生效果。其后，则要大大归因于弗农·史密斯的天生异禀——病态与否不论——正如他强调的，也是理所当然的，他能够对团队合作产生的新颖想法慧眼识珠。尽管经济情况似乎并未起到那么大的作用，经济政策却不然。实际上，正是所在的大环境，弗农·史密斯的所有研究才得以开展：继世界各地的经济自由化趋势之后，人们对于应该如何管理这些自由化的市场，特别是公用事业的问题，产生了越来越大的兴趣。由于这是一个新的领域，它也发展了其特有的活力，这是在理论缺位时不可避免的结果。当理论经受不住这种与现实的对抗时，这些理论缺口就需要被识别和填充。正是通过理论建立、理论反证和理论改进这一持续的过程，进步才得以实现。

访 谈

本次访谈时间：2007年8月4～5日。

您对学术的兴趣，它可能在您的青年时期已可找到，有什么蛛丝马迹吗，弗农？

直到我在加州理工学院读本科之前，甚至不知道还有经济学这门课。最初，我对学习科学与工程学感兴趣。在这方面，我父亲的影响相当大。我父母受过的教育都没超过八年级，但父亲是一名熟练的机械修理工，拥有许多实用知识，他差不多什么都会做。正是这种环境促使我进入加州理工学院学习。另外，我母亲在社区的政治和社会事务方面一直非常活跃。我认为这最终培养了我对经济学的兴趣。

鉴于大萧条时期不断上升的失业率和贫困问题，你们在家里谈论经济话题吗？

在家庭内部以及和我们的朋友谈论过，特别是那些与社会主义运动有关的人，很明显，世上所有的问题都与谋利动机有关联。这是国家问题及全世界麻烦事的源头。本质上，这是为什么世上有战争、为什么世上有贫穷的原因。后来，上了大学，你居然可以学习这些东西而不一定只是发表意见，这样的想法让我着迷。你实际上能够根据分析、根据调查、根据对社会和经济如何运行的某种理解，提出自己的意见。

甚至到高中都未帮助您发现经济学吗？

贯穿整个中、小学，教育都只集中在获取阅读、写作和数学技能上，甚至这些都不是很强调。因此，为了进入加州理工学院，我不得不去教友大学念了一年预科，集中学习数学、物理和化学。我还上了另外一门课，满足一下我对事物实际上如何运作的好奇心，就是说，在均衡经济学的理论和人们在市场上采取什么行动之间，真正的联系是什么。刚开始时，我只是对如何教授经济学感到好奇。

孩提时，您在一家农场待了两年，年龄在五至七岁。在大萧条的影响下，你们一家不得不搬家，来到您母亲早先用她已故前夫的人寿保险赔付金所投资的这个地方，以确保你们能够勉强糊口。这种情况有没有促使您提出更基本的经济问题？

这是一段重要的学习经历。生产就在家里进行，这一切活动你都直接接触了。这工作可不是你外出来到别的某个地方，然后把收入带回家之类的事情。我们搬到农场，是因为我父亲被解雇了。至少，在农场里，你可以收获粮食——这正是我们所做的。这是一种自给自足的生活。唯一的现金作物是谷物。工作就是做事，所以它是与大学里所教的传统刺激物相反的东西。在我的亲戚中，唯一受过高等教育的是我的舅姥爷。他拥有堪萨斯大学的法学学位。那是在19世纪非常早期的事了。他有一处腿伤，在农场干不了什么活，这也是为什么他学习法律和做律师的原因。他是我们家仅有的知识分子。但我母亲不同，她对很多事情都感兴趣，她喜欢读书。家里总是有各种图书。回到城里后，她是一家读书俱乐部的成员，一群妇女经常聚在一起，读书并讨论书中的内容。教育活动，不论实践性的还是智力性的，在我长大成人期间一直在进行。

您父母所受教育很少，他们似乎非常赞成您多学一些，多多益善。

我不知道这个从何而来，但是，我应该去上大学始终被认为是理所当然的，虽然我两个姐姐没上大学。但在那个时候，女孩子是不上大学的。16岁时，我就出去干活，以便获得更多工作经验；我为波音公司工作了15个月。我从12岁起就已经干活了，先是为当地一家社区杂货店打零工，骑自行车送货，并最终学会了如何操作冷饮柜。后来，高中毕业后，我给一家饭店打工，它有一个冷饮柜。如果你很早就开始工作，你就能学到本领，你找工作就更容易。它们支付的报酬不多，到20世纪30年代末和40年代初，这类工作一般是每天一美元。但这种工作经历帮助我得到了在波音公司的工作。另一件有帮助的事情是，我上高中时学过电学。

为什么是波音公司？

他们兴建了一家新工厂来建造B-29。这是首批新一代座舱增压式飞机，能够比原先的飞机飞得高得多。不过，当然了，它仍是螺旋桨飞机。我在性能测试部门工作，每天挣5.6美元。有许多妇女在波音公司工作，因为男人都去参军了。此外，没有任何法律阻止你16岁时工作。现在，这会被认为是童工剥削。但感谢上帝，我受到了"剥削"。这让我学到了要负责任、像雇员那样工作、要守时和诸如此类的东西。事实上，我甚至在去波音公司工作之前就已经学到了这些东西。尽管如此，这是一段非常不错的经历。我离开了波音公司，因为我要去上大学（在堪萨斯州威奇塔的教友大学），念一年预科，然后继续到加州理工学院学习。我没有服兵役——主要是因为我年龄不够（我1945年才满18岁）和视力不好，这些使我没能加入美国商船队。

您有强烈的学习欲望，这颇让人好奇，而且有点令人惊讶，因为您是一个非常实际、实干的人。

确实如此。但我认为这也是驱使我后来去设法搞清楚这个经济理论实际上可能如何起作用的因素。这是一个重要的影响因素，使我想要做这第一个实验，然后被卷入到由实验结果导致的漩涡中——根据那时的传统智慧，这些结果似乎不正确。

咱们一件件来……我们稍后再谈这个。现在，咱们回头谈谈加州理工学院吧，那肯定是一个不小的挑战。

非常艰巨。对我来说，去那里的好处是，我学到了各种学习技巧和工作技能，这些对我后来开展学术研究是必不可少的。我上教友大学时一直做得非常好，但在加州理工学院，实际上每个人都很优秀。有许多学生要比我强，他们真的很聪明。这是一个令人兴奋的地方。我选修了莱纳斯·鲍林①的化学课——他是个非同寻常的老师，他能够让大教室里的学生都听得入了迷。罗伯特·奥本海默②教物理，弗里茨·兹维基③教天文学。学费是我父母支付的，我还做兼职挣钱。

您最初学的是物理，但后来转为电子工程专业。这是为什么？

主要为了逃避一门特殊的、非常难学的课程，我不希望在这

---

① 莱纳斯·鲍林（1901 – 1994）是20世纪最有影响力的化学家之一，研究领域包括量子化学、分子生物学和细胞分子矫正医学。他也是迄今世界上唯一一位两次单独获得诺贝尔奖的科学家（1945年获诺贝尔化学奖，因发起反对地面核试验的运动而获得1962年度诺贝尔和平奖）。
② 罗伯特·奥本海默（1904 – 1967）是一位美国理论物理学家。他是第二次世界大战期间在新墨西哥州的洛斯阿拉莫斯国家实验室秘密研发第一枚核武器（即曼哈顿计划）的科学领导者。由于这个原因，他被称为"原子弹之父"。
③ 弗里茨·兹维基（1898 – 1974）是一个主要在美国工作的瑞士天文学家。

方面拖后腿。

可以理解。但您选修了一门经济学课程,而这大大改变了您的一生。这是怎么发生的?

呃,到我上大三,肯定是上大二的时候,我不再那么确定自己真想学物理专业。我那时还不知道学别的什么东西,但在大四时,我胆子大了一些,开始学习历史和经济学。加州理工学院开设了许多社会科学方面的课程——例如历史、一点点经济学和哲学。经济学是一名助理教授教的,使用的是过时的、主要是制度方面的教材,但在讲稿中补充了微观和宏观经济学内容。因此,我也学了点凯恩斯经济学。上这门课的结果是,我对经济学真正发生了兴趣,于是我去了图书馆。在那里,我偶然读到了保罗·萨缪尔森的《经济分析基础》。① 此外,我还作出决定,订阅了《经济学季刊》。在头几期中,有一期刊登了霍利斯·钱纳里②写的一篇关于工程生产函数的论文。

这简直是上天赐给您的礼物!

嗯,萨缪尔森的书表明经济学不过是物理学,而钱纳里的论文则显示,经济学实际上不过是工程学。我那时所知有限……总之,这一切激起了我的兴趣,我决定毕业后回到堪萨斯,在堪萨斯大学读研究生,学习经济学。我认为这额外的一步将使我能够决定自己是否真的想继续搞经济学。

---

① 他偶然读到的另一本书,正如他在自己的诺贝尔自传中提到的那样,是路德维希·冯·米塞斯1949年的《人的行为》。
② 霍利斯·钱纳里(1918 – 1994)是一位以发展经济学方面的贡献而著称的经济学家。

从自然科学转到社会科学的举动是一个重要的转折。

没错。加州理工学院的社会科学已带领我进入到一个崭新的世界，完全不同于纯技术领域。这完全激起了我的兴趣。

您曾经问过自己哪种事业会是第一位的吗，不论自己将来是否能依靠这类教育找到工作？

我不认为自己这么做过。我学的科学类课程的确满足了我一时的愿望，但我并不把它看做是一项事业。经济学令人着迷，而且我能够以非常低的费用回到堪萨斯大学，自己养活自己。我在那儿还有奖学金支持。在那儿的第二年，我开始作为助理讲师教书。我教的是经济史。顺便说一句，这是一个极好的学习方式：教中学。你只需领先班级即可。一般来说，经济学课程是非常刺激的。从理查德·豪伊那里，我选修了价格理论、数理经济学、不完全竞争以及经济思想发展。

数学应付起来始终很轻松吧？

对我来说，在加州理工学院的经历的确使经济学的这个部分很轻松。当然，你可能有数学才能，但建模技能不一定因此而很精通。不过我发现，我真的很喜欢经济学建模。就堪萨斯的那段经历来看，我再也没回过头，一直待在经济学中，直到永远。

堪萨斯之后的下一步是什么？

我向哈佛大学、麻省理工学院、斯坦福大学、芝加哥大学和卡耐基技术学院申请读研究生。我被这些大学都录取了。但在1952年，哈佛大学的奖学金是最好的，免收学费。此外，你还可以在麻省理工学院选修额外的课程，这当然是一个优势。

所以，在我的第二学年，我选修了保罗·萨缪尔森的微观课程。

就经济理论发展而言，那是非常有趣的时期。

是啊。阿尔文·汉森①教宏观经济学。他实际上对于大多数政府可以通过货币供给的扩张筹资十分乐观。华西里·列昂惕夫和戈特弗里德·冯·哈伯勒②是哈佛大学的非凯恩斯派。列昂惕夫来自俄罗斯，哈伯勒来自维也纳，是一名年轻的奥地利学派。亚历山大·格申克龙讲授我喜欢的经济学史。盖伊·奥克特教计量经济学。然而，哈佛大学在数理经济学方面并不很强。经济学的数学化毋宁说是来自麻省理工学院的一股新浪潮。哈佛大学更传统，更强调货币理论。这大约更适合我。我在那儿只待了三年，因为我要养家糊口了。到我获得学位时，我有了三个孩子，因此我不准备去做专职学生。

考虑到您自己关于市场结构和市场设计的原创思想，哈佛给了您什么？

1952年，我在哈佛大学选修了爱德华·张伯伦的入门课。我不认为应归功于这个，因为我已在堪萨斯大学学过这门课了，理查德·豪伊讲授的不完全竞争课非常好。但张伯伦给了我那个运用实验进行研究的决定性想法。在执教于普度大学的时期之前，我并没有建立在它之上，但它确实改变了我的一生。

事实上，您获得诺贝尔奖，是因为"将实验室实验确立为实

---

① 有"美国凯恩斯"美誉的阿尔文·汉森（1887–1975），是哈佛大学的经济学教授。他在经济顾问委员会和美国社会保障体系的创立中发挥了作用。
② 戈特弗里德·冯·哈伯勒（1900–1995）是一位1936年移居美国的奥地利经济学家，以关于国际贸易和商业周期的研究而著称。

证经济分析中——特别是另类市场机制研究中——的一个工具"。那么，张伯伦在他的课上究竟做了些什么，竟然使您最终想到了那个想法，从而使人们能够研究不同的市场设计？

为了向我们介绍垄断竞争，张伯伦做了一个小小的实验，旨在向我们证明，我们不能相信市场总是竞争的。随便说一句，他可能是从欧根·冯·庞巴维克①那儿获得这个的。奥地利经济学中有许多好东西已经有好几十年未被人捡起了。总之，而且说实话，对于张伯伦的实验，同学们的反应居然是："这个愚蠢的小小示范究竟是什么意思？"当他说完全竞争是一个虚幻的、不可能实现的概念，是抽象之物的时候，并不是我们每个人都怀疑他的正确性，而是我们认为实验实际上没添加任何东西。因此，易受同龄人影响的我，根本没有怀疑这一点。后来，在普度大学执教期间，1956年的一天午夜，我从梦中醒了过来，脑海中有了这个想法。

是在午夜时分吗？

正是。我那时正在教"经济学原理"，我遇到了一个勾起我的好奇心的问题：供给与需求实际上是怎样与人们在市场上采取的行动发生联系的？那是什么联系？如果有学生问我，我就回答不出来。幸运的是，学生们通常不愿提问，而如果真有学生发问，我们通常给出"这是一个没有冲突的世界"之类的回答——根本没回答问题。我们给出这些说法，是因为我们不知道答案是什么，我们只是把问题搪塞过去。这让我很苦恼。我突然意识

---

① 经济学家兼政治学家欧根·冯·庞巴维克（1851-1914），对奥地利经济学的发展，特别是资本理论的发展，作出了至关重要的贡献。在维也纳大学，他教过许多学生，包括熊彼特、路德维希·冯·米塞斯。

到，张伯伦在他那个实验里是在试图显示一个联系。这儿是供给和需求，而他是在让人们做事情。我豁然开朗。我想——好了，做实验实际上一点错都没有，嘿，太好了！问题在于做事情的方式。如果你想要证明完全竞争是与现实脱节的，你就需要采用一种可能更有竞争性的制度。例如，这可能是一种交易股票和商品的方式。这些会是竞争性市场——尽管我不会宣称经济学家知道为什么，除了一件事，市场上有着数量庞大的小交易者。因此，我想知道他们怎么做交易。身为经济学家，你通常是学不到这个的。就这样，我知道了交易结构和规则，然后我意识到，我将去做实验！整件事情就是，如果你阅读弗里德里希·哈耶克的作品①，同时搞一个项目，让学生参与这些实验，他们就能够真正理解、真正明白他在说些什么。例如，我们经常用历史上从未存在过的完全不同的市场做实验。但是，它们从未存在过并不意味着我们就不能做有关它们的实验。哈耶克在《法律、立法和自由》一书中就说出下面这句令人称奇的话，话大致是这样的："严格意义上的社会科学研究是对何者为非的研究。"② 这段话绝对使我激动得发抖。那正是当我们问如果我们改变了我们所继承的规则将会发生什么的时候，我们所做的事情。这种分析方法总能够做的一件事就是告诉你，既有的规则为什么是现在这个样子。

令您确实被学术界所接受的第一批实验情况怎样？毕竟，您是在把自己置于主流之外。

我得到了普度大学的同事的支持。这是一个颇令人受益、互

---

① 以及他关于自发秩序和市场的自协调的思想。
② 引文全文如下："卓有成效的社会科学，必然在极大程度上是对何者为非的研究：对于若改变一些可变更条件而可能存在的世界，建立其假设模型。"

助互持的集体。我们的招募策略，基本上集中于经济史学家，而不是雇用各类应用领域的人才上。许多新鲜事物的产生就得益于这种策略，例如定量方法、数理经济学、计量经济学和经济史的计量历史学①——以及在我这方面的实验经济学。没人料想你会去做任何看起来像传统的、旧式的经济学之类的事情。我们全都是年轻的、刚毕业的博士生、助理教授，有些出自斯坦福大学、芝加哥大学、约翰·霍普金斯大学和哈佛大学。经济学系主要是一个为普度大学的大型工程和科学项目服务的教学部门。为什么我来到这里，原因是这儿真正致力于依靠自己的力量建立真正的经济学系，后来则致力于建立商学院。

来自更广泛的学术界的反应如何？

他们不知道为什么任何人都要搞实验经济学。我的第一篇论文"对竞争市场行为的实验研究"，发表在《政治经济学期刊》上。② 我是1960年寄出的。等我收到那篇带有两个负面评论和一个反驳意见的被退回文章的时候，一位新主编接手了。他是加拿大的经济学家哈利·约翰逊。他是《政治经济学期刊》的把关编辑，要看交到手的一切。结论并不是绝对拒绝，他没有把门对我关死。到那个时候，我已做了更多的工作，并希望按要求修改论文，他也欢迎我这么做。就这样，我最后重新提交了论文，他把文章送交两位阅稿人审阅，但他们的结论还是负面的。约翰逊希望知道我的反馈，于是我写了一个。他承认，在他成为《政治经济学期刊》的新编辑之前，他曾是那两名否决第一稿的阅稿人之

---

① 这是关于把经济计量方法应用于经济史的，参见本书关于"计量历史学之父"道格拉斯·诺斯的访谈。

② 参见弗农·史密斯1962年的作品。这篇文章的重要性由以下事实反映出来：它是诺贝尔委员会所提供的详细信息中明确强调了的两篇论文之一。

一。但现在我说服了他。因此,到最后,他决定出版它,无需进一步的修改。

他们最初提出了什么反对意见?有什么严肃的东西吗?

哦,全都是稀奇古怪的东西,例如供实验的群体过小、群体里的学生有系统性的行为偏差等。没有人以我那样的方式思考这些东西。在一般人看来,整个方法是新的、是奇怪的、是非经济学的,而且不知怎地它不可能是正确的。然而,在 1962 年的那篇论文之后,发表论文就变得更容易了,我先后发表了三篇论文,一篇论文 1964 年发表在《经济学季刊》上,另一篇 1965 年发表于《政治经常学期刊》上,还有一篇 1957 年发表在《商业期刊》上。在那个时候,就好像我的方法拥有了某种新颖性。这似乎并不是各期刊被这个类型的稿件所淹没,并有了更多的宽容。但是,8 年里只发表了五篇论文。这个领域直到 20 世纪 70 年代才开始真正起飞,尤其是在我 1972~1973 年作为访问学者到斯坦福大学的行为科学高级研究中心之后,以及接下来在加州理工学院的两年期间。这些是重要的年份。

在诺贝尔奖官方声明中,瑞典科学院特别提到了您 1976 年那篇关于"诱导估价"的论文。是什么激起您作出这篇结果是原创性贡献的论文?

那时没有人做实验,没有人看到做实验的意义——但我看到了。我发现,在这里面有些东西我在其他情况下是不可能发现的。于是我在哲学或科学方面进行了越来越多的阅读,而且我思考了有关我们正在做的这类事情的方法。这致使我认识到,推动整件事的东西就是我所称的"诱导估价理论"。如果你采用人们借以估价两件商品 x 和 y 的标准显性偏好或效用函数,而且我们得到结果，表明无差异曲线与效用函数的正变换无关，那么就像我认识到的，如果你把支付金额当成是人们用以结束某一交易期的商品量的一个函数，则他们只能有一个来自货币的效用，而这意味着效用跟 x 和 y 建立了联系。这是一种控制需求环境的方式，只要人们不是钱多得烧手。我在 1963 年、1964 年、1965 年就教这个，当时我是首次教我们的毕业生实验班。此外，也许更平淡无奇的是，查尔斯·普洛特[①]找上门来对我说，考虑到我们长时间来一直使用这个方法，我们需要一些东西供人引用，所以我应该写下点东西。于是，我写了点东西。普洛特和我就我们的研究，甚至就我们的钓鱼之旅进行了许多交流。他出自弗吉尼亚大学的公共选择传统；吉姆·布坎南曾是他的博士论文导师。现在，他对实验经济学产生了兴趣，并开始在研究投票系统时使用诱导估价法。他实际上开创了实验政治经济学领域。

您的想法是怎么产生的——是与诸如查尔斯·普洛特这样的人一同工作的时候产生的，还是您个人想到的？

与普洛特的交流让我进入了联合研究，这的确是联合研究的肇始。他是一个非常重要的灵感来源，他还非常擅长评定论文。我常常坚持不下去，早早放弃，但查尔斯·普洛特总是坚持不懈，而且总是很成功。例如，我们一道，也和罗斯·米勒一起，研究在周期性需求下，允许随时间的推移进行分配的市场环境。这是资产交易的首次引入。这是必要的，因为你必须能够持有一定的流动商品存货。后来，20 世纪 70 年代末和 80 年代在亚利桑

---

① 查尔斯·普洛特是实验经济学的一位先驱，目前在加州理工学院执教，任经济学与政治科学教授。他的研究涵盖经济学和政治科学的行为基础，实验室的实验方法、管制、放宽管制与政策设计。

那大学打基础的那些年间,阿灵顿·威廉斯和我做了更多的实验,我们为这些实验开发了一种计算机软件。在这些实验中,人们现在可以在计算机上互动。我们曾将它用于复式拍卖,但现在我们认识到,这个程序实际上稍作修改,就可以很方便地用于资产交易。到那个时候,我们思如泉涌,快过我们付诸实施。这个领域现在真的起飞了。查尔斯·普洛特甚至获得了美国国家航空和宇宙航行局对一个项目的金钱资助。

在您的方法中,何者更重要——是去了解人们实际上怎么行事(行为方面),还是特定的市场结构本身?

我不认为你可以按重要性对它们排序。这全都是关于一方与另一方的相互作用。在实验中,你创造一种环境,你引进一项制度,然后,待解决的问题便是人们如何行事,以及那种行为对环境变化或者对制度规则作出怎样的反应。这些问题现在已变成可处理的了。行为固然重要,但根本上,制度、各种规则才是重要的,因为它们反过来会影响人们的行为。

您从来就没有被与您分享诺贝尔奖的丹尼尔·卡纳曼①所支持的那种心理学方法所吸引吗?

没有,卡纳曼感兴趣的是在环境完全是明确的情况下的个人决策。它不是研究相互作用——尽管在这个世界,任何人都不是孤立的决策者!而且,他所在的领域只是关于在有固定收益和概率的赌博之间的选择。它关心的是个人如何在具有不确定性的环

---

① 丹尼尔·卡纳曼现为普林斯顿大学、伍德罗·威尔逊公共与国际事务学院的资深学者和名誉教员。由于其关于期望理论的心理学工作,特别是"把心理学研究获得的洞察融入到经济科学,尤其是与不确定性状态下人的判断和决策有关的研究中",他荣获了2002年度诺贝尔经济学奖。

境下进行思考和决策。心理学上主张的假设是，人们不是理性的，所以系统也不可能是理性的——然而我们经济学家已认识到制度很重要。设计良好的制度能够帮助人们作出理性决策。因此，我实际上相信，认知心理学中当前的很多工作都有可能会受具有重复性交互式决策经验的实验所影响。

您之前提到过证券交易。它们也是在规则系统下运行的，这些规则系统可能会也可能不会经历变化。那么，改变规则有多容易呢，比如就引进电子交易而言？

永不停止。我认为电子交易在20世纪60年代早期就是可行的，但由于来自所有者的阻力，这一革新只是在35年之后才被用于市场。实际上，我们与芝加哥商品交易所进行了交流。多年来，他们一直比芝加哥期货交易所更有革新精神。他们开发了第一套电子交易系统。但问题是，交易商们拥有芝加哥商品交易所，他们是交易所的会员。引进电子交易会不可避免地使他们的交易活动无法进行。因此，我们需要一种折中。最后，他们只在盘后时间、在夜间引进电子交易，这样他们就能在白天保持传统的交易方式。但这维持不下去，最后他们放弃了这种方式。我猜测，这一突破的原因是来自其他交易所的竞争。当然，作为一家公司，由于这一革新，不再做费力的手工交易，该交易所就更有价值，而且，交易所会员就能够通过其所有权，而不是通过交易赚得他们的收入。他们最终实现了电子交易。

谈一谈您关于航班的工作吧，比如定价和时段分配。

这属于一种有不可分性的情况，产生了一些挑战。例如，复式拍卖可能行不通，那你就必须找到其他的制度。有时候，这些其他的制度往往造成各家公司十分困难，而且由于成本递减，竞争变得很残酷。定期航班恰恰就属于这种情况。通过实验，你就能够发现，价目表是飞行模式的特征的函数。因为你真正想要的是使飞机载满客，由于航班成本在很大程度上并不取决于飞机载客人数——燃料、乘务人员、航程，它们全都是一样的。在这些市场上，就存在着一种可怕的价格下行压力。这也是为什么一名乘客与另一名乘客之间存在那些惊人的价格差异。结果是，价格并不是按通常的方式简单地以边际成本来确定，反而是，飞机首先装载低票价的乘客，他们有早早购买的动机，如此一来，航空公司就能够提前作计划，然后尽可能地提高面向其他乘客的机票价格。它不像标准的竞争模式。思考定价的惯常方式在这里完全行不通。

这听起来像是一个不错的咨询主题。

哦，不是的。我们从 20 世纪 80 年代初以来一直在推行这个。但航空公司不感兴趣，美国联邦航空局在涉及时段分配的时候亦然。联邦航空局的基本态度是"不用则废"。把时段变成可交易权的想法似乎正好与某种美国传统背道而驰。仅当有航空公司破产且"猎食者"进入时，才是起飞和着陆权真正被买卖的时候。较之作为宝贵资源的航班，他们更感兴趣的是空出的时段。

但你们做了很多咨询。这些事通常是应谁的要求去做的——或者，换个不同的说法，这些咨询工作是帮助你们找到了新的有趣的研究领域，还是它们只不过是你们的研究的应用？

我们只做同时也会是研究的咨询。事实上，有一些公司需要专有的研究——这样他们就能获得研究数据，这些数据不得发表。我们不做这个。因此，一般情况下，像这样的保密要求对我们没有约束力。大多数时候，我们都能够说服公司提供信息，然后，我们将对信息加以掩饰。这样，我们将来所发表的，都是与该公司无关的东西，它只是我们实验的结果。至于我们的咨询工作是谁发起的，这个嘛，有时候是应某公司的要求，有时是我们努力争取到的。在电力研究的例子中，该行业对于我们所做工作的兴趣，是受我们为高级管理人员所做的一系列实验研讨会激起的。我们做了这些当中的三个，有20人参与，那是在1995年。然后我们让他们参与一个演示实验，有市场和交易，全都受电力网的物理性质约束。当然，他们知道那是什么意思。我们真正能够做的，只是让他们熟悉实际的实验是怎么回事。他们想到了一个主意，我们则给他们看结果。他们当中有几个人继续跟进。南方公司，即拥有南方电力的控股公司，以及佐治亚电力公司让我们去做实验研讨会。我们给了他们市场经验。我们以简单的复式拍卖开始，做了某个带选项的东西，然后做了电力市场设计。他们的想法是：瞧吧，放松管制在发生，咱们得让我们的顶尖小伙子们熟悉一下这一切是怎么回事。对他们来说，这比上某门经济学或财务管理课要强。这把他们需要知道的东西给了他们。他们都是那些事实上与放松管制作斗争的公司之一。在某种意义上，他们是所有公司中最聪明的。一方面，因身处有利地位，他们了解市场，足以利用市场，同时还坚持要求因放松管制带来的"糖果"。

这够聪明的。但你们呢？

对我们来说，咨询——以及与之相关联的研究——真的很重要。这是我们所做工作的一个必不可少的部分。正是在这方面，我们找到了如何把我们在实验室中发现的东西运用在实际工作中这个问题的答案。我们在以下方面学到的东西数量惊人：你如何拿着你已经在实验室中测试了的某个东西，然后找到从业人员并与他们互动，他们有了想法，他们得到一些他们喜欢的东西以及一些他们不喜欢的东西，就这样，通过这个，他们参与了设计。他们马上得到的一个想法是：电力线是电力线，电能是电能，二者是可分的。你可以从一家公司租用电力线，从另一家公司购买电能。然后，你需要很多人用不同的定价单做实验——实时电表、只是为了在日间把电器断开的电闸，等等。谁知道消费者偏好和技术的哪种组合令人满意呢，没有人能够做到。这是不可能的。所以，你采用自认为似乎是目前最好的技术的东西，让每个人都购买它，但明天，它差不多就不那么好了。重要的是要认识到——而且它的确是弗里德里希·哈耶克所称的"发现"的一部分。

  新知识通过社会互动而产生。

  对。因此你需要以某种方式来构造这些市场，使人们能够发现他们需要知道的东西，以及你不知道的东西。你要让产业界清楚：我们不知道怎么去做这玩意！如果它不是来自内部，那就不会起作用。此外，人们有时候会批评说，这"只是"我们做的实验，它不是现实世界，现实世界不一样。但至于为什么不一样，他们知道什么呢？不错，这里面是有不同，我们要认识它们。一般均衡模型也不是现实世界，有关劳动统计数据的系列模型也不是。那么请告诉我，何为现实世界？我很想知道！

  问得好……谢谢您，教授。

问 卷

1. 迄今为止，最严重的经济灾难是什么？

对我影响最大的是大萧条，这是我一生中记得的头等大事。那可是艰难岁月。

2. 最有前途的经济学发展是什么？

目前正在全球范围内进行的难以置信的财富创造，这要归结于来自通信和计算机技术、纳米技术、生物技术等的创新，即科学上的所有突破。这种全球专门化发展的步伐简直令人惊叹，这是在创造一个全新的世界。

3. 对未来最重要的经济威胁是什么？

尤其是在美国这里，我们可能会失去我们的创新能力。我们也可能会失去我们的自由。对我们的自由逐步升级的干涉是2001年9月11日以来新近的威胁之一。

4. 您能记得的糟糕的经济政策失误是什么？

卡特政府在20世纪70年代阿拉伯石油禁运之后应对石油危机失当的处置方式。我们本应该购买其他地方比如印度尼西亚或委内瑞拉的石油，改变国际贸易模式——而不是对汽油实行配给，并助长公众认为我们即将用光能源。若再往前推，则是大萧条应对失败，这让人们对货币体系在运行中应该如何便宜行事有所了解。但那是一种知识的不足，而不是严格意义上的错误。我们在同一时期仍取得了进步。

5. 最开通的具体经济政策措施是什么？

马歇尔计划。这是一次极为成功的运作，不仅思路正确，而且执行得很好，足以帮助欧洲恢复元气。

6. 请列举一位政治家，您对他在经济政策方面的高超手段很钦佩？

回首往事，我特别喜欢的美国总统是德怀特·艾森豪威尔。他对经济的认识根本不能给人深刻印象。但基本上，他做得不是很多。这就很好。

7. 在您的脑海中，经济学中最引导人们误入歧途的理论研究法是什么？

所谓偏好或效用是给定的概念。一旦把对某一现象的解释倒退到这个基本假设，谈话就结束了。因此，在两人"单打"比赛中，合作是由于社会偏好，而不可能是社会道德和体面生活方式的一个结果，在这当中，有些人能够适应各种非重复性互动而不乏合作机会的情况。把合作降格为那种以你我分别获得效用作为结束的社会合作，无助于对事物的理解。

8. 最重要的理论突破是什么？

在数理经济学中，当然是拍卖理论和基础的实验经济学。这全都是关于认真对待理论并检验理论的。很久以前我们就发现制度很重要，但我们没有适当分析它们的工具。

9. 现如今，如果仅仅由于经济上的原因，您愿意居住在哪个国家？

美国，还能有其他地方吗？

10. 如果仅仅因为智力上的挑战，你愿意生活在哪个时期？

哦，我愿意生活在我生活过的时期，我出生于1927年。对我来说，到目前为止这80年时间是美好的时光。关于在社会中人类能够对彼此做些什么，我见识过最美好的，也见识过最恶劣的。

11. 如果必须在效率和平等之间抉择，您会选择哪个？

唔，在我看来，重要的不是平等，而是公平，也就是说机会平等。所以,我看不出有任何冲突之处,尤其是因为我偏向于对消费而不是对收入再分配。

12. 如果必须在自由和正义之间抉择,您会选择哪个?

我讨厌作这种选择。正如约翰·洛克所言,哪里没有财产权,哪里就没有正义。而所有权则与采取行动的权利即自由有关系。

13. 税负的极限是多少(请给出其相对个人收入的最大百分比)?

我会把税收主要限于消费再分配,以便给弱势群体提供机会,以及限于国防和法律的实施。税率可能要比今天低很多。

14. 政府经济活动的极限是多少(请给出其相对国内生产总值的最大百分比)?

我不知道。

15. 您特别喜欢当今哪位经济学家?

弗雷德里希·哈耶克大概是我最钦佩的人,主要是因为在晚年,我发现他的评论对实验经济学是多么的中肯。在我能够学习和见识之前,我得有一段实验经济学的经历。许多人都看过哈耶克的作品,但一点都不知道他在谈什么。在诺贝尔奖得主中间,我的名单还会包括约翰·纳什、威廉·维克瑞、罗纳德·科斯、道格拉斯·诺斯和罗伯特·福格尔。还有莱因哈德·泽尔腾,一个令人称奇的有强烈好奇心的家伙。他排在哈耶克之后,列第二位。

16. 在经济理论界的古典作家当中,您特别喜欢哪位思想家?

大卫·休谟和亚当·斯密。

17. 在经济学之外,哪位作家对您影响最大?

堪萨斯大学的理查德·霍威。他是经济思想界的专家,一位杰出的学者。他给我树立了一个科学探寻的典范:掌握自己的学科,你得获得所需的工具,其中一些工具可能完全在经济学之外。

18. 在智力上，您要最感激谁？

大概要数保罗·萨缪尔森。在老一辈经济学家中，他是一位才华横溢的知识分子。有好多事情我都不记得了，但是，曾经激发我对经济学产生兴趣的，依然是他的那本书。

19. 谁是您的主要行为榜样？

理查德·霍威。

20. 哪件经济学作品（书、文章、演讲）给您印象最深？

哈耶克1945年关于"知识在社会中的运用"的论文，和它的前身"知识和经济学"，你能够从文中看出他正在和什么作斗争、他正努力做什么。我也喜欢他的《法律、立法和自由》以及《致命的自负》。

21. 您能记得最让您震撼的智力"顿悟"吗？是哪一次？

承认市场运作比你可能认为的好得多。实验显示了这一点。所有关于完全信息的东西都毫无价值，哈耶克对此一清二楚。

22. 经济学研究者应具备哪些素质？

好奇心。

23. 您认为您本人最重要的贡献是什么？

发现了市场制度在集合分散的信息方面是多么有效。但是，我们关于这些制度来自何方知道得如此之少，这给我留下了深刻印象。这是我们理解上的一大空白。

24. 职业生涯中最让您痛苦的失败什么，您愿意列举一个吗？

对于哈耶克的知识分工，亦即随时间的推移，人们借以首先获得私人信息，然后发现价格和分配的这个动态学习过程，我试了好几次去建立模型。我试着提出一个可以检验的系统阐释——但这实在太难了，因为你缺乏有关均衡效率的资料。例如，由于预算约束，你都不知道该怎么去着手。如果你还没有发现价格，这些约束就没有任何意义。

25. 您认为自己的主要个人性格特质是什么？

我能够长时间的全神贯注。

26. 您认为自己的主要个人缺点是什么？

我不喜欢鸡尾酒会，而且我很快就觉得很无聊。我真的不是一个非常爱社交的人。

27. 在您的合作者中，哪种性格特质您最喜欢？

思考的连贯性。

28. 在你的朋友中，哪种性格特质您最喜欢？

正直、可靠。

29. 对您来说，快乐是指什么？

当然是我正在做的事情。当我遇到一个问题，苦思冥想、念念不忘时，我最快乐。我喜欢当我正在加深对事物的了解和理解、当我自己对某件事正梳理出思路时的感觉。无论如何，快乐与其说是一种环境的状态，倒不如说是一种个人的状态。不是说你能够在一种真正破坏性的环境中感到快乐，但常常是，人们说他们不快乐而你却说不出究竟为什么。

30. 对您来说，圆满是指什么？

同上。

31. 在您看来，最糟糕的经济不幸会是什么？

（无）

32. 在经济学研究之外，你喜欢以何种方式度过闲暇时光？

钓鱼、驾吉普车驰骋——尽管这些日子，这些事情我做得少多了。

33. 您最爱吃哪种食物？

意大利面食和蔬菜，我喜欢意大利食物。

埃德蒙德·菲尔普斯

美国纽约哥伦比亚大学

获2006年度诺贝尔经济学奖,"以表彰他对宏观经济政策中长、短期权衡的分析"。

简 介

这是一个美丽、温暖的夏日,"资本主义与社会研究中心"的外面肯定比里面更好。埃德蒙德·菲尔普斯手指哥伦比亚大学霍根大楼地球研究所中许多毫无吸引力的办公隔间,面带一丝嘲讽的笑容,介绍说:"好了,这就是它。"中心是 2004 年用考夫曼基金会①捐赠的资金创立的,其宗旨是:

> 超越主流市场模型对资本主义开展严肃的研究,着眼于有关其动态、其稳定性,以及资本主义在这些方面如何与社团主义和市场社会主义等竞争性思潮进行比较的问题。这样一种研究势在必行,因为一个国家需要有一个更全面和可靠的理解……以作出制度选择……

有趣的是,中心有一个相当"奥地利学派的"研究议程,对此,菲尔普斯本人干巴巴地作了确认:"资本主义本就是哈耶克的领域。"但可以说,该中心的大部分成员都是折中的新凯恩斯主义者。菲尔普斯本人就是这样一种混合体的化身:一方面,他充分认识到了市场互动的自我调节和知识产生的力量;而另一方面,他对于要求作出某种国家干预,也未有过分的担心。中心的成员包括阿马尔·拜德、格伦·哈伯德(前经济顾问委员会主席)、罗曼·弗雷德曼、雅努什·奥道佛(前司法部反托拉斯首席经济学家)、杰弗里·萨克斯(地球研究所所长)、罗伯特·

---

① 尤因·考夫曼基金会成立于 1966 年,目的是对年轻人进行培训,扶持他们创业,特别是在创始人的家乡堪萨斯城及周边地区。

希勒、约瑟夫·斯蒂格利茨（2001年度诺贝尔奖得主），以及身为中心主任的菲尔普斯本人。该中心本身就发行一份期刊，名为《资本主义和社会》。菲尔普斯的办公室大门总是敞开着，噪声即便不是真的没有，但还算适中。霓虹灯发出冰冷的、严肃的光线，人为地照亮了这片地方。靠墙摆放的几排书架见证了屋主本人的作品及他的各种灵感来源。

但是现在，菲尔普斯没有灵感，他甚至没被激发起来，他完全累坏了。他仍像往常一样迷人，但坦率地说，我们的谈话拖拖拉拉地进行着。但这并不是说他不喜欢讲他的故事，也不是说他需要时间来对他的访谈热身。我们第一次见面是在6年前，并一直友好往来至今。这其中的原因，毋宁说是他想小睡一下，把时差倒过来。自从他"获诺贝尔奖"以来，演讲预约和采访要求就成倍增加，菲尔普斯经常得飞来飞去。并不是他受不了旅行，他其实非常喜欢它——在于这很风光。而这并不总是有保证的，尽管如此，获奖后仅10个月，他就已成功地为自己挣得了最"奢华"、最"难相处"的诺贝尔奖得主之一的名声。这些应酬是以牺牲他的研究为代价的。"自打我获得诺贝尔奖以来，我就没有那么多的时间了。我现在实际上是在吃老本。我不喜欢那个。"他抱怨说。毕竟，经济学研究并不是生活的全部。菲尔普斯喜欢纽约城市的生活、歌剧、音乐会、戏剧。他是个小号手，他本人还是一名有天赋的歌手——他的公寓位于纽约上东区，他经常与他的阿根廷妻子薇薇阿娜·蒙特多尔一道，在家里举办酒会和晚宴，在这些场合一试身手来证明自己的天分。他喜爱美食，爱喝香槟和美酒，多年来，他已经成了一名有造诣的美食家。他的确也希望享受生活。为了在研究上有所成就而把自己封闭在一种苦行僧式的环境里，是他早年做过的事情，但现在再不会这样做了。"这样做代价太大了"，他有一次言之凿凿，一脸严肃。诚然，菲尔普斯以自己的成就为傲，渴望保持良好的公众形象，希望获得人们的掌声。例如，仅仅在他获奖被宣布之前两个星期，他就在自己的网站上发布了一份新的、内容广泛的简历，里面有作了清楚标记的有用链接和所有相关电话号码。也许只不过表明他有极好的直觉。尽管如此，菲尔普斯在谈话中显示出的自我解嘲程度令人印象深刻，且谈笑风生。因此，我们的对话不仅富有教益，而且阅读起来也极富乐趣。

埃德蒙德·菲尔普斯 1933 年出生于伊利诺伊州埃文斯通市——正值大萧条的严重时期。他们家属于"中产阶级"，正如他称呼的那样。他父亲从事广告业，母亲是个营养学家，而且两人都曾受益于某种经济学教育。可是，他却称之为"非常实用的经济学背景"。金融和经济新闻不断在晚饭时的谈话中出现。父母二人都丢了工作，只是在他们各自父母的帮助下勉强度日，直至他父亲在纽约找到了一份新工作。年轻的菲尔普斯最醉心于音乐，比对其他任何东西的兴趣都大，他在不同的乐队担任小号领奏。但到头来，他并没有从事音乐事业，反倒去阿姆赫斯特学院读本科。起初，他念的是哲学，但应他父亲的要求，他还选修了一门经济学课程——而这决定了他后来走上经济学研究的道路，终生不渝。"这简直是为我量身定做的"，他说，"堪称天赐之物"。然而，哲学在他宽广、深邃的思想中留下了持久的印记。念完本科后，菲尔普斯继续到耶鲁大学读研究生。在堪称凯恩斯主义大本营的耶鲁大学，他深受诸如威廉·费尔纳、雅各布·马尔沙克、佳林·库普曼斯、杰拉德·德布鲁、罗伯特·特里芬、亨利·沃里兹、詹姆斯·托宾和托马斯·谢林等杰出学者的影响。托宾，他的博士论文导师，给了他一个意见，让他就需求和成本冲击对价格和产出变化之间的关系的影响撰写论文。这是一篇在数学上很费心力的论文，但就概念而论，是"大有疑问的"，菲尔普斯这样回忆说——这大概就是为什么在任何地方都找不到对它的直接引用的原因。1959 年，他获得耶鲁大学的博士学位，之后离开大学，来到位于圣莫尼卡市的兰德公司。在兰德公司待了一年之后，菲尔普斯以考勒斯基金会的名义回到耶鲁大学，先后任职助理教授和副教授，然而最后却前往麻省理工学院执教。1966 年，他在伦敦经济学院和剑桥大学度过了他的休假年①。之后，1966~1971 年，菲尔普斯在宾夕法尼亚大学担任教授。1969~1970 年，他在斯坦福大学的行为科学高级研究中心待了一年，与约翰·罗尔斯建立了联系。1971 年，由于职业和个人的双重原因，他离开宾夕法尼亚，回到了纽约，他在纽约的哥伦比亚大学找到了雇用机会，在他看来，这是"美国最令人兴奋的城市"，而且它还靠近他长大成人的黑斯廷斯郊区。"所以，希望回到美国第一城，似乎是十分自然的。"他在我们的谈话中说道。于是，哥伦比亚大学是他一直待到今天的地方，其间只中断一次，他于 1978~1979 年在纽约大学执教了短短一年时间——当然了，其间还定期去欧洲多个目的地旅行过。自 20 世纪 80 年代以来，菲尔普斯增加了其与欧洲各大学和机构的海外合作，例如法国国家经贸观测中心、意大利央行、欧洲复兴开发银行和托·威尔伽塔罗马大学等。

埃德蒙德·菲尔普斯积极从事研究的头几年是其训练的直接结果，他这些年都致力于增长理论。一篇重要的论文，写于在考勒斯基金会工作的 1961 年，采用的是跨期视角，提出了"资本积累的黄金律"。他还出版了一本关于经济增长的书。除此之外，1966 年他的一篇论文突出了管理者在新技术在整个经济体的传播中的作用，还有一篇，也写自 1966 年，涉及的是研究与开发

---

① 在美国，大学教授每七年得享受一年的休假。——译者注

及它们与经济增长的关系。

然而，或许至关重要的时期，开始于菲尔普斯1966年来到伦敦经济学院的时候。这是他著名的"微观－宏观"时期的开始。实际上，由于经济学的传统"分化"，该领域被分割为微观经济学和宏观经济学，这让他感到一种深深的不安，菲尔普斯自此之后的大部分工作就是由这种不安推动的。正如他在我们的谈话中所说的："那些你在其中转动曲柄，就得到国内生产总值将是多少的凯恩斯模型，可能会让人着迷，它们甚至可能有一定的实用价值，但我从未对它们感到非常舒服过。我不认为它们有牢靠的基础。"菲尔普斯通过提供宏观经济学的微观基础，着手把这二者结合起来。然而，这并不只是意味着需要架设一座简单的桥梁。由于两个领域之间存在着完全的不相容，他不得不重新系统地阐述大量的微观经济理论，从而能够成为宏观经济学的基础。他在微观经济学中引入的至关重要的元素，是不确定、不完全的信息和不完全的知识。[①] 这项工作主要聚焦于就业、工资设定和通货膨胀之间的联系，其最闻名于世的结果是菲尔普斯对传统的菲利普斯曲线的挑战。菲利普斯曲线宣称，通货膨胀和失业存在着此消彼长的关系。现在，在其关于宏观经济学的新微观基础的框架里，菲尔普斯指出，通货膨胀还依赖于企业和员工对价格和工资增加的预期——大意是，既然实际通货膨胀率和预计通货膨胀率之间不可能存在任何永久的差异，通货膨胀和失业之间也就不存在任何长期的跷跷板关系。这意味着凯恩斯主义的需求管理只能有有限而且短暂的效果。米尔顿·弗里德曼也在同一时

[①] 作为对这一点的佐证，也为了从总体上更细致地评价菲尔普斯的贡献，读者值得花时间读一下菲利普·阿吉翁等人2001年的作品。知识的产生和扩散迄至今日一直是菲尔普斯思考的一个主题，这也进入了他近期在资本主义方面的兴趣中。

期得到了这个结果，但没有提供微观基础。菲尔普斯在其著名的"货币-工资动态和劳动力市场均衡"一文（1968年）中提出的模型，后来以（垂直的）"预期增强的菲利普斯曲线"闻名于世。这也是第一批效率工资理论、搜索失业等理论面世的时期，所有这些都是菲尔普斯的重要范式转变的一部分：虽然新古典主义与凯恩斯主义学说迄今为止把失业当做一种不均衡的情况处理，其差异只在于新古典主义者对于回归均衡更乐观，但菲尔普斯却表明了，均衡时可能存在失业。菲尔普斯还引进了"自然失业率"的概念，这次又与弗里德曼同行。凯恩斯主义学派把这一切视为一个可怕的打击——它过去的确如此——而且作出了相当令人不快的反应，正如菲尔普斯回忆的那样。

但是，在一场典型的科学辩证运动中，罗伯特·卢卡斯以他的理性预期法登上舞台，一条新的阵线开辟了。菲尔普斯更喜欢把预期看做是适应性的，但卢卡斯按照他自己的思路，使用他自己的术语，证明了菲尔普斯的模型。这把人们的注意力从菲尔普斯转移开去了——菲尔普斯对此感到遗憾："它只是我所做工作的一个简化版本……但它拖长了辩论，因为它给予了凯恩斯主义者一种胜利的幻觉。"对他来说，理性预期法也走得太远，这只是因为人们并非是完全理性的——但尽管如此，他后来的研究旨在再次增强新凯恩斯主义方法，同时把理性预期假设纳入考虑。于是，与约翰·泰勒和吉尔莫·卡尔沃一道，菲尔普斯开始了一项建立在其1968年论文之上的研究计划，现在使用的是黏性工资和价格。在这样一种背景里，货币政策才能奏效。最后，20世纪80年代，菲尔普斯开始怀疑全部三个现有的就业货币理论，也就是依据新兴古典方法、新兴凯恩斯方法和新凯恩斯方法所作解释的价值。这开始了他的"结构主义"时期，即就业决定的非货币建模及其背后的时间模式的阶段，该阶段始于1988年那部罗菲图西与菲尔普斯合著的书，结束于 1994 年的《结构性衰退》一书。下一个主题，主要是在下一个十年，是劳动力市场的参与和内容。

然而，自铁幕落下以来，菲尔普斯把注意力转向了更基本的资本主义问题。问题涉及是什么允许并鼓励创业活动、必要的制度如何形成、知识如何传递等——所有这些主题都是他的关心所在。这并不奇怪：它们都是他为提供微观基础所作努力的逻辑延伸，也就是说，进行更深入的挖掘，抵达事物的核心，真正理解这个世界。即便这是以也许看起来像是折中主义的东西为代价的。

至于其灵感的主要来源，菲尔普斯直言不讳：他的"中产阶级"背景，家里的谈话很大程度上都是经济话题；受他父亲的直接影响，促使他在上大学时至少选修了一门经济学课程；一位良师（詹姆斯·尼尔森）和一本随处有售的、优秀的教科书（保罗·萨缪尔森的《经济学基础》）；他所上的常春藤联盟大学（耶鲁大学）中良好的教学环境，这里有威廉·费尔纳在哲学方面提供的潜在影响，以及他的博士生导师詹姆斯·托宾给予他的学习榜样和施展手脚的空间；以及当然还有那个时代：凯恩斯主义经济学范式——它现在依然生气勃勃、欣欣向荣——已经显露出其缺陷，因而是有很大改进余地的时代。各种主题很丰富。在这个意义上，按罗伯特·索洛的话说，菲尔普斯也是一位难题解决者——但他的好奇心和他的抱负却属于系统建立者。概而言之，可以公平地说，在菲尔普斯的情形中，灵感的所有三条基本路线都出现了，它们系统性地相互影响，权重基本相当。有时候只是所有的东西凑到了一起，为一位活跃的、有天赋的智者提供一个有趣的施展舞台。

访 谈

本次访谈时间：2007 年 8 月 1 日。

您有一次说自己一直有几分当经济学家的素质。这么说有什么根据吗？

我也许会想到，我是在差不多属于中产阶级的家庭中长大的，这是一种商业导向的背景。我祖父是一名鞋业制造商，在中西部拥有几个鞋业零售点。他做得很成功，赚了不少钱。我母亲家在伊利诺伊州南部拥有一家规模较大的农场。她在当地一所大学念书，是一名受过专业训练的营养师。我父亲的职业是广告，于 1920~1924 年间在伊利诺伊大学念经济学专业。他一定是个相当优秀的学生。他还记得非常多我从来没有听说过的有关经济学的东西。他对这类主题总是充满热情。这样，我就有了这种非常实践性的经济学背景，这可不是一种科学或艺术背景。

但这是否意味着，你们在家里，在饭桌上讨论经济形势和经济政策？一定是这样，因为您是在大萧条的谷底出生的，而且我理解这些年的经济动荡对你们家的影响，在这期间您父母双双失业了。当您父亲最终在 1939 年重新找到工作时，你们一家搬到纽约市的一个郊区去住。

哦，是的，我们确信我们谈论了经济和华盛顿，金融和经济消息不断出现在饭桌谈话中。此外，像当时的许多中产阶级人士一样，我父母非常关心没有太多机会的人，我有几分被这个吸引了。

我猜这大概在您身上产生了一种不断上升的政治意识吧。

我记得我父母总是投票赞成左派,投民主党的票。他们也有一些共和党朋友,我还记得他们有过交流。所以我看得出还有一个右派,我还隐隐觉得它们之间有差异。一些投票支持右派的人不喜欢高税收,不喜欢大政府。我认为这是一种肤浅、利己的举动,这里面没有一点儿理智。两方都没在谈论宏观经济学。但是,我一定对左派和右派之间是否存在更深的差异,逐渐有了某种好奇心。

您梦想将来做什么样的工作?

读高中时,我想也许我将会进入商界,在公司里当个经理或总裁什么的。我觉得自己能够管理一个机构。这并不是说我非常合群,或者说我可以直接支配一屋子人或任何诸如此类的事情。但我确实注意到,在我们的音乐团体中,我往往是乐手们围着转的人。我通常担任首席领奏。我往往是使之运转起来的人。此外,当我念10年级、11年级或12年级的时候,我对于自己能够在自己的一生中做别的什么没有太多意识,我没有什么经济学意识。记住,在那个时候的美国,高中阶段学习经济学课程根本是闻所未闻的。

在德国,现在的情况多少还是这样呢。

在法国,他们确实有这类课程。带来的结果是,学生高中毕业后似乎认为他们知道有关亚当·斯密和阿尔弗雷德·马歇尔的一切。而德国学生,我注意到,到他们将要上大学的时候,似乎热情全都耗尽了。他们想的全都是取得学位,然后找个工作过日子。我的情况不同,当我上大学时是一场智力冒险。

您在阿姆赫斯特学院念了预科。您那时知道自己将来做什么吗——就智力或就事业而言?

不知道。起初，我被柏拉图、休谟以及蒙田之类的人文主义者所吸引，学校要求我们阅读他们的著作。我感到很兴奋，并满怀期待着将来去学习哲学专业。我父亲也许已经预见到这一点即将到来。不管怎么说，他要求我做一件事：选修一门经济学课程。我照办了。我在一两周之内就意识到，这门课非常适合我。我无法解释为什么，而且也许到今天我都不知道为什么。但是在我看来很清楚，在一门有50个学生的哲学班中，我能够排名第三或第四。然而在经济学中，我不费吹灰之力就名列前茅，不是第一就是第二。我意识到，我对经济学有不同寻常的天赋。这很重要。我的意思是，当你学习时，你当然希望将来能够成功。而且我还有一种感觉，有了经济学，对于这些有关左派和右派的政治问题，我就能够探明其中一些问题的根源。

某种程度上是您父亲逼迫您走上这条路的，这个事实难道没有让您心生反感吗？您有没有作出什么叛逆性的反应？

我父亲以前几乎没要求我做过什么，所以我并没感到受到很大的逼迫。此外，这门学科就像以前的哲学那样，引起了我很大的兴趣。在我看来，它是作为神启出现的：经济学经保罗·萨缪尔森——我所读的那部新教科书的作者——之手，还可以如此令人兴奋。詹姆斯·尼尔森讲起课来也很有才气。他们两人也都相当有趣，他们是伟大的喜剧演员，只要他们想去这么做。我得出结论，这并不是二流学科。这门学科很可能好得不能再好了。里面有许多东西值得人们去思索和弄清楚其含义。所以，我根本没什么怨恨的。它简直是天赐之物。

当您开始学经济学的时候，您觉得轻松吗？

很轻松，从第一天起就很轻松。但你刚才问的是对父母的反抗。记住，我母亲是一名营养学家，我父亲那时在一家银行工作。我认为自己要更上一层楼。我要做能够解决左、右派对比问题的哲学经济学家。因此在某种程度上，我的确在自己和父母之间拉开了一定的距离。

您是什么时候开始认为经济学可以成为自己的职业的？

那是我已经在大学三年级念了一段时间之后的事了，那时我才开始思考这一切与职业的关系，想知道是否有可能靠这个东西谋生。我想那大概是大三快要结束或大四开始的时候，当时盛传保罗·萨缪尔森要来阿姆赫斯特做演讲，并与经济学专业一些较有前途的高年级学生见面。他跟我谈了大约20分钟。他说，我应该去念研究生，我会发现继续当职业经济学家很有趣。他谈起话来就好像这一切是注定的，于是我想，好吧，咱们就给这件事发个号令，我将去念研究生，我将善待每一天，看一看能否在这一过程中找到有趣的挑战和某种乐趣。

我猜想，如果有个您钦佩的人这样待您，期望您继续走下去，这一定是一个巨大的动力。

是的，没错。我感到了某种压力，如何才能不辜负他们的期望。

这么说，促使您能够继续往前走的，在很大程度上是最好的教育和激励性支持啰。那么，内在激励呢，也就是源自学科本身的激励呢？您曾开玩笑说，您之所以一再钻研经济学，是因为您怀着这样的希望，就是如果再多学一门课，自己终将会把它弄明白的。

确实，我一直在努力搞清楚这门学科到底是怎么回事。但这当中也有我对——这个良好的经济体中——左派与右派对比的兴趣，尽管这在某种程度上是无意识的。

之后，您依靠奖学金到耶鲁大学深造。您的老师是哪些人？他们又是怎么教书的？您那时候上的课看起来是怎么样的？很数学化吗？

不，并没有很多数学。我遇到了一位教授，名叫威廉·费尔纳，来自匈牙利。他们家有商业背景。他父亲是布达佩斯一家大型酿酒厂的所有者。所以，费尔纳不仅是一位高智商的人，聪明、做事认真、有教养，他还颇有些商业知识。实际上，他能够从一种现实的我以前在课堂上闻所未闻的角度谈论问题。

还有谁给您留下了深刻印象并给了您灵感？

另一位颇有影响的老师是詹姆斯·托宾。他教给了我大量的宏观经济学知识。我觉得他教的东西真的很好，很重要。但我也认为可能还不够基础。我至今还记得一个故事，我肯定那是杜撰的，是一位给一年级研究生教统计学课的讲师在课堂上讲的。他叫罗伯特·萨默斯，是拉里·萨默斯的父亲，保罗·萨缪尔森的兄弟，肯尼斯·阿罗的姐姐安妮塔的丈夫。故事是这样的，一名讲师在阐述一个数理经济模型的运行方式，仿佛经济就像一个机械玩具。对此，一名学生举手提问："但是，老师，在这个模型中，人在哪里呢？"那个学生真是一语中的。那些你转动曲柄就能得到国内生产总值将是多少的凯恩斯主义模型，也许令人着迷，它们甚至有一定的实用价值，但我从来就没对它们感到舒服过。我不认为它们有太多的基础。我之所以喜欢费尔纳，是因为他非常关注基础。你可以看到，他是从人的角度进行思考的，考虑他们当时的处境、他们的信仰和他们的预期。我把这个吸收消化,为我所用。另外一个非常重要的有影响的人是托马斯·谢林。他比威利·费尔纳小16岁。他以前就有过实际工作经验,在欧洲参与过马歇尔计划,在华盛顿工作过。他在耶鲁大学教书时,仍然是一名非常年轻的正教授。我看着他根本是在自我娱乐,就在我的眼皮底下。我看着他转向通常是少数人之间的议价和交易问题——我们现在认为属于博弈论的东西,但他并不认为这是博弈论。他是从头开始推导这东西的。我看着他建立这些关于彼此防范对方突然袭击的小模型。这很大胆,我不知道自己能否做到这样的事情。后来,我也做了类似这样令人兴奋的事情,这样的事在我的一生中也许有那么两三次。但这并不重要。总之,谢林是一个活生生的例子,我觉得也许我可能适合去做这样的人。

特别是因为他已经研究了某些类型的微观基础吗?

是的。事实上,他对微观-微观感兴趣。他感兴趣于思考人们在非常现实的层面的相互作用。

关于宏观经济学当时的研究方式,困扰您的是什么?

它里面没有微观的东西。没有人、没有信念、没有预期。我看得出,费尔纳和谢林时刻把人放在心上。因此,我的研究议程就是把人纳入增长经济学中。增长经济学为先。再后来,我开始注意沿着费尔纳和谢林会认为正确的思路,把人纳入就业经济学中。

把微观和宏观结合起来为什么会这样重要?我的意思是——微观经济理论已经有了,价格理论很早之前就已完全确立了。好像并不是以前没人考虑过经济学中的人类行为和个人选择。微观和宏观，经济理论的两大单元，并肩共存，反映着两个不同的抽象水平。所缺少的是这两者的适当结合。您为什么认为这一点必不可少？为什么它对于理解您借以从微观层面转到宏观层面的——非机械性的而是相互作用的——综合过程很重要？

这不光是把两个单独的观点——它们就像黑夜中两艘彼此不相干的船只那样——综合起来的问题。问题在于，这两者间实际上存在着一种真正的不相容性，而且我并不是唯一看出其中存在着矛盾的人。标准微观经济学暗示，将存在充分的就业，而且这个就业水平的变化将取决于像技术变化、资本存量变化和天气变化这样的东西。但是，凯恩斯经济学主张，决定就业的东西根本就不是这样。凯恩斯经济学给出了与标准微观经济学不一致的推论。情况变得很清楚，我们不能简单地使用既有的——新古典——微观经济学作为凯恩斯宏观经济学的微观基础。所以——呃，我要说的是，我必须创造一种新的微观经济学。但是这有点狂妄，也不准确。我必须使用一点我所学到的有关微观经济学的知识，并从这里出发，另行建立能够很容易与宏观经济学关联起来的微观经济模型。至于自己能否非常好地证明它，我并没有把握，但我始终认为，1959~1960年我在完成学位论文之后到兰德公司工作的那一年，在这方面对我很有帮助。

这是为什么？

它很有帮助，使我接触到另外一个类型的宏观经济学，比我可能在其他情况下认识到的更现实的宏观经济学。兰德公司有一个现实的使命，它要确保各空军基地随时有备件可用。为了应对这个问题，我开始学了一点概率论和随机过程建模。这是一个帮助。我还阅读托马斯·谢林的作品。在防范对方突然袭击的情况中，A国不知道B国做什么，B国也观察不到A国做什么。我的脑子里不时闪现着这类东西。它与费尔纳的教导有关。费尔纳的教导使我对商界的极端不确定性有了一个深刻的认识：商业人士总是处在极端的不确定性之中。他们不知道可能性是多少。所以假定我们能够预测任何事情，但这根本是胡说八道。如果有的话，我们就必须以一种经过修改的方式使用概率。概括来说，这里面有些要感谢兰德公司，有些要感谢费尔纳，有些要感谢谢林，这些事情合在一起帮助我找到了自己的道路。

您是在哪一年写博士论文的？

1959年。在1957~1958学年，我那时还在耶鲁大学，但我毫无进展。我试图找到一个好的论文题目，但我实际上没有成功。

您的导师是哪位？

是托宾。但他那时休年假，在瑞士待了一年。这在某种程度是件好事，因为我可以自己做主。我四处搜寻论文题目，与托马斯·谢林交谈了一点情况。然后我试着去做一个题目，谢林推荐给我的，但是我缺乏足够的数学训练，不知道我应该怎么着手去做。并不是因为在数学上很难，我只是贪多嚼不烂。一年之后，我才认识到了这个教训。

那好，咱们回头谈谈您在兰德公司工作的那一年吧。

在兰德公司，我还学了一点管理科学和运筹学。这令人着迷。我很高兴去了那里，遇到了各种各样有趣的、令人兴奋的和富有才华的人。但大约6个月之后，我知道我必须回到学术界去。就这样，由于运气好，我发现自己又能回到耶鲁大学。这是因为耶鲁大学提供的是考勒斯基金会的一个职位，这意味着我的教学量较少。因此我欣然接受，尽管我对于回到纽黑文不是很高兴，这是一个非常讨厌的地方。

但就学术而言并不令人讨厌。
哦，是的。我在耶鲁大学时正值它的黄金时期。

现在您有了很好的自由度，教学量不多，可以尽情思考。
是的，的确是。没什么可抱怨的。

您跟同事怎么打交道？这是一种激发您的创造力的环境吗？是什么东西让您想到了您后来所专心从事的主题的？
部分原因是我那时在考勒斯基金会，跟人打交道极其轻松——简直太轻松了。结果是，我与人合撰了一些论文，在以前我是不会这样做的，但我做了。我大概有一种倾向，对于一篇论文从头到尾我得做些什么，我从不考虑太多。只是在耶鲁大学待了四年之后，其中有一年待在麻省理工学院（1962～1963学年），我才开始更多地思考战略性的东西。我在增长经济学方面做了非常多的工作。我写了两篇自认为是增长经济学中的突破性之作的论文，其中一篇论述的是管理者在新技术在整个经济体的传播中的作用，另一篇是关于研究和开发及其与经济增长的关系。因为我当时正转往宾夕法尼亚州大学当正教授①——我是1965接受该职的，我认为自己现在能向更有挑战性的东西出击了，于是我开始研究微观－宏观的东西。但是，要远离那些已在着手的论文是非常困难的。只是在半年以后，当我在耶鲁大学的

---

① 宾夕法尼亚大学的任命始于一年后，即1966年。埃德蒙德·菲尔普斯在那里待到1971年，之后转往哥伦比亚大学。

最后一个学期攒够了自己的年假,前往海外,到伦敦休假的时候,我才真正开始启程了。

您在那儿找到了令人满意的工作环境吗?

呃,我去拜访了伦敦经济学院的会议召集人。他问我是否有很多工作要做。我给错了答案。我说:不。我本应该说:当然,我将甩开膀子大干一番,我一直以来就是这样做的。结果,他没给我办公室。实质上,他给了我图书馆一间小屋的钥匙。结果,这却带来了意想不到的效果。如果我有一间办公室,我就会整天跟理查德·凯夫斯和罗纳德·琼斯闲聊。我将一事无成。由于这间小屋,我完全独自一人。即使想找人谈话,我也办不到,因为我是在图书馆的第十七号房,如果找人闲聊,就会打扰其他人。这就像是在一间僧侣屋中。

这有怎样的效果呢?

非常好。我记得,一天晚上,我在歌剧院听瓦格纳的《帕西法尔》,是伟大的乔恩·维克斯主演的。但有一个问题整天困扰着我,我一直没能解决,它把我的注意力完全吸引住了,歌剧一点都没听进去。我坐在那儿,在考文特花园,也就是皇家歌剧院的前排,大概离维克斯50英尺,我却心不在焉,我只是在思考那个问题。但是,在第一幕快结束的时候,我突然意识到解决办法是什么了!在此之后,我才能再次一心一意地观看歌剧。我所以讲这个故事,只是因为它是一个例证,说明我所做的工作是非常耗费心力的。我都不知道这一切是怎么走过来的,可以肯定我现在几乎不可能忍受那个。

大概有人这么跟您说过吧。

没人置评（笑）。但是，这是一个艰难时期。之后，那年夏天，我继续前往英国的剑桥大学。我有一间办公室，我会像关在单人禁闭室似的坐在那里。办公室由应用经济学系主任理查德·斯通提供，他后来也获得了诺贝尔奖。① 我会整天坐在那里，茫然望着四墙，苦思冥想手头的工作，努力往前走一步。唯一快乐的时刻，是一个年轻的女人，我想她的名字是罗西，走进来，交给我一封信——如果我有的话。那是一天最美好的时刻。

听起来太可怕了。您需要这种苦行僧似的氛围，才能有所成就吗？

是的，我需要这样。我现在不确定自己是否会再做这样的事情，代价太大了。大概正因为这个，而不是其他任何东西，年轻人往往才能取得突破。现在要我把自己封闭到这个地步，与外面的世界隔离，只做一件事，那会是非常困难的。这样的日子，差一点就让人发疯了，你知道的。不过我没发疯。

您在自己的回忆录中说，您的工作大概分三个不同的阶段，在每一个阶段您都有一个主要想法。有趣的是，您指出，您每换一个地方都会有新的想法提出。您认为这有什么相关性吗？

坦率地说，我说不清是因为我换个地方自己才有了新的想法，还是这两者只不过恰巧在同一时间发生，因果关系不明确。的确，换地方之后我总是有一个新的开始。但不管怎么说，我都可能有一个新的想法。你瞧，你对某个东西研究了六七年了，然

---

① 理查德·斯通（1913 – 1991）"因对国民账户体系的发展作出了基础性的贡献，从而大大改进了实证经济分析的基础"，从而荣获 1984 年度诺贝尔经济学奖。

后你转到一个新的主题——我在地理上也不安分,在一个地方待了若干年之后,我又转到其他地方了。在哥伦比亚大学,我研究了不止一个东西,只是因为我没有再转到其他地方的好运气。我确实变了(笑)。

咱们集中谈谈您开始于剑桥大学、完成于宾夕法尼亚大学的研究线路吧。它涉及菲利普斯曲线。①在那些论文中,您对通货膨胀和失业率之间的所谓关系提出了质疑,指出通货膨胀还取决于企业和员工对价格和工资增加的预期。②米尔顿·弗里德曼也提出一个类似的观点,但没有拿出一个高度公式化的模型,特别是没有以您那种方式把宏观和微观结合起来。在那段日子,对菲利普斯曲线提出质疑有多普遍?菲利普斯曲线是否根本就有争议?人们对它有一股反抗浪潮?拟或当您推翻它的时候您面临了许多批评?

呃,这一点是毫无疑问的,在批评菲利普斯曲线时,我也必须考虑我认为它所包含的少许真理。我无法真正避免更详尽地处理它。它在学术圈中倒没有争议;相反,它被人们相当迅速地接受了。我是少数几个认为它还不够好、我们不应该保持这种状况

---

① 参见菲利普斯1958年的作品。该文最终的含义是,失业和通货膨胀之间存在着一个可为决策者利用的此消彼长的关系。
② 本会议文集实际上被普遍称为"菲尔普斯文集"。菲尔普斯的模型被称为"附加预期的菲利普斯曲线"。该模型聚焦于在下述这样一个劳动力市场中企业制定工资的行为:在这种市场中,将失业者与空缺岗位匹配起来是一个费时的过程。它的意思是,对于一给定的失业率,预期通货膨胀率上升一个百分点,将导致实际通货膨胀率增加一个百分点。所以到最后是一个像"垂直的"菲利普斯曲线的东西,这暗示,通货膨胀和失业之间不可能存在长期的此消彼长的关系,因为实际通货膨胀率和预期通货膨胀率之间不可能存在长久的差异。

的人之一。

您在这个问题上和弗里德曼有过什么交流吗？

没有，什么都没有。我认为米尔顿·弗里德曼的文章对这个问题只是蜻蜓点水，一带而过，太不应该了，实在不值得它所获得的大量关注。我努力做的，是建立失业与通货膨胀的关系的模型，而在本质上，弗里德曼更多的是在通货膨胀方面讨论劳动力的参与，导致错误地理解了实际工资及随之发生的对劳动力供给——或更确切地说，对劳动供给曲线——的影响。然而我与他不同，我把劳动供给曲线当做是给定的。我讨论的是失业率与这些货币性干扰的关系。

学术界有何反应？

是啊，这是经济学界的一件大事，简直闹翻天了。的确如此。当我那两篇决定性的论文分别于1967年和1968年面世时，二者基本上都是在夏天发表的，我那时34岁和35岁，我遭到了经济学界最资深、最德高望重的人士的攻击，我遭到了取笑，他们当中的一些人在某种程度上还是我的朋友呢，但这是一场非常严肃的争取学术地位、探寻真理的竞赛。这场竞争关乎着谁将被视为已理解这一点是正确的人。它在学术界是一个大题目。

哪些人与您争论得最激烈？

詹姆斯·托宾和罗伯特·索洛。他们在凯恩斯主义观点方面进行了深耕细作，所以对他们来说，这是一场他们不想失败的战斗。保罗·萨缪尔森更像是一个中立的旁观者，一位仲裁人。他左右逢源，游刃有余。

这些是怎么发生的？在我看来，您的见解看起来如此有道理，如此难以驳倒，以至于像罗伯特·索洛这样的人也有可能在某个时候举手投降。

哦，人们往往有这样一种倾向，他们在了解实际情况之后，就会变得沉默不语。① 整个20世纪70年代，这个争端都存在。后来，罗伯特·卢卡斯②的介入使情况进一步复杂了。我从来就不是一个鼓吹理性预期的人，但与几乎每一位经济理论家一样，我时不时地涉身其中。某种程度上，这场战斗后来逐渐演变成凯恩斯主义者与卢卡斯之间的战斗，我实际上被绕开了。然而，我觉得这场战斗本来应该是我与凯恩斯主义者之间的！我不认为卢卡斯版本是人们应该关注的重点。我也不认为它有很大的功用。不可否认，它里面有些有趣的东西，但它只是我所做的东西的简化版本，是许多可能的简化版本之一。这有点不可避免，因为人们的确喜欢那种简单性。但它拖长了这场辩论的时间，因为它给了凯恩斯主义者一种获胜的幻想。他们发觉卢卡斯的版本荒谬可笑，因为预期实际上不是理性的，于是他们认为他们最终胜利了。但我呢？有时候，为了达致真理，你就必须较复杂。

1969年，就在您研究菲利普斯曲线的时候，您去斯坦福大学的行为科学高级研究中心待了一年。您在那里遇见了约翰·罗尔斯③。这次相遇给了您去搞某个新东西的冲动吗？

---

① 实际上，罗伯特·索洛从未表示赞同。在《地区报》2002年9月采制的一篇访谈中，他说："取代原菲利普斯曲线的，是弗里德曼-菲尔普斯自然失业率长期垂直菲利普斯曲线。我从第一天起就绝不认为，这只不过是一个由站不住脚的实证分析支撑的站不住脚的理论。"
② "因发展和应用了理性预期假说，从而改变了宏观经济分析并深化了对经济政策的理解"，罗伯特·卢卡斯荣获1995年度诺贝尔经济学奖。
③ 约翰·罗尔斯以其在斯坦福大学期间所著的《正义论》而著称。

阿马蒂亚·森在联合国工作的时候,有人把我介绍给他。当我告诉他我打算去斯坦福大学的行为科学高级研究中心工作时,他说,约翰·罗尔斯也将到那里去,我绝对应该与他见面谈谈。当时,我还不太清楚罗尔斯是做什么的。当我还在念研究生的时候,我就试着读了一点哲学。我过去常常在上午到斯特林纪念图书馆的阅览室去。我会按字母顺序,先浏览完字母 A 打头的所有期刊,然后再转到字母 B,依此类推。这大约需要三个月,我才能看到字母 Z,然后我会再从头开始看。这意味着我在那段日子里了解了一点儿哲学,但是我没有系统地看。因此十年过去了,虽然罗尔斯在此期间已经成了一位非常重要的人物,我却不知道他是做什么的。我匆匆看了一下他的一两篇文章,意识到这大概是我应该加以关注的东西。于是我有意提前几天来到中心。若不出意外,我可能会晚几天到的。我飞快地来到中心,比其他大多数人先一步挑选我的房间。我想看看罗尔斯的办公室在哪儿。最后,在罗尔斯的办公室旁边,有一间空着的办公室。我选择了这间办公室,与他为邻。我们很合得来。我们成了好朋友。他比我年纪大很多。我 36 岁,他 48 岁。罗尔斯对我有非常重要的影响。

他让您读了他的《正义论》的部分章节或草稿吗?

他开始时没有,但毫无疑问我迟早要看它的。只是,我自己的那本书花了很长时间才写完,比我认为的长得多。对此我有点沮丧。我写的那本书后来取名为《通货膨胀政策与失业理论》。它是阿尔文·汉森编撰的一套丛书的第一部。我得到了美国布鲁金斯学会资助的资金来做这件事。本来预计我一年前做。我已经得到了资金,但我没有如期交稿。来到行为科学高级研究中心后,我不得不开始写这本书,尽管这并不是我那一年想在这里做的事情。经过10个月或11个月之后，我依然没有全部写完。转眼一年过去了，我并没有像我本来想要并希望去做的那样，真正很好地利用这个地方。但是我跟罗尔斯交谈了很多次，非常认真地听他的谈话。他也听我的谈话。他非常喜欢我。他告诉他所在领域的其他人说，"内德·菲尔普斯不同于其他经济学家"。我不知道他这句话的确切所指，但话本身是正面的。起初，我没有正确理解他那本书。我甚至认为自己想到了一个更好的写书方式。但后来我意识到，他想要的根本与此没什么关系，全书的重点在于用不同的方式写书。直到该书最终于1971年1月面世后，我才真正领会他在做什么。

您后来就市场经济中的税率结构写了一些论文，发现对劳动者最高收入的边际税率必须为零，这些论文是不是受到罗尔斯的启发？

是，绝对的。这些论文是对罗尔斯极大极小准则的含义所作的探讨。当我从行为科学高级研究中心回来时，我清理了办公桌周围的一些东西，我对自己说，我现在要度过一段罗尔斯时期了。你所指的那篇论文发表于1973年，我是在1971~1972年写作的。它是我所写的第一批此类论文之一。在斯坦福大学待了一年之后，我回到了宾夕法尼亚大学，但我当时正打算离婚，希望搬到纽约去住。我在火车上遇到了凯尔文·兰开斯特，他是哥伦比亚大学的主席。就这样，我在1971年来到了哥伦比亚大学。这件事敲定得非常快。

为什么是纽约？

呃，它是美国最激动人心的城市。我在马萨诸塞州的乡村度过了四年时光；在康涅狄格州待了四年，之后又待了四年半；在洛杉矶待了一年；作为麻省理工学院的访问学者在波士顿待了一年；在帕洛阿尔托市待了一年……我是在纽约市外长大的。因此，想要回到美国最大的城市，似乎是十分自然的。

但这是一座喧闹的城市，到处是莺歌燕舞。而您刚才还说，为了有所成就，您需要一种苦行僧似的氛围。

的确如此。有许多夜晚，我和妻子薇薇阿娜会一直玩到午夜时分，在大都会歌剧院看歌剧，直至最后一幕，当我们回到家后，我还得去遛狗，直到凌晨一点才能睡觉。有段日子我认为这是一个辛苦的地方，这个纽约市。我好可怜啊（笑）。另外，有这种刺激也很好。它是否实际上对我的工作不好，我不清楚。回到我国的金融之都，经常与许多不同类型的经济学家见面，也是不错的。

那是在20世纪70年代。在80年代，您的研究重点是什么？您把这些年形容为"综合时期"。这十年的后半部分则是您的"欧洲之年"的开始，到欧洲大陆各个地方作了许多次旅行。

我的就业决定的非货币建模及其背后的时间模式阶段，对我来说这是一个十分令人满意的时期，它以萌发于1988年的那本罗菲图西－菲尔普斯合著书开始，以我1994年的《结构性衰退》一书结束。我也非常喜欢印成铅字的内容。这本书的各部分较杂乱，现在需要整理一下，但我没把握自己将来能否抽出时间做这件事。我现在明白它为什么没有为经济学界大部分人士所接受了。这是因为它有点奇异：我假定某种冲击产生于忧郁，而以前从没人理解这种冲击，并且冲击一旦产生，它就是永久的；任何人都无法想象未来将有什么不同。接着，其他一些讨厌的事情随之发生。我的有些预期在冲击后是正确的，但每个冲击总是完全产生于忧郁。它可能有一点曲解，但出于实用的目的，这是有用的，因为这大概是大多数政策经济学家实际上所思考的方式。我对这本书非常满意，因为我觉得书中有许多东西是我对全球经济的理解，其他人在深入研究该书之前是不会明白这些东西的。

人们不喜欢的究竟是什么？

一些理性预期论者大概会说，诚然，每个冲击可能都有不同的名称，但是一个优秀的理论应该是把这一冲击过程的随机属性纳入考虑的理论。我对这种观点根本没兴趣。这使我在这个想要把任何东西都作为一个已知的随机过程来建模的小小行业中，成了一个局外人。这是一场一直在进行的大战的一部分，战争的一方包括我、站在我这边的罗曼·弗雷德曼和其他一些人，人数不定，我们人数不多；战争的另一方包括罗伯特·卢卡斯、罗伯特·巴罗、托马斯·萨金特及一大群人。这些斗争占据了我职业生涯非常大的一部分。我不想把"我的斗争"戏剧化，但首先是与凯恩斯主义者作斗争，然后是与理性预期论者群体作斗争。不过，要说这是对我的一种巨大曲解，那会显得很夸张。另外，大学给我安排的教学量还不算过度。虽然有些时候我的教学负担相当大，但绝不至于压得人喘不过气来。有很多年，我的教学量基本上是很轻的，并且得到了来自美国国家科学基金会的支持。现在，我得到了考夫曼基金会十分慷慨的支持。但是，这些经济学界的斗争已经占用了我大量的时间了。

那些斗争令人鼓舞还是让人沮丧？

与凯恩斯主义者和理性预期论者的这两场斗争耗费了我这些年来大量的研究时间。比如，抨击理性预期的弗雷德曼-菲尔普斯会议论集①，在某种程度上就是一个尝试，针对理性预期论者

---

① 会议是在1971年举行的。

说我是前科学的批评,来捍卫我在20世纪60年代后期所做的早期工作。

这一定触发了渴望再换个地方之类的想法吧。

哦,的确是。拥有这个新阶段是一件好事。它开始于自柏林墙倒塌等事情以来我1992~1993年在EBRD的工作,主要开展资本主义主题的研究。我研究的头一件事是融合,即如何把弱势群体融入到系统之中。接下来,当我正紧张地忙碌我的《有价值的工作》一书的时候,我意识到,我在书中说了许多以前没人说过的有关资本主义的东西:在资本主义经济体中工作实际上是一件乐事。我不肯定19世纪的人会不会说这个,但时代在某种程度上变了。这本书面世后,我开始越来越多地思考这个问题。基本上,我所说的有关资本主义的东西是它有活力。我的意思是,不只是GDP增长迅速。GDP在列宁和斯大林统治下也增长迅速。我所说的活力是指在商业成功的方向上进行创新。发现这个领域对我来说是一种解放。说起乘火车与人相遇,我有一次从美国约翰·韦恩机场乘飞机从加利福尼亚返回。我旁边的座位是空的,这让我大大松了一口气。但就在飞机关上门之前,一个人出现在面前,他是耶鲁大学的鲍勃·席勒。他不停地询问有关我的工作的情况,我从亚里士多德谈起,扼要讲述了整件事。我只盼着他没有窃取全部东西,只谈了其中的三分之一。谈了一段时间,他突然插嘴说:"哎呀,你是经济学界唯一正在研究我们学科的核心的家伙。"

他说得对!

我研究的是资本主义、活力、创新、增长,以及何为好经济、何为好生活。这是一个巨大的解放，因为我再也不必与凯恩斯主义者和理性预期论者论战了。我完全自行其是。

不会有新的论战吗？

当然会有。我会招惹别人，他们就会抨击我。所以到头来，我不得不再次自卫，但至少再不会有大部队作战了。不过，谁知道呢，也许将来就是这样子吧。

这也是您自2001年以来在哥伦比亚大学这里的"资本主义与社会研究中心"重中之重的工作核心吧。

对。可是我们的规模现在仍然相当小。我们每年召开年度会议，这非常重要。在年度会议上，我们向世界展示自己，和大家聊天，介绍我们的观点。这是一项很重要的行动，世上没有其他类似的东西。所以我们必须继续存在，这非常重要。

为什么如此重要？关于资本主义，我们需要找出什么？有什么东西我们没有认识到？

本质上，所有关于政治经济学和经济政策的讨论一直受限于新古典经济理论。有提倡最低纲领派政府和最低纲领派规章的右派人士；《华尔街日报》会写作关于经济的财富积累是经济之本义的文章；其他人则会用顶礼膜拜的口吻谈论国内生产总值。对我来说，这一切都缺乏吸引力。这对于思考经济实质上是什么，并不是一种非常有益的方式。它也无助于告诉我们，为了使经济更好，我们必须做哪些最重要的事情。但另一方面，左派在极大程度上也仅仅以十足新古典主义的方式看待经济。左派人士关心的是不平等，他们担心的是失业。但他们在工作中只看到唯一的作用，那就是，对于社会来说，向人们提供消费品作为对工作的回报，与试图根本无须任何工作来做到这些相比，哪个更廉价。左派赞美就业，但其中大体上没有任何富于哲理性的东西，它只不过是让每一个人都工作，以便生产出更多的消费品。而这给了政府更多的资金用以向弱势群体——老弱病残者和失业者——施舍商品。我发现这也是一种相当不鼓舞人心的经济观。我认为，典型的左派文章是约翰·梅纳德·凯恩斯的著名短文"我们子孙的经济可能性"。他在文中称，有朝一日，对工作场所的厌恶将一去不返，这将使我们能够去追求艺术及诸如此类的东西……所以，我们必须尽一切努力，加快经济增长，从而使我们更快一些达到这个极乐水平，由此使商品经济和利润动机等一切能够各得其所。世上有各种各样绝对疯狂的东西，它们提供政治经济学领域中传统思维的核心。我断定，攻击这一切我毫无所失。

您是怎么做这个的呢？

为了理解其社会利益，我发展了一个我称之为经济活力的概念。《有价值的工作》完成之后数年，我就立刻开始了这方面的工作——期间有所中断。首先，1996年年底，我接到路易吉·帕加内托打来的电话。罗马大学新成立一个名叫威尔伽塔的分部，他是该分部经济学系的筹划人。他告诉我说，他可以帮我活动一下，任命我为一个关于"意大利在欧洲"的项目的高级科学顾问。我说我可以做这个工作，但条件是我得把写作有关活力的东西作为优先事项。他说没问题。就这样，我在罗马大学那里就有了一个小项目，我会与六七个年轻人一年见上两三次。三年间，我必须每六个月就意大利的情况写上一章。在此期间，我开始就意大利经济有什么问题形成自己的想法。我看得出意大利经济没有生气，我感觉得到其工作场所没有效率。我能够看出年轻人一脸空虚，他们整天百无聊赖，只等着35岁结婚生子，然后掰着手指头数日子，一直到他们55岁时退休。因此，我开始批评意大利遭受缺乏活力之苦，并尝试着去搞清楚这一切的根源。这当然也引导我去思考法国的情况。那时，德国还没有像后来那样走上快速发展之路，而且我不太清楚德国那时的问题。我到后来才充分明白这些，特别是2003年10月，当时我以一篇关于欧洲的论文在CESifo①会议上刮起了我的第一阵大旋风。

德国的情况怎么样？

德国实际上是我研究的悲惨性事件的样本性案例。德国是这样一个国家，直到大约1860年之前，其国内的事情都以不引人注意的方式进展着。此后，这片我们称之为德国的国土起飞了。生产力开始迅速提高。有各种各样的创新在进行，其中的一些非常著名。这是德国一段难以置信的黄金时期，而且在某种程度上，也是整个欧洲大陆及英国所发生之事的象征。它与金融资本主义的兴起紧密相连。在这个时期，欧洲从包含已知的随机进程的传统经济体系，过渡到一个依照未知的进程，以不可预知的方式逐渐演进并不断蜕变的体系。顺便说一下，我把这个作为我的诺贝尔奖演讲的主题。20世纪经济理论的进步由多个小的阶段组成，从逐渐摆脱关于传统经济的经济学，迈向关于现代经济的经济学。

您觉得意大利、法国和德国有什么可比性吗？

呃，当我试图弄清楚这些问题的根源时，我当然发现这项任务并不轻松，因为每一个根源都有其与众不同的特征。总的来

---

① CESifo（Center for Economic Studies/Institut fur Wirtschaftsforschung，经济研究中心）是一家位于慕尼黑的经济研究机构。

说，我抨击了那种简单地归因于福利制度和高税率的观点。我利用了这样的事实：人们宣称，如果在讨论由于为福利制度支付的税收负担而导致税后工资下降的后果时，我们是在持有不变的私人财富，那我们就是在犯理论错误。我论证指出，在税后工资由于为福利制度支付较高的税率而导致下降之后，私人储蓄将相应下降，而不光是私人消费为然。因此，私人财富将持续下降，直到它最终回到与以前相同的税后工资比率。然而，在这一时点上，你不能说人们因税后工资较低而不工作。它仍高于18世纪的税后工资。所以这没有任何意义。你唯一能说的是，福利制度的好处本身侵蚀了他们去努力工作成为优秀职员的动机。不过，这有多重要呢？有一些国家，例如丹麦和瑞典，这些国家拥有相当规模的福利制度，而且它们的失业率并不高。所以我感到更有信心，自己可以证明问题并不主要在于社会模式，更重要的问题在于经济模式。我坚持认为，在欧洲大陆上，经济模式的问题在于，各经济体并不是以这样一种方式构造，以致产生出像其他一些经济体，特别是比如美国和加拿大所拥有的那么大的活力。我现在就待在这样的国土上。

您现在正在做什么？

我正认真考虑就这个主题再写一本书，虽然我原先发过誓不这样做，它太耗费心力，而回报太少了。我前面说过，《有价值的工作》并没有获得很好的评价，《纽约时报》甚至对它不予置评，它卖得也不太好。后来，我们把拉塞尔·塞奇基金会的1998年会议成果编辑了一个会议论集。我不记得确切的销售数字，但这无关紧要。而是太费劲了！为了这个，我们做牛做马地忙活了好几个月。接着，我把自己为意大利科学基金会所作的六份报告集结成册。我不想把事情弄大了。它几乎不为人所注意。实际上，我从未写出过一本畅销书。说实话，我甚至从来没试过。事实上，我曾以为我的教科书《政治经济学》也许很好卖，但结果却没有。

您下一本书的主题将是什么，如果您写的话？以"活力"为题吗？

在我想来，可以用的标题是"好经济"，以"活力"为题也不错。也许有什么办法把这个用在副标题中。"西方是如何发现活力并失去它的"怎么样？不好？好吧，类似这个的什么东西吧。我经常花很多时间考虑标题和副标题。问题是，自打我获得诺贝尔奖以来，我就没有这么多时间了。我现在实际上是在吃老本。我不喜欢这样。

谢谢您，教授。

问　卷

1. 迄今为止，最严重的经济灾难是什么？

   黑死病（1347~1350年）、爱尔兰大饥荒（1847~1849年）和大萧条（1929~1937年）。

2. 最有前途的经济学发展是什么？

   全球化。

3. 对未来最重要的经济威胁是什么？

   欧洲正面临的重大人口问题，美国亦然，只是程度稍轻。

4. 您能记得的糟糕的经济政策失误是什么？

   俄罗斯在十月革命后采用共产主义、20世纪30年代意大利和德国法西斯政治经济学的兴起以及中国的文化大革命。

5. 最开通的具体经济政策措施是什么？

（无）

6. 请列举一位政治家，您对他在经济政策方面的高超手段很钦佩？

罗纳德·里根有若干非常重要的天赋和洞察力。很多年前，西奥多·罗斯福率先在管制方向上作出了开创性的举动，富兰克林·罗斯福则借助投资者和消费者保护，为资本主义做了重要的事情。在欧洲，我想到的是路德维希·艾哈德和玛格丽特·撒切尔。

7. 在您的脑海中，经济学中最引导人们误入歧途的理论研究法是什么？

事实证明，二战之后时期的所谓凯恩斯经济学是非常易于让人走入歧途的。就好像在评判委员尚在外面，它就插一杠子施加影响，不容任何人有机会从容坐下来，仔细权衡利弊得失的经济学供给学派。

8. 最重要的理论突破是什么？

当然，亚当·斯密带来了突破，他的重要性怎么夸张都不过分。此外，在 20 世纪，包括约翰·梅纳德·凯恩斯和弗里德里希·哈耶克提出的学说。

9. 现如今，如果仅仅由于经济上的原因，您愿意居住在哪个国家？

美国。我能够在这里生活，真是三生有幸。

10. 如果仅仅因为智力上的挑战，您愿意生活在哪个时期？

若我事业的鼎盛期是在 20 世纪 30 年代，那就太令人兴奋了。那个年代，各种新思想如雨后春笋般涌现，尤其是凯恩斯的思想。同样，若能有幸聆听哈耶克的言谈，肯定会令我兴奋不已。但我经历了凯恩斯主义的肇始和倾覆，所以也就没什么抱怨的了。

11. 如果必须在效率和平等之间抉择，您会选择哪个？

我不太喜欢这个问题。如果我必须在活力和平等之间抉择，那么，当然了，我会选择活力。效率仔细想来却仿佛是静态的概念。

12. 如果必须在自由和正义之间抉择，您会选择哪个？

这是一个可笑的问题，不可能给出答案。

13. 税负的极限是多少（请给出其相对个人收入的最大百分比）？

这要看政府用这笔钱来做什么了。在美国，这笔钱有很多都花得非常糟糕。在欧洲大部分国家，公共部门管理得更好，但也存在各种各样稀奇古怪的政府活动。

14. 政府经济活动的极限是多少（请给出其相对国内生产总值的最大百分比）？

参上。

15. 您特别喜欢当今哪位经济学家？

在哥伦比亚大学这里，我的朋友阿马尔·拜德和罗曼·弗莱德曼。除他们之外，当然是我一直以来所喜爱的保罗·萨缪尔森。

16. 在经济理论界的古典作家当中，您特别喜欢哪位思想家？

我年轻的时候，我极为钦佩大卫·李嘉图的思想。我不太喜欢亚当·斯密的散文风格，太单调乏味了。我倾向于喜欢多散发点智慧光芒的作家。所以，随着时间的推移，凯恩斯和哈耶克的作品读起来最有滋味，它们可是金矿啊。还有萨缪尔森，我总是津津有味地阅读他写过的每一篇文章。他是无人能及的新古典理论家。

17. 在经济学之外，哪位作家对您影响最大？

我在大学时读过的大文豪，以及更一般地，人文主义思想家。例如，在哲学家里面，大卫·休谟和亨利·伯格森。还有本韦努托·切利尼，他的自传让我很震撼。

18. 在智力上，您最感激谁？

大概要数我在耶鲁大学的老师威廉·费尔纳，一位1939年过来的匈牙利人。他简直就是藏有20世纪所有知识的活字典。他在智力上对我影响最大。

19. 谁是您的主要行为榜样？

可能是詹姆斯·托宾，也可能是保罗·萨缪尔森。有些人说我的写作像保罗·萨缪尔森。

20. 哪件经济学作品（书、文章、演讲）给您印象最深？

我在低年级时偶然读到的保罗·萨缪尔森的一两篇短论。

21. 您能记得最让您震撼的智力"顿悟"吗？是哪一次？

在我看来，给人启发并非解决之道，而是在它之前出现的难题。我搞不懂微观经济学是如何与宏观经济学关联起来的。这就是为什么我进入了经济学。

22. 经济学研究者应具备哪些素质？

顽强的毅力、足够的精力。

23. 您认为您本人最重要的贡献是什么？

建立微观和宏观之间的联系。

24. 职业生涯中最让您痛苦的失败什么，您愿意举个例子吗？

预感到你永远也无法把某东西变成铅字的时候。例如，我过去一直想用正规的理论术语解决意大利南部地区的问题，但从来没有做到。

25. 您认为自己的主要个人性格特质是什么？

我具有的良好性格是，我不介意有摘星揽月之志，而且我不喜欢在出丑时开脱自己的痛苦，但这只是白天的工作，我不会让它对我影响太大。

26. 您认为自己的主要个人缺点是什么？

虚荣心。我总是设法使我的工作吸引人，使每个人都为此而钦佩我，我太看重这个了，而不是"走自己的路，让别人说去吧"。

27. 在您的合作者中，哪种性格特质您最喜欢？

勤奋。

28. 在你的朋友中，哪种性格特质您最喜欢？

宽容。

29. 对您来说，快乐是指什么？

这是一个大题目。我只能象征性地举一个例子。我记得有一次，我和妻子留宿于圣保罗·德旺斯的一家旅馆里，但我们不喜欢所住的房间，于是薇薇阿娜马上回到服务台抱怨。最后，他们给我们安排了一个极好的房间，能够看到美妙的风景，我们太喜欢了。我们开始绕房间跳了一会儿舞，我们的狗也爬起来，想和我们一起跳舞，直至这一切化为哈哈大笑。

30. 对您来说，圆满是指什么？

用我们的生命做点事情，有所成就，这是非常重要的。但除此之外，更重要的是个人的成长：变得越来越好，对所做工作、领悟生活、学会享受、学会更有修养等理解得越来越深的持续过程。

31. 在您看来，最糟糕的经济不幸会是什么？

（无）

32. 在经济学研究之外，你喜欢以何种方式度过闲暇时光？

听音乐、看电影。

33. 您最爱吃哪种食物？

多年来，就是咸牛肉末杂菜：在它上面摊个鸡蛋，然后扣过来倒进长柄平底锅里，直至完全热气腾腾。但薇薇阿娜，在我们结婚之前,被这个菜吓坏了。她说:你难道不知道在阿根廷,只有马才吃咸牛肉吗?就这样,咸牛肉这道菜结束了使命,我不得不操弄更复杂的菜肴,我变得乱做菜,或者让我来说,多样化了。呃,要我来选,也许是好吃的意大利面食吧。

第三篇

条条道路通智慧：答案

发现和洞见

孩提时，大人就教导我，有好奇心是一种不道德的倾向。当然，不是对事物的好奇，而是对人的好奇。对他人好奇，意味着你好管与你无关的闲事。侵犯别人的隐私是不道德的。我今天依然相信我父母传承给我的这种道德原则。与此脉络相同，本书采访的诺贝尔奖得主之一罗伯特·索洛在其他场合说，"有人劝"他"不要窥探应该是某种重要意义上无名之辈内在的所思所想"。但另一方面，遵守这条行为规则并不总是很容易。举例来说，移情作用就使一个人想知道其他人更多的情况，而且在很多情况下，一个人显然应该顺应下述直觉：互惠作为规范人类互动的一般准则，也许要求一个人探个究竟。但更为重要的是，每个人都是以他人为榜样学习的——这有别于精英形成的经典模式。后者也许是社会学家的兴趣所在，哈丽特·朱克曼则将之描述为一个优势积累的过程，即"个人取得成就和获得嘉奖的螺旋式上升过程，以及一套级次分明的阶层形成制度"。在她看来：

> 攀升到超精英阶层遵循着一个近乎老生常谈的套

路。未来的桂冠得主们通过在其研究中艰辛和长期的工作开始他们的职业生涯。结果，他们成果丰硕。这被所在领域的专家评价为优秀品质，结果是，他们在更广泛的科学家群体中获得越来越大的声誉，后者由于本身不熟悉相关的专业工作，所以需要依靠此类评价。日益增长的认可往往带来更好的研究设备、更好的学生和同事，这些人被整合到各个社交网络，通过社交网络，科学声誉得到传播，进而带来更多的奖励。这些反过来帮助科学家们做出更多、更好的工作。

一个人为了学习并追随其他人，除了可观察的事实之外，他必须获得更多的知识。"窥探所思所想"恰恰是所需要的。幸运的是，即使只依靠别人自愿提供的资料，走出这一两难处境的可用方式也较简单。这里不涉及新闻调查。

保护个人隐私只是非常重要的顾虑问题之一。罗伯特·索洛的另一个顾虑是，对个人了解得更多，可能会扭曲对理论的认可和认知。不可否认，这种风险是存在的。正如伟大的约瑟夫·熊彼特说的："有时候，问一问为什么一个人讲他所讲，这可能是一个有趣的问题；但无论答案是什么，也丝毫没揭示出他说的话是真还是假。"话虽如此，但话中无偏向性的缺憾之处，可以通过增进理解来消除它而绰绰有余，只要本着尊重他人、富有同情心的精神去着手。例如，回忆一下约翰·穆勒因他那个时代的社会习俗而遭受的经历可能是有益的。根据当时的习俗，他在公共场所与哈丽特·泰勒——他的心灵伴侣——待在一起是不可接受的。社会强烈反对他们恋爱——并让他们感觉到这一点。当然，只要其丈夫还活着，和哈丽特·泰勒一起生活就被先行排除在外了。离婚在那个时候可不是一个选项。由于这种社会压迫，穆勒身心俱疲、倍感绝望。了解这一点的确有助于人们更深刻地理解，为什么他写下了其著名的《论自由》——它使人们能够更清楚地看出，他对政府高压统治和社会压力的区分，为什么不像今人从逻辑上认为的那样一清二楚。这种关于穆勒的个人背景情况的知识，并未以任何方式使他的论点稍有逊色，却完全有助于驱散一些迷雾。

虽然不应该期望从本书的访谈中获得对类似悲剧的范围和影响的任何洞察力，但无疑可以公平地说，这些谈话已经在某种程度上以十分有趣的方式，把驱使这些诺贝尔奖得主踏上各自道路的潜在动机、力量和影响，清楚明白地显现出来。在个人心智和所做研究之间，有多个链环起作用。例如，实在无法想象，独立性不如加里·贝克的人会敢于逆经济学的主流游了这么久。同样难以想象，不如詹姆斯·布坎南那么强烈地讨厌歧视性国家行为的人，能够提出一个把政府内生化的理论。这些个人特质对于他们各自的研究领域所走的方向产生了决定性的"内在"影响。

在这里所采取的方法中，我用了一个"人格"类别，来追踪各种决定着一位研究者所走的个人道路的因素。性格就是该类别的一部分。这个类别还包括教养以及更一般的家庭背景。然而，人格不过是一个影响类别罢了。我还开始追踪"历史"和"理论"的影响。在这里，应该记住，"历史"指的是一国或世界在一定时期特定的经济背景，即在日常生活中留下其印记，且政治家必须解答，有时需要直接寻求学术建议的经济问题和政策挑战。"理论"类别指的是不断演进的经济学"发展水平"，包括不断变化的成套研究工具、正在进行的范式辩论、分支流派以及不断变更的思想潮流。有些人只是去填补既有的理论主体中明显的空白。

为了从这些诺贝尔奖得主那儿获得教益，我们现在就应该问一问，这些受访者在各自的道路上有何异同。当然，一个人仅靠区区十位受访者是不能自命有"代表性"的,所以从我们的观察结果中是不可能推断出什么"规律"的。但其中有很多有趣的观察结果,还是值得稍作停留,好好思考一下。

传教士还是技术者

很容易看出,一些诺贝尔奖得主所以走上经济学之路,是因为他们立刻被经济学问题——为了使世界更美好,他们感到一种急切的冲动要去解决的问题——所吸引。这些人就是传教士,而且如熊彼特所说,他们大抵都有一个"愿景"。"经济学家应该作出贡献,使人们的生活更好",例如乔治·阿克尔洛夫说,"我们有责任把它做好"。因此,他这类经济学家不可避免地成为政策建议者:"我教授宏观经济学的原因是,政府能够做而且有责任去做的一件事,就是去创造良好的市场条件,使人们可以在此条件下过上健康、舒适的生活。"他走得如此之远,竟然把这背后的知性方法称作"意志自由论",我会把它称作开明的功利主义。道格拉斯·诺斯也说他"仍在努力去拯救世界"。加里·贝克在谈论自己年少时提到,他日益"渴望为社会做些事情"。詹姆斯·布坎南也在其他场合说,"我们有道义去思考,我们可以在社会安排内建设性地设计和实施改革",但他太谦虚了,以致承认:"独自一人我是无法……推动世界前进的,想象自己拥有足够的力量,能够单方面行动,那我就太不自量力了。"这些人也全都拥有卓越的数学技巧,但这一特定的天赋在引领他们走上经济学道路方面,并没有起到支配性的作用。保罗·萨缪尔森处在某个中间位置。正如他承认的,因为大萧条经历所打下的深深烙印,他发现经济学"对于既对统计学、分析、韵律学,又对人和政策感兴趣的人而言,具有相当大的吸引力"。

另外,也有天生的技术者,他们拥有适当的(数学)"技巧"——如熊彼特所言——而且他们花了一段时间才发现他们对"人与政策"感兴趣:这些诺贝尔奖得主主要是通过他们的数学天赋才走上经济学道路的。肯尼斯·阿罗显然就属于这种情况。他原本想攻读数理统计学,原因有二:第一个原因是,因为他对任何数学性或逻辑性事物有惊人的天赋,且抗拒不住这种诱惑。因为数学上的优美的诱惑力实在太大了,很容易就会把人的注意力从数学背后的实质问题转移开去。正如阿罗在其他地方所写的:"数学无疑是审美愉悦的一个源泉。我们有对称感、优雅感,能够感觉出看似迥异的各个部分具有抽象的和普遍的统一,这种情况不是一回两回了。我的数学技巧以及对抽象的偏好,致使我偏重于数学的审美方面。"第二个原因就不那么诗情画意了。阿罗想为自己将来找到工作打下良好的基础。受创于大萧条,"我需要的就一样:安全"。他实话实说。他先是攻读统计学,后来念博士时改学经济学,主要为了追随他的老师哈罗德·霍特林,以及抓住奖学金的机会。

莱因哈德·泽尔腾走的也是更技术性的道路,他从15岁起就自学数学,并总是埋头于某些类型的计算。他终于念了数学专业,甚至获得了数学博士学位——不过他稍晚转向了经济学,因为他最终发现"社会问题"对自己的"吸引力更大,而经济学适合于此目的"。罗伯特·索洛之所以选择经济学,是因为他需要的是"一门精确的社会科学",要与社会学不同,他"发现"社会学"有点模糊","经济学的分析方面早已引起了我的兴趣"。

弗农·史密斯的故事与此相似。由于其数学天分,他起初在加州理工学院念物理和电子工程,他在这里接触到社会科学多少有点偶然。其中的关键是,他偶然读到了保罗·萨缪尔森出版不久的教科书,一本在用数学术语展现主题方面堪称革命性的教科书:"萨缪尔森的著作表明经济学不过是物理学。"此后,他认识到经济学并不像物理,可是他仍然迷上了经济学。保罗·萨缪尔森的教科书让许多有数学天分的人迷上了经济学,弗农·史密斯绝不是迄今为止唯一的一个。埃德蒙德·菲尔普斯回忆说,"事实立刻表明,保罗·萨缪尔森写的这本教科书太有才华了"。罗伯特·索洛称保罗·萨缪尔森的《经济分析基础》是他整个生涯中给他留下印象最深的经济学作品。

凯恩斯革命,连同随之而来的经济学公式化,大大改变了经济学界。凯恩斯理论在大萧条后一脚踏进了经济学的大门,当时,整个世界都在寻找理论解释,寻找防止未来发生类似灾难的可能性。约翰·梅纳德·凯恩斯突破性的《就业、利息和货币通论》提供了思想框架,而他的门徒则提供了数学。这样看来,数学并不只是"高高在上、虚无缥缈"的,人们迫切需要它,以便将凯恩斯的方法变换为比他自己的用语更条理分明的术语。就这样,数学作为经济学中须臾不可或缺的逻辑工具诞生了。凯恩斯宏观经济学因而对传教士和技术者都有吸引力。但不久之后,它就变成了经济学中仅为那些能够应付数学的技术者所喜欢的一个选择机制。随之而来的凯恩斯主义者、新古典主义者、新兴新凯恩斯主义者同新兴古典主义者、古典综合派等之间的争论——所有这一切都是在能够熟练运用数学的正规经济学家之间展开。与这一意外趋势相对照,其他人都出局了。较描述性的经济学家被逐出了主流,只是在较外来的经济学领域找到了避难所:奥地利经济学、制度经济学、宪法政治经济学、经济史、认识论等。

虽然凯恩斯主义必须在其历史的背景下进行理解,若不发生大萧条,它也不大可能产生,但其主要宗旨就是保持——也就是这样的观念:市场可能不会自发地回归均衡,政府可以运用财政和货币政策来调节经济。经济学理论中似乎存在相当程度的路径依赖。正如约翰·梅纳德·凯恩斯本人评论的，"现实的人啊，他们相信自己能够完全免于任何思想的影响，却通常是某位已故经济学家的奴隶"——因此，即便是在这场应该让人们对财政和货币政策的功效投以严肃的和迟到已久的怀疑目光的2008年金融危机爆发之后，他的遗产大概也将占得上风。政治太有吸引力而无法割舍。社会性的学习是一个长期、乏味而习以为常的过程，也许只会在圈子里进行。

因此，现在的经济学如果没有数学几乎是无法想象的。在我们的诺贝尔奖得主群体中，詹姆斯·布坎南和道格拉斯·诺斯虽然都拥有不容置疑的数学技巧，并已在过去证明了这一点，现在却基本上尽量不去使用它。他们主要是用语言文字来做经济学研究。在访谈中，诺斯甚至"激烈"反对"人们现在践行经济学的方式。它是高度抽象的带有正规数学的理论。它很优雅……但它做不了任何事。它不解决问题"。当他2008年春说这段话的时候，他尚未完全意识到——已在进行的——金融危机的进一步发展会在多大程度上证明他是正确的。2008年10月美国银行系统的崩溃及其对世界其他各国带来的伤害，主要是现代金融理论——一个提出了一大堆金融创新的经济学分支——造成的。不幸的是，这被证明是那种长于复杂的数学工具的卓越使用，却对基本风险——通常与人类行为有关联的基本风险——视若无睹的经济学。现实世界不同于教科书，正如诺贝尔奖得主迈伦·斯科尔斯在东京举行的朝圣山学社2008年度全体大会上承认的那样。①

---

① 迈伦·斯科尔斯与罗伯特·默顿等人曾参与创立和管理长期资本管理对冲基金。在亚洲和俄罗斯危机之后，即斯科尔斯获诺贝尔奖提名一年后，采用高杠杆经营的长期资本管理公司于1998年破产。破产本身引发了一场金融灾难。

机缘巧合和其他诱惑

回首一个人的一生时，人们在多大程度上归因于机缘或运气，存在着因谦逊而带来的偏差——但是，骰子在大多数情况下不会在十六七岁时掷出，这大概却是属实的。在如此小小的年纪作出的决定，通常是在许多不确定性的情况下的决定，特别是事关一个人自己的喜好的时候，这还有待个人去发现。因此，当大多数人都声称，他们多少是无意间涉足经济学的时候，就必须予以严肃对待了。就弗农·史密斯的情况看，促使他转向的是他在加州理工学院无意间接触到经济学这一机缘。而在莱因哈德·泽尔腾的情形中，运气扮演了一个无论怎么高估都不过分的角色。特别是，有这样一个关键时刻，他发现了一个经济学家参加的博弈论研讨会，并参加进去，尽管他学的是数学。保罗·萨缪尔森说他"纯因地理位置的缘故才来到芝加哥的"，而且"我喜欢上这门学科实属意外。我上中学时甚至都没想过经济学"。罗伯特·索洛听从的是他妻子的建议。借助于奖学金，肯尼斯·阿罗被成功诱惑过来；当埃德蒙德·菲尔普斯已期待着将来去主修一门自然科学的时候，他父亲要他"行行好，选择一门经济学课程"。他照办了，这改变了他的一生。

有趣的是，即使对于大多数"传教士"而言，在他们在课堂上目睹了经济学之前，经济学并不是一个清晰而明确的选择。甚至，詹姆斯·布坎南是由于当时提供的奖学金才走上经济学道路的；加里·贝克上中学时被迫参加了一个经济学班，他发现班级很糟糕，课程却很有趣——但随后又失去了兴趣。让他重回"轨道"的纯粹是运气。道格拉斯·诺斯在经济学和和摄影之间犹豫不决，他对前者有强烈的兴趣但成绩一向不好，后者却是他已经相当成功的一个领域。从他在本书和其他场合所说的一切来看，这实在是一个难以抵挡的诱惑。直到今天，他仍以当上出众的摄影师为傲，而且看起来还留有些许遗憾。在这方面，乔治·阿克尔洛夫是个例外，这是因为，纯粹由于叛逆，他拒绝遵循惯常的家庭模式，去从事自然科学事业，"当我进入大学，被问及我的理想是什么的时候，我记得说自己将来想当经济学教授"。他志存高远，因为正如他承认的，他对其他东西一无所知。他出自一个具有广泛学术背景的家庭。

中产阶级与否

这把我带到下一个有趣的方面，即具体的家庭背景的影响。在这方面，乔治·阿克尔洛夫是个例外，而且这种影响的强度是显而易见的。在我们这群诺贝尔奖得主中，再没有其他家庭有如此清楚的学术背景了。虽然阿克尔洛夫说他简直无法想象，学习经济学只能使他有资格当上教授，但对于所有其他人来说，走上职业经济学家的道路却是大胆的一步。

这对于出自中产阶级背景的人来说是大胆的，对于出自更卑微的农村背景的人而言甚至更加大胆。埃德蒙德·菲尔普斯有一次在和我谈话时评论说，如果一个人不是在一个至少有点中产阶级的背景中长大，就不容易——虽然不是根本不可能，但却很难——成为一名经济学家，这的确是一语中的。若没有影响每个人的重大危机，经济问题往往沉淀到社会生活的模糊背景之中，除非你生活在一个经常出现经济问题的环境中。菲尔普斯恰恰是他所称的"某种中产阶级背景"中长大的，父母双方都熟悉商业环境，且来自相对富裕的家境。加里·贝克的情况与此相似，他父亲是一个相当富有的商人。道格拉斯·诺斯同样如此，他父亲是一个成功的保险公司经理，甚至保罗·萨缪尔森也是这样，他父亲拥有自己的杂货店，他们家积累了一笔相当程度的财富，但在20世纪20年代佛罗里达房地产泡沫破裂时，眼睁睁地看着它逐渐消失殆尽。肯尼斯·阿罗一家属于中产阶级，尽管他们家由于大萧条而历经了贫穷。他父亲过去一直是为银行工作的，失业后花了5年时间才重新找到工作。罗伯特·索洛的父亲从事皮毛贸易。就莱因哈德·泽尔腾的情形来说，他父母也没上过多少学，但他父亲是一个有能力的商人，创办了一个成功的读书会，手下员工约20人。这属于中产阶级背景，尽管最终被纳粹摧毁了——不过，泽尔腾说："我的生活最终转到了学术方面纯属运气。"

弗农·史密斯的情况就完全不同了。他父母在学校上学时都没超过八年级。他父亲提供了职业道德和实用知识，他母亲积极活跃于社区的政治和社会事务上。经济问题迫使他们一家搬到一个农场自给自足地生活好几年了。詹姆斯·布坎南的情况相当类似，在他的整个青春期，他们家都住在一个农场里；他父亲上过两年大学（"经常踢足球"）。不过，他母亲当过学校老师。她具有良好的工作道德，非常爱看书——这当然给儿子打下了烙印。

家庭讨论

即使没受过多少教育，父母也可以为自己的孩子提供智力爱好和成就动力。餐桌上的讨论或其他常规家庭聚会，在这方面都非常重要——这与辩论激励人心与否没多大关系。其中的关键在于自觉意识——认识到某些与经济学和经济政策，与任何触及社会问题的事务有关的主题的重要性，当然还有想对它们了解更多些的强烈愿望。这是大多数诺贝尔奖得主共有的一种经历。[①] 弗农·史密斯上大学时就着迷地发现，餐桌上所讨论的话题，实际上是"你能够有所学的东西，这不必只是表达意见的事情。你实际上可以基于分析、基于调查、基于对社会和经济如何运行的某种理解来发表自己的意见"。在布坎南家里，讨论更多的是政治情况——更确切地说是人民党主义政治。在乔治·阿克尔洛夫和道格拉斯·诺斯的家中，餐桌谈话也主要是围绕着政治话题展开。阿罗一家的谈话与经济有更直接的关系，许多谈话都是围绕着"系统出了什么问题以及需要做些什么"才能走出大萧条而展开。多年后菲尔普斯一家餐桌上的谈话也是如此："用餐时经常谈论财经新闻。"加里·贝克介绍说，他与自己的妹妹作过很多的讨论——还跟自己的父亲进行过一些辩论。只有保罗·萨缪尔森不记得从家庭环境中受到过很多智力刺激，尤其他被送往农场居住、远离他父母的那段时期。莱因哈德·泽尔腾的情况在这方面比较特殊。由于客观环境，他父母大概尽可能避免长时间纠缠于政治和经济讨论上——主要是为了避免自己的孩子陷入麻烦。这在那段痛苦的日子里相当普遍。

---

① 这也解释了为什么他们并未必然去研究实践性的、应用性的问题。"萨缪尔森、索洛、斯蒂格勒、纳什或德布鲁最出色的作品，都是由于内心强烈渴望去改进我们关于世界运转的思考方式而写就的"。参见亨德里克·戴伦1997年的作品。

世界观

世界观在激发人们开展研究方面也起到了至关重要的作用。约瑟夫·熊彼特写道,世界观或意识形态已进入"分析前的认知行为"或"设想",这"为分析努力提供原始的素材"。① 这种分析努力在他看来:

> 实际上开始于当我们对这组引起我们兴趣的现象设想其前景的时候,不管这组现象是在处女地,还是在以前开垦过的土地中。首要的任务是要用言语把这一设想表达出来,或者用这种方式使它概念化:在一幅多少有序的图式或图景中,它的元素各就其位,为各元素所取的名称便于人们进行识别和使用……实际工作和"理论"工作,在一种无止境的给予和索取关系之中,自然而然地进行着彼此检验并向对方提出新的任务,最终将产生各种科学模型,它们再与最初设想的存续元素相互作用而产生临时性的联合产品,在此过程中将采用日益严格的一致性和适当性标准。

但这第一步完全被世界观所影响:

> 分析工作是从我们对事物的设想所提供的材料开始的,而根据定义,这个设想几乎是意识形态上的。它体

---

① 熊彼特实际上对他所称的"意识形态"的影响深表遗憾。他担心,"我们的设想越真诚或越天真,任何能够号称具有普遍有效性的事物就越有可能出现"。参见熊彼特1954年的作品。

现为在我们看它们时事物的图景，不论是否有任何可能的动机希望以某一种而非另一种方式去设想它们，都几乎无法把我们设想事物的方式与我们希望去设想它们的方式区分开来。

有人可能会认为，一个人的世界观很大程度上大概是在餐桌谈话期间潜移默化而形成的。这些餐桌谈话已是本书采访中一再出现的议题了。虽然这对于人们可能所称的"初始潜移默化"而言是正确的，但随着时间的推移，生活中新的影响因素出现之后，这种情况就可能不会持续了。有趣的是，就所采访的10位诺贝尔奖得主的情形而言，初始的思想影响主要是社会主义的。不是有句俗语说，如果有人年轻时不是提倡社会主义，他就没有良心——如果后期岁月还是社会主义者，那他就没有脑子。这里面可能有些道理……弗农·史密斯出自社会主义背景；加里·贝克是个社会主义者，就像他父亲一样——他父亲"虽然是个相当成功的商人，却大力支持干预主义型候选人"。道格拉斯·诺斯是一个彻底的马克思主义；肯尼斯·阿罗自认为是个社会主义者（"而非共产主义者"）。詹姆斯·布坎南却不能作出这样一个好的区分。前面已经提及，他出自人民党背景。由于不属于权势集团而受到歧视，他成为一名热情的共产主义者。"如果有人前来招募，我一定会立刻签名加入共产党。"他说。当他对经济学产生兴趣时，他的同龄伙伴就引诱他转到社会主义。埃德蒙德·菲尔普斯的父母也有点左倾。乔治·阿克尔洛夫似乎一直是极端自由主义（但如他所说，不是意志自由论者，后者易于令人误解）；与罗伯特·索洛极为相似，保罗·萨缪尔森也更难归类。

然而，正如那句俗语所预言的，在大多数情况下，这些初始的思想影响都长不了。当一个人开始理解市场的运行方式时，要让他想起社会主义者,即便不是不可能,也是很困难的。因此,在詹姆斯·布坎南的情形中,促使他转向的正是他在芝加哥学习经济学,"而且发生得很快。我们有大约30名学生上奈特的价格理论课。6～8周内就有15人完全转变了,另外15人依然故我"。加里·贝克同样如此。他回忆说有两个东西把他拽离了社会主义,而且力量强大,那就是米尔顿·弗里德曼和经济学:

> 我是在普林斯顿大学二年级快结束的时候学习经济学的,我记得自己曾与人就市场与社会主义展开辩论。我站在市场一边。我已经从社会主义转移开了。进入普林斯顿大学时,我是个社会主义者。两年左右之后,我就不再是社会主义者了。三年后,我决定去芝加哥大学读书。我仍有一种不安感。尽管我有了自己为什么应该向那个方向走的基本原则,但我仍没有掌握理论。但我后来在芝加哥大学得到了。

当道格拉斯·诺斯在西雅图得到了自己的第一份工作时,他重新学习了理论——而且就像他说的那样,这"是我摆脱马克思主义的最后一步。随着我重新学习理论,我变成了一名十分坚定的新古典主义的、芝加哥学派的经济学家"。

名师出高徒

当这些诺贝尔奖得主进入学校接受专业训练时,他们遇到在多数情况下发挥了决定性作用的良师益友——这些良师益友循循善诱,设法进一步增强他们的知识欲望,为他们打开有趣的新领域,向他们提供良好的建议,并最终促使他们待在学术界。老师的作用在重要性上与其引起的心理学兴趣不相上下。教师能够提供智力的社会化，正如哈丽特·朱克曼指出的："这些精英大师们塑造这些门徒，并为其迈向精英阶层做好准备，方法是反复灌输和强化他们的认知能力和技能，还有价值观、规范、自我形象，以及让他们接受自己是适合进入科学界的这一阶层的预期。"尽管在这里我不能探究过多细节，但我还是禁不住诱惑，向读者提一下法国哲学家勒内·基拉尔在此语境中的工作。① 根据基拉尔的"模仿欲求"理论，一个人从别人那里借来欲求。对某一物——或者在当下语境中是研究领域——的欲求，总是由另一个人对这同一物的欲求所激起的。基拉尔解释说，在大多数情况下，人们想要某物或者参与某事，是因为他们认为这能够使他们向他们从中承袭了这种欲求的人（们）靠近些。在某种程度上，这实际上是人们寻求的模型。通过考察小说——从马塞尔·普鲁斯特到费·米·陀思妥耶夫斯基的作品——中的心理模式，基拉尔证明了这个表面上非常有道理的理论。虽然基拉尔的观点可能适用于由这个产生的嫉妒和仇恨，我们在这里不必涉及它们，但在我们的语境下，这种模式也是令人感兴趣的，因为该模式本身也可能在理论经济学中起作用。崇拜以及随之而来的模仿可能是一个强有力的动机——而且是值得的："精英科学家的门徒不太可能沉沦为普罗大众。"

虽然学校老师的影响似乎不可能相当大，但比如从加里·贝克在芝加哥大学与米尔顿·弗里德曼的交往经历看，崇拜杰出的大学教师的影响和结果是清楚明确的。"他是我迄今遇到过的仍健在的最伟大的老师。"贝克说。在普林斯顿读大学时，雅各布·维纳在促使贝克前往芝加哥大学读书一事上是决定性的。但

---

① 我要感谢安东尼·马丁把我的注意力吸引到这上面。

几年后贝克强大到足以捍卫自己在学术上的自主性,决定到位于纽约的哥伦比亚大学执教;詹姆斯·布坎南先是因受教于弗兰克·奈特而觉醒,继而是克努特·维克塞尔的著作扩大了他的视野。肯尼斯·阿罗在许多方面被哈罗德·霍特林所吸引并以其为榜样,但是其他著名人物,如亚伯拉罕·瓦尔德、亚瑟·伯恩斯、韦斯利·米切尔、约翰·希克斯、阿尔弗雷德·塔斯基以及佳林·库普曼斯等,也留下了印记并提供了良好的建议。在弗农·史密斯的情形中,华西里·列昂惕夫和戈特弗里德·冯·哈伯勒留下了各自的印迹,特别是爱德华·张伯伦。莱因哈德·泽尔腾深受他在年轻时读到的一本书的强烈影响——约翰·冯·诺依曼和奥斯卡·摩根斯坦的《博弈论和经济行为》。但除此之外,在法兰克福大学与海因茨·萨尔曼的合作给他提供了使他能够施展手脚的谅解、安逸和回旋余地。对泽尔腾来说,萨尔曼至关重要。保罗·萨缪尔森,虽然他自称在早期就非常独立("我不大听从长辈的话"),但他提及艾伦·迪莱克特对他有很大的影响,还提及"弗兰克·奈特、雅各布·维纳、保罗·道格拉斯、亨利·西蒙斯等著名人物"是他的导师。

詹姆斯·布坎南从华西里·列昂惕夫和保罗·萨缪尔森那里受益匪浅。多年后,乔治·阿克尔洛夫把罗伯特·索洛本人当做一位令人钦佩的大师和导师,埃德蒙德·菲尔普斯有许多灵感得自詹姆斯·托宾、威廉·费尔纳和托马斯·谢林。引人注目的是,这些群体颇有些重叠。出现这种现象,是因为世界很小——还是因为物以类聚、人以群分,为了成功你就必须和其他人结群吗?关于芝加哥大学、哥伦比亚大学、普林斯顿大学、哈佛大学和麻省理工学院,有什么东西吸引了所有这些诺贝尔奖得主去到那里?关于考勒斯委员会和国家经济研究局,又是什么东西呢?相当程度上,这是一个鸡和蛋的问题。他们都去了那里是因为这些地方太好，还是因为他们都去了那儿而使这些地方蓬荜生辉？这个主题将来有必要再作讨论。

除了人或机构之外，事实证明书籍也有非常大的影响。从这个意义上说，书即老师。20世纪那部最具影响力的经济学教科书和它之前的那部理论著作无疑就属于这种情况：保罗·萨缪尔森的《经济学基础》和他的《经济分析基础》。埃德蒙德·菲尔普斯提到了，弗农·史密斯提到了，并多次引证萨缪尔森是一位鼓舞人心的老师。既有好书，又有良师，当然是最好不过的了。

历史的沉重足迹

大事件在人的身上以及在理论上留下了重大印记。受大灾害刺激，人们会尝试着去解释它们，理论也相应改变。它的一个附属产品是，所有的经济理论必然是受历史限制的，不论是就其背后的现实事件还是就理论本身的发展轨迹而言，就像约瑟夫·熊彼特指出的那样。回顾20世纪，应当说，从经济观点看，只有少数几个事件有资格具备这样的重要性。首先，也最为重要的就是大萧条。当被问及在他的脑海里，迄今为止最严重的经济灾难是什么的时候，保罗·萨缪尔森毫不犹豫地说是大萧条，菲尔普斯、索洛、阿罗和史密斯亦然。大概本质上由糟糕的货币政策引发的大萧条，在多个方面都是一场悲剧。它给全世界带来了苦难，它开始了一个错误的反资本主义时代，它以富兰克林·罗斯福的立法及随后的新政，开启了福利国家——很快就过度——的兴起。正如米尔顿·弗里德曼在其他地方强调的，与其把大萧条归咎于商业和资本主义，毋宁说"我们应该汲取的教训是政府让他们失望。是对货币体系的处置失当，才造成了大萧条，而不是市场体系的失败"。不幸的是，上述错误教训在 2008 年，在美国房地产泡沫破裂和紧随其后的银行体系崩溃之后，似乎要再度汲取。

20 世纪 30 年代，可怕的经济环境，连同凡尔赛条约的影响，明显使德国民族主义的——以及最终国家社会主义的——思想更容易传播。德国总共有 600 万人失业，占人口的 1/10 和劳动力的 1/3。在美国，也就是 1929 年股市崩盘所引致的大萧条的发源地，失业率上升到 25%；利润下降，贫困蔓延，通货紧缩开始了。其影响如此严重，以至于每一个经历过大萧条的人都困惑不已并寻找答案。"大萧条在我们周围挥之不去。满大街都是失业者，报纸上和新闻片里连篇累牍的都是大萧条"，肯尼斯·阿罗回忆说，他由于这个——安全第一——而不愿意进入学术界。罗伯特·索洛记得，"大萧条给我留下了深刻印象，也的确对我在商业周期和失业上的兴趣有某种重要的影响"。道格拉斯·诺斯，即便他坦承他本人当时生活得很舒适，却也承认人们每天都被大萧条有关的问题所包围——这使他像其他人一样提出问题。要在既定的主流经济学理论范式之内回答这些问题是很困难的。这导致了凯恩斯革命，它是由约翰·梅纳德·凯恩斯的著作《就业、利息和货币通论》所引发的，是一场真正的巨变，其结果在今天还感觉得到。

独行侠还是群居者

在学术界，什么才是最有前途的策略？你能够作为独行侠幸存下来——还是必须是群居者？为了成功，需要多大程度的互动？我们的访谈表明"怎么都行",保罗·费耶阿本德如是说。保罗·萨缪尔森肯定不是个独行侠。他与人合撰了很多作品,而且他的作品——即便不是大部分——有许多也是由于与别人的论文让他感到有一股强烈的冲动,想要加以澄清而触发的。肯尼斯·阿罗更依靠的是与他人的互动,这在于他经常解决其他人给他带来并让他应对的难题。詹姆斯·布坎南与人合著了很多著作,而且似乎可以说,这给他带来的灵感和失望不相上下。我猜他是想做一个独行侠,但只是因缘际会而没有做成。乔治·阿克尔洛夫也与人合著了不少书,特别是和他的妻子珍妮特·耶伦。弗农·史密斯显然不是个独行侠,尽管据称他的阿斯伯格综合征[①]有时候使他疏远了周围的人。史密斯一直在合著作品,并与各个群体合作开展实验。比如,他在访谈中确认,查尔斯·普洛特是一个主要的灵感来源——诚如某些人所言,普洛特本来也应该获得诺贝尔奖。普洛特的工作在史密斯获奖的背景情况介绍会上被明确提到过。

不过,莱因哈德·泽尔腾否认自己是这种性格。"我不太依赖于外部灵感",他说,"我在哪儿都能找到激励"。埃德蒙德·菲尔普斯喜欢合作,但他的主要论文都是在一种苦行僧似的氛围中写就的——他说他需要这种氛围,但现在发现代价太高了。而道格拉斯·诺斯"确信从他人那里获益良多……但就我的想法来源而言,我无疑一直是一个独来独往的人"。这与由亨德里克·达伦所作的一项研究不谋而合。研究表明,"最突破性的出版物都是单独撰写的,这与学术界中合著论文已成规则的趋势相反"。

---

① 阿斯伯格综合征(简称 AS),神经发展障碍的一种,可归类为自闭症中的一类。外界一般认为是"没有智能障碍的自闭症"。——译者注

考虑到这个趋势，这些数字可能随着时间的推移而发生改变。合著使人们可以进行更有成效的智力交流，据推测甚至可以节省时间（也存在或许能够证实这一规则的例外情况），这种现象将因此继续蔓延。诺贝尔奖的逻辑结果可能是，它将被越来越多地授予群体而非个人。这是一个实际上似乎已在进行的趋势。

难题解决者还是系统建立者

罗伯特·索洛在其谈话中，介绍了"难题解决者"——一个他从托马斯·库恩，20世纪最有影响力的哲学家之一那里借用的概念——和"系统建造者"之间的区别。这些概念似乎一目了然。难题解决者步步为营，他们很谦逊，也很务实，偶尔有些书生气；他们讲究折中，不会太过热情。过分的热情可能意味着做作。"你先是发现某个奇怪的、不太容易理解的东西，然后你设法一步步去弄懂它。"这种"渐进式"方法——这次是借用自伟大的哲学家卡尔·波普创造的一个著名概念——按库恩的术语，是用来描述做"正规科学"的研究人员的。人们甚至大多会把这些人看做是"套利者"——伊斯雷尔·柯兹纳对机敏的企业家的称呼——他们为特定问题提供更好的解决办法，更确切地说，找到并填充既有理论体中的空白，目的是巩固和增强特定的范式。显然，索洛将自己归入"难题解决者"之列，正如保罗·萨缪尔森、肯尼斯·阿罗、埃德蒙德·菲尔普斯、乔治·阿克尔洛夫、莱因哈德·泽尔腾、加里·贝克，或许还有弗农·史密斯也会这么做。

在这方面，像詹姆斯·布坎南和道格拉斯·诺斯这样的人，就更难归类。在他们个人的研究道路上，他们一开始很可能也是难题解决者。当新的问题出现时，他们就解决它，一个接一个——但在此过程中，他们有效的推进力的力量，更多地被引导到创造一个新的、有他们自己特色的范式中。再次使用库恩的术语，他们体验到了"科学危机"，因为经济学理论中的既有范式已不能解决他们的主要问题，所以他们导致了一次范式更替。然而，更替是不完全的，因为旧范式——标准新古典经济学——并没有被完全取代。在现代理论中，多种方法似乎相当和平地和谐共处。也许充分发育的"科学革命"的时代已经一去不复返了，至少经济学上如此。至少，在熊彼特的企业家的意义上，属于这个类别的人可被看做是桀骜不驯的"革新者"，他们为新的问题提供新的解决办法，也就是说当他们戮力前行时，他们创造新的范式，并伴随以潜在程度的"创造性破坏"。詹姆斯·布坎南以分析国债开始，这完全处在经济学理论的既有范例之内，而以公共选择与宪法经济学告终。道格拉斯·诺斯开始于斟酌历史，结束于"新制度经济学"。不论他们最初是否有意而为之，这两位诺贝尔奖得主的确最终建立了他们的系统和全新的范式。

在大多数情况下，学术好奇心推动着人们一步一步朝某个方向前进。在他们前行的时候，他们不一定知道他们所走的道路会把他们带到哪里。正如乔治·阿克尔洛夫说，"我不确定我有一个目标"。这是什么意思呢？呃，我推测，"难题解决者"和"系统建立者"之间的区别毕竟不是那么清晰。解决难题是所有科学研究的必经之路。不同之处在于人们准备去处理的难题的范围。

困惑者还是大师

我们早先叙述过,弗里德里希·哈耶克对"困惑者"和"学科大师"作了区分。与"难题解决者"和"系统建立者"之间的区别一样,上述区别较少地指热情的程度,而是指才智能力。哈耶克所称的"困惑者",指的是这样的人:他们缺乏完美的记忆力和包罗一切的博学,因而为了有所成就,就不得不独自对每一件事进行(再)思考——不过,这可能使他更有创造力,使他能够发现其他人可能没有看到的非传统道路。哈耶克所称的"学科大师",指的是这样的人:他们拥有出众的记忆力,因而拥有某一领域包罗万象的知识,但缺乏某种或全部的独创性。当然,哈耶克把自己归入第一类。恕我大胆直言,哈耶克的陈述与索洛的区分一样,其背后的心理模式是比较自以为是的:你抱憾自己的某种不足,你使自己看上去比较渺小——只是为了表明,如果从恰当的视角看,这实际上会使你多么伟大。因此在对待哈耶克的区分时,我们必须有所保留。但是,我们仍然能够试着推测一下,我们的诺贝尔奖得主分别可以被归入哪一类。

我模模糊糊地直觉认为,道格拉斯·诺斯大概可以归入"困惑者"一类,至少在形容其较年轻的时候如此,因为不论是历史计量学还是新制度经济学,他主要是从无到有,从一张白纸开始的。可归入这一类的其他候选者或许还包括詹姆斯·布坎南、乔治·阿克尔洛夫和肯尼斯·阿罗,就像莱因哈德·泽尔腾一样,后者出自一个相对孤立的科研环境,拥有一种非常特殊的、专注的学术方法。至于保罗·萨缪尔森和罗伯特·索洛,我愿意称他们是"学科大师",因为对于其所在学科,他们拥有无所不包的、可靠确实的学识——却不能否认他们的独创性。这确实是一个棘手的问题。

决定性想法之不太可能的来源

比较一下我们这 10 位诺贝尔奖得主如何获得各自的决定性想法，也就是诺贝尔委员会后来认为值得颁奖的那些思想，这是很有趣的。在这方面，保罗·费耶阿本德的那句话同样适用："怎么都行。"决定性想法是天赐礼物，它们往往在最不太可能的时刻出自最不太可能的来源。如前所述，詹姆斯·布坎南把自己的方法主要归结于自己纯粹机缘巧合，在芝加哥大学图书馆无意间读到的一本布满尘土的旧书：维克塞尔的《财政理论研究》。弗农·史密斯把自己的灵感归结于爱德华·张伯伦教授的一门课程，但继之而起的想法后来才出现——一点征兆都没有："后来，在普度大学执教期间，1956 年的一天午夜，我从梦中醒了过来，脑海中有了这个想法。"加里·贝克记得有一次待在一个旅馆房间里，独自一个人对一门可能的"婚姻经济学"苦思冥想。埃德蒙德·菲尔普斯回忆说，当他思考问题时，外界发生的一切都无关紧要，连他看歌剧时也是心不在焉。道格拉斯·诺斯讲了一个故事，说的是一名学生在课堂上提出的某个严厉批评，是如何让他一面喝着白兰地，一面反思那个主题度过整个不眠之夜的。乔治·阿克尔洛夫的情况就不同了，他把他的"柠檬"形容为另外一个研究项目机缘巧合的结果，一个更一般的关于商业周期的项目。

肯尼斯·阿罗回忆了他如何花费漫长得令人痛苦的时间，才柳暗花明的。阅读约翰·希克斯的《价值与资本》虽然很有用，但最终，他的社会选择一文，即他的博士学位论文的想法，却是"就那样"出现的。保罗·萨缪尔森经常忍耐不住对别人的影响作出反应，诚如他承认的，他过去从事的很多工作之所以成为研究主题，完全是因为有人写了一些东西，让他感到有种压抑不住的冲动去加以澄清。他说自己最伟大的成就，即经济学的数学化，在他的《经济分析基础》一书中有所体现，"就起因于我的老师们……所不能恰当地处理的活生生的现实问题"。

海阔凭鱼跃

另外一个重要方面是一个人所选择的研究领域。从明智的自我推销角度来看，将自己置身于一个新的领域，甚至凭空创立一个领域，前景当然更加光明：谁不想当鸡头，而宁愿做凤尾呢？事后来看，这一点似乎一目了然。为了在科学中取得成功，一个人就应该设法提出一个真正开拓性的想法，一个富有成果的使人能够越拓越广并且保持至少一段时间的创造性垄断的想法。然而，使自己置身于主流之外，其问题是，你的方法越富有成果，就越有可能成为新的主流。曾经的造反皆成传统。脱离主流是一项有风险的投资，成为主流就是报酬。正如莱因哈德·泽尔腾就博弈论所说，每次他摆脱了某个成熟的方法，他的方法随时间的流逝传播开来，然后"经济学的主流再次跟在我的后面"。在不同的程度上，本书访谈的大多数诺贝尔奖得主，都曾在某个时候针对已确立的主流造反过：保罗·萨缪尔森和罗伯特·索洛在各自的早年岁月针对的是没有思想的新古典主义方法；加里·贝克针对的是经济学的狭窄范围；弗农·史密斯针对的是一般均衡理论中的黑洞；詹姆斯·布坎南针对的是人们对公共部门和集体决策的不重视；道格拉斯·诺斯针对的是与历史无关的经济学方法；乔治·阿克尔洛夫针对的是人们缺乏对社会学问题的考虑；埃德蒙德·菲尔普斯针对的是微观经济学和宏观经济学之间缺失的环节——顺便说一句，罗伯特·索洛断然否认这个问题的存在和重要性："我不认为诉诸'微观基础'有多重要。过去一直有人进行某种微观经济推理，宏观经济假设始终被证明是有效的。"

在泽尔腾的情形中，他的个人性格特质使他倾向于游走在主流之外。正如他承认的，"较任何其他东西更甚，结果是我始终不相信多数意见。我总是不得不独立思考……我从不随大流"。加里·贝克同样如此，一般而言，他对独立自主总是有一种强烈的冲动："我不是那种喜欢在人很多的领域工作的人。"如果可能的话，这句话可能对詹姆斯·布坎南甚至更贴切，他是从强烈的个人信念以及继承而来的对统治的痛恨出发的。

美国人占优且表现卓越

访谈录再次表明，到目前为止，美国的学术界是多么异彩纷呈和生机勃勃。在62位诺贝尔经济学奖得主中，有40位拥有美国国籍，这并不出人意料。在本书采访的10位诺贝尔奖得主中，除了一位非美国人莱因哈德·泽尔腾，以及在西部的加州大学伯克利分校执教的道格拉斯·诺斯之外，他们在各自的专业训练期间，全都受惠于在美国著名的常春藤联盟大学中特殊的知识群落，这些大学坐落于东海岸、纽约以及中西部的芝加哥：对于保罗·萨缪尔森而言是芝加哥大学和哈佛大学；对于詹姆斯·布坎南而言是芝加哥大学；对于加里·贝克而言是普林斯顿大学和芝加哥大学；对于埃德蒙德·菲尔普斯和乔治·阿克尔洛夫而言是耶鲁大学；对于弗农·史密斯而言是（加州理工学院和）哈佛大学；对于肯尼斯·阿罗而言是哥伦比亚大学。现在世所公认的"主流经济学，在相当的程度上是美国人的一个创造物"，而且在学术活力上，一直由美国高等教育体系——"特别是战后时期崛起的大量研究型高等学府"——所维持，历史学家罗伊·温特劳布解释道。这可以追溯到三个主要影响因素：一是人才增长、人际网络、规模和良好的总体条件；二是资金；三是明智的高校管理。

20 世纪初的情况就不一样，经济学当时在欧洲仍然更强。但这一模式在第二次世界大战前后被永远地破坏了。美国的高等学府以犹太人的形式，获得了巨量的人才和知识流入，这些犹太人在灭绝威胁之下离开了自己的国家。① 在纽约，"新学院大学"成为避难者的天堂——以及巨大的新思想中心。② 保罗·萨缪尔森描述了那个时期在马萨诸塞州坎布里奇市发生的情形："哈佛大学那时处在有几分繁荣的时期，因为阿道夫·希特勒太残忍了，许多避难者开始逃离那里。"那段时期反犹太主义甚至在美

---

① "到 1944 年 6 月 30 日，第三帝国有数量惊人的 279 649 人临时或永久地移居美国。这些移民具有显著的智力特性……"参见赫尔穆特·普法纳 1983 年的作品。

② 新学院大学于 1933 年成立了名为"流亡大学"的社会科学分部。新学院大学位于格林尼治村，为成年人提供大学教育——如今在校本科生和研究生有 9 000 多人。"据新学院大学校长阿尔文·约翰逊设想，该校解救并聘用被希特勒政权与墨索里尼政权解除教职和公职的欧洲知识分子及艺术家。超过 180 名学者携他们的家人投奔这里，其中包括格式塔心理学家马科斯·韦特墨、经济学家卡尔·布兰特和格哈德·科尔姆。诺贝尔经济学奖得主弗朗哥·莫迪利亚尼是其第一批学生之一。"在经济研究方面，伯纳德·施瓦茨经济政策分析中心，即新学院大学社会研究经济学系的经济学家政策研究部门，在其网站上提供了极其宝贵的资源（www.cepa/newschool.edu）。

国也广泛存在，特别是在美国的大学，如肯尼斯·阿罗回忆说："反犹太主义堵塞了进入大学执教的道路，不仅学生报考为然。"然而，这种在学术人才地理分布上主要的构造性转变，为新的和日益紧密的人际网络的形成在各个方面打下了基础。特别地，保罗·萨缪尔森解释说："在某种程度上，反犹太主义各地都有，但与哈佛大学或普林斯顿大学相比，芝加哥大学的程度小一些。结果，这给了芝加哥大学一定的垄断优势，他们能够得到其他大学认为他们不需要的人才。"这些心理屏障随着时间的推移，有一些被打碎了，而且不管怎么说，那些在那段时期编织的新的人际网络迅速膨胀。在那些年月以及自此以后，芝加哥大学确实以一以贯之的方式积累了人才，而且回报巨大：芝加哥大学到目前为止拥有25位诺贝尔经济学奖得主，其中甚至包括那些在获得诺贝尔奖那一刻并未被芝加哥大学聘用的人——这比美国或别国的任何一所大学都要多。在所有诺贝尔奖得主中，将近有1/4在芝加哥大学执教过或者学习过。虽然芝加哥大学位列第一，但哈佛大学、麻省理工学院和哥伦比亚大学亦紧随其后。

大多数美国高校也受益于其市场的绝对规模——一个不仅为来自本土，也为来自全世界的学生和学者提供精神食粮的市场。在此之上，该市场也大体上正好是相当充裕的市场。其总体条件对于研究十分理想。正如弗雷和波默瑞恩指出的：

> 这个拥有最高人均收入的国家有机会为学者提供格外良好的研究设施。美国的政治和社会制度允许学者个体在一个开明自由的环境里去从事各自的研究，比较而言，这个环境从历史视角看是很有利的。各种有利的先决条件已被用来建立各种制度……为良好研究的开展和公布提供激励。

另一个影响因素就是资金，尤其是私人资金的存在。在美国，许多杰出的学术机构依赖于私人资助。常春藤联盟大学，例如哈佛大学或者耶鲁大学，都拥有巨额捐赠资金可供支配。这有两个后果：它们可以进行大量投资、实施积极的竞争。这两项活动在任何市场都会产生积极结果，它们在学术市场也是有益的。在单个大学层面，这整个的背景导致了一项从根本上说不同于"老欧洲"的用人政策，今天依然如此。在欧洲，大学仍遵循一种比较注重整体的方法。这可能是一个继承自根深蒂固的亨伯特式大学理想的传承。因此，欧洲的大学倾向于每个领域招募一位学者，每所大学涵盖尽可能多的经济学领域。相反，美国的大学对专业化从未感到不安，它们在较小的领域中建立得到良好资助的大型院系。结果，这是一个非常成功的战略——这显然是欧洲人至今仍很难听得进去的一个教训。

进步的概念

现在，让我们从研究者个体再次转向作为整体的科学，也就是说转向作为一种社会现象的科学，目的是要设法搞清楚，经济学理论中的进步是如何发生的，以及学者个体是如何产生其特定的想法的。在这种背景下，检讨一下这些诺贝尔奖得主自己对"进步"的看法可能是有益的。然而，向他们提这个问题，当然是要为各种"是-应该的问题"打基础，回顾过去，一个人很容易得出这样的结论：所走过的特定道路一定是一条科学进步之路。毕竟，已经学到了一些东西，也就是说在原有的知识上增加了一些东西，因此一定有所进展。当然，进步并不意味着每个人想的都一样，进步并不含有科学共识的意思。正如保罗·萨缪尔森在其他地方所说的,在经济学中,整个20世纪发生的变化是,经济学家们现在能够快速勾勒出其争执的轮廓。总之,过分自信的诱惑就像它可以理解的那样普遍存在:否则的话,一个人轻易就会承认自己浪费了时间。但是,关于"进步"的概念及其潜在的强大的正面含义,其问题正在于每个人都往前走。实际上,一个人甚至不能帮助前进。然而,往前走可能有两个方向,好的或坏的。因此总体而言,有可能完全是一种随机漫步。

在这方面,詹姆斯·布坎南非常谦虚:"我不知道进步真正是指什么……根据定义,世上还存在着完整的论说领域我们无法企及。总会遇到我们无法逾越的边界。如果知道它们在哪里,你就总是能够期待着去靠近一点——但仅此而已。"然而,罗伯特·索洛的确看出经济理论中的进步。"我认为存在着一条进步线路。重要的是错误是否得到纠正",他宣称,并务实地把进步定义为一步步解决给定的问题:

> 你发现了某个奇怪的和不太容易弄明白的东西,然后你设法去弄懂它,每走一步就越靠近一些。你所找到的这一步步的解决过程就是进步。一个难题的正确答案有时候会变化,因为环境改变了,或者制度改变了,或者态度改变了。非常可能的情况是,我们要解决的难题永不枯竭。如你所见,我关于经济学进步的图景,一点也不宏大。这意味着,你能理解的是越来越小的东西。而理解并不意味着预测。理解只是有几分自信地相信,对于如果你改变这个或那个变量将会发生什么的问题,你可以给出正确的答案。你的理解可能会导致什么,也许就是这种不可预测性。

但是,他并不像人们可能认为的那样,把进步看做是一种纯粹的随机漫步。"往往有一个方向，该方向同时受内部和外部影响"，也就是说，产生于现实世界的问题和文献内部。现在的结果，"不是问题更少了，而是有更棘手、更细致的问题。这是一些开启小事情而不是大事情的问题"。这可解释为：我们仍然困惑，但处在一个更高的水平。

与此有些吻合的是，埃德蒙德·菲尔普斯认为，"20世纪经济理论的进步由若干次要步骤组成，逐步脱离关于传统经济的经济学，迈向关于现代经济的经济学"。保罗·萨缪尔森只是给出了一个具体的例子："类似泰勒法则的东西才是进步。"加里·贝克也看出：

> 经济理论中的许多进步……例如人力资本理论、家庭经济学、公共选择理论和信息经济学，我可以继续引用构成了经济理论中的进步的东西，我认为这将继续下去……关于这个世界，还有很多我们不明白的东西……因此接下来的一二十年必将取得进步。可以预见，我们将对人类行为获得更好的洞察。将建立在我们已有的理论上，所以它们将会随着时间的推移明显发生改变。理论是一种逐渐演变的结构，而且将继续演变。

比较而言，乔治·阿克尔洛夫未免过于乐观了。他说："在20世纪，我们取得了一点重要的进步。我们解释了，如果你陷入萧条，你怎样才能摆脱它……今天，我们将会知道怎么去做。这是一个重要的贡献。当然，这要归功于凯恩斯。"从到2008年年末世界所处的形势来看，至少可以说，这句话是值得怀疑的。在阿克尔洛夫看来，进步指的是：

> 人们逐步从认知传统中脱离出来，转而尝试某个不

同的东西,例如数理经济学。作为这种进步模式的结果,以前我们不能用来对各种现象进行思考的方法,现在就能为我们所用了……为了获得新的解决办法,你得不拘一格,使自己从旧的解决办法、从所有以前的非数学传统中跳出来。

展望未来,阿克尔洛夫建议我们应该"扩大我们的视野",把个人动机考虑进去,还有社会规范。肯尼斯·阿罗表示赞同,并要求人们把"经济学的社会性质"考虑进去。

因此,事后确认进步必然是一个有偏见的努力。问题是——回到那条乐观的谚语"条条大道通罗马"——一个人并非确切知道罗马在哪里。① 更糟糕的是,一个人甚至不知道罗马是什么。足够有把握的是,每个人都希望到那儿并找到个"子丑寅卯",但它由什么构成,或者它最终呈现什么形式,任何人连最模糊的想法都没有。这个更广泛的关于经济科学中进步本身真正由什么构成的问题,甚至比关于个人卓越的问题更棘手。如果运气好的话,罗马将是一个人与他人互动的人生旅程的未知终点。以哈耶克那个著名的用语作个类推,学术生涯在很大程度上是由竞争构成的,而且无疑也是一个发现之旅。难道那个将被发现的东西值得"进步"这个称谓吗?当然不。使用约瑟夫·熊彼特那个完全与价值无关的术语——它是"经济思想的起源"——大概更为明智。在其巨著《经济分析史》一书中,熊彼特写道:

> 科学分析并不单单是一个从某些基本概念开始,然后以线性的方式增加内容的逻辑上一致的过程。它不单

---

① 2006年,在一篇为《法兰克福汇报》撰写的观点文章中谈及经济科学的进步,我曾经打趣地用了一个标题:"去往何方?"这恰如其分地表明了进步的无方向性。

单是对一个客观实体的渐进式发现——就像比如刚果盆地的发现。相反，它是一种与我们自己及我们前人的头脑的创造物永不停止的斗争，而且它不是跟随逻辑，而是跟随新的思想或观察或需要的影响，也跟随新人的嗜好和性情的指挥棒，以纵横交错的方式"进步着"——如果是的话。

结果，"科学思想的起源"是这样一个"过程，经由该过程，人们理解经济现象的努力，在一个永无休止的序列中，产生、改进和拆除这分解结构"。再次依据托马斯·库恩的说法，这可能以两种熟悉的方式发生：通过正常的"难题解决法"——借此小块小块的知识被添加到一个已经存在的知识库中；或者经由科学革命——这意味着当一个范式被另一个范式取代时，那既有的知识库可能被推翻。可是，这也许会伴随"库恩损失"，也就是这样的现象：过去常被旧范式成功解释的东西，随着新范式的出现，可能又变成一个待解决的问题。

替代式、积累式和循环式进步

尽管对进步本身作规范性定义是一项令人胆寒的任务，但以一种更冷静和谦逊的方法，对于逻辑上的科学发展步骤区分出不同的明确的类别或模式，却并非不可能。沿袭恩斯特·赫尔姆斯塔特，人们可以辨别出替代式进步、累积式进步和循环式进步。替代式进步表示一些新见识取代先前的知识。这就是最革命性的库恩型进步。累积式进步发生在当"正规科学"沿着缓慢但稳定的难题解决道路前行的时候。科学革命往往与累积式进步互不相容，前者可能会连根拔除已经获得（学到）的东西（"库恩损失"）。赫尔姆斯塔特谈及一种特定的累积式进步形式，这时，一些科学认识触及至当时为止是未知的领域。关于经济学，赫尔姆斯塔特列举了一个例子，提到加里·贝克进入了到那时为止尚非代表性的经济学领地的领域。对此，不那么善意的人士则使用"经济学帝国主义"一词。正如乔治·斯蒂格勒在其1982年度诺贝尔奖颁奖典礼演讲中指出的，这种进步是相对较新的。在亚当·斯密的时代——它真正标志着经济学作为一门科学的开始——之前，学者们甚至互不参考。[1] 一旦相互参考变得不可避免，且更加可行，经济学才真正作为一个科学领域确立起来——且累积式进步才开始发生。最后，循环式进步发生在某些问题或模式在某一时点被再度提出的时候，但改换了头面，并增加了新的价值。

正如赫尔姆斯塔特声称的，所有这三种模式为科学所共有，不论领域是什么。然而，这三种模式各自的现实意义却大为不同，而这揭示了很多有关在诸如经济学的社会科学中进步的性质，与自然科学形成鲜明的对照。正如赫尔姆斯塔特主张的，而且我倾向于同意他的话，经济学主要是一个以循环式进步为特色的领域。这也许在术语上听起来很矛盾，其实不然。它仅仅意味着，人们有规律地回过头去审视旧有的见识以及他们认为是其思考的基础的前提。关于均衡趋势，人们要么是乐观主义者，要么是悲观主义者。关于国家干预，人们要么是乐观主义者，要么是悲观主义者。人们要么是理性主义者，要么不是理性主义者。所

---

[1] "正是斯密对这一著名的经济学信条提供了如此广泛和权威的解释，自此以后，已不再允许其后任何一位经济学方面的作家在忽视一般知识状况的情况下提出自己的想法了。"参见乔治·斯蒂格勒1982/1983年的作品。

有这些基本范式往往在理论争论中一再出现，每一次都呈现为一种稍微更原创的、更有前途的形态，通常基于更多的经验、基于新的方法。总之，进步体现在这些不断变化的形态中。新古典学派继古典学派而兴起，以及凯恩斯主义被新凯恩斯主义和新兴凯恩斯主义所淘汰，就属于这种情况。

积累式和替代式进步属于自然科学中较常规的模式，在经济学中就远非如此了。在经济学中，道路完全不是由类似于冒险闯入邻近领域的加里·贝克这样的事例铺就的。累积式进步是很罕见的。对某个部分的完全替代的确发生过，但只发生在方法学领域，即数学化或多或少地驱逐了经济学的描述性、哲学性方面。如果这值得援引"替代"一词，那我就不那么确信进步是适当的范畴了。正如赫尔姆斯塔特写的，在这方面，规模报酬递减开始逐渐显现，为人所感知。虽然我同意这个判断，但我没把握它有那么大的重要意义。无论如何，如果经济学领域的大多数进步——与其他领域的进步相对——是循环式的，那么要把它归结于个体就变得相对困难了。这就是为什么同行评议过程多半不是故事的结局，反而是一个相对可接受的近似。

科学与唯科学主义

且让我继这些诺贝尔奖得主之后，从实用主义角度，把经济科学中的进步定义为相对于最近的现状向前进了一步，从而确实使人们能够更好地理解这个世界。但允许人们更好地理解这个世界的，到底是什么呢？这全然只是关于一种世界观、一个范式，还是它非常具体，以致能够作出精确的预言？这归结于一个人现在是否是实证主义者这个决定性的问题。如布鲁斯·考德威尔在其富有才气的、充满智慧的哈耶克传记中写道，如果经济学中的进步指的是在积极意义上，一个人对经济规律和类规律的关系了解得越来越多，那么：

> 实证方法的改进将允许人们作出更精确的预言；理论变化将带来已被确认的理论库的稳定累积；错误的理论将被逐渐却稳定地证伪和排除；随着经济科学的发现被更广泛地接受，围绕竞争性范式的方法学争论将逐渐减弱，竞争性范式本身事实上亦将如此。

然而，以实事求是的态度回顾过去，上述事情一个都没出现过。正如哈耶克在其诺贝尔奖颁奖典礼演讲激烈陈词，"作为一个专业，我们却把事情搞得一团糟"。

哈耶克指责经济学界是唯科学主义，说它有一种倾向，去尽可能地模仿辉煌成功的自然科学的程序——一种在我们的领域中可能会导致十足错误的尝试……因为它涉及把其他领域中形成的思维习惯机械地、不加批判地拿来应用。

伴随凯恩斯经济学产生的一个问题是聚焦于定量方法，企图尽可能模仿精确的自然科学。如今，所有的建模都是以这样一种方式做的：一个问题可以用数学手段加以处理，并依据经验进行检验。哈耶克对随之而来的对经济学的激励作用——它根本保证不了进步——发出警告：

> 比如，总需求和总就业之间的相关性，也许只是近似的，但由于我们有相关定量数据的只有它一个，于是它被接受为唯一的有价值的因果关系。因而根据这个标准，某个伪理论很可能就有更好的"科学"证据，由于它较某个合理的解释更"科学"而将被接受，后者则因没有充足的定量证据而被拒绝。

除此之外，这个一无是处的方法容易误导人，因为较之自然科学，社会科学问题有着决定性的不同，这在于外源性的东西与内生性的东西之间没有清晰的、非随意性的区别。在社会科学中，问题：

> 不在于一个人关于外部世界的图景有多契合事实（就像在自然科学中那样），而在于通过他的行为——这由他拥有的看法和观念所决定——一个人如何建立该个体变成其中一部分的另一个世界……这就是社会学科或"道德科学"所致力的领域。

因此，它们"必须处理具有本质复杂性的结构，也就是这样的结构：其典型的属性只能由包括相对很大数量的变量的模型来表示"。

有足够把握的是，由于几乎长期的数学化[①]趋势以及更好的统计技术、更好的数据和更强大的计算机的出现，经济学的技术可能性有了极大改进。如哈耶克写道："数学的伟大力量在于，它使我们能够去描述不能被我们的感官所感知的抽象图案，去说明一个高度抽象的特性中各层或各类图案的共同属性。"此外，关于它们有什么意思，人们也就再不用争论不休了。如乔治·阿克尔洛夫指出的，数学给经济学提供了"共同的语言"。这有可能使人们能够更好地描述当前情况，追踪过去可观察的相关性。但是预测仍系统性地建立在相当不可靠的基础上，这意味着明确的经济规律尚未确定。如特伦斯·哈奇森说："经济学家过去且

---

① 正如大卫·柯兰德 2000 年嘲讽地评论的："虽然 20 世纪 90 年代的经济学模型通常包含大量的数学表达式，但数学本身几乎从来都不是很深。"顺便说一下，这些也是罗伯特·索洛在其 1997 年发表于《代达洛斯》上的论文的原话。柯兰德的整篇文章是对索洛的这篇论文的一个讽刺。

现在一直使用趋向、趋势、模式或暂时恒定性等作为预测的基础，因为事实上，他们没有任何真正的、适当的、不无价值的规律可资利用。"考德威尔也引用罗杰·贝克豪斯的话说："尽管作出了巨大的努力，计算能力有了做梦都想不到的提高，开发了极其复杂的统计技术，计量经济学并没有提出许多经济学家一度相信会这样的定量规律。"

鉴于此，考德威尔恰当地指点读者回到哈耶克的著作上，坚持认为："经济学家研究的许多现象，事实上是复杂现象的实例。"问题出在社会科学资料的主观性上。诚如哈耶克说的：

> 社会科学的事实仅仅是些观点，是那些我们研究其行为的人们所持有的观点。它们有别于自然科学的事实，因为它们是特定的人持有的信念或观点。这些信念，不论它们正确与否，其本身是我们的资料，而且我们不能在人们的头脑中直接观察到，但我们可以根据他们的言行识别出来，这仅仅是因为我们自己的头脑和他们的相似。

社会现象因此迥然不同于自然现象，后者可以"由相对简单的公式描述"。社会生活绝不适合于这种简单的公式。

由此可知，当涉及复杂现象时，精确的预测是不可能的。正如考德威尔解释的："当我们对复杂的物理现象作理论讨论时，我们所能做的，通常最好是去对现象由以发生的原理提供解释。虽然这可能使我们能够预测广泛的行为模式，并因此排除了某些结果，但我们证伪理论的能力被削弱了。"而且，如哈耶克本人曾经说的，"在经济学领域，我们所能知道的，比人们渴望的少多了"。更确切地说，"除了他的宇宙由以组成的元素的类型，研究社会现象的学者无法指望知道得更多"。这意味着，"经济理论被囿于描述各种当满足某些一般条件时才会出现的模式，但罕有——如果有的话——能从这一知识推导出对特定现象的任何预测"。所以确切的预测根本就不可行——不论有没有资料库，也不论技术设备多么复杂精密。①

这样一来，经济科学中的进步就要指别的东西，某个比传统的实证主义方法中更微末些的东西。用哈耶克的用语来说，进步可能只意味着，一个人提出了新的"原理解释"和新的"模式预测"。"原理解释"指的是，一个人理解并因而能够解释某物工作的一般原理，也就是为什么它这样工作以及如何工作。"模式预测"也是经验上可检验的，它们还能给出定性预测（例如上行还是下行），而非定量预测。复杂现象应该教导每一个人都要谦逊，沿着罗伯特·索洛幽默的思路——它与奥斯卡·王尔德关于猎狐活动的著名描述对仗工整，他说，经济学也许只是"一群过分受教的全力追逐一群不可知的"的一个实例。然而，索洛的自谦并未致使他对数学模型的使用提出疑义，而只不过促使他要求进行更可靠、包罗更多的建模。然而，这一点说易行难。约翰·梅纳德·凯恩斯警告说，"优秀的经济学家是很难得的，因为运用'警觉的观察'来选择优秀模型的才能，虽然并不需要高

---

① "我认为对失业作出正确解释的那种理论，是一种内容比较有限的理论，因为它只允许我们对那种我们在给定情况下必须预期的事件作出非常一般的预测。但是更加雄心勃勃的理论对政策的作用却一直很不走运，而且我承认，我宁愿要真实但不完善的知识，而不要貌似精确但实际可能错误的知识，尽管前者留下大量不确定和不可预测的成分。正如目前的实例表明的，相信那些与公认的科学标准表面相一致的看似简单却实质错误的理论，可能会产生严重的后果。事实上，在所讨论的例子中，正是占主导地位的'宏观经济'理论所推荐的作为治理失业良药的那些措施，即增加总需求，已经成为资源被广泛错误配置的一个原因，这种错误配置很可能使未来大规模的失业不可避免。"参见弗里德里希·哈耶克1975年、1978年、1989年的作品。

度专业化的学术技能，却似乎是一种非常罕见的天赋"。

有趣的是，考德威尔继续记述道，"整个20世纪经济学中的支配性研究策略，就是拘泥于卡尔·波普所称的情境分析的形式，在其不同的层面提供模型"。容易想到的例子有信息经济学、交易成本经济学和博弈论。所有这些领域都开始于特定情况的各种快照，从那里出发推导出各种理论。他们这样做不只是作为一个表面上讲得通的默认的解决办法，而是完全有意为之，正如与乔治·阿克尔洛夫的谈话所表明的。阿克尔洛夫谈及经济科学的"英式花园"模型，也就是，你"着眼于外在的世界，然后根据那些丰富详细的故事，你可以建立一个更一般的理论"。关于这个，问题在于那些一般理论并不一定有很大价值。当这些模型的解释性价值提高时，它们也就变得更精确，因而是不那么可证伪的——因此它们不可能取得作为正面意义上的"规律"的资格。"要么我们发展的模型是不那么可直接证伪的，要么……现在是一个不要把证伪当回事的方法论原则的问题。这是在试图对复杂现象建模时的一个必然结果"。

正如哈耶克明确阐述的：

> 本质上复杂的现象，其理论一定要谈到大量具体的事实；要从该理论得出一个预测，或者对它进行检验，我们就必须知道所有这些具体的事实。一旦我们成功地做到这个，得出可检验的预测就不应该有任何特别的困难了——借助于现代计算机，把这些数据插入到理论阐述的适当空白之中，并推导出一个预测，就应该变得足够容易了。对于科学几乎无能为力的东西以及有时候确实无解的东西，其解决办法的真正困难就在于对具体事实的确定上。

按照波普的标准，为了使理论是可证伪的，那么预测就不可能比模式预测还准确。

当然，与我们已经学会去指望自然科学中的准确预测相比，这种纯粹的模式预测只是一个次佳预测，人们是不希望不得不满足于这类预测的。然而，我想对此发出警告，其危险恰恰在于下面这样的信念：为了有权宣称是科学的而被人接受，就有必要取得更多的成就。教人走这条路是在蒙骗人，而且更糟糕。如果我们相信，我们拥有允许我们随心所欲地改变社会进程的知识和力量——事实上我们并不具备这样的知识——并根据这样的信念采取行动，这就有可能使我们造成极大的伤害。

政治就是如此，经济科学本身也是如此。

詹姆斯·布坎南也警告说："我们是凡人，我们是受限的。根据定义，世上还有无数的论说领域我们无法企及。始终都会存在我们无法超越的界限。知道它们就在那里，你就总是有望靠近一点——但仅此而已。"但并非人人都这么谦虚。因此，关于实证主义——它被凯恩斯主义对大萧条挑战的解答所触发——对经济科学产生的长期持久的破坏性影响，考德威尔恰如其分地悲叹道：

> 实证主义，不论以怎样的面目示人，都助长了虚假的希望并提供了自欺欺人的可能性。它使经济学家错误地相信，要做到科学，我们能够且事实上我们必须不断提高我们的理论在预测上的恰当性……我们没有看出，经济学的限制因素已给该学科投上了一道长长的阴影。

2008年重创世界的全球金融崩溃，不幸地证明了这个分析是多么的恰当。无须对此再作很多分析，我们就足以判定，许多因素促成了这场实际上是政府失灵较市场失灵大得多的危机,政策远不是无辜的。一个过分慷慨的通过房地产市场运作的社会政策在其中所起的作用,差不多与联邦储备委员会为促使人们消费而注入美国经济的充裕资金一样大。所有这些政策都是自欺欺人的行为。他们全都归结于这"同一个信念:我们拥有允许我们随心所欲地改变社会进程的知识和能力"。但是现代经济学,它没有认识到这一点,也负有相当重的责任。

现代金融理论,尤其是投资组合理论,近几十年来获得了爆发性的增长,研究者们为越来越复杂的金融工具铺平了道路。这些工具的问题不仅仅在于那些最终使用它们的人不再能理解它们,问题还在于其背后的模型集中了风险,而且不再考虑到与人类互动有关的不确定性。[①] 诺贝尔奖得主迈伦·斯科尔斯总结说,这场危机"可能产生于:(1)糟糕的管理;(2)有缺陷的激励薪酬合同;(3)蹩脚的模型;(4)不良的模型输入数据;(5)缺乏对聚合问题的理解;(6)由政府各种实体助长的虚假感觉——世界是一个较安全的有较小风险的地方——或者上述所有因素的组合"。他漏说了一点,那就是,不只是政府助长了这种虚假的感觉,由于其无可辩驳的实证主义及其对基本的潜在不确定性的无视,金融理论也对此负有责任。

主流经济学会走入歧途吗?

从这个角度看,人们只能说,主流经济学确实走入了歧途。

[①] 在此背景下重新思考弗兰克·奈特对风险和不确定性所作的著名区分可能是有益的,参见奈特1921年的作品。

但这样的表述有何意义？学术界或科学研究基本上是一个思想的市场。① 市场竟然也会走入歧途？这似乎在先验上是可能的，至少在允许类似"市场失灵"等事物的新古典框架内如此。然而，如果是在"发现程序"的框架之内作出这样一个断言，则是荒谬的。

在这个特殊的市场，学术界之内和之外的人们提供他们最新的发现，交由他们的同行们评定。在这些市场中最终幸存下来的是有足够的希望被其他学者选中的想法、观念和方法。对于这些被选中的想法、观念或方法，它们是否真正代表了进步，人们能够有把握还是应该担心呢？使用大卫·科兰德创造的一个概念，是否有一只"无形的真理之手"指引科学的前进？能不能像罗伯特·索洛说的那样，每一个人都快乐得像"善良的达尔文主义者"？② 不能，事实上，人们应当担心。例如，事情已经表明，技术性错误甚至在已发表的文献中都很常见；智力性的努力在带来收益的同时，也伴随着沉重的代价；利益集团的行为会对研究产

---

① 乔治·斯蒂格勒对该市场作了恰如其分的描述："那些力图对新的科学思想开展研究——或驳倒或证实，或发展或取代——的经济学家们，在某种意义上既是新思想的买家，也是卖家。他们设法发展新的思想，说服学界接受新思想，但他们也是在追踪当前或以前的科学思想中的线索、成功迹象和探索。进入这个市场代价高昂，研究出一个足以有或没有成功希望的新思想，需要花费大量的时间和精力。经济学史，而我认为是每一门科学，充满了代价高昂的错误。"参见斯蒂格勒 1982/1983 年的作品。

② "为什么数理经济学家和一般经济理论家之间的界线正变得越来越模糊呢？作为一名虔诚的达尔文主义者，我相信这绝不是偶然的。我怀疑，这是因为在过去二十多年（若回溯到杰文斯、马歇尔、威克斯蒂德、瓦尔拉斯、帕累托、埃奇沃思、巴罗内、比克迪克、维克塞尔等人，时间就更长了）的经济理论中，有很大（且不断增长）一部分有趣的且有价值的东西，是由那些至少对其部分论文用数学来做理论化的理论家所创作的。能否在文献中存在，就是一个即便不完美也是恰当的试金石。"参见罗伯特·索洛 1954 年的作品。

生一定的影响；意识形态在学术发现中也起着重要的作用。但这一切并不意味着市场不起作用。只是，这个市场上交易的并不一定是真理——而是学术的雅致、才华的证明、一种新的语言等。虽然很多人批评人们可能把学术界当做是一个生意或制度，有其自己相当独特的规则、激励、报酬系统以及资助程序①，但底线仍是一样的：它基本上是人们正在讨论的一个市场。

把科学类比于市场经常被人使用，但它至少也同样频繁地遭到抵制。我之所以在这里使用它，其原因是，与弗里德里希·哈耶克关于社会里通过市场进行的"知识分工"概念相一致，它将有助于人们理解正常的科学动态。正如哈耶克在《经济学与知识》中解释的，普通的产品和/或服务市场上的知识分工是一个趋于均衡的过程，也就是说，"许许多多每一个只拥有少许知识的人，他们自发的相互作用"，通过该过程"导致了这样一个情况，其中的价格与成本等相匹配，这种情况也能够通过人而有意为之，只是这个人必须拥有所有这些个体的全部知识"。② 但这到底是怎么发生的呢？在《知识在社会中的运用》一书中，哈耶克解释说，这个自发过程通过价格机制发生。"如果我们想要理解其真正的功能，我们就必须把价格系统看做是这样一种交流信息的机制。"原因在于，在一个竞争性市场中，随着本地的相对稀缺性发生变化，价格也发生改变。相对价格传递有关稀缺性的信息，而无须交易者个体出去衡量总的供给和需求，他需要做的，不过是看一看整个市场中价格的演变。哈耶克把这称为"奇迹"。至于知识的产生，除了简单的传递之外，还通过竞争而发

---

① 乔治·斯蒂格勒还指出，"经济研究的机构性组织对于学界接受新思想有潜在的影响"。参见斯蒂格勒1982/1983年的作品。
② 对哈耶克来说，这是一切社会科学的核心问题。参见哈耶克1936/1980年的作品。

生。通过竞争，改变本地的相对稀缺性的外部冲击将经由供给和需求引起各种不同的反应，设法找到较以前更好的解决办法——这些反应是不可能预测的。这是进化动态的真正源泉。哈耶克因而把竞争表述为"一个去发现诸如如果不去探寻就不为任何人所知的事实的过程"，以及"不可预测的且总体上不同于任何人已经或原本可以有意针对的结果"的结果。

私人产品市场中知识的产生是通过竞争性的交换而发生的。通过买卖双方的交易，产品换成货币，有关稀缺性的信息以相对价格的形式在他们及其他人之间传递。然而，正如迈克尔·波拉尼写的，"市场的协调功能只是一种通过相互调整进行协调的特殊情况"。因此，且让我现在作一个乍一看似乎很大胆的类比，来考察一下道德市场。在这里，人们"交易"的是对彼此都有益的行为，正如亚当·斯密在其《道德情操论》一书中所描述的。诚如亚当的本家弗农·史密斯所解释的，一切都是关于从交易中获利：

> 无论被交换的是商品还是赞成，他们都从交易中获利，这是人类在所有社会事务中所不懈追求的。因此，亚当·斯密这一被广泛诠释的公理……是足以刻画人类绝大部分社会和文化事业的特征的。它解释了为什么人性看起来既是利己的，同时又利他的。

其妙处在于，如同商品市场中的利己行为给所有人带来最大的福利一样[①]，"通过按照我们的道德权威的指示采取行动，我

[①] "我们能够吃到食物，并不是因为肉店老板、酿酒商或面包商发善心，而是由于他们考虑其自己的利益使然。我们重视的不是他们的人道慈爱，而是他们的自私之心，我们绝不向他们谈起我们自己的需要，而是他们的好处。"参见亚当·斯密1776年的作品。

们不可避免地寻求促进人类幸福的最有效手段"。

就像商品交易仅当价格正确反映稀缺性时，也就是当为一定单位的商品支付了足够的货币时才发生一样，道德行为的互惠显示，人们依照公认的规范彼此平等相待。如果未产生互惠，当事双方中的一方通常会一走了之。规范是行为互动的结果，就好像价格是市场交换的结果一样。反之，人们多少能观察到相对规范，就好像人们能够观察到商品的相对价格一样，而这些揭示了某个有关道德善行的概率——或稀缺性——的东西。其动态方面是，当人们在道德市场上相互作用时，可能会尝试新的行为类型。商品市场中产生的新知识指的是尚未发现的稀缺性和潜在的解决方案，而通过道德市场中竞争性的相互作用所产生的新知识，指的则是彼此打交道的可能性。

现在，且让我试着对思想市场或科学知识市场作同样的推衍。在这里，被交换的是想法、"愿景"、方法和技术。想法换取学术界的认可，先是引起一些检查性的评论、一些反驳，最终可能导致其他人在广泛的规模上赞同和模仿。① 科学成功仅仅意味着，一件以这种或那种方式交由业界评判的漂亮的学术著作确实得到其应有的称赞、普遍接受和模仿。它得到多大程度的认可，于是就包含在它在多大程度上成为所在领域的主导性学说的一部

---

① 马克斯·艾伯特否认有"交易"环节，因为在他看来，"生产者和客户之间"不存在任何"交易，而是生产者之间的相互认可和检查"。然而，这个论点并不是很有说服力。艾伯特似乎暗示，研究者们之所以合作和竞争，是为了迎合市场另一方的顾客，他们可能是公司、政府或者大众。在我看来，这只会出现在特殊情况中。大多数时候，学术界是一个自我指涉系统。在思想市场中，多数读者/接受者都是顾客——这些顾客碰巧也是生产者。这就是为什么他的另一个论点，即"生产决策不为最终消费者的评价所决定"，也似乎与此不相干的原因。参见马克斯·艾伯特2006年的作品。

分中。可以说，某一新想法的相对认可程度，就是其"相对价格"。① 当认可度较高时，一种理论就变成"司空见惯"了（当然，这一措辞并不是无害的）。诚然，这个市场类比也许看起来作了点概念延伸，但却非常有用——即便其协调机制或许并非完全像产品和服务市场中的价格系统那样有力、精确和透明。詹姆斯·布坎南拒绝沿着这条思路作进一步思考，他批评"把科学家概念化为做'交易'"是完全"不适当的，甚至在比喻上都是不适当的"。

告诉本地卖主他们应该增加还是减少其生产努力的，是全球市场产生的相对价格；向某位科学家给出指示，他应该增加还是减少其努力、是否追求某一理论脉络的，则是某一类型的想法的相对接受程度。② 与以这种方式看待学术界相联系的，是以下隐含的期盼：亚当·斯密的"看不见的手"将发挥作用，引导自私自利的个人行动成为一种共同的努力，促进科学知识总体上的进步，这时候，社会合作博弈被这样建立起来，它使得个人目标和社会关注最终和谐一致，因而就会有这样的希望，那就是学术研究走正确的道路，并且它确实产生新的知识。所产生的新知识指的是研究中有前途的新方法、既有理论体系中至今尚未发现的"漏洞"，或者各种想法可能的全新组合。从这个角度看，科学可以被描述为真正进步的演化过程。

学术界的竞争到头来是否真的是一个"好的"演化过程，即

---

① 菲利普·米洛夫斯基认为，"对已出版作品的正式确认行为看起来不太像是一个价格系统"。参见菲利普·米洛夫斯基2004年的作品。
② 也许有人会反对说，这样一种"难以确定的价格"不能充分反映某个新想法的价值，因为"买家"可能需要时间来了解该想法有多大前途。事实的确如此，但与所谓的"经验性商品"和服务等的市场相较，这一点并无二致。在一切市场中，不论是经济的、道德的抑或学术的，具有企业精神的行为都需要忍耐力。

私人利益和公共利益是否以这样一种方式自然而然地和谐一致，致使知识的产生确实是社会需要，这是亚当·斯密也许已经作出肯定回答的一个问题。他确实就商品和服务市场对此作了肯定的回答；至于道德市场，其"单纯的自然自由体系"的见解大体上是一个乐观的观点。然而，正如现代宪法经济学和博弈论所表明的，这个结果却取决于"游戏规则"，而这些游戏规则有赖于集体选择。如维克托·范伯格解释说：

> 市场和科学都是竞争博弈。在这两个领域中，驱动这只看不见的手的演化过程的引擎，都是追求报酬的主体的竞争抱负。而在这两个领域中，竞争都……遵守这样的规则，即它们多少能够适合于把参加者的抱负引导到创造社会价值的方向上。

唯一重要的警告也许是，人们可能无法事先判断那些"创造社会价值的方向"是什么，这一点在科学中或许比在商品和服务市场中更甚。罗马在哪里？为了把这个找出来，所需的难道不恰恰是这个开放的竞争过程吗？

这可能是哈耶克关于模式预测的观点又能派上用场的地方了。人们可以分析学术界借以运作的给定规则，然后看一看其中一些看起来是否完全不当。正如维克托·范伯格特别提及的，科学不仅受有关争取同行认可的规则所规范，它还受必不可少的资源竞争所影响。"为了能够参与认可竞争，科学家们需要获得资源，而这会引起另一个层面的有其自身规则的竞争。"维克托·范伯格认为，"绝不能保证有和谐的关系"。"同样，在科学界，研究机构、大专院校和专业协会给他们的成员分派职位、晋升、奖励和荣誉的方式，会对科学家相互竞争的方式有显著的影响。"如果这些激励结构以明显的不可能被判定与职能相关的方式规范行为，那么，为了使研究型社会事业符合潜在的"共同利益"，规则的修改看来可能就势在必行了。

如果有人想要辩称，经济学研究的市场已走入歧途，因为其过分数学化和公式化已经使经济学家闭眼不看面向所有人类互动分析的相关问题，从而有损于金融市场和整个全球经济，那他就应该能够指出一种可能对此负有责任的激励机制——否则就不可能在严格的意义上认为市场已经走入歧途。如果激励机制和选择原则看起来不错，即如果人们接受那些支配学术界的基本原则，那他们就必须接受其后果。我们唯一能够正当宣称的是，人们也许拥有市场向其他某个方向运动的优先选择权。

然而，游戏规则本身受制于某个演变过程。有些"有形的"规则——尤其是就金融和组织问题来说——是由政府确定的。它们可能是扭曲的，不会自发地演变；人们需要有意识地对它们进行修改。然而，涉及同行评议过程之类的"无形的"规则，大部分根本不是由官方确定的，而是在自发的相互作用中涌现的。它们随时而变，当然也就完全不能保证它们向"正确的"方向发展。一些作者声称，在这方面，"通过使他们的学科变成应用数学的一个分支来提高他们的地位的渴望……已经致使经济学家采用堪称适得其反的选择原则，不论就其专业的外部声誉，还是就其专业对知识增长的贡献而言"。

有一大堆关于科学界的奖励制度的研究。最广泛的基于调查和访谈的研究是由哈丽特·朱克曼开展的，然而该研究是在不同的领域展开的。关于优势积累现象，即"个人的成就和奖励螺旋式上升和井然有序的分层制度"，以及关于科学界的马太效应——其原意是富人越富、穷人越穷——朱克曼发现了相当可观的证据。在学术界，马太效应"把权威和影响力进一步授予那些已经有影响力和有权威的人士，把荣誉进一步授予那些已经被授予了荣誉的人"。"很清楚，科学界的奖励制度有其不足之处"，哈丽特·朱克曼写道："报酬并不总是与贡献的质量相一致，它们也不总是与持续的最优质的职分表现相称。"这并不是要一概否定那些达到巅峰的作品的质量，但确实，该制度并不能保证获得每一件优质的作品。在许多情况下，突破性成就与该奖励制度下获得奖励的可能性相反。

在一篇较近期的沿着近乎相同脉络的研究中，亨里克·达伦特别着眼于获诺贝尔奖的经济学家们。他发现，"经济学是年轻人的游戏"，也就是说，最具突破性的成就通常发生在科学家们还处在二十几岁的时候。他把这个追溯到杰出的经济学家所共有的典型性格特征上："一般而言，诺贝尔奖得主都被赐予以下恩惠：天分、独立的或能够置身于事外的头脑、喜欢有风险的项目、能够在正确时间出现在正确地点的敏锐嗅觉、一眼看出根本问题的天赋，以及最后但并非最不重要的运气。"这与本书从十位受访者那里获得的发现极为一致。

结　论

"条条道路通罗马",这是本书的开场白,也将是本书的结束语——一个表示谦卑和赞叹的举动。收集于本书的访谈给读者展示了各种各样令人印象深刻的人生旅程。它们的共同之处是独立的头脑、强烈的好奇心、聚焦于实质性的问题以及让人受益匪浅的人际网。

这些诺贝尔奖得主有极不相同的背景,从贫寒地生活在田纳西州的一家农场里(詹姆斯·布坎南),到生活在一个相当富裕的、满世界旅行的家庭(道格拉斯·诺斯)。他们大多数人,但不是全部,喜欢与家人讨论政治和经济问题,因而在青少年时,就在家里打下了从事某种职业的基础。他们大多数人,但同样也不是全部,一开始就立志要使世界更美好,尤其是经历过令人震惊的大萧条的情况下。多少有些通过自己的数学天分逐步进入经济学,但接下来,在人生的第二阶段,他们发现了自己的"传教士"倾向。他们中的有些人,但不是全部,被吸引到宏观经济学的凯恩斯流派。这在他们那个时代的历史背景下,是其数学天分的一个合乎逻辑的但非排他性的结果。

回顾过去，很容易使人们相信宿命论：詹姆斯·布坎南，这个号称有独立意识和非歧视意识，对统治和不公正高度敏感的人，选择了一个不同的领域，这怎么可能呢？例如，他进入了经济增长理论领域，这几乎是不可想象的。莱因哈德·泽尔腾，这个极具逻辑和数学天分的人，却完全没有选择一个极其抽象的、正规的经济学分支，这怎么可能呢？呃，正如他本人说的，许多其他的道路原本也是可能的。天知道呢。事后来看，每件事似乎都是顺理成章、几乎不可避免的。在我们个人的事业道路上，一步接一步似乎完全合乎逻辑。而且在某种重要的意义上，事情的确如此。个人性格是有极其相关性的基本因素，它占了很大分量。不过，生活中也存在着某种路径依赖。只有一个例外，乔治·阿克尔洛夫，他少年时期就已知道，自己将来要做经济学教授。而大多数诺贝尔奖得主把他们的职业道路归结于偶然性，认为在他们走到具有重大意义的十字路口时，机缘巧合起到了极大的作用。他们大多数人，在较年轻时也受到了其他诱惑，或者因为他们在智力上较广泛的好奇心，或者由于简单的物质需要，不过，对于科学、对于这个世界幸运的是，他们最终选择了经济学。

年轻时，每个人都是社会主义者，或者至少有左派倾向。然而有许多人，一旦他们开始经济学的学习，就转向了自由市场：似乎难以摆脱亚当·斯密的"看不见的手"的吸引。所有这些诺贝尔奖得主，无一例外都受到他们的大学老师的强烈影响——这些大师是每个方面的行为榜样。大专院校，其中大部分在美国东海岸一带和中西部，给他们提供了作为研究者所必需的社会化，使之适合社会需要，并给他们提供了有重大意义的人际网络，使他们能够接触到诸如考勒斯委员会和国家经济研究局这样的机构。所有这些诺贝尔奖得主无疑都拥有天赋，能够提出具有重大意义的问题,并最终突破经济学主流走过的道路。然而,他们并非都是独行侠。在科学上,有些人能够赤手空拳发挥他们的才智,其他人则在群体中能够更好地施展拳脚。学术世界,与普通世界一样,向各种各样的人敞开大门。智力上的创新可能有许多不同的来源,或者道路。

从微观层面,即从促成个人事业的动机转到宏观层面,转到科学中卓越和进步的产生这一令人惊叹的过程中,人们也是可以乐观的。或许令人困惑,但是在一个较高的层面上是乐观的。因为看起来,经济学是在取得进步。虽然缓慢,但确凿无疑。这并不是在走一条完全走到哪里算哪里的道路,其道路通往一个活动的目标,并受到难以计数、纠缠错落的刺激所指引,其中一些可能机能不良,另有一些将伴随人类很长的时间,尽管它们最终注定会被抛弃掉。理论有时候很难甩掉,人们已经习惯于它们了。它们是一代人的心智地图的一部分,很难想象世界若没有它们会怎样。但哈耶克提醒我们,"人类已经被困惑、被需要驱使着进行科学探索"。这一点已为本书采访的所有诺贝尔奖得主所证实,未来仍将如此,大概永远如此。这是我们对未来较乐观的一个重要源泉。因此,我将把维克托·范伯格的展望照抄如下,作为共勉:

> 盛行于研究机构和大专院校的选择原则、国家的规章条例对于科学工作的清晰规定的约束,以及到头来在经济学之类的专业中盛行的惯例,都可能机能不良,但人类在了解周围的世界如何运转方面根深蒂固的兴趣,将是一个不竭的动力,使人类倾向于选择能够增长见识的理论,而难以驾驭的现实将是一个不可避免的终极选择者,让人们在符合事实的猜想和不符合事实的猜想之

间作出选择。从整体和长期看,市场服务于消费者利益的能力和科学促进知识增长的能力,看起来是相当强健的。

但是,还是应该听一听哈耶克的警告:"然而,我们应更严肃地对待我们的无知,现在为时不晚。"罗马仍有待人们去发现!

参考书目

一般参考书目（第一篇和第三篇）

Albert, Max (2004), 'Methodologie und die Verfassung der Wissenschaft-eine institutionalistische Perspektive', in Martin Held, Gisela Kubon-Gilke and Richard Sturn (eds), *Ökonomik des Wissens. Jahrbuch Normative und Institutionelle Grundlagent der Ökonomik*, vol. 3, Marburg: Metropolis, pp. 127 – 50.

Albert, Max (2006), 'Product quality in scientific competition', Discussion Papers on Stragtegic Interaction 2006 – 6, Max Planck Institute of Economics.

Arrow, Kenneth J. (1951), *Social Choice and Individual Values*, New York: Wiley.

Arrow, Kenneth J. (1992), 'I know a hawk from a handsaw', in Michael Szenberg (ed.), *Eminent Economists: Their Life Philosophies*, Cambridge: Cambridge University Press.

Ault, Richard W. and Robert B. Eklund, Jr. (1987), 'The problem of unnecesary originality in economics', *Southern Economic Journal*, 53, 650 – 61.

Bakhouse, Roger (1977), *Truth and Progress in Economic Knowledge*, Cheltenham, UK and Northampton, MA: Edward Elgar.

Banach, Wieslaw (2002), 'Hayek: an idea of self-organization and a critique of the constructivist utopia', *Studies in Logic, Grammar and Rhetoric*, 5(18), 33 – 45.

Bernanke, Ben (1995), 'The macroeconomics of the Great Depression: a comparative approach', *Journal of Money, Credit, and Banking*, 27(1), 1 – 28.

Blaug, Mark (1998), *Great Economists Since Keynes: An Introduction to the Lives and Works of One Hundred Modern Economists*, 2nd edn, Cheltenham, UK and Northampton, MA: Edward Elgar.

Brittan, Samuel (2003), 'The not so noble Nobel Prize', *The Financial Times*, 19 December.

Buchanan, James M. (1992), 'From the inside looking out', in Michael Szenberg (ed.), *Eminent Economists: Their Life Philoshophies*, Cambridge: Cambridge University Press.

Buchanan, James M. (2001), 'The potential for tyranny in politics and science', in *Moral Science and Moral Order*, vol. 17 of *The Collected Works of James M Buchanan*, Indianapolis: Liberty Fund.

Caldwell, Bruce (2004), *Hayek's Challenge. An Intellectual Biography of F. A. Hayek*, Chicago: University of Chicago Press.

Coase, Ronald (1937), 'The nature of the firm', *Economica*, 4, 386 – 405.

Colander, David C. (1989), 'Research on the economics profession', *Journal of Economic Perspectives*, 3, 137 – 48.

Colander, David C. (2000a), 'New millennium economics: how did it get this way, and what way is it?', *Journal of Economic Perspectives*, 14(1), 121 – 32.

Colander, David C. (ed.) (2000b), *Complexity and the History of Economic Thought*, New York: Routledge.

Cole, Stephen (1979), 'Age and scientific performance', *American Journal of Sociology*, 84, 985 – 77.

Cukierman, Alex, Sebastian Edwards and Guido Tabellini (1992), 'Seigniorage and political instability', *American Economic Review*, 82(3), 837 – 55.

Dalen, Hendrik P. van (1997), 'The golden age of Nobel economists', Tingbergen Insititute, Erasmus University Rotterdam, TI 97 – 120/1.

Davis, John B. (1994), *Keynes's Philosophical Development*, New York: Cambridge University Press.

De Vorkin, David H. (1990), 'Interviewing physicists and astronomers: methods of oral history', in John Roche (ed.), *Physicists Look Back: Studies in the History of Physics*, Bristol, New York: Adam Hilger, pp. 44 – 65.

Dewald, William G., Jerry G. Thursby and Richard G. Anderson (1986), 'Replication in empirical economics. The journal of money, credit and banking project', *American Economic Review*, 76, 587 – 603.

Eucken, Walter (1950), *The Foundations of Economics. History and Theory in the Analysis of Economic Reality*, London: William Hodge and Company Limited.

Ferguson, Adam (1767), *Essay on the History of Civil Society*, London: T. Cadell.

Feyerabend, Paul (1970), 'Against method. Outline of an anarchistic theory of knowledge', *Minnesota Studies in the Philosophy of Science*, Analyses of Theroies and Methods of Physics and Psychology, 4, pp. 17 – 130.

Frey, Bruno S. and Werner W. Pommerehne (1988), 'The American domination among eminent economists', *Scientometrics*, 14, 97 – 110.

Fukuyama, Francis (1992), *The End of History and the Last Man*, New York: Free Press.

Girard, René (1961), *Mensonge Romantique et Vertie Romanesque*, Parris: Grasset.

Goldschmidt, Nils (2005a), 'Die Rolle Walter Euckens im Widerstand: Freiheit, Ordnung und Wahrhaftigkeit als Handlungsmaximen', in Nils Goldschmidt (ed.), *Wirtschaft, Politik und Freiheit. Freiburger Wirtschaftswissenschaftler und der Widerstand*, Tübingen: Mohr Siebeck, pp. 289 – 314.

Goldschmidt, Nils (ed.) (2005b), *Wirtschaft, Politik und Freiheit. Freiburger Wirtschaftswissenschaftler und der Widerstand*, Tubingen: Mohr Siebeck.

Goldschmidt, Nils and Michael Wohlgemuth (eds) (2008), *Grundtexte zur Freiburger Tradition der Ordnungsökonomik*, Tübingen: Mohr Siebeck.

Grele, Ronald J. et al. (1991), *Envelopes of Sounds: the Art of Oral History*, New York: Praeger Publishers.

Grubel, Herbert G. and Lawrence A. Boland (1986). 'On the efficient use of mathematics in economics: some theory, facts and results of an opinion survey', *Kyklos*, 39, 419 – 42.

Grüske, Karl-Dieter (ed.) (1994), *Die Nobelpreisträger der ökonomischen Wissenschaft*, Vol. 3: *1989 – 1993*, Düsseldorf: Wirtschaft und Finanzen.

Grüske, Karl-Dieter (ed.) (1999), *Die Nobelpreisträger der ökonomischen Wissenschaft*, Vol. 4: *1994 – 1998*, Düsseldorf: Wirtschaft und Finanzen.

Hagemann, Harald (ed.) (1997) , *Zur deutschsprachigen wirtschaftswissenschaftlichen Emigration nach* 1933 , Marburg: Metroipolis.

Hagemann, Harald and Claus-Dieter Krohn(eds) (1999) , *Biografisches Handbuch der-deutschsprachigen wirtschaftswissenschaftlichen Emigration nach 1933*, Munich: K. G. Saur.

Hansen, W. Lee and Burton Weisbrod(1972) , ' Towards a general theory of awards, or do economists need a hall of fame?' , *Journal of Political Economy* , 80 , 422 – 31.

Hayek, Friedrich August von(1936/1980) , ' Economics and knowledge ' , In his *Individualism and Economic Order*, Chicago: University of Chicago Press, pp. 33 – 56.

Hayek, Friedrich August von(1937/1980) , ' Economics and knowledge ' , *Economica*, IV, 33 – 54.

Hayek, Friedrich August von(1943/1948) , ' The facts of the social sciences ' , In his *Individualism and Economic Order*, Chicago: University of Chicago Press, pp. 57 – 76.

Hayek, Friedrich August von(1944) , *The Road to Serfdom* , London: Routledge.

Hayek, Friedrich August von(1945/1948/1980) , ' The use of knowledge in society ' , *American Economic Review* , XXXV (4) , September, 519 – 30, and in his *Individualism and Economic Order*, Chicago: University of Chicago Press, pp. 92 – 106.

Hayek, Friedrich August von(1949) , ' The intellectuals and socialism ' , *The University of Chicago Law Review* , pp. 417 – 33.

Hayek, Friedrich August von(1952/1979) , *The Counter – Revolution of Science. Studies on the Abuse of Reason* , 2nd edn, Indianapolis: Liberty Fund.

Hayek, Friedrich August von(1962/1967) , ' Rules, perception, and intelligibility ' , in his *Sdudies in Philosophy, Politics, and Economics*, Chicago: University of Chicago Press, pp. 43 – 65.

Hayek, Friedrich August von(1964/1967) , ' The theory of complex phenomena ' , in his *Sdudies in Philosophy, Politics, and Economics*, Chicago: University of Chicago Press, pp. 22 – 42.

Hayek, Friedrich August von(1968/1978a/1982) , ' Competition as a discovery procedure ' , in his *New Sdudies in Philosophy, Politics, Economics and the History of Ideas*, Chicago: University of Chicago Press, pp. 249 – 66.

Hayek, Friedrich August von (1968/1978b), 'The confusion of language in polttical thought', in his *New Studies in Philosophy, Politics, Economics, and the History of Ideas*, Chicago: University of Chicago Press, pp. 71 – 97.

Hayek, Friedrich August von (1969a), *Freiburger Studien*, Tübingen: Mohr Siebeck.

Hayek, Friedrich August von (1969b), *John Stuart Mill and Harriet Taylor. Their Frienship and Subsequent Marriage*, London: Routledge & Kegan Paul.

Hayek, Friedrich August von (1975/1978/1989), 'The pretence of Knowledge', Nobel Memorial Lecture, in *American Economic Review*, 79 (6) (1989), pp. 3 – 7. Also in his *New Sdudies in Philosophy, Politics, Economics, and the History of Ideas*, Chicago: University of Chicago Press, pp. 23 – 34. Also available at Nobel Foundation, at www. nobel. se.

Hayek, Friedrich August von (1978a), 'The results of human action but not of human design', in his *New Studies in Philosophy, Politics, Economics, and the History of Ideas*, London: Routledge, pp. 96 – 105.

Hayek, Friedrich August von (1978b), 'Two types of mind', in his *New Studies in Philosophy, Politics, Economics, and the History of Ideas*, Chicago: University of Chicago Press, pp. 50 – 56.

Hayek, Friedrich August von (1979), *Law, Legislation and Liberty*, Vol. 3, Chicago: University of Chicago Press.

Hayek, Friedrich August von (1982), *Law, Legislation and Liberty*, (3 volumes), Chicago: University of Chicago Press.

Hayek, Friedrich August von (1983), 'Nobel Prize winning economist', transcript of interview edited by Armen A. Alchian, UCLA, Charles E. Young Research Library, Dept of Special Collections, Oral History Transcript no. 300/224.

Hayek, Friedrich August von (1989), *The Fatal Conceit: The Errors of Socialism*, Chicago: University of Chicago Press.

Held, Martin, Gisela Kubon-Gilke and Richard Sturn (eds) (2004), *Ökonomik des Wissens*, Jahrbuch Normative und Institutionelle Grundfragen der Ökonomik, vol. 3, Marburg: Metropolis.

Helmstädter, Ernst (1994), 'Die Geschichte der Nationalökonomie als Geschichte ihres

Fortschritts. Eine Exposition zur Dogmengeschichte', in Otmar Issing(ed.), *Geschichte der Nationalökonomie*, 3rd edn, Munich: Vahlen, pp. 1 – 13.

Helmstädter, Ernst(1999), 'Zum Fortschritt der Wirtshaftswissenschaften: die Nobelpreise', in Karl-Dieter Grüske (ed.), *Die Nobelpreisträger der ökonomischen Wissenschaft*, Vol. 4: *1994 – 1998*, Düsseldorf: Wirtschaft und Finanzen, pp. 62 – 76.

Hicks, John R. (1939), *Value and Capital: An Inquiry into Some Fundamental Principles of Economic Theory*, Oxford: Clarendon Press.

Horn, Karen Ilse(1997), *Moral und Wirtschaft*, Tübingen: Mohr Siebeck.

Horn, Karen Ilse(2006), 'Wo ist oben?' *Frankfurter Allgemeine Zeitung*, 10 October.

Hughes, Jeff(1997), 'Whigs, prigs, and politics: problems in the contemporary history of science', in Thomas Söderquist (ed), *The Historiography of Contemporary Science and Technology*, Amsterdam: Harwood Academic Publishers, pp. 19 – 37.

Hutchison, Terence W. (1977), *Knowledge and Ignorance in Economics*, Chicago: University of Chicago Press.

Keynes, John Marynard(1936), *The General Theory of Employment, Interest, and Money*, London: Macmillan.

Kirzner, Israel(1973), *Competition and Entrepreneurship*, Chicago: University of Chicago Press.

Kirzner, Israel(1979), *Perception, Opportunity, and Profit*, Chicago: University of Chicago Press.

Klamer, Arjo(1984), *Conversations with Economists*, Totowa, NJ: Rowman & Allanheld.

Knight, Frank H. (1921), *Risk, Uncertainty, and Profit*, Boston, MA: Houghton Mifflin.

Huhn, Thomas S. (1964/1970), *The Structive of Scientific Revolutions*, 2nd edn, Chicago: University of Chicago Press.

Lindbeck, Assar(1985), 'The prize in economic science in memory of Alfred Nobel', *Journal of Economic Literature*, 23, 37 – 56.

Lindbeck, Assar(1999), 'The prize in economic science in memory of Alfred Nobel 1969 – 2004', Nobel Foundation, available at www. nobel. sc.

Lindbeck, Assar(2001), 'The Sveriges Riksbank (Bank of Sweden) Prize in economic science in memory of Alfred Nobel 1969 – 2000', in Agneta W. Levinovitz and Nil

Ringertz, *The Nobel Prize. The First 100 Years*, London and Singapore: Imperial College Press and World Scientific Publishing, pp. 197 – 217.

Medawar, Jean and David Pyke(2000), *Hitler's Gift. The True Story of the Scientists Expelled by the Nazi Regime*, London: Richard Cohen Books.

Menger, Carl(1871/1981), *Principles of Economics*, New York: New York University Press.

Merton, Robert K. (1968), 'The Matthew effect in science', *Science*, 159, 56 – 63.

Merton, Robert K. (1973, *The Sociology of Science: Theoretical and Empirical Investigations*, Chicago: University of Chicago Press.

Mill, John Stuart(1859/1974), *On Liberty*, London: Penguin.

Mirowski, Philip(2004), *The Effortless Economy of Science*, Durham, NC: Duke University Press.

Moggridge, Donald(ed.)(1973), *The General Theory and After. Defense and Development. The Collected Works of John Maynard Keynes*, London: Macmillan.

Munzinger-Arciv/Internationales Biographisches Arciv, www.munzinger.de.

Neumann, John von and Oskar Morgenstern(1944), *The Theory of Games and Economic Behavior*, Princeton: Princeton University Press.

New School, website http://cepa.newschool.edu.

Nobel, Peter(2001), 'Alfred Bernhard Nobel and the Peace Prize', *International Review of the Red Cross*, 83(842), 259 – 73.

Nobel Foundation, official website, www.nobel.se.

Parker, Randall E. (2002), *Reflections on the Great Depression*, Cheltenham, UK and Northampton, MA: Edward Elgar.

Perlman, Mark and Charles R. McCann, Jr. (1998), *The Pillars of Economic Understanding: Ideas and Traditions*, Ann Arbor: University of Michigan Press.

Pfanner, Helmut F. (1983), *Exile in New York: German and Austrian Writers After 1933*, Detroit: Wayne State University Press.

Polanyi, Michael(1962), 'The republic of science', *Minerva*, 1, 54 – 73.

Popper, Karl R. (1966), *The Open Society and Its Enemies*, vol. 1, London and New York: Routledge.

Recktenwald, Horst C. (ed.) (1989), *Die Nobelpreisträger der ökonomischen Wissenschaften, 1969 - 1988: Kritisches zum Werden neuer Tradition.* Vols 1 and 2, Düsseldorf: Wirtschaft und Finanzen.

Roux, Dominique (2002), *Nobel en Economie*, 2nd edn, Economica.

Samuelson, Paul A. (1947), *Foundations of Economic Analysis*, Cambridge, MA: Harvard University Press.

Samuelson, Paul A. (1948), *Economics*, New York: McGraw-Hill.

Samuelson, Paul A. (1972), 'My life philosophy', in Michael Szenberg (ed.), *Eminent Economists: Their Life Philosophies*, Cambridge: Cambridge University Press.

Samuelson, Paul A. (2006), 'The first fifteen Nobel Laureates in ecnomics, and fifteen more Might-Have-Beens', mimeo.

Samuelson, Paul A. and William A. Barnett (eds) (2007), *Inside the Economist's Mind. Conversations with Eminent Economists*, Malden, MA: Blackwell Publishing.

Scholes, Myron (2008), 'The impact of information technology on freedom and communication', paper prepared for the 2008 Mont Pèlerin Society gengeral meeting in Tokyo, Japan.

Schumpeter, Joseph A. (1934), *The Theory of Economic Development: An Inquiry into Profits, Capital, Credit, Interest and the Business Cycle*, Cambridge, MA: Harvard University Press.

Schumpeter, Joseph A. (1954), *The History of Economic Analysis*, New York: Oxford University Press.

Shlaes, Amity (2007), *The Forgotten Man. A New History of the Great Depression*, New York: HarperCollins.

Smith, Adam (1759/1982), *The Theory of Moral Sentiments*, Indianapolis: Liberty Fund.

Smith, Adam (1776/1981), *Inquiry into the Nature and Causes of the Wealth of Nations*, Indianapolis: Liberty Fund.

Smith, Vernon L. (1998), 'The two faces of Adam Smith', *Southern Economic Journal*, 65, 1 - 19.

Solow, Robert M. (1954), 'The survival of mathematical economics', *Review of Economics and Statistics, 36(4).

Solow, Robert M. (1997), 'How did economics get that way and what way did it get?', Daedalus, 134(4), 87 – 100.

Stein, Gertrude(1937), Everybody's Autobiography, Cambridge MA: Exact Change.

Stigler, George J. (1970), 'Review of Robbins's "The Evolution of Economic Theory"', Economica, New Series, 37(148), 425 – 6.

Stigler, Stephen M. (1980), 'Stigler's law of eponymy', Transactions of the New York Academy of Sciences, 39, 147 – 58.

Stigler, George J. (1982), The Economist as Preacher and Other Essays, Chicago: University of Chicago Press.

Stigler, George J. (1982/83), 'The process and progress of economics', Nobel Memorial Lecture, Nobel Foundation, available at www. nobel. se and in Journal of Political Economy, 91(4), 529 – 45.

Streissler, Erich, Gottfried Haberler and Friedrich A. Lutz(1969), Roads to Freedom: Essays in Honour of Friedrich A. von Hayek, London: Routledge.

Szenberg, Michael (1992.) Eminent Economists: Their Life Philosophies, Cambridge: Cambridge University Press.

Thielicke, Helmut et al. (eds) (1979), In der Stunde Null. Die Dekschrift des Freiburger Bonhoeffer-Kreises. Politische Gemeinschaftsordnung. Ein Versuch zur Selbstbesinnung des Christlichen Gewissens in den Politischen Nöten unserer Zeit, Tübingen: Mohr Siebeck.

Vanberg, Viktor(2008), 'The "science-as-market" analogy: a constitutional ecoomics perspective', paper prepared for the Special Session 'Evolution I' at the Annual Meeting of the European Public Choice Society, Jena, March.

Vane, Howard R. and Chris Mulhearn (2005), The Nobel Memorial Laureates in Economics. An Introduction to their Careers and Main Published Works, Cheltenham, UK and Northampton, MA: Edward Elgar.

Wahid, Abu N. M. (2002), Frontiers of Economics. Nobel Laureates of the Twentieth Century, Westpport, CT: Greenwood Press.

Weintraub, E. Roy (2005), 'Autobiographical memory and the historiography of economics', *Journal of the History of Economic Thought*, 27(2), 1 – 11.

Weintraub, E. Roy(2007), 'Economists talking with economists: an historian's perspective', in Paul A. Samuelson and W. A. Barnett (eds), *Inside the Economist's Mind*, Malden, MA: Blackwell Publishing, pp. 1 – 10.

Wicksell, Knut(1896), *Finanztheoretische Untersuchungen nerbs Darstellung und Kritik des Steuerwesens Schwedens*, Jena: Fischer.

Zucherman, Harriet(1977), *Scientific Elite: Nobel Laureates in the United States*, New York: Free Press.

访谈参考书目

保罗·萨缪尔森

Cassel, Gustav(1923), *Theroy of Social Economy*, London: Fisher Unwin.

Dorfman, Robert, Paul A. Samuelson and Robert M. Solow(1958), *Linear Programming and Economic Analysis*, New York: McGraw Hill.

Hayek, Friedrich August von(1944), *The Road to Serfdom*, London: Routledge.

Keynes, John Marynard(1936), *The General Theory of Employment, Interest, and Money*, London: Macmillan.

Lindbeck, Assar(1970), 'Paul Anthony Samuelson's Contributions to Economics', *Journal of Economic Perspectives*, 72, 342-54.

Lindbeck, Assar(ed.)(1992), *Nobel Lectures, Economics 1969 – 1980*, Singapore: World Scientific Publishing.

Malthus, Thomas(1826), *An Essay on the Principle of Population: A View of its Past and Present Effects on Human Happiness*, London: John Murray.

Parker, Randall E. (2002), *Reflections on the Great Depression*, Cheltenham, UK and Northampton, MA: Edward Elgar.

Samuelson, Paul A. (1938), 'A note on the pure theory of consumer behavior', *Economica*, 5, 61 – 71.

Samuelson, Paul A. (1939a), 'Interactions between the multiplier analysis and the principle of acceleration', *Review of Economic Statistics*, 21, 75 – 8.

Samuelson, Paul A. (1939b), 'The gains from international trade', *Canadian Journal of Ecnomics and Political Sciences*, 5, 195 – 205.

Samuelson, Paul A. (1939c), 'A synthesis of the principle of acceleration and the multiplier', *Journal of Political Economy*, 47, 786 – 97.

Samuelson, Paul A. (1947), *Foundations of Economic Analysis*, Cambridge, MA: Harvard University Press.

Samuelson, Paul A. (1948a), *Economics*, New York: McGraw Hill.

Samuelson, Paul A. (1948b), 'International trade and the equalisation of factor prices'. *Economic Journal*, 58, 163 – 84.

Samuelson, Paul A. (1948c), 'Consumer theory in terms of revealed preferences', *Economica*, 15, 243 – 53.

Samuelson, Paul A. (1954), 'The pure theory of public expenditures', *Review of Economic and Statistics*, 36, 350 – 56.

Samuelson, Paul A. (1958), 'An exact consumption-loan model of interest with or without the social contrivance of money', *Journal of Political Economy*, 66, 467 – 82.

Samuelson, Paul A. (1966), *The Collected Scientific Papers of Paul A. Samuelson*, vols. 1 and 2, (ed. Joseph E. Stiglitz), Cambridge, MA: MIT Press.

Samuelson, Paul A. (1970/1972), 'Maximum principles in analytical economics', Nobel Memorial Lecture, Nobel Foundation, available at www. nobel. se and in *American Economic Review*, 62(3), 249 – 62.

Samuelson, Paul A. (1970), 'Biography', in Assar Lindbeck (ed.) (1992), *Nobel Lectures, Economics 1969 – 1980*, Singapore: World Scientific Publishing, available at www. nobel. se.

Samuelson, Paul A. (1972), *The Collected Scientific Papers of Paul A. Samuelson*, vols. 3, (ed. Robert C. Merton), Cambridge, MA: MIT Press.

Samuelson, Paul A. (1977), *The Collected Scientific Papers of Paul A. Samuelson*, vols. 4, (ed. Hiroaki Nagatani and Kate Crowley), Cambridge, MA: MIT Press.

Samuelson, Paul A. (1986), *The Collected Scientific Papers of Paul A. Samuelson*, vols. 5, (ed. Kate Crowley), Cambridge, MA: MIT Press.

Samuelson, Paul A. (2002), 'Is there life after Nobel coronation?' available at www. nobel. se.

Samuelson, Paul A. (2003), 'How I became an economist?' available at www. nobel. se.

Samuelson, Paul A. (2004), 'Where Ricardo and Mill rebut and confirm arguments of mainstream ecnomists supporting globalisation?' *Journal of Economic Perspective*, 18 (3), 135 – 46.

Samuelson, Paul A. and Robert M. Solow (1960), 'Analytical aspects of anti-inflation policy', *American Economic Review*, 50, 177 – 94.

Say, Jean-Baptiste (1803), *A Treatise on Political Economy, or the Production, Distribution and Consumption of Wealth*, Philadelphia: Lippincott, Grambo & Co.

Skousen, Mark (1997), 'The perseverance of Paul Samuelson's "Economics"', *Journal of Economic Perspectives*, 11, 137 – 52.

Smith, Adam (1776/1981), *Inquiry into the Nature and Causes of the Wealth of Nations*, Indianapolis: Liberty Fund.

Solow, Robert M. and Paul A. Samuelson (1953), 'Balanced growth under constant returns to scale', *Econometrica*, 21, 412 – 24.

Stolper, Wolfgang F. and Paul A. Samuelson (1941), 'Protection and real wages', *Review of Economic Statistics*, 9, 58 – 73.

Taylor, John B. (1993), 'Discretion versus policy rules in practice', *Carnegie-Rochester Conference Series on Public Policy*, 39, 195 – 214.

肯尼斯·阿罗

Arrow, Kenneth J. (1949), 'On the use of winds in flight planning', *Journal of Meteorology*, 6, 150 – 59.

Arrow, Kenneth J. (1950), 'A difficulty in the concept of social welfare', *Journal of Political Economy*, 58, 328 – 46.

Arrow, Kenneth J. (1951a), *Social Choice and Individual Values*, New York: Wiley.

Arrow, Kenneth J. (1951b), 'An extension of the basic theorems of classical welfare economics', in J. Neymann (ed.), *Proceedings of the Second Berkeley Symposium of Mathematical Statistics and Probability*, Berkeley: University of California Press, pp. 507 – 32.

Arrow, Kenneth J. (1953), 'Le rôle des valeurs boursières pour la répartition la meileure des risques', *Proceedings of the coilloique sur les fondements et applications de la théorie du risque en économétrie*, Paris: Centre National de la Recherche Scientifique, pp. 41 – 8.

Arrow, Kenneth J. (1962), 'The economic implications of learning by doing', *Review of Economic Statistics*, 29, 155 – 73.

Arrow, Kenneth J. (1963), 'Uncertainty and the welfare economics of medical care', *American Economic Review*, 53, 941 – 73.

Arrow, Kenneth J. (1964), 'The role of securities in the optimal allocation of risk bearing', *Review of Economic Studies*, 31, 91 – 6.

Arrow, Kenneth J. (1971), *Essays in the Theory of Optimal Risk Bearing*, Amsterdam: North Holland.

Arrow, Kenneth J. (1972/74), 'General economic equilibrium: purpose, analytical techniques, collective choice', Noble Memorial Lecture. Nobel Foundation, available at www. nobel. se, and in *American Economic Review*, 64, 253 – 72.

Arrow, Kenneth J. (1983), *Collected Papers of Kenneth J. Arrow*, Vol. 1, *Social Choice and Justice*; Vol. 2, *General Equilibrium*, Cambridge, MA: Harvard University Press.

Arrow, Kenneth J. (1984), *Collected Papers of Kenneth J. Arrow*, Vol. 3, *Individual Choice under Certainty and Uncertainty*; Vol. 4, *The Economics of Information*, Cambridge, MA: Harvard University Press.

Arrow, Kenneth J. (1985), *Collected Papers of Kenneth J. Arrow*, Vol. 5, *Production and Capital*; Vol. 6, *Applied Economics*, Cambridge, MA: Harvard University Press.

Arrow, Kenneth J. and Gérard Debreu (1954), 'Existence of equilibrium for a competitive economy', *Econometrica*, 20, 265 – 90.

Arrow, Kenneth J. and Frank Hahn (1971), *General Competitive Analysis*, San Francisco: Holden Day.

Arrow, Kenneth J. and Leonid Hurwicz (1977), *Studies in Resource Allocation Processes*, New York: Cambridge University Press.

Arrow, Kenneth J., Theodore Harris and Jacob Marschak (1951), 'Optimal inventory

Policy', *Econometrica*, 19, 250 – 72.

Arrow, Kenneth J., Samuel Karlin and Herbert E. Scarf (1958), *Studies in the Mathematical Theory of Inventory and Production*, Palo Alto: Stanford University Press.

Arrow, Kenneth J., Samuel Karlin and Patrick Suppes (eds) (1960), *Mathematical Methods in the Social Sciences*, Palo Alto: Stanford University Press.

Arrow, Kenneth J., Hollis B. Chenery, Bagicha S. Minhas and Robert M. Solow (1961), 'Capital-labor substitution and economic efficiency', *Review of Economic Statistics*, 43, 225 – 50.

Bergson, Abram (1938), 'A reformulation of certain aspects of welfare economics', *Quarterly Journal of Economic*, 52, 310 – 34.

Black, Duncan (1948), 'On the rationale of group decision-making', *Journal of Political Economy*, 56, 23 – 34.

Brennan, Geoffrey and James M. Buchanan (1984), 'Voter choice and the evaluation of political alternative', *American Behavioral Scientist*, 28, 185 – 201.

Brennan, Geoffrey and James M. Buchanan (1985/2000), *The Reason of Rules: Constitutional Political Economy*, *The Collective Works of James M. Buchanan*, Indianapolis: Liberty Fund, Vol. 10.

Buchanan, James M. (1954), 'Social choice, democracy, and free markets', *Journal of Political Economy*, 62, 114 – 23.

Burns, Arthur F. (1946), 'On economic research and the Keynesian thinking of our times', 26th Annual Report, New York: National Bureau of Economic Research, p. 12.

Burns, Arthur F. and Wesley C. Mitchell (1946), *Measuring Business Cycles*, New York: NBER.

Condorcet, Marquis de (1785), *Essay on the Application of Analysis to the Probability of Majority Decisions*, Paris: Imprimerie Royale.

Feiwel, George R. (ed.) (1987a), *Arrow and the Foundations of the Theory of Economic Policy*, Basingstoke: Macmillan.

Feiwel, George R. (ed.) (1987b), *Arrow and the Ascent of Modern Economic Theory*, Basingstoke: Macmillan.

Hayek, Friedrich August von (1937), 'Economics and knowledge', *Economica*, 4, 33 –

54.

Hayek, Friedrich August von (1945), 'The use of knowledge in society', *American Economic Review*, 35, 519–30.

Hayek, Friedrich August von (1960), *The Constitution of Liberty*, Chicago: University of Chicago Press.

Hicks, John R. (1939), *Value and Capital: An Inquiry into Some Fundamental Principles of Economic Theory*, Oxford: Clarendon Press.

Hotelling, Harold (1929), 'Stability in competition', *Economic Journal*, 39 (153), 41–57.

Nansen, E. J. (1883), 'Methods of election', in *Transactions and Proceedings of the Royal Society of Victoria*, XIX, 197–240.

Shell, Karl and David Cass (1983), 'Do sunspots matter?', *Journal of Political Economy*, 91 (2), 193–227.

Weizsäcker, Carl Christian von (1972), 'Kenneth Arrow's contributions to economics', *Swedish Journal of Economics*, 74 (4), 488–502. Reprinted in Henry W. Spiegel and Warren J. Samuels (eds) (1984), *Contemporary Economists in Perspective*, Vol. 1, Greenwich, CT: JAI Press.

Sohlgemuth, Michael (2002), 'Democracy and opinion falsification: towards a new Austrian political economy', *Constitutional Political Economy*, 13, 223–46.

詹姆斯·布坎南

Aaron, Henry J. and Michael J. Boskin (1980), *The Economics of Taxation. Essays in Honor of Joseph Peckman*, Washington, DC: Brookings Institution Press.

Allen, Clark L., James M. Buchanan and Marshall R. Colberg (1954), *Price, Income, and Public Policy: The ABCs of Economics*, New York: McGraw-Hill.

Arrow, Kenneth J. (1951a), *Social Choice and Individual Values*, New York: Wiley.

Atkinson, Anthony B. (1987), 'James M. Buchanan's contributions to economics', *Scandinavian Journal of Economics*, 89 (1), 5–15.

Brennan, Geoffrey and James M. Buchanan (1987), *The Power to Tax: Analytical Foundations of a Fiscal Constitution*, New York: Cambridge University Press.

Brennan, Geoffrey and James M. Buchanan (1985), *The Reason of Rules: Constitutional Political Economy*, New York: Cambridge University Press.

Buchanan, James M. (1949), 'The pure theory of government finance: a suggested approach', *Journal of Political Economy*, 57, 496 – 505.

Buchanan, James M. (1952), 'The pricing of highway services', *National Tax Journal*, V, 97 – 106.

Buchanan, James M. (1954a), 'Social choice, democracy, and free markets', *Journal of Political Economy*, 62, 114 – 23.

Buchanan, James M. (1954b), 'Individual choice in voting and the market', *Journal of Political Economy*, 62, 334 – 43.

Buchanan, James M. (1958), *Public Principles of Public Debt: A Defence and Restatement*, Homewood, IL: Irwin.

Buchanan, James M. (1959), 'Positive economics, welfare economics, and political economy', *Journal of Law and Economics*, 2, 124 – 38.

Buchanan, James M. (1960), *Fiscal Theory and Political Economy: Selected Essays*, Chapel Hill: University of North Carolina Press.

Buchanan, James M. (1967), *Public Finance in Democratic Process: Financial Institutions and Individual Choice*, Chapel Hill: University of North Carolina Press.

Buchanan, James M. (1968), *The Demand and Supply of Public Goods*, Chicago: Rand McNally.

Buchanan, James M. (1969a), 'Is ecnomics a science of choice?', in Erich Streissler (ed.), *Roads to Freedom-Essays in Honor of F. A. Hayek*, London: Routledge & Kegan Paul, pp. 47 – 64.

Buchanan, James M. (1969b), *Cost and Choice: An Inquiry in Economic Theory*, Chicago: Markham Publishing.

Buchanan, James M. (1970), *The Public Finance: An introductory Textbook*, 3rd edn, Homewook, IL: Irwin.

Buchanan, James M. (1972), 'Rawls on justic as fairness', *Public Choice*, 13, 123 – 8.

Buchanan, James M. (1975), *The Limits of Libert: Between Anarchy and Leviathan*, Chicago: University of Chicago Press.

Buchanan, James M. (1976), 'The justice of natural liberty', *Journal of Legal Studies*, 5, 1 – 16.

Buchanan, James M. (1978), *Freedom in Constitutional Contract: Perspective of a Political Economist*, College Station: Taxas A&M University Press.

Buchanan, James M. (1986/92), 'The constitution of economic policy', Nobel Memorial Lecture, in Karl-Göran Mäler(ed.), *Nobel Lectures, Economics 1981 – 1990*, Singapore: World Scientific Publishing, available at www.nobel.se. and in *American Economic Review*, 77(3), 243 – 50.

Buchanan, James M. (1986), *Liberty, Market, and State*, Brighton: Wheatsheaf.

Buchanan, James M. (1990), 'Europe's constitutional opportunity', in his *Europe's Constitutional Future*, London: The Institute of Economic Affairs, pp. 1 – 20.

Buchanan, James M. (1992a), *Better than Plowing, and other Personal Essays*, Chicago: University of Chicago Press.

Buchanan, James M. (1992b), 'From the inside looking out', in Michael Szenberg (ed.), *Eminent Economists*, Cambridge: Cambridge University Press, pp. 99 – 106.

Buchanan, James M. (2001), 'Notes on Nobelity', available at www.nobel.se.

Buchanan, James M. (2002), *The Collected Works of James M. Buchanan*, 20 volumes, Indianapolis: Liberty Fund.

Buchanan, James M. (2008), 'Let us understand Adam Smith', *Journal of the History of Economic Thought*, 30(1).

Buchanan, James M. and Geoffrey Brennan (1980), 'Tax reform without tears: why must the rich be made to suffer?', in Henry J. Aaron and Michael J. Boskin(eds), *The Economics of Taxation*, Washington DC: Brookings Institution Press, pp. 35 – 54.

Buchanan, James M. and Geoffrey Brennan(1985), *The Reason of Rules: Constitutional Political Economy*, New York: Cambridge University Press.

Buchanan, James M. and Roger D. Congleton(1998), *Politics by Principle, Not Interest*, Cambridge: Cambridge University Press.

Buchanan, James M. and Gordon Tullock (1962), *The Calculus of Consent: Logical Foundations of Constitutional Democracy*, Ann Arbor: University of Michigan Press.

Buchanan, James M. and Richard E. Wagner (1977), *Democracy in Deficit: The Political Legacy of Lord Keynes*, New York: Academic Press.

Buchanan, James M. and Yong Yoon (2002), 'Globalization as framed by the two logics of trade', *The Independent Review*, 6(3), 399–405.

Downs, Anthony (1957), *An Economic Theory of Democracy*, New York: Harper and Brothers.

Hansen, Alvin H. (1951), 'The Pigouvian effect', *Journal of Political Economy*, 59, 535–6.

Hayek, Friedrich August von (1944), *The Road to Serfdom*, London: Routledge.

Hayek, Friedrich August von (1952), The *Counter-Revolution of Science. Studies on the Abuse of Reason*, 2nd edn, Indianapolis: Liberty Press.

Hayek, Friedrich August von (1976), *Law, Legislation and Liberty, Vol. 2: The Mirage of Social Justice*, London: Routledge & Kegan Paul.

Hayek, Friedrich August von (1978), *New Studies in Philosophy, Politics, and Economics and the History of Ideas*, Chicago: University of Chicago Press.

Hayek, Friedrich August von (1979), *Law, Legislation and Liberty, Vol. 3: The Political Order of a Free People*, Chicago: University of Chicago Press.

Hobbes, Thomas (1651), *Leviathan, or the Matter, Forme and Power of a Common Wealth, Ecclesiasticall and Civil*, modern reprint, London: Pengin Books.

Mises, Ludwig won (1949), *Human Action*, New Haven, CT: Yale University Press.

Patinkin, Don (1948), 'Price flexibility and full employment', *American Economic Review*, 38, 543–64.

Polanyi, Michael (1951), *The Logic of Liberty*, Chicago: University of Chicago Press.

Rawls, John (1971), *A Theory of Justice*, Cambridge, MA: Harvard University Press.

Romer, Thomas (1988), 'On James Buchanan's contribution to public economics', *Journal of Economic Perspective*, 2, 165–79.

Samuelson, Paul A. (1956), 'Social indifference curves', *Quarterly Journal of Economic*, 70, 1–22.

Samuelson, Paul A. (1977), 'Reaffirming the existence of "resonable" Bergson-Samuelson social welfare functions', *Economica*, New Series, 44(173), 81–8.

Schumpeter, Joseph A. (1942), *Capitalism, Socialism, and Democracy*, New York: Harper and Brothers.

Smith, Adam (1759/1982), *The Theory of Moral Sentiments*, Indianapolis: Liberty Fund.

Smith, Adam (1776/1981), *Inquiry into the Nature and Causes of the Wealth of Nations*, Indianapolis: Liberty Fund.

Tullock, Gordon (1959), 'Some problems of majority voting', *Journal of Political Economy*, 67, 571 – 9.

Viti de Marco, Antonio de (1936), *First Principles of Public Finance*, Jonathan Cape London/New York: Harcourt Brace & Co.

Whately, Richard (1831), *Introductory Lectures on Political Economy*, London: B. Fellowes.

Whately, Knut (1896), *Finanztheoretsche Untersuchungen nebst Darstellung und Kritik des Steuerwesens Schwedens*, Jena: Fischer.

Whately, Knut (1958), 'A new principle of just taxation', in Richard A. Musgrave and Alan T. Peacock (eds), *Classics in the Theory of Public Finance*, pp. 72 – 118, translated by James M. Buchanan and Elizabeth Henderson, London: Macmillan.

罗伯特·索洛

Blinder, Alan S. (1989), 'In honor of Robert M. Solow: Nobel Laureate in 1987', *Journal of Economic Perspective*, 3, 99 – 105.

Blinder, Alan S. and Robert M. Solow (1973), 'Does fiscal policy matter?', *Journal of Public Economics*, 2, 319 – 37.

Domar, Evsey (1946), 'Capital expansion, rate of growth and employment', *Economica*, 14, 137 – 47.

Dorfman, Robert, Paul A. Samuelson and Robert M. Solow (1958), *Linear Programming and Economic Analysis*, New York: McGraw-Hill.

Harrod, Roy (1939), 'Essay in dynamic theory', *Economic Journal*, 49, 14 – 33.

Harrod, Roy (1948), *Towards a Dynamic Economics: Some Recent Developments of Economic Theory and Their Application to Policy*, London: Macmillan.

Hayek, Friedrich August von (1978), 'Two types of mind', in his *New Studies in Philosophy, Politics, Economics and the History of Ideas*, Chicago: University of Chicago Press, pp. 50 – 56.

Hicks, John R. (1939), *Value and Capital: An Inquir into Some Fundamental Principles of Economic Theory*, Oxford: Clarendon Press.

Kuhn, Thomas S. (1962/1970), *The Structure of Scientific Revolutions*, 2nd edn, Chicago: University of Chicago Press.

Leontief, Wassily (1941), *The Structure of American Ecnomy, 1919 – 1929*, Cambridge, MA: Harvard University Press.

Lucas, Robert Jr (1988), 'On the mechanics of economic development', *Journal of Monetary Economics*, 22, 3 – 42.

Matthews, R. C. O. (1988), 'The work of Robert M. Solow', *Scandinavian Journal of Economics*, 90(1), 13 – 16.

Prescoitt, Edward C. (1988), 'Robert M. Solow's neoclassical growth model', *Scandinavian Journal of Economics*, 90(1), 7 – 12.

Romer, Paul M. (1986), 'Increasing returns and long-run growth', *Journal of Political Economy*, 94, 1002 – 37.

Romer, Paul M. (1990), 'Endogenous technological change', *Journal of Political Economy*, 98, 71 – 102.

Samuelson, Paul A. (1989), 'Robert Solow: an affectionate portrait', *Journal of Economic Perspectives*, 3, 91 – 7.

Samuelson, Paul A. and Robert M. Solow (1960), 'Analytical aspects of anti-inflation policy', *American Economic Review*, 50, 177 – 94.

Solow, Robert M. (1954), 'The survival of mathematical economics', *Review of Economic and Statistics*, 36(4), 372 – 4.

Solow, Robert M. (1956), 'A contribution to the theory of economic growth', *Quarterly Journal of Economic*, 70, 65 – 94.

Solow, Robert M. (1957), 'Technical change and the aggregate production function', *Review of Economic and Statistics*, 39, 312 – 20.

Solow, Robert M. (1958), 'A skeptical note on the constancy of relative shares', *A-*

merican Economic Review,48,618 – 31.

Solow,Robert M. (1960),'Investment and technical progress', in Kenneth J. Arrow, Samuel Karlin and Patrick Suppes(eds.), *Mathematical Methods in the Social Sciences*,Stanford:Stanford University Press,pp. 89 – 104.

Solow,Robert M. (1962),'Substitution and fixed proportions in the theory of capital', *Review of Economics and Statistics*,29,207 – 18.

Solow,Robert M. (1963),*Capital Theory and the Rate of Return*, Amsterdam:North-Holland.

Solow,Robert M. (1972),'Congestion,density,and the use of land in transportation', *Swedish Journal of Economics*,74,161 – 73.

Solow,Robert M. (1974),'The economics of resources or the resources of economics',*American Economic Review*,64,1 – 14.

Solow,Robert M. (1979),'Another possible source of wage stickiness', *Journal of Macroeconomics*,1,79 – 82.

Solow,Robert M. (1980),'On theories of unemployment',*American Economic Review*,70,1 – 11.

Solow,Robert M. (1985),'Insiders and outsiders in wage determination',*Scandinavian Journal of Economics*,87(2),411 – 28.

Solow,Robert M. (1987/1992/2005),'Nobel autobiography', in Karl-Göran Mäler (ed.),*Nobel Lectures,Economics 1981 – 1990*,Singapore:World Scientific Publishing,available at www. nobel. se.

Solow,Robert M. (1987/1988),'Growth theory and after',Noble Memorial Lecture, Nobel Foundation,available at www. nobel. se and in *American Economic Review*,78, 307 – 17.

Solow,Robert M. (1990),*The Labour Market as a Social Institution*, Oxford:Basil Blackwell.

Solow,Robert M. (1997),'How did economics get that way and what way did it get?',*Daedalus*,134(4),87 – 100.

Solow,Robert M. (2000),*Growth Theory:An Exposition*,2nd edn,Oxford:Oxford University Press.

Solow, Robert M. (2002), Interview in *The Region*, availbale at http://minneapolisfed. org/publs/region/02 - 09/solow. cfm.

Solow, Robert M. and Joseph E. Stiglitz(1968), 'Output, employment, and wages in the short-run', *Quarterly Journal of Economic*, 82, 537 - 60.

Swan, Trevor(1956), 'Economic growth. Seminar and notes on growth', *Economic Record*, 78, 381 - 7.

Thünen, Johann Heinrich von (1826), *Der isolirte Staat in Beziehung auf Landwirthschaft und National-Oekonomie*, Hamburg: Perthes.

加里·贝克

Becker, Gary S. (1952), 'A note on multi-country trade', *American Economic Review*, 42, 558 - 68.

Becker, Gary S. (1957), *The Economics of Discrimination*, Chicago: University of Chicago Press.

Becker, Gary S. (1958), 'Competition and democracy', *Journal of Law and Economics*, 1, 105 - 9.

Becker, Gary S. (ed.) (1960a), *Demographic and Economic Change in Developed Countries*, Princeton: Princeton University Press.

Becker, Gary S. (1960b), 'An economic analysis of fertility', in Gary S. Becker (ed.), *Demographic and Economic Change in Developed Countries*, Princeton: Princeton University Press, pp. 209 - 31.

Becker, Gary S. (1962), 'Investment in human capital: a theoretical analysis', *Journal of Political Economy*, 70, 9 - 49.

Becker, Gary S. (1964), *Human Capital. A Theoretical and Empirical Analysis with Special Reference to Education*, New York: Columbia University Press.

Becker, Gary S. (1965), 'A theory of the allocation of time', *Economic Journal*, 75 (299), 493 - 517.

Becker, Gary S. (1968), 'Crime and punishment: an economic approach', *Journal of Political Economy*, 76, 169 - 217.

Becker, Gary S. and H. Gregg Lewis(1973), 'On the interaction between the quantity and quality of children', *Journal of Political Economy*, 81(2), 279 – 88.

Becker, Gary S. (1973), 'A theory of marriage: part I', *Journal of Political Economy*, 81(4), 813 – 46.

Becker, Gary S. (1974), 'A theory of marriage: part II', *Journal of Political Economy*, 82(2), 11 – 26.

Becker, Gary S. (1976), *The Economic Approach to Family Behaviour*, Chicago: University of Chicago Press.

Becker, Gary S. (1981), *A Treatise on the Family*, Chicago: University of Chicago Press.

Becker, Gary S. (1983), 'A theory of competition among pressure groups for political influence', *Quarterly Journal of Economic*, 98, 371 – 400.

Becker, Gary S. (1985), 'Public policies, pressure groups, and dead weight costs', *Journal of Public Economics*, 28, 329 – 47.

Becker, Gary S. (1992), 'Autobiography', in Tore Frängsmyr (ed.), *Les Prix Nobel, The Nobel Prizes 1993*, Stockholm: Nobel Foundation, available at www. nobel. se.

Becker, Gary S. and William Baumol (1952), 'The classical monetary theory: the outcome of the discussion', *Economica*, 19, 355 – 76.

Becker, Gary S. and Guity Nashat Becker (1996), *The Economics of Life*, New York: McGraw-Hill.

Becker, Gary S. and William M. Landes (eds) (1974), *Essays in the Economics of Crime and Punishment*, New York: Columbia University Press.

Becker, Gary S. and Kevin M. Murphy (1986), 'A theory of rational addiction', *Journal of Political Economy*, 86, 675 – 700.

Becker, Gary S. and George Stigler (1974), 'Law enforcement, malfeasance, and compensation of enforcers', *Journal of Lega Studies*, 3, 1 – 18.

Becker, Gary S. (1992/1993), 'The economic way of looking at behaviour', Nobel Memorial Lecture, available at www. nobel. se and in *Journal of Political Economy*, 101(3), 385 – 409.

Domar, Evsey (1992), 'How I tried to become an economist', in Michael Szenberg (ed.), *Eminent Economists: Their Life Philosophies*, Cambridge: Cambridge University

Press.

Febrero, Ramon and Pedro Schwartz (1995), *The Essence of Becker*, Standford: Hoover Institution Press.

Friedman, Militon (1953a), 'The case for flexible exchange rates', in his *Essays in Positive Economics*, Chicago: University of Chicago Press, pp. 157 – 203.

Friedman, Militon (1953b), 'The methodology of positive economics', in his *Essays in Positive Economics*, Chicago: University of Chicago Press, pp. 3 – 43.

Friedman, Militon and Gary S. Becker (1957), 'A statistical illusion in judging Keynesian models', *Journal of Political Economy*, 65(1), 64 – 75.

Fuchs, Victor R. (1994), 'Gary S. Becker: ideas about facts', *Journal of Economic Perspectives*, 8, 183 – 92.

Grossman, Michael (1972), *The Demand for Health: A Theoretical and Empirical Investigation*, New York: Cambridge University Press.

Hayek, Friedrich August von (1944), *The Road to Serfdom*, London: Routledge.

Hayek, Friedrich August von (1960), *The Constitution of Liberty*, Chicago: University of Chicago Press.

Hayek, Friedrich August von (1978), 'Two types of mind', in his *New Studies in Philosophy, Politics, and Economics and the History of Ideas*, Chicago: University of Chicago Press, pp. 50 – 56.

Knight, Frank H. and Thornton W. Merriam (1945), *Economic Order and Religion*, New York: Harper and Brothers.

Lazear, Eward P. (1999/2000), 'Economic imperialism', *Journal of Economics*, 115, 99 – 146, also available as a Working Paper, Stanford University, Hoover Institution and Graduate School of Business, at http://faculty-gsb.stanford.edu/lazear/personal/pdfs/economic%20imperialism.pdf.

Levitt, Steven D. (2006), 'Honoring Gary Becker: capital ideas', Chicago Graduate School of Business, April available at www.chicagogsb.edu/capideas/apr06/intro.aspx.

Nobel Foundation (1992), 'Presentation speech', in Torsten Person (ed.) (1997), *Nobel Lectures, Economics 1991 – 1995*, Singapore: World Scientific Publishing, available at www. nobel. se.

Pies, Ingo and Martin Leschke(eds) (1998) , *Gary Beckers ökonomischer Imperialismus*, Tübingen: Mohr Siebeck.

Rosen, Sherwin(1993) , ' Risks and rewards: Gary Becker's contributions to economics' , *Scandinavian Journal of Economics*, 95(1) , 25 – 36.

Samuelson, Paul(1948) , *Economics*, New York: McGraw Hill.

Sandmo, Anders (1993) , ' Gary Becker's contributions to economics' , *Scandinavian Journal of Economics*, 95(11) , 7 – 23.

Shackelton, J. R. (1981) , ' Gary S. Becker: the economist as empire-builder' , in J. R. Shackelton and Gareth Locksley (eds) , *Twelve Contemporary Economists*, London: Macmillan.

Stigler, George and Gary S. Becker(1977) , ' De gustibus non est disputandum' , *American Economic Review*, 67, 76 – 90.

道格拉斯·诺斯

Coase, Ronald H. (1960) , ' The problem of social cost' , *Journal of Law and Economics*, 3, 1 – 44.

David, Paul(1985) , ' Clio and the economics of QUERTY' , *American Economic Review Papers and Proceedings*, 75(2) , 332 – 7.

Davis, Lance E. and Douglass C. North(1971) , *Institutional Change and American Economic Growth 1607 – 1860*, Cambridge: Cambridge University Press.

Goldin, Claudia(1995) , ' Cliometrics and the Nobel' , *Journal of Economic Perspectives*, 9, 191 – 208.

Hayek, Friedrich August von(1945) , ' The use of knowledge in society' , *American Economic Review*, 35, 519 – 30.

McCloskey, Donald N. (1994) , ' Fogel and North: statics and dynamics in historical economics' , *Scandinavian Journal of Economics*, 96(2) , 161 – 6.

Miller, Roger LeRoy and Douglass C. North (1971) , *The Economics of Public Issues*, New York: Harper & Row. New edition: Roger LeRoy Miller, Dianiel K. Benjamin and Douglass C. North(2007) , *The Economics of Public Issues*, 15th edn, Boston, MA: Addison-Wesley.

Miller, Roger LeRoy, Daniel K. Benjamin and Douglass C. North(2007), *The Economics of Public Issues*, 15th edn, Boston, MA: Addison-Wesley.

Myhrman, J. and Barry R. Weingast(1994), 'Douglass C. North's contributions to economics and economic history', *Scandinavian Journal of Economics*, 96(2), 185–93.

North, Douglass C. (1958), 'Ocean freight rates and economic development', *Journal of Economic History*, 18(4), 537–55.

North, Douglass C. (1960), 'The United States balance of payments 1790–1860, Trends in the American economy in the nineteen century', 24th Conference on Income and Wealth, NBER, Princeton: Princeton University Press.

North, Douglass C. (1961), *The Economic Growth of the United States, 1790–1860*, Englewood Cliffs, NJ: Prentice Hall.

North, Douglass C. (1966), *Growth and Welfare in the American Past: A New Economic History*, Englewood Cliffs, NJ: Prentice Hall.

North, Douglass C. (1968), 'Source of productivity change in ocean shipping 1600–1850', *Journal of Political Economy*, 75(5), 953–70.

North, Douglass C. (1977), 'The first economic revolution', *The Economic History Review*, New Series, 30(2), 229–41.

North, Douglass C. (1978), 'Structure and performance: the task of economic history', *Journal of Economic Literature*, 16(3), 963–78.

North, Douglass C. (1981), *Structure and Change in Economic History*, New York: W. W. Norton.

North, Douglass C. (1983), 'The second economic revolution in the United States', Procedings on the Industrial Revolution and Technological Change, Washington University at St Louis(WUStL).

North, Douglass C. (1990), *Institutions, Institutional Change, and Economic Performance*, Cambridge: Cambridge University Press.

North, Douglass C. (1991), 'Institutions', *Journal of Economic Perspectives*, 5, 97–112.

North, Douglass C. (1993/1994), 'Economic performance through time', Nobel Memorial Lecture, available at www. nobel. se and in *American Economic Review*, 84, pp. 359 – 68.

North, Douglass C. (1993/2005/1994), 'Autobiography', in Tore Frängsmyr(ed.), *Les Prix Nobel, The Nobel Prizes 1993*, Stockholm: Nobel Foundation, available at www. nobel. se.

North, Douglass C. (1994), 'Institutions and credible commitment', *Journal of Institutional and Theoretical Economics*, 149, S. 11 – 23.

North, Douglass C. (1995), 'The paradox of the West', in Richard W. Davis(ed.), *Origins of Modern Freedom in the West*, Stanford: Stanford University Press, pp. 7 – 34.

North, Douglass C. and Robert P. Thomas(1971), 'The rise and fall of the manorial system: a theoretical model', *Journal of Economic History*, 31(4), 777 – 803.

North, Douglass C. and Robert P. Thomas(1973), *The Rise of the Western World: A New Economic History*, Cambridge: Cambridge University Press.

North, Douglass C. and Barry R. Weingast(1989), 'Constitutions and commitment: the evolution of institutions governing public choice in seventeenth-century England', *Journal of Economic History*, 49(4), 803 – 32.

North, Douglass C., Barry Weingast and John Wallace(2006), 'A conceptual framework for interpreting recorded human history', NBER Working Paper 12795.

莱因哈德·泽尔滕

Cournot, Antoine Augustin(1838), *Recherches sur les Principes Mathématiques de la Théorie des Richesses*, Paris: Hachette.

Damme, Eric van and Jorgen W. Weibull(1995), 'Equilibrium in strategic interaction: the contributions of John C. Harsanyi, John F. Nash and Reinhard Selten', *Scandinavian Journal of Economics*, 97(1), 15 – 40.

Gul, Faruk(1997), 'A Nobel Prize for game theorists: the contributions of Harsanyi, Nash, and Selten', *Journal of Economic Perspectives*, 11, 159 – 74.

Harsanyi, John C. and Reinhard Selten(1988), *A General Theory of Equilibrium Selection in Games*, Cambridge, MA: MIT Press.

Neumann, John von and Oskar Morgenstern (1944), *The Theory of Games and Economic Behavior*, Princeton: Princeton University Press.

Perlman, Mark and Morgan Marietta (1994), 'Die Nobelpreise der ökonomischen Wissenschaft in den Jahren 1994 – 1998', in Karl-Heinz Gruske (ed.), *Die Nobelpreisträger der ökonomischen Wissenschaft*, Vol. 3: 1989 – 1993, Düsseldorf: Wirtschaft und Finanzen, pp. 20 – 61.

Royal Swedish Academy of Sciences (1995), 'The Nobel Prize in Economics 1994', *Scandinavian Journal of Economics*, 97(1), 1 – 7.

Sauermann, Heinz and Reinhard Selten (1959), 'Ein Oligopolexperiment', *Zeitschrift fur die gesamte Staatswissenschaft*, 115, 427 – 71.

Selten, Reinhard (1961), *Bewertung von n-Personenspielen*, Frankfurt: Unversität Frankfurt.

Selten, Reinhard (1965), 'Spieltheoretische Behandlung eines Oligopolmodells mit Nachfragetragheit', *Zeitschrift für die gesamte Staatswissenschaft*, 121, 301 – 24 and 667 – 89.

Selten, Reinhard (1970), *Preispolitik der Mehrproduktenunternehmung in der Statischen Theorie*, Berlin/Heidelberg/New York: Springer.

Selten, Reinhard (1975), 'Reexamination of the perfectness concept for equilibrium points in extensive games', *International Journal of Game Theory*, 4, 25 – 55.

Selten, Reinhard (1978), 'The chain store paradox', *Theory and Decision*, 9, 127 – 59.

Selten, Reinhard (1988), *Models of Strategic Rationality*, Theory and Decision Library, Series C: Game Theory, Mathematical Programming and Operations Research, Dordrecht: Kluwer.

Selten, Reinhard (1990), 'Bounded rationality', *Journal of Institutional and Theoretical Economics*, 146, 649 – 58.

Selten, Reinhard (1994/5), 'Autobiography', in Tore Frängsmyr (ed.), *Les Prix Nobel, The Nobel Prizes 1994*, Stockholm: Nobel Foundation, available at www. nobel. se.

Selten, Reinhard (1998), 'Aspiration adaptation theory', *Journal of Mathematical Psychology*, 42, 191 – 214.

Selten, Reinhard (1999), *Game Theory and Economic Behaviour: Selected Essays*, 2 volumes, Cheltenham, UK and Northampton, MA: Edward Elgar.

Selten, Reinhard (2001), 'Die konzeptionellen Grundlagen der Spieltheorie einst und jetzt', Bonn Graduate School of Economics, Discussion Paper 2/2001.

Selten, Reinhard and Peter Hammerstein (1994), 'Game theory and evolutionary biology', in Robert J. Aumann and Sergiu Hart (eds), *Handbook of Game Theory*, vol. 2, Amsterdam: Elsevier Science, pp. 929 – 93.

Selten, Reinhard and Heinz Sauermann (1962), 'Anspruchsanpassungstheorie der Unternehmung', *Zeitschrift für die gesamte Staatswissenschaft*, 118, 577 – 97.

Selten, Reinhard and R. Stoecker (1986), 'End behavior in sequences of finite prisoners' dilemma supergames', *Journal of Economic Behavior and Organization*, 7(1), 47 – 70.

Simon, Herbert (1947), *Administrative Behaviour*, New York: Macmillan.

Simon, Herbert (1947), *Models of Man*, New York: Wiley.

乔治·阿克尔洛夫

Adams, William and Janet L. Yellen (1976), 'Commodity bundling and the burden of monopoly', *Quarterly Journal of Economic*, 90(3), 475 – 98.

Akerlof, George A. (1967), 'Stability, marginal products, putty and clay', in Karl Shell (ed.), *Theory of Optimal Economic Growth*, Cambridge, MA: MIT Press, pp. 281 – 94.

Akerlof, George A. (1970), 'The market for "lemons": quality uncertainty and the market mechinsim', *Quarterly Journal of Economic*, 84, 488 – 500.

Akerlof, George A. (1976), 'The economics of caste and of the rat race and other woeful tales' *Quarterly Journal of Economic*, 90, 599 – 617.

Akerlof, George A. (1980), 'A theory of social customs of which unemployment may be one consequence', *Quarterly Journal of Economic*, 94, 749 – 75.

Akerlof, George A. (1982), 'Labour contracts as partial gift exchange', *Quarterly Journal of Economic*, 97, 543 – 69.

Akerlof, George A. (1984), *An economic Theorist's Book of Tales*, Cambridge: Cambridge University Press.

Akerlof, George A. (2001/2002a), 'Behavioral macroeconomics and macroeconomic behavior', Nobel Memorial Lecture, Nobel Foundation, available at www. nobel. se and in *American Economic Review*, 92, 411 – 33.

Akerlof, George A. (2001/2002b), 'Autobiography', in Tore Frängsmyr (ed.), *Les Prix Nobel, The Nobel Prizes 2001*, Stockholm: Nobel Foundation, available at www. nobel. se.

Akerlof, George A. (2003), 'Writing the "the market for lemons": a personal and interpretive essay', available at www. nobel. se.

Akerlof, George A. and Rachel E. Kranton (2002), 'Identity and schooling: some lessons for the economics of education', *Journal of Economic Literature*, 40, 1167 – 201.

Akerlof, George A. and Rachel E. Kranton (2005), 'Identity and the economics of organizations', *Journal of Economic Perspectives*, 19(1), 9 – 32.

Akerlof, George A. and Janet L. Yellen (1985), 'A near rational model of the business cycle with wage and price inertia', *Quarterly Journal of Economic*, 100, 832 – 88.

Akerlof, George A. and Janet L. Yellen (1986), *Effiecincy Wage Models of the Labor Market*, Cambridge: Cambridge University Press.

Akerlof, George A., William T. Dickens and George L. Perry (1996a), 'The macroeconomics of low inflation', *Brooking Papers on Economic Activity*, 1, 1 – 59.

Akerlof, George A., William T. Dickens and George L. Perry (2000), 'Near-rational wage and price setting and the long-run Phillips curve', *Brooking Papers on Economic Activity*, 1, 1 – 44.

Akerlof, George A., Janet L. Yellen and Michael Katz (1996b), 'An analysis of out-of-wedlock childbearing in the United States', *Quarterly Journal of Economic*, 111(2), 277 – 317.

Akerlof, George A, Andrew K. Rose, Janet L. Yellen and Helga Hessenius (1991), 'East Germany in from the cold: the economic aftermath of currency union', *Brooking Papers on Economic Activity*, 1, 1 – 105.

Arrow, Kenneth J. (1971), *Essays in the Theory of Optimal Risk Bearing*, Amsterdam: North Holland.

Boaz, David (1998), *Libertarianism*, New York: Free Press.

Caldwell, Bruce (2004), *Hayek's Challenge. An Intellectual Biography of F. A. Hayek*, Chicago: University of Chicago Press.

Edgeworth, Francis Ysidro (1889), 'The mathematical theory of political ecnomy: review of Léon Walras, Eléments d'économie politique pure', *Nature*, 40, Septermber, pp. 434 – 6.

Galbraith, John Kenneth (1954), *The Great Crash 1929*, New York: Houghton Mifflin.

Gossen, Hermann Heinrich (1854), *Entwicklung der Gesetze des menschlichen Verkehrs und der daraus fliessenden Regeln für menschliches Handeln*, Braunschweig: Vieweg.

Hayek, Friedrich August von (1937), 'Economics and knowledge', *Economica*, 4, 33 – 54.

Hayek, Friedrich August von (1945), 'The use of knowledge in society', *American Economic Review*, 35, 519 – 30. Reprinted in his *Individualism and Economic Order*, Chicago: University of Chicago Press, pp. 77 – 91.

Hayek, Friedrich August von (1968/1978), 'Competition as a discovery procedure', in his *New Sdudies in Philosophy, Politics, Economics and the History of Ideas*, London: Routledge, pp. 179 – 90.

Lofgren, Karl-Gustaf, Thomas Persson and Jörgen W. Weibull (2002), 'Markets with asymmetric information: the contributions of George Akerlof, Michael Spence and Joseph Stiglitz', *Scandinavian Journal of Economics*, 104 (2), 195 – 211.

Shlaes, Amity (2007), *The Forgotten Man: A New History of the Great Depression*, New York: HarperCollins.

Solow, Robert M. (1960), 'Investment and technological progress', in Kenneth J. Arrow, Samuel Karlin and Patrick Suppes (eds.), *Mathematical Methods in the Social Sciences 1959*, Palo Alto: Stanford University Press, pp. 89 – 104.

Solow, Robert M. (1962), 'Substitution and fixed proportions in the theory of capital', *Review of Economics and Statistics*, 29, 207 – 18.

Stigler, George J. (1961), 'The economics of information', *Journal of Political Economy*, 69, 213 – 25.

Stiglitz, Joseph E. (1994), *Wither Socialism?*, Cambridge, MA: MIT Press.

弗农·史密斯

Bergstrom, Theodore C. (2003), 'Vernon Smith's insomnia and the dawn of economics as experimental science', *Scandinavian Journal of Economics*, 105(2), 181–205.

Binmore, Ken and Paul Klemperer(2005), 'The biggest auction ever: the sale of the British 3G Telecom licenses', *Economic Journal*, 112, C74–C96.

Böhm-Bawerk, Eugen von(1891), *The Positive Theory of Capital*, London: Macmillan.

Chamberlin, Edward H. (1933), *The Theory of Monopolistic Competition*, Cambridge, MA: Harvard University Press.

Chanery, Hollis B. (1949), 'Engineering production functions', *Quarterly Journal of Economic*, 63, 507–32.

Coppinger, Vicki M., Vernon L. Smith and Jon A. Titus(1980), 'Incentives and behaviour in English, Dutch, and sealed-bid auctions', *Economic Enquiry*, 18, 1–18.

Hayek, Friedrich August von(1968/1978), 'Competition as a discovery procedure', in his *New Sdudies in Philosophy, Politics, Economics and the History of Ideas*, London: Routledge, pp. 179–90.

Hayek, Friedrich August von(1978), 'Two types of mind', in his *New Studies in Philosophy, Politics, Economics and the History of Ideas*, Chicago: University of Chicago Press, pp. 50–56.

Hayek, Friedrich August von(1979), *Law, Legislation and Liberty*, Vol. 3, Chicago: University of Chicago Press.

Miller, Ross M., Charles R. Plott and Vernon L. Smith(1977), 'Intertermporal competitive equilibrium: an empirical study of speculation', *Quarterly Journal of Economic*, 91, 599–624.

Mises, Ludwig won(1949), *Human Action*, New Haven, CT: Yale University Press

Plott, Charles R. and Vernon L. Smith(1978), 'An experimental examination of two exchange institutions', *Review of Economic Studies*, 45, 133–53.

Rassenti, Stephen J., Vernon L. Smith and Robert L. Bulfin(1982), 'A conbinatorial auctin mechanism for airport time slot allocation', *Bell Journal of Economics*, 13, 402–17.

Rassenti, Stephen J., Vernon L. Smith and Bart L. Wilson(2002), 'Using experiments to inform the privatization/deregualtion movement in electricity', *The Cato Journal*, 21, 515 – 44.

Samuelson, Paul A. (1947), *Foundations of Economic Analysis*, Cambridge, MA: Harvard University Press.

Smith, Vernon L. (1959), 'The theory of investment and production', *Quarterly Journal of Economic*, 73, 61 – 87.

Smith, Vernon L. (1961), *Investment and Production*, Cambridge, MA: Harvard University Press.

Smith, Vernon L. (1962), 'An experimental study of competitive market behaviour', *Journal of Political Economy*, 70, 111 – 37.

Smith, Vernon L. (1964), 'Effect of market organization on economic behaviour', *Quarterly Journal of Economic*, 87, 181 – 203.

Smith, Vernon L. (1965), 'Experimental auction markets and the Walrasian hypothesis', *Journal of Political Economy*, 73, 387 – 93.

Smith, Vernon L. (1967), 'Experimental studies of discrimination versus competition in sealed-bid auction market', *Journal of Business*, 40, 56 – 84.

Smith, Vernon L. (1968), 'Economics of production from natural resources', *American Economic Review*, 58, 409 – 31.

Smith, Vernon L. (1971), *Economics of Natural and Environmental Economics*, New York: Gordon & Breach.

Smith, Vernon L. (1975), 'Economics of the primitive hunter culture with applications to Pleistocene extinction and the rise of agriculture', *Journal of Political Economy*, 83, 727 – 55.

Smith, Vernon L. (1976a), 'Experimental economics: induced value theory', *American Economic Review*, 66, 274 – 9.

Smith, Vernon L. (1976b), 'Bidding and auctioning institutions: experimental results', in Yakov Amihud (ed.), *Bidding and Auctioning for Procurement and Allocation*, New York: New York University Press, pp. 43 – 64.

Smith, Vernon L. (1977), 'The principle of unanimity and voluntary consent in social choice', *Journal of Political Economy*, 85(6), 1125 – 39.

Smith, Vernon L. (ed.) (1979), *Research in Experimental Economics*, Vol. 1, Greenwich, CT: JAI Press.

Smith, Vernon L. (1980), 'Experiments with a decentralized mechanism for public goods decisions', *American Economic Review*, 70, 584–99.

Smith, Vernon L. (ed.) (1982), *Research in Experimental Economics*, Vol. 2, Greenwich, CT: JAI Press.

Smith, Vernon L. (ed.) (1985), *Research in Experimental Economics*, Vol. 3, Greenwich, CT: JAI Press.

Smith, Vernon L. (1991a), *Papers in Experimental Economics*, Cambridge: Cambridge University Press.

Smith, Vernon L. (1991b), 'Rational choice: the contrast between economics and psychology', *Journal of Political Economy*, 99(4), 877–97.

Smith, Vernon L. (1998a), 'Behavioral foundations of reciprocity. Experimental economics and evolutionary psychology', *Economic Inquiry*, 73(3), 335–52.

Smith, Vernon L. (1998b), 'Do the rich get richer and the poor poorer?, Experimental tests of a model of power', *American Economic Review*, 88(4), 970–83.

Smith, Vernon L. (2002), 'The experimental economist', interview with Nick Gillespie and Michael W. Lynch for 'Reason Online', available at www.reason.com/news/show/32546.html.

Smith, Vernon L. (2002/2003a), 'Autobiography', in Tore Frängsmyr (ed.), *Les Prix Nobel, The Nobel Prizes* 2002, Stockholm: Nobel Foundation 2003, available at www.nobel.se.

Smith, Vernon L. (2002/2003b), 'Constructivist and ecological rationality in economics', Nobel Memorial Lecture, Nobel Foundation, available at www.nobel.se, and in *American Economic Review*, 93, 465–508.

Smith, Vernon L. (2005), 'Hayek and experimental economics', *The Review of Austrian Economics*, 18(2), 135–44.

Smith, Vernon L. (2007), 'Sustaining cooperation in trust games', *Economic Journal*, 117, 991–1007.

Smith, Vernon L. (2008), *Discovery. A Memoir*, Bloomington, IN: Authorhouse.

Smith, Vernon L. and Arlington W. Williams (1981), 'On onbinding price controls in a competitive market', *American Economic Review*, 71, 467 – 74.

A very useful websit with all the details about Vernon L. Smith's papers and a great number of downloadables is http://econpapers.repec.org/RAS/psm12.htm.

埃德蒙德·菲尔普斯

Aghion, Philippe, Roman Frydman, Joseph Stiglitz and Michael Woodford (2001), 'Edmund S. Phelps and modern macroeconomics', in Philippe Aghion, Roman Frydman, Joseph Stiglitz and Michael Woodford (eds), *Knowledge, Information, and Expectations in Modern Macroeconomics: In Honor of Edmund S. Phelps*, Princeton: Princeton University Press, pp 3 – 22, also available online at http://press.princeton.edu/chapters/12_7521.pdf.

Friedman, Milton (1968), 'The role of monetary policy', *American Economic Review*, 58, 1 – 17.

Frydman, Roman and Edmund S. Phelps (eds) (1983), *Individual Forecasting and Aggregate Outcomes: 'Rational Expectations' Examined*, New York: Cambridge University Press.

Heertje, Arnold (ed.) (1999), *The Makers of Modern Economics*, Cheltenham, UK and Northampton, MA: Edward Elgar.

Keynes, John Maynard (1930), 'Economic possibilities for our grandchildren', in John Maynard Keynes (1963), *Essays in Persuasion*, New York: W. W. Norton, pp. 358 – 73.

Keynes, John Maynard (1963), *Essays in Persuasion*, New York: W. W. Norton.

Lucas, Robert E. (1972), 'Expectations and the neutrality of money', *Journal of Economic Theory*, 4, 103 – 24.

Ordover, Janusz A. and Edmund S. Phelps (1975), 'Linear taxation of wealth and wages for intergeneratioal lifetime justice: some steadystate cases', *American Economic Review*, 65, 660 – 673.

Ordover, Janusz A. and Edmund S. Phelps (1979), 'On the concept of optimal taxation in the overlapping-generations model of economic growth', *Journal of Public Econom-*

ics, 12, 1 - 26.

Phelps, Edmund S. (1961), 'The golden rule of accumulation: a fable for growthmen', *American Economic Review*, 51, 638 - 43.

Phelps, Edmund S. (1962), 'The accumulation of risky capital: a sequential utility analysis', *Econometrica*, 30, 729 - 43.

Phelps, Edmund S. (1965a), 'Second essay on the golden rule of accumulation', *American Economic Review*, 55, 793 - 814.

Phelps, Edmund S. (1965b), *Fiscal Neutrality Toward Economic Growth*, New York: McGraw-Hill.

Phelps, Edmund S. (1966a), *Golden Rules of Economic Growth*, New York: W. W. Norton.

Phelps, Edmund S. (1966b), 'Models of technical progress and the golden rule of research', *Review of Economic Studies*, 33, 133 - 45.

Phelps, Edmund S. (1967), 'Phillips curve, expectations of inflation and optimal unemployment over time', *Economica*, 34, 254 - 81.

Phelps, Edmund S. (1968a), 'Money-wage dynamics and labor-market equilibrium', *Journal of Political Economy*, 76, 678 - 711.

Phelps, Edmund S. (1968b), 'Population increase', *Canadian Journal of Economics*, 35, 497 - 518.

Phelps, Edmund S. (1969), 'The new microeconomics in inflation and employment theory', *American Economic Review, Papers and Proceedings*, 59, 147 - 60.

Phelps, Edmund S. (1970), 'Money-wage dynamics and labor-market equilibrium', revised version, in Edmund S. Phelps et al. (eds), *Microeconomic Foundations of Employment and Inflation Theory*, New York: W. W. Norton, pp. 124 - 66.

Phelps, Edmund S. (1972a), *Inflation Policy and Unemployment Theory*, New York: W. W. Norton.

Phelps, Edmund S. (1972b), 'The statistical theory of racism and sexism', *American Economic Review*, 62, 659 - 61.

Phelps, Edmund S. (1973a), 'Taxation of wage income for economic justice', *Quarterly Journal of Economics*, 87, 331 - 54.

Phelps, Edmund S. (1973b),'Inflation in the theory of public finance', *Swedish Journal of Economic*, 75, 67 – 82.

Phelps, Edmund S. (ed.) (1974), *Economic Justice*, Harmondsworth: Penguin.

Phelps, Edmund S. (1978a),'Disinflation without recession: adaptive guideposts and monetary policy', *Weltwirtschaftliches Archiv*, 100, 239 – 65.

Phelps, Edmund S. (1978b),'Disinflation planning reconsidered', *Economica*, 45, 109 – 23.

Phelps, Edmund S. (1979), *Studies in Macroeconomic Theory*, Vol. 1: *Employment and Inflation*, New York: Acedemic Press.

Phelps, Edmund S. (1980), *Studies in Macroeconomic Theory*, Vol. 2: *Redistribution and Growth*, New York: Acedemic Press.

Phelps, Edmund S. (1983),'The trouble with rational expectations and the problem of inflation stabilization', in Roman Frydman and Edmund S. Phelps (eds), *Individual Forecasting and Aggregate Outcomes: 'Rational Expectations' Examined*, Cambridge: Cambridge University Press, pp. 31 – 41.

Phelps, Edmund S. (1985), *Political Economy: An Introductory Text*, New York: W. W. Norton.

Phelps, Edmund S. (1994), *Strucural Slumps: The Modern Equilibrium Theory of Employment, Interest, and Assets*, Cambridge, MA: Harvard University Press.

Phelps, Edmund S. (1995),'A life in economics', in Arnold Heertje (ed.), *The Makers of Modern Economics*, vol. II, Cheltenham, UK, and Northampton, MA: Edward Elgar, pp. 90 – 113.

Phelps, Edmund S. (1997), *Rewarding Work: How to Restore Participation and Self-Support to Free Enterprise*, Cambridge, MA: Harvard University Press.

Phelps, Edmund S. (2000),'Lessons in natural-rate dynamics', *Oxford Economic Papers*, 52(1), 51 – 71.

Phelps, Edmund S. (2002), *Enterprise and Inclusion in the Italian Economy*, Boston, MA: Kluwer Academic Publishers.

Phelps, Edmund S. (ed.) (2003), *Designing Inclusion: Tools to Raise Low-end Pay and Employment in Private Enterprise*, Cambridge: Cambridge University Press.

Phelps, Edmund S. (2006), 'The genius of capitalism', *The Wall Street Journal of Europe*, 10 October, p. 12.

Phelps, Edmund S. (2006/2007a), 'Macroeconomics for a modern economy', Nobel Memorial Lecture, Nobel Foundation, available at www. nobel. se and in *American Economic Review*, 97(3), 543 – 61.

Phelps, Edmund S. (2006/2007b), 'Autobiography', in Karl Grandin(ed.), *Les Prix Nobel, The Nobel Prizes* 2006, Stockholm: 2007, Nobel Foundation, available at www. nobel. se.

Phelps, Edmund S. and Jean-Paul Fitoussi(1988), *The Slump in Europe: Open Economy Theory Reconstructed*, Oxford: Basil Blackwell.

Phelps, Edmund S. and Richard R. Nelson(1966), 'Investment in humans, technological diffusion and economic growth', *American Economic Review, Papers and Proceedings*, 56(1 – 2), 69 – 82.

Phelps, Edmund S. and Alberto Petrucci(2005), 'Capital subsidies versus labor subsidies: a trade-off between capital and employment?', *Journal of Money, Credit, and Banking*, 37(5), 907 – 22.

Phelps, Edmund S. and Robert A. Pollak(1968), 'On second-best national saving and game-equilibrium growth', *Review of Economics Statistics*, 35, 185 – 99.

Phelps, Edmund S. and John G. Riley(1978), 'Rawlsian growth: dynamic programming of capital wealth for intergeneration "Maximin" justice', *Review of Economic Studies*, 45, 103 – 20.

Phelps, Edmund S. and Karl Shell(1970), 'Public debt, taxation and capital intensiveness', *Journal of Economic Theory*, 1, 330 – 46.

Phelps, Edmund S. and John B. Taylor(1977), 'Stabilizing powers of monetary policy under rational expectation', *Journal of Political Economy*, 85, 163 – 90.

Phelps, Edmund S. and Sidney G. Winter(1970), 'Optimal price policy under atomistic competition', in Edmund S. Phelps et al. (eds) *Microeconomic Foundations of Employment and Inflation Theory*, New York: W. W. Norton, pp. 309 – 37.

Phelps, Edmund S., Armen A. Alchian, Charles C. Holt et al. (eds)(1970), *Microeconomic Foundations of Employment and Inflation Theory*, New York: W. W. Norton.

Phillips, Alban W. (1958), 'The relation between unemployment and the rate of change of money wage rates in the United Kingdom 1861 – 1957', *Economica*, 25, 283 – 9.

Rawls, John (1971), *A Theory of Justice*, Cambridge, MA: Belknap Press.

Samuelson, Paul A. (1948), *Economics*, New York: McGraw-Hill.

Shelling, Thomas (1959), 'The reciprocal fear of surprise attack', RAND Corporation Paper 1342.

译后记
——科学、人及人性

通读本书，本人深有感触，现列举如下，仅作抛砖引玉。

本书立足于经济学，通过对10位诺贝尔奖获得者的访谈，从多个方面对经济理论的进步进行了全面的探讨。我想从更广的层面作一番讨论。

其实，任何学科，乃至人类的知识，都是人类从好奇心出发，对自然、人、人性以及由人组成的社会由粗到精、由浅入深地认识的过程。从科学发展看，是人类对大自然的认识，由宗教而科学。科学最初是统一的哲学，后分化为自然科学和社会科学两大类。前者是对大自然的认识，后者是对人、人性乃至社会的认识。人类的认识越来越深入，所得知识也就越来越细致，科学也就越来越细分为各门学科，以致交叉学科。然而，每门学科中颇有成就、对人类作出巨大贡献的伟大科学家，也是伟大的思想家，其思想发展到一定程度，也往往会上升到哲学的高度，所以他们堪称是哲学家。伟大的诺贝尔奖得主弗里德里希·哈耶克虽然获得的是经济学奖，但其最杰出的贡献却在哲学方面。

就经济学领域而言，亚当·斯密开经济学之先河，其后人才辈出，成就斐然，既有精深者，也有通才，而保罗·萨缪尔森成了承前启后的人物，集先人成就之大成，奠后人发展之基础（例如经济学的数学化），他也就有了经济学"最后的通才"之誉，非智慧高于后来者，乃哈耶克所谓的"知识分工"所致。知识的细分，反映在学者身上，就有了哈耶克的"困惑者"和"学科大师"和罗伯特·索洛的"难题解决者"和"系统建立者"之分。经济学作为一门社会科学，借助自然科学（如数学）和其他社会科学（如心理学）的工具、方法，集合其他学科对人、人性乃至社会由浅入深的认识的结果，从被动观察、认识经济规律，发展到主动实验、探讨促进经济发展的手段，这些都离不开对人性的认识。詹姆斯·布坎南就从人性出发，借助经济学手段，为经济和政治决策理论奠定了契约和宪法基础。其实，国家和社会都是人组成的。国家的形成，从历史来看，乃是群体中的全体为保护既有利益或实现利益的最大化，而让渡出部分权利，由精英（他们就是统治阶级）行使——这构成了权力，以与大自然作斗争，或与其他群体进行竞争，争取更大的生存空间和更高的生活质量。而统治者也是人，也有七情六欲，有自身的利益，需要进行制衡，乃有现代国家的三权制，乃至第四权（媒体），媒体不过是国民行使自由言论及监督政府的权利的某种主要形式。

　　回到本书，这些杰出的学者，因作出巨大贡献而获得诺贝尔经济学奖，除了个人智慧、努力、运气等之外，也有历史和现实的必然，实际上是站在前人的肩膀上的结果。纵观古今中外，不论哪门学科，概莫能外。本书作者从多个方面、多个角度作了总结。相信读者读了之后，定然有所收获。

　　本书学术性较强，涉及范围广，翻译过程较为艰辛，因此，本书得以翻译完成，离不开诸多人士的大力帮助。譬如，在专业方面，以下诸位不厌其烦地给予了答疑解惑：姜玉芝、靳学军、崔柏、周连红、曲冬菊、李胡建等；在文字核对等方面，需要感谢以下人士：冯玉成、祝广平、罗海党、阴明辉、古荣涛、潘晓宇、韩月星等；在查找资料及文字输入等方面，需要感谢如下人士：董松、秦玉环、周连红、刘波、崔洪艳、张孝强、赵炳雄等；在选词造句方面需要感谢的是罗志军、丁智慧、刘正权、邱森林、徐宏云、潘祖文；为了使英文的原意表达得更加精准，还有许多人士给予了我极大的帮助，本文不可能全部提及，谨在此致以衷心的感谢！当然，本书得以付梓，离不开华夏出版社的编辑和领导的大力支持和帮助。

陈小白

2011 年 9 月